“十二五”普通高等教育本科国家级规划教材

普通高等教育国家级精品教材

普通高等教育“十一五”国家级规划教材

生产与运作管理

主　编　张　群

副主编　李铁克　马风才　曲　立

参　编　张丽红　顾力刚　王　晶　郑兆端

杨建华　郝建明　马平清　赵小坤

主　审　张　杰

机 械 工 业 出 版 社

本教材是在总结教学经验的基础上，根据现代生产与运作管理的新发展编写而成的。主要内容包括：概论、需求预测与管理、新产品研究与开发、设施选址与布置、工作设计与业务流程再造、流水生产线组织、生产计划与企业资源计划、作业计划与控制、库存控制、设备管理、质量管理、新型生产运作方式及供应链及其管理。

本教材可作为高等院校管理类各专业开设“生产与运作管理”或“运营管理”课程的教材，也可供MBA学员选用和有关专业人员阅读。

图书在版编目（CIP）数据

生产与运作管理/张群主编. —3版. —北京：机械工业出版社，2014.1（2022.6重印）

普通高等教育国家级精品教材　普通高等教育“十一五”国家级规划教材　“十二五”普通高等教育本科国家级规划教材

ISBN 978-7-111-44481-7

Ⅰ.①生…　Ⅱ.①张…　Ⅲ.①生产管理—高等学校—教材　Ⅳ.①F273

中国版本图书馆CIP数据核字（2013）第249103号

机械工业出版社（北京市百万庄大街22号　邮政编码100037）
策划编辑：曹俊玲　　责任编辑：曹俊玲　何　洋
版式设计：霍永明　　责任校对：薛　娜
封面设计：张　静　　责任印制：郜　敏
三河市宏达印刷有限公司印刷
2022年6月第3版第16次印刷
184mm×260mm·21印张·516千字
标准书号：ISBN 978-7-111-44481-7
定价：46.00元

凡购本书，如有缺页、倒页、脱页，由本社发行部调换

电话服务	网络服务
服务咨询热线：010-88379833	机 工 官 网：www.cmpbook.com
读者购书热线：010-88379649	机 工 官 博：weibo.com/cmp1952
	教育服务网：www.cmpedu.com
封面无防伪标均为盗版	金 书 网：www.golden-book.com

普通高等教育经济管理类专业
规划教材编审委员会

编者的话

21世纪伊始，北京地区部分高等院校联合成立了管理类专业教材编审委员会，组织编写、出版一套适合各校情况、满足本科层次教学需要的管理类专业系列教材。在各校管理学院、系领导及教师的大力支持和参与下，经过一年多的努力，系列教材终于面世了。

改革开放以来，我国管理学科的发展极其迅猛。在这种形势下，各高等院校普遍设置了管理专业，其发展速度之快，规模之大，也是前所未有的。而教材建设一直是专业建设和教学改革的瓶颈。

编委会认为，集中各校优势，通过合作方式实现教学资源优化配置，编出一套适合各校情况的教材，对加强各校的合作交流，推动师资培养，促进相关课程的教学改革，是一件一举多得的好事。

“质量第一，开拓创新”是我们编写这套教材的指导思想，出版精品是我们的奋斗目标。现阶段应该从教材特色做起。有特色才能有市场，才能为各校师生所接受和欢迎。这套教材具有以下特点：一是内容上有创新，在继承的基础上，反映了当代管理学科的新发展；二是适用、好用，教材编写精练，并留有余地，各教材每章后都附有相配套的作业题；三是有理工科特色，合作院校的教学对象多数是理工科学生。

为了确保教材质量，经过编委会遴选，各门课程教材都由资深的教授担任主编，同时各教材编写组成员相对稳定，教材根据使用情况会及时修订，使其常用常新，不断提高。

为了配合各校开展多媒体教学的需要，某些教材编写组将合作制作与教材配套的课件，以方便广大师生使用。

机械工业出版社是我国于20世纪50年代初成立的国家级出版社，数十年来，曾出版过许多在国内外有重大影响的科技类和经济管理类图书，改革开放以来曾经负责全国理工科院校管理工程专业全国统编教材的出版发行，为我国经济管理类专业的建设和发展作出了重大贡献。本套系列教材的出版得到了机械工业出版社的大力支持，谨表示衷心的感谢！

普通高等教育经济管理类专业规划教材编审委员会

前 言

本教材 2003 年出版第 1 版，2008 年出版第 2 版。为了体现人才培养的新需要，本教材在第 1、2 版的基础上，增加了环境问题与可持续性运营、产品开发路线与动力模式、生产计划的阶层关系、任务指派、新兴服务运营模式等内容。此外，还更新了案例，补充了习题和例题。

本教材是在总结以往教学经验的基础上，为高等院校管理类专业开设的“生产与运作管理”或“运营管理”课程而编写的。它具有以下特色：

(1) 系统地介绍了生产与运作管理的内容。全书共十三章，涉及生产与运作战略、生产系统设计与设计等各个方面。

(2) 制造业和服务业的生产与运作管理思想与方法并重。随着经济的发展，服务业将扮演着越来越重要的角色，未来的管理人才不仅将服务于制造业，也将大量服务于服务业。

(3) 介绍了近年来对生产与运作管理领域有着重要影响的新方法和理念，如精益生产、大规模定制、敏捷制造等。

(4) 实用性强。为便于教学、帮助学生掌握教材的内容要点，每章不仅有典型例题，还配有一定数量的思考题、作业题及案例分析。

本教材的具体编写分工为：第一、三章由北京科技大学的张群、马风才编写；第二、六章由北京航空航天大学的王晶编写；第四、九章由北京信息科技大学的曲立编写；第五章由北京科技大学的杨建华编写；第七、十三章由北京科技大学的李铁克编写；第八章由北京理工大学的张丽红编写；第十章由北京化工大学的郑兆端编写；第十一章由北京科技大学的马风才编写；第十二章由北京工业大学的顾力刚和中国银联北京信息中心的郝建明、马平清和赵小坤编写。本教材由张群教授任主编，对全书进行了总纂。对外经济贸易大学张杰教授审阅了全稿，在此表示衷心的感谢。

本教材的编写得到了教育部本科教学工程——专业综合改革试点项目经费和北京科技大学教材建设基金的资助。在此表示感谢。

本教材在编写过程中参阅了大量的文献资料，在此对国内外有关作者表示衷心的感谢。

本教材配有电子课件、题库及其参考答案，凡使用本书作为教材的教师可登录机械工业出版社教育服务网 www. cmpedu. com 注册后下载。

本教材在使用过程中若有不当之处，恳请读者指正，我们将不断完善。

编 者

目　录

第一章

概　论

本章内容要点

- 生产与运作管理的基本概念
- 生产过程与生产系统
- 生产与运作战略
- 生产率的概念与计算
- 生产与运作管理的新发展

第一节　生产与运作管理的基本概念

一、生产与运作管理概述

生产与运作过程是一个“投入—转换—产出”的过程，即投入一定的资源，经过一系列的转换，最后以某种形式的产出提供给社会的过程。该过程不仅是一个物质的转换过程，而且是一个价值增值的过程。

因为过去生产管理领域几乎完全集中在制造业，强调的是工厂使用的方法和技术，所以一提到“生产”这个词，总会使人想到工厂、机器和装配线。近年来，生产管理的范围大大拓宽了。生产的概念及方法被应用到制造业以外的许多活动中，如应用到医疗、饮食、娱乐、银行、酒店管理、零售、教育、运输及政府等服务领域。为适应这一变化，人们采用生产与运作管理，或更简单地用“运作管理”这一术语。

下面以航空公司为例来说明生产与运作系统。该系统由飞机、机场设施、维修设施等组成。管理部门和雇员所从事的大部分活动属于运作管理的范围，这些活动有：

1）对诸如天气和着陆条件、座位需求及空中旅行的发展趋势等问题作出预测。

2）制订合理的飞行能力计划。这一计划是航空公司保持现金流量和获得合理利润所必需的（飞机的数量太少或太多，或飞机数量适中但未合理使用，都将减少公司的盈利）。

3）对飞行员和随从人员、日常维修人员、地勤人员、柜台人员和行李管理人员等的工作作出合理安排。

4）对诸如食品及饮料、急救设备、旅游读物、靠垫和地毯以及救生工具等物件进行管理。

5）质量保证主要体现在：飞行和维修方面做到安全至上；在售票台、登记处和电话预订受理点，讲究工作效率；礼貌待客。

6）把对职员的激励和培训贯穿于运作的各个阶段。

7）进行机场设施选择。

再来考虑一家自行车厂。该厂可能主要从事装配运作，从供应商处购买零件，如车架、轮胎、车轮、齿轮及其他物件，然后装配成自行车。该厂也可能做一些制造工作，如制造车架、齿轮及链条。无论哪一种情况，该厂都要做如下一些重要的管理工作：生产进度安排，决定哪些零件外购，订购零件和原料，决定生产的车型及数量，购买新设备更换掉旧的或报废设备，维修设备，激励员工，以及确保达到质量标准。

显然，航空公司和自行车厂的运作方式相差甚远。一个以提供无形服务为主，而另一个则是以生产有形产品为主。不过，这两类运作也有许多共同点：两者都涉及工作进度安排、激励员工、订购及管理存货、选择及维修设备、达到质量标准和让顾客满意，而其中最重要的都是让顾客满意。

生产与运作管理的重要性表现在以下三个方面：第一，运作管理活动在所有的企业组织中居核心地位；第二，企业组织的下述活动，如顾客服务、质量保证、生产计划控制、进度安排、工作设计、库存管理等，均与运作管理直接相关；第三，企业组织所有其他方面的活动，如财务、会计、人力资源、后勤供应、营销、采购等，都与生产与运作管理活动相互联系。

生产与运作管理的实质可概括为三句话，即：对有增值转换过程的有效管理；技术可行，在经济合理基础上的资源高度集成；满足顾客对产品和服务的特定需求。

生产与运作管理的目标集中体现在达到顾客满意和实现经济效益两个方面。事实上，这两个方面相辅相成：顾客满意是前提，而最终目的是实现经济效益。

二、企业组织的内部职能

任何一个组织，无论是营利性组织还是非营利性组织，都追求一定的目标。为实现预定的目标，就要求该组织具备各种职能，如人事、财务、营销、运作管理等。而职能的不同必然引起技术和管理工作上的分工，以提高工作效率。组织内各类管理人员协作互动、密切配合显然比个人单独工作更有利于组织目标的实现，因此，分工给统一指挥和协调行动带来了新的课题。

不同的组织，其目标、所提供的产品和服务可能相似或完全不同。然而，它们的职能及运作方式却大同小异。

典型的企业组织有三个基本职能：运作、财务和营销。这三个职能和其他辅助职能分别完成不同但又相互联系的功能。这些功能对组织的经营来说都是必不可少的。这些职能须相互配合才能实现组织的目标，并且每个职能都起着重要作用。一个组织成功与否不仅依赖于各个职能发挥的程度，更依赖于这些职能之间相互协调的程度。例如，如果生产部门与营销部门各自为政，那么营销部门推销的可能是那些非盈利的产品或服务，或者生产部门正在生产或提供的是那些已经没有市场的产品或服务；同样，如果没有财务部门与生产部门的密切配合，当组织需要扩大规模或更新设备时，可能会因资金无法落实而难以实现。

（一）运作职能

运作职能由与生产产品或提供服务直接相关的所有活动组成。运作职能不仅存在于以产品为导向的制造业，还存在于以服务为导向的服务业，诸如医疗、运输、食品经营和零售。运作的多样性可由表 1-1 来说明。

表 1-1 不同运作类型的举例

运作类型	举例
产品生产	农业、采掘、建筑、制造、发电
储备/运输	仓库、货车运货、邮政服务、搬迁、出租车、公交车、旅馆、航空公司
交换	零售、批发、银行业务、租赁
娱乐	电影、广播和电视、戏剧演出、音乐会
通信	报纸、电台和电视台的新闻广播、电话、卫星

对大多数企业组织来说，运作职能是核心。一个组织的产品制造或服务提供是通过运作职能来实现的。资源经过一个或多个转换过程（例如，储存、运输、切割）得到产出——产品或服务。为确保实现预期的产出，需在转换过程的各个阶段实施检测，并把执行结果与事先制定的标准进行比较，以决定是否采取纠正措施，此即反馈。图 1-1 说明了这一转换过程。

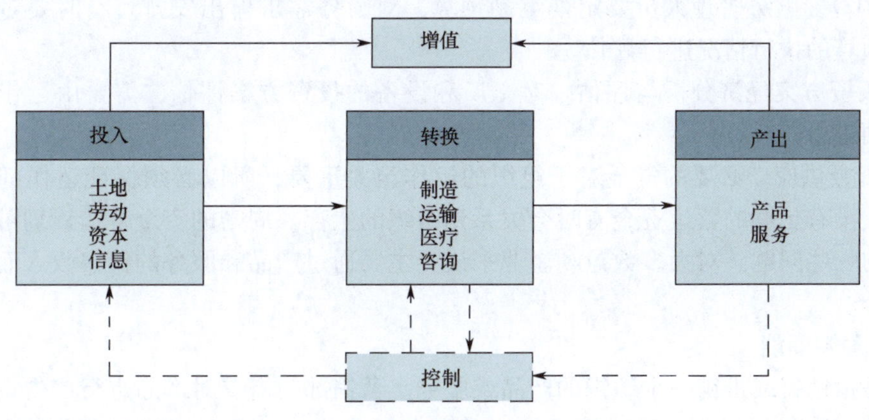

图 1-1 投入、转换和产出过程示意图

转换过程中发生价值增值反映了投入成本与产出价值或价格之间存在的差异。产出的价值由顾客愿意为该组织的产品或服务所支付的价格来衡量。其增值部分越大，说明运作效率越高。对非营利组织而言，产出（例如，建成的高速公路、公安与消防）是指所实现的社会价值。企业用增值带来的收入进行研究与开发，投资于新的设施和设备，从而获取丰厚的利润。增值越大，可用于这些方面的资金就越多。

企业将没有实现增值的工作视为浪费。消除或改进这些工作可降低投入或加工成本，从而提高增值。例如，某企业发现其正在生产的某一产品距离交货日尚有一段时间，因此需将此产品在仓库内存放一段时间，直到交货日。实际上，储存该产品并不增加任何价值，却带来额外库存费用（包括员工工资、储存设施和设备的折旧、某些辅料的消耗等）。减少储存周期会降低转换成本，从而使增值加大。表 1-2 对食品加工和医疗服务两个转换过程作了较为具体的说明。

表 1-2　对转换过程的说明

	投　入	转　换	产　出
食品加工	生蔬菜 金属板 水 能源 劳动 建筑物 设备	清洗 制罐 分割 烹调 包装 贴标签	罐装蔬菜
医疗服务	医生、护士 医院 医药 设备 实验室	检查 做手术 观察 用药 精神治疗	病人恢复健康

（二）财务职能

财务管理包括为确保以最低的价格获取资源并将这些资源在组织内进行分配等职能。财务管理人员应与运作管理人员密切合作，在以下活动中及时沟通信息：

（1）预算。财务管理人员要定期编制预算，对财务需求作出安排。有时要对预算进行调整，对预算的执行情况进行评估。

（2）投资方案经济分析与评估。对工厂和设备的投资方案评估，需要由运作和财务管理人员共同进行。

（3）资金供应。必要的资金对于组织的运作至关重要，所以必须保证运作部门所需的资金供应。没有足够的营运资金有时会关系到组织的生存。周密的资金筹措计划可避免资金供应方面的一些问题。对大多数盈利企业来说，主要通过产品和服务的销售收入而不是借款来获得资金。

（三）营销职能

营销是指销售或推销一个组织的产品或服务。营销部门需要对产品进行广告宣传，并作出定价决策。该部门还要对顾客需求作出估计，并将这一信息传递给运作部门（中短期）和设计部门（长期）。运作部门需要中短期的有关顾客需求方面的信息，以便据此作出计划（例如，采购原料或安排工作进度）。设计部门需要长期的有关顾客需求方面的信息，以便作出决定：对现有产品与服务作出改进；设计出新的产品。营销、设计和生产三个部门必须密切配合，只有这样才能顺利完成对产品或服务的改进并生产出新产品或推出新的服务项目。通过营销活动，组织可以了解竞争对手的做法及顾客的偏好，从而按顾客所需的产品类型与特性研究和开发新产品。生产部门可提供有关生产能力方面的信息，并给出有关设计可制造性的结论。当需要购买新设备，或把某项新技术用于研究和开发新产品或推出新的服务项目时，运作部门应提前告知财务部门。接到资金申请后，财务部门应告知运作部门可筹集到的资金数量（短期），并进一步了解引入新产品或服务所需资金的规模（中期至长期）。营销部门则从运作部门了解到新产品或新的服务项目何时能够推向市场，以便到时能为顾客提供其需要的产品。

因此，营销、运作和财务三个部门必须在产品及工艺设计、预测、确定可行的工作进度以及质量和数量决策等方面协调一致，加强相互间的沟通和配合。

(四) 其他职能

与运作、财务和营销这三个基本职能相配合的还有许多辅助职能，如会计和采购就属于辅助职能。依据组织的不同性质，辅助职能还可能包括人事或人力资源、工业工程以及维修等，如图 1-2 所示。

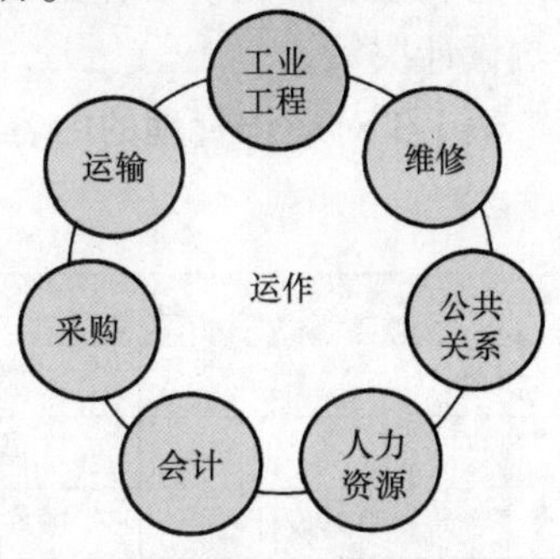

图 1-2 运作与其他辅助职能间的相互配合

(1) 会计部门负责编制财务报表。会计部门还负责向管理部门提供有关劳动力、原料消耗及企业管理费的信息，通报诸如废品、停工期及库存情况。此外，还必须对应收款项、应付款项以及保险费等进行记录，并为企业编制税收报表。

(2) 采购部门负责采购原料、物资及设备。采购部门必须与运作部门密切联系，以确保按时按量采购。采购部门通常要对供应商就质量、可靠性、服务、价格及对需求变化的调整能力等方面进行评估。此外，采购部门还负责验收购入的物资。

(3) 人事或人力资源部门的职责是负责招聘并对人员进行培训，协调劳资关系，磋商合同事项，发放工资和奖金，进行人力资源规划，并确保职员的安全与卫生。

(4) 公共关系的开展有助于企业树立和保持良好的公共形象，包括以新闻发布会的形式介绍新产品或服务，也包括诸如对运动项目进行赞助、向文化活动捐赠、做社区活动(例如马拉松赛、自行车赛) 的发起人等。良好的公共关系能给组织带来很多潜在利益。最直接的利益自然是市场份额的扩大，其他方面潜在的利益还包括：人们认为该组织的工作环境好，愿意来这里工作，社区容易接受组织扩大规模的计划等。

(5) 工业工程通常包括工作进度安排，标准、工作方法、规程等的制定和贯彻执行，以及质量控制和物料运输等。这一职能在中型和大型制造企业中尤其重要。

(6) 运输包括将产品送至仓库、零售点或最终顾客。

(7) 维修包括对设备、建筑物及场地和各种装置进行全面保养和修理，处置有害有毒垃圾，甚至包括车辆的摆放和安全保障。

生产与运作管理不仅对组织来说十分重要，而且对整个社会也是十分重要的。产品和服务的消费是社会生活的组成部分。生产与运作管理直接关系到这些产品或服务的生产或提供。建立组织主要是为了生产产品或提供服务，因而运作是一个组织的核心职能。没有这个核心，就不存在对其他任何职能的需要，该组织也就失去了存在的意义。明白了这一点，就不会再对一个国家的就业人员中超过半数的人从事生产和运作管理感到奇怪了。

第二节 生产过程与生产系统

一、生产与运作系统的设计与运行

生产与运作系统设计涉及系统生产能力的确定、设施选择、工作部门及设备的布置、产品与服务计划的制订等几个方面的决策。这些决策通常要从长计议。

生产与运作系统运行包括库存计划控制、进度安排、项目管理和质量保证等。

在大多数情况下，运作部经理更多地进行日常运行决策而非设计决策，然而，他对系统设计起着重要作用。运作部经理通过向有关决策者提供有用的、来自实际系统运行的信息来影响设计决策。

表 1-3 对运作管理的内容和范围作了进一步说明。

表 1-3　设计及运行决策

决 策 范 围	所要解决的基本问题
预测	需求状况如何
设计	
产品和服务设计	顾客需要什么？如何改进产品和服务
工艺选择	采用什么样的工艺流程
生产能力（长期）	需要多大的生产能力？如何最大限度地发挥生产能力
布置	从成本、生产率的角度，如何使部门、设备和仓库达到最佳布置
工作系统设计	如何最有效地激励员工？如何提高生产率？如何考评工作？怎样改进工作方法
选址	设施（工厂、仓库等）等的最佳位置在哪里
运行	
质量	质量的含义是什么
质量控制	如何确定工序能力？应采用什么标准？是否达到了质量标准
全面质量管理	如何制造优质的产品和服务？如何最大限度地发挥生产能力
综合计划	中期需要多大的生产能力？如何最大限度地发挥生产能力
库存管理	订购量多大？何时续订？应对哪些物资进行重点管理
物料需求计划	需要什么物料、零件和部件？何时需要
进度安排	如何最好地安排工作进度？谁做哪一项工作、用哪一台设备
项目管理	完成项目的关键活动有哪些？项目的目标是什么？需要什么资源？何时需要
排队原理	什么样的生产能力是合适的

二、生产与运作系统的组织与控制

（一）生产与运作系统的组织

生产与运作系统的组织包括空间组织和时间组织。而组织方式的选择取决于生产与运作的类型。下面分别介绍制造业生产类型的划分和服务业运作类型的划分，而有关生产与运作系统的空间组织和时间组织将在下面的章节中进行分析和说明。

1. 制造业生产类型的划分

根据不同的分类原则，可把制造业分为不同的生产类型。最常见的分类原则有两个：一是生产的稳定性和重复性；二是产品需求特性。

（1）生产的稳定性和重复性。按照这一原则，制造业可分为大量生产、成批生产和单件小批生产三种基本类型。

大量生产的特点是产品稳定，品种少，产量大，每个工作地固定执行一道或少数几道工序，工作地专业化程度高，普遍采用高效率的专用设备和专用工具，有利于组织流水生产。大量生产的产品通常都是通用产品，例如，螺钉、轴承等标准零件，家电产品，小轿车等。这种类型的生产组织较为简单，但计划安排要非常精确。

成批生产的特点是产品品种相对稳定，品种稍多，每一品种的产量较大，工作地是成批地和定期轮番生产若干种产品或零件，工作地专业化程度不高，当一批产品制造完毕后改制另一批产品时，往往需要重新调整设备和工艺装备。成批生产又可分为大批生产、中批生产和小批生产。

单件小批生产的特点是生产过程的运行稳定性较差，设备需具有较高的柔性，生产计划和生产过程的控制比较复杂。

现把这三种不同生产类型的生产管理特点进行归纳，如表 1-4 所示。

表 1-4 三种不同生产类型的生产管理特点

项目 \ 生产类型	大量生产	成批生产	单件小批生产
品种	少	较多	很多
产量	大	中	小
设备	专用	部分通用	通用
工作地专业化程度	高	较低	低
劳动生产率	高	较高	低
生产计划安排	精确	比较细致	粗略
生产过程管理	简单	较复杂	复杂
成本	低	中	高
追求目标	连续性	均衡性	柔性
生产周期	短	长短不一	长

（2）产品需求特性。按照产品需求特性，可把制造业分为订货型生产和备货型生产。

订货型生产是指依顾客的订货需求来设计、制造和销售产品。顾客需求的差异性不仅表现为某些质量特性，还往往表现为交货时间、交货方式的不同。订货型生产计划安排通常采用拉动式。

备货型生产是根据市场需求调查、市场需求量预测的结果，有计划地组织生产，以满足市场需求的共同性。备货型生产计划安排通常采用推动式。

2. 服务业运作类型的划分

服务业的最大特点是顾客介入服务过程。因此，可按顾客与服务系统的接触程度来划分服务业的运作类型，以针对不同类型的特点，采取相应的管理和控制策略。按照接触程度，服务业运作可分为通用型服务和专用型服务。

在通用型服务中，顾客与服务系统的接触程度较低，过程比较规范，服务有较明确的前、后台之分，顾客只在前台服务中介入，后台则与顾客没有直接联系。这种类型的例子有零售批发、学校、运输公司、银行、饭店等。对这类服务可考虑经营的规模效益。

在专用型服务中，顾客与服务系统的接触程度较高，是针对顾客的特殊要求或一次性要求所提供的服务，如医院、汽车修理站、咨询公司、会计师事务所、律师事务所等。对这类服务可考虑特色服务，并更多地追求时间响应速度和服务过程的精准化。

（二）生产与运作系统的控制

生产与运作系统的控制项目主要是质量、进度和费用。

在实施质量控制时，产品的使用功能、操作性等特性要相应地转变为生产与运作管理中产品的设计质量、制造质量和服务质量。

进度控制就是要保证适时适量地将产品投放到市场。具体地，就是要对产品数量和交货期等进行控制。在现代化大生产中，生产所涉及的人员、物料、设备、资金等资源成千上万，如何将全部资源要素在需要它们的时候组织起来、筹措到位，是一个十分复杂的系统工程，此即进度控制的任务。

费用控制就是保证产品的价格既能为顾客所接受，同时又能为企业带来一定的利润。这涉及人、物料、设备、能源、土地等资源的合理配置和利用，涉及生产率的提高，还涉及企业资金的运用和管理。归根到底，要努力降低产品的生产成本。

第三节　生产与运作战略

一、企业竞争力及竞争策略

（一）企业竞争力

竞争力是企业在自由和公平的市场条件下生产经得起市场考验的产品和提供优质服务，创造附加价值，从而维持和增加企业实际收入的能力。企业竞争力是决定一家企业壮大、维持现状或是失败的一个重要因素。企业之间的竞争体现在很多方面，其中主要体现在价格、质量、产品或服务差异性、柔性或交货期等方面。

（1）价格是顾客为了得到某一产品或接受某项服务而必须支付的金额。在其他所有因素均相同的情况下，顾客将选择价格较低的产品或服务。价格竞争的结果可能会降低企业利润率，但大多数情况下，会促使企业降低产品或服务的成本。

（2）质量与原材料、设计和生产过程密切相关。总的说来，质量从购买者因购买产品或接受服务而得到的满足程度上体现出来。

（3）产品的差异性使得本产品或服务与竞争对手的产品或服务相比更具个性并更加符合顾客的要求。当然，这种评价是来自顾客的。企业的产品在设计、成本、质量、使用简便性、易安放以及安全等方面，均可表现出与竞争产品有不同的个性。

（4）柔性是指对变化的反应能力，一般用组织对外界变化作出响应并采取相应对策的时间来度量。一家企业或部门的柔性越强，其相对于不具有如此柔性的企业来说就越具有竞争优势。变化包括需求量的增减、商品或服务特性的改变等。

（5）交货期涉及企业运作的诸多方面。现举出其中的三个方面：一是产品或服务提供给客户是否及时；二是新产品或服务项目被开发出来投放市场的快慢；三是产品或工艺改进的速度。

企业破产或经营不善有多种原因，认识到这些原因有助于管理者避免犯类似的错误。下列是一些常见的原因：

（1）过分重视短期财务业绩，不重视研究和发展，即有短期行为。

（2）未能利用优势和机会，未能认识到竞争的威胁和严峻性。

（3）忽视运作战略的制定和实施。

（4）过分强调产品或服务的设计，而对工艺设计重视不够。

（5）忽视在资金和人力资源方面的投资。

（6）未能在不同职能部门之间建立起良好的内部沟通与合作机制。

（7）未能考虑顾客的需要。

竞争成功的关键在于明确顾客需要什么，然后付诸行动来满足（甚至超过）顾客的期望。在企业运作管理实践中，必须解决好下面两个问题：第一，顾客需要什么？第二，我们如何满足顾客的这些需要？

下面的关系式是表示竞争力的一种方法

$$\text{竞争力} = \frac{\text{绩效}}{\text{成本}} = \frac{\text{质量} + \text{速度}}{\text{成本}}$$

在这个关系式中，质量包括产品的差异性，事实上，产品的差异性是质量的一个特性。显然，在竞争力关系式中，哪一部分是最重要的将因产品或服务及顾客的不同而有所变化。一般说来，质量可能比速度重要。一个管理者可按重要性给每一绩效因素一个权数来体现这些不同，于是就有了公式

$$\text{竞争力} = \frac{w_1 \times \text{质量} + w_2 \times \text{速度}}{w_3 \times \text{成本}}$$

式中，w_1、w_2、w_3 分别代表质量、速度和成本的权数。

理解这一竞争力关系式有助于管理者成功地设计战略方案。

（二）竞争策略的制定

企业生产什么产品或提供什么服务固然至关重要，但是，与之同样重要的是如何制定企业的竞争策略。例如，当新建一个餐馆时，不仅需要决定提供什么饭菜，还必须决定该餐馆应具备的特色。只有这样，才能与众多的竞争对手有所区别，才有可能取胜。美国著名管理咨询公司麦肯锡公司曾从27家杰出的成功企业中找出了一些共同特点，其中最关键的有两条：一是抓住一个竞争优势，例如，一个企业的优势可能在于产品研究和开发，而对于另外一个企业来说，其优势在于产品质量；二是坚持其强项。优势一旦确立，不要为其他所吸引而轻易改变方向。例如，在同行中拥有低价格，在交货期、技术或质量等方面有远远超出其同行之处。一个企业如能建立这样的优势，则是其一笔宝贵财富，绝不能轻易放弃。这实际上意味着企业的竞争实力取决于企业独特的强项，企业经营管理中的一个重要问题就是找出或开发企业的强项，并保持之。常见的企业强项往往表现在低价格、高质量、新技术等方面。

企业在制定竞争策略时，需要对不同竞争重点之间的相悖与折中关系进行分析。在某些情况下，在某一竞争重点上的偏重往往会给其他方面带来相反的影响。例如，对质量的精益求精会导致成本的增加，追求个性化的产品或服务也会增加成本，而力图通过批量生产降低成本又会丧失已有的柔性，等等。管理者必须认识到不同竞争重点之间存在的这种相悖关系，根据本企业的实际情况，决定竞争重点的优先顺序。在必要时，为了突出某一重点，不得不以牺牲其他重点为代价。

二、生产与运作战略

一个组织的战略对该组织具有深远的影响。战略对组织的竞争力影响极大，若是非营利

性组织，战略将在很大程度上影响到其意图的实现。

（一）从使命和目标到运营战略和实际运营

1. 使命和目标

使命是组织存在的基础和原因。使命因组织而异，取决于组织的业务性质。营利性组织的使命是在达到或超过顾客满意的前提下，为所有者（股东、合伙人）提供收益。例如，医院的使命是提供医疗服务；建筑公司的使命是建造新居或公共设施；保险公司的使命是开办人寿保险或其他险种。非营利性组织的使命则是向社会公众提供服务。

使命书是使命的具体化。正是在使命书的指导下，形成了组织的战略并作出各个层次的决策。使命书应该回答以下几个基本问题：

(1) 组织是从事什么业务的？

(2) 组织的信念是什么？

(3) 如何来实现组织的使命和目标，即支撑措施何在？

(4) 组织的独到之处在哪里？

为了能够在整个组织中达成共识，使命书应简洁明了。

表 1-5 给出了 IBM 和联邦快递（FedEx）的使命书。

表 1-5 IBM 和联邦快递的使命书

公　司	使 命 书
IBM	我们研究、开发并制造最先进的信息技术，包括计算机系统、软件、网络系统、存储装置和电子产品。我们有两个基本使命： （1）在研究、开发和制造最先进的信息技术方面争创第一 （2）作为世界上最大的信息服务公司，我们将把先进的技术变成用户的财富。我们的专业人员遍布世界各地，将在特定行业、咨询业、系统一体化、方案开发以及技术支持方面提供专门知识
联邦快递	联邦快递恪守“人才—服务—利润”的理念。我们将通过完全可靠的、最佳的、陆空一体化的方式递送需要快捷的、准时送达的、具有最高优先权的货物或资料，借此来获得最丰厚的回报。同样重要的是，联邦快递采用实时电子跟踪和扫描系统来保存每一件包裹的处理信息。联邦快递把每一次递送的详细记录连同付款单一起呈交顾客。我们彼此之间以及对公众关怀帮助、体贴入微，并提供专业的服务。联邦快递致力于每一次递送都让顾客得到最大的满意

目标是企业组织要达到的预期标准，是使命的体现。例如，一个组织的目标可能是占有某产品市场份额的一定百分比；另一个目标可能是达到一定的盈利水平。目标和使命共同确立了该组织的最终目的。

2. 战略与策略

战略是指运筹帷幄的谋划，统指重大的、带全局性的决策。战略是基于使命的，是达到企业组织目标的途径。一般说来，一个组织既有关系到整个组织的整体战略，即组织战略，同时又有涉及组织内各职能部门的职能战略。正如战略应同该组织的目标和使命相匹配一样，职能战略也应与整体战略保持一致。

策略是用来完成战略的方法和措施。策略与战略相比更具体，它为实际运作的实施提供指导和方向。

3. 实际运营

组织战略为该组织提供了整体性方向，涵盖了整个组织。运作则主要涉及组织内的产品、工序、方法、使用的资源、质量、成本、生产准备时间及进度安排等。

使命、目标、战略与策略与实际运营的关系如图 1-3 所示。

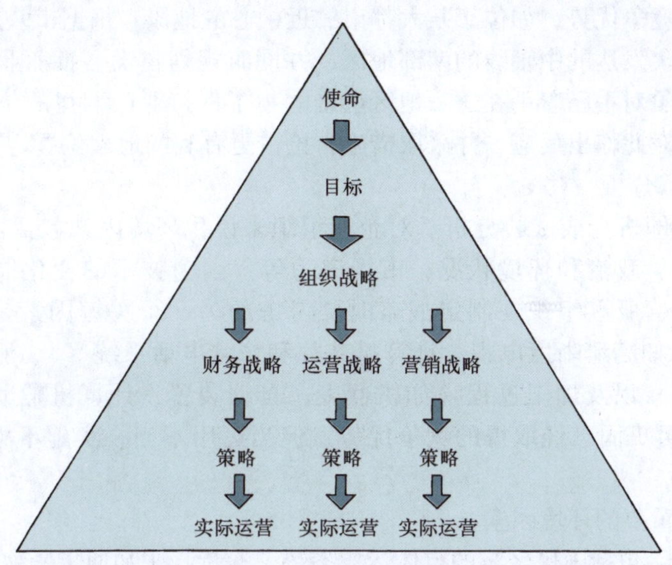

图 1-3 使命、目标、战略与策略与实际运营的关系

企业组织在制定战略时，首先要分析自身优势之所在，掌握竞争对手正在或将要采取什么策略；然后了解企业所处的外部环境，并分析其中哪些因素对自己有利，哪些因素对自己不利。

（二）竞争优势的确立和维持

企业组织的竞争优势体现在以下一个或几个方面：价格、质量、时间、柔性、服务和位置等。价格优势通过降低制造成本以及管理费用、销售费用和财务费用等来取得；当企业所提供产品和服务的质量与竞争对手相比，水平高而且稳定时，企业才可能拥有质量上的优势；时间上的优势表现在交货迅速、及时；当企业能够对用户的需求变化作出即时响应并给以满足时，企业便拥有了柔性方面的优势；服务优势的取得不仅取决于企业组织的硬件设施，更取决于其软件和人员素质；位置优势体现了企业为用户提供产品和服务的方便性。表 1-6 通过实例对上述六个方面的竞争优势进行了说明。

表 1-6 竞争优势举例说明

竞争优势	优势取得	著名公司或服务项目
价格	低成本	美国邮政公司，Motel 6，Red Roof Inn，邮购计算机
质量	质量水平高	索尼，凯迪拉克，迪士尼乐园，五星级饭店
	质量稳定	可口可乐，百事可乐，柯达，施乐，摩托罗拉
时间	交货迅速	麦当劳，联合包裹速递（UPS），达美乐比萨（Domino's Pizza）
	交货及时	联邦快递，联合包裹速递
柔性	种类多	汉堡王（Burger King），医院急诊
	数量大	丰田公司，超市（额外收款台）
服务	优质服务	迪士尼乐园，IBM，诺德斯特龙（ Nordstrom）
位置	方便	超市，干洗店，服务站，银行，自动柜员机

企业组织要制定出有效的战略，就要根据自身的业务特点、顾客的需求及现实竞争者和潜在竞争者所采取的和将要采取的行动来确立并维持自己的竞争优势。例如，一大型超市已经取得了位置上的竞争优势，如位于某大都市靠近中心的地段。根据市政规划，市政府把大型城市公园建设在欠发达的中轴线的南部地区，并同时规划建设一批商业中心和居民小区。同时知道，一些竞争对手已着手在这一地区选址。为了保持业已取得的位置上的竞争优势，这家超市必须立即对此作出反应，并采取措施，抢占更有利的地理位置。

（三）环境因素分析

环境因素分析即机会或威胁分析。对企业组织来说，环境因素包括：用户不断变化的需求，法律、经济、政治和环境状况，市场潜力等。因为技术的变化能给一个组织带来现实的机会或威胁，所以组织在制定战略时要考虑的另一个关键因素是技术变化。技术变化表现在产品（如高清晰度电视、计算机芯片和蜂窝电话系统等）、服务（如订单的快速处理和迅速交货）以及加工过程（如机器人、自动装置、计算机辅助制造和敏捷制造系统）。技术变化可巩固已经取得的竞争优势，但当运用不当、实施不力时，可能会削弱自身的竞争优势。

下面列举一些重要的环境因素：

（1）经济状况：包括国民经济的整体运行态势、通货膨胀和通货紧缩、税率以及关税。

（2）政治状况：包括政府对经营者的态度、政局稳定与否以及是否有潜在的战争。

（3）法律环境：包括反垄断法、贸易壁垒、最低工资法、产品责任法、劳动法以及专利法。

（4）技术：包括产品革新的速度以及当前和将来的工艺与设计技术。

（5）竞争：包括竞争对手的数量和实力、竞争取向（如价格、质量和特色等）以及介入市场的难易程度。

（6）市场：包括份额、地点、消费者对品牌的信任度、进入难易程度、发展潜力、长期稳定性以及人口分布。

（四）生产与运作战略评估

一个组织必须对其所制定的战略在执行后是否达到了预期目标进行评估。为此，应有一套评估准则，并设计一套数量化的评估指标。

1. 评估准则

根据相关理论研究成果和实例，现归纳整理出以下六条准则：

（1）内部一致性：用来评估执行所制定的战略与各种策略是否互相一致，并构成一个整体。例如，在执行有关设施规划的策略时，就必须与采购、制造、日程安排、物流等相配合。

（2）与环境的一致性：用来评估生产与运作战略中各种措施是否符合环境保护的法规和法令。例如，在产品品种策略中是否考虑了污染防治和废料处理。

（3）与企业资源的适宜性：用来评估战略在执行过程中是否充分利用了企业所独有的资源。例如，高素质的人力资源等。

（4）可接受的风险性：用来评估战略的风险定位是否与政府和社会的风险定位一致。

（5）进度的可控性：用来评估战略的执行是否与预期的进度一致。

（6）战略的可行性：用来评估战略实施后是否达到了企业的目标。

2. 数量化的评估指标

为使评估结果客观、结论准确，需设计一套数量化的评估指标。在实际应用中，将企业组织实际执行结果与设定的指标值进行对比，以便找出差距。一般应包括以下几个指标：净收益、股价、存货周转率、应收账款周转率、每股盈余、投资报酬率、负债比率、流动比率、速动比率、市场占有率、销售收入增长率、平均每天缺勤人数或比例、生产成本与生产效率、员工流动率、员工工作满意度。

第四节 生 产 率

一、生产率的概念

生产率即投入产出比。生产率反映了产出（产品和服务）与生产过程中的投入（劳动、材料、能量及其他资源）之间的关系，是一个相对指标。

从本质上讲，生产率反映出资源的有效利用程度。生产率不同于效率，效率是指在给定的资源下达到产出最大。

生产率对非营利性组织、营利性组织和国家都有重要的意义。对营利性组织，较高的生产率意味着较低的成本，较高的利润；对非营利性组织，较高的生产率意味着利用较少的社会投入为公众提供更好的服务；对国家，提高生产率意味着经济运行状况更加良好，国家实力得到增强，美国20世纪90年代长时期经济持续增长的一个主要因素就是生产率提高了。

二、生产率的计算

根据生产率的定义，可给出如下生产率的计算公式

$$生产率=\frac{产出}{投入}$$

生产率可按单一投入、两种以上的投入或者全部投入来度量。与这三种度量方法相对应，有三种生产率，即单要素生产率、多要素生产率和全要素生产率。表1-7列举了这些生产率的度量方法。实际中，具体选择哪一种度量方法视度量的目的而定。

表1-7 不同类型生产率度量方法举例

生产率类型	度量方法
单要素生产率	产出/工时、产出/机时、产出/资本、产出/能源
多要素生产率	产出/（工时+机时）、产出/（工时+资本+能源）
全要素生产率	生产的产品或服务/生产过程中的全部投入

例1-1 某机械加工厂一周内生产出10 000单位的产品，产品售价为10元/单位。为生产这些产品投入了500h，费用为8元/h。此外，还投入折合价值为5 000元的原材料和1 000元的管理费用。试计算劳动生产率和多要素（劳动、原材料和管理费用）生产率。

解：根据式（1-1），可计算出劳动生产率和多要素生产率，如表1-8所示。

表 1-8 劳动生产率和多要素生产率计算过程

劳动生产率	（10 000/500）单位/h＝20 单位/h；（10 000/4 000）单位/h＝2.5 单位/h 费用 （100 000/500）元/h＝200 元/h；（100 000/4 000）元/h＝25 元/h 费用
多要素生产率	［10 000/（4 000＋1 000＋5 000）］单位/单位＝（10 000/10 000）单位/单位＝1 单位/单位投入费用 （100 000/10 000）元/单位＝10 元/单位投入费用

三、影响生产率的因素

影响生产率的因素很多，主要有管理、资本、质量和技术等。除了这四个主要影响因素外，还有其他影响因素，如标准化、工作场所的设计与布置、激励制度等。一个错误观点是：工人是生产率的主要决定因素。照此观点，让工人更卖力地工作是提高生产率的途径。事实上，很多生产率的提高是技术改进的结果。

然而，技术本身并不能保证生产率的提高。事实上，没有先进的管理，反而会降低生产率。早些年，中国在引进外资时就有过沉痛的教训：要么引进了过时的设备和技术；要么只引进了先进的设备和技术，而没有引入软件和管理。

四、提高生产率的步骤

生产率度量可用于很多方面。通过度量生产率，企业可以评定在一定时期的经营业绩，分析取得的成绩和不足，并针对不足采取改进措施。

企业可采取以下步骤来提高生产率：

（1）确定生产率测评指标。

（2）识别影响整体生产率的“瓶颈”环节。

（3）以管理、资本、质量、技术等为切入点提高“瓶颈”环节的生产率。

（4）巩固提高生产率的成果，进行宣传和推广。

第五节 生产与运作管理的新发展

一、生产与运作管理的发展阶段

生产系统在古代就已经存在了，中国的万里长城、埃及的金字塔以及罗马和西班牙帝国的海船都是人类有能力组织生产的例证。这些例子大多属于“公共工程”项目，而现代意义上的用于销售的产品生产和现代工厂制度则出现于产业革命时期。

（一）产业革命

产业革命始于 18 世纪 70 年代的英国，19 世纪扩展到欧洲其他国家和美国。此前，产品是由手工艺人和他们的徒弟在作坊里生产出来的。工匠自始至终地负责制作一种产品，如马车、家具等，使用的工具非常简单。

发明创造逐渐改变了生产的面貌，机器代替了人力。其中意义最重大的是 1764 年瓦特发明的蒸汽机，正是它为工厂里的机器提供了动力。珍妮纺纱机（1770 年）和电动织布机（1785 年）使纺织业发生了革命。充足的煤和铁为发电和制造机器提供了原料。由铁制成的机器比先前使用的简单木制工具效率更高、更耐用。

在工业化初期，少量的定制品是由技术高超的工人利用简单的工具生产出来的。手工艺生产本身有严重的缺陷，表现在生产效率低、成本高。此外，生产成本并不随产量的增加而下降。结果出现了很多小型企业，每个企业都有自己的标准体系。

促使产业革命快速发展的一个重大变化是标准度量制度的产生。它大大减少了定制品的需求，工厂得以迅猛发展，大量农业人员被吸引到工厂去工作。

尽管发生了这些巨大的变化，但管理理论与实践并未获得长足的发展，这时迫切需要有一种系统的、切实可行的管理方法作指导。

（二）科学管理

科学管理的创建给工厂管理带来了巨大变化，效率工程师、发明家泰勒（F. W. Taylor）是其创始人，被人们称为科学管理之父。泰勒依据对工作方法的观测、分析和改进以及经济刺激，将管理建立在科学之上。他通过对工作方法进行详细的研究来确定做每一项工作的最佳方法。泰勒认为，管理部门应负责制订计划，认真挑选和培训工人，找出完成每一项工作的最佳方法，实现管理部门与工人的合作，并主张管理活动从工作活动中分离出来。

泰勒强调产出极大化。这一指导思想并不总是受到工人的欢迎，因为他们认为采用这些方法后产出增加了，而他们的劳动报酬并未得到相应的提高。确实存在着有些企业为追求效率而让工人过度劳动的问题，最终，国会在公众的呼声下就此举行了听证会。1911 年泰勒被要求到会作证，也就是这一年，他最重要的著作《科学管理原理》（The Principles of Scientific Management）出版了。那次听证会事实上促进了科学管理原理在工业领域的推广。

还有很多先驱者也对科学管理作出了重大贡献，其中具有代表性的有弗兰克·吉尔布雷斯（Frank Gilbreth）、亨利·甘特（Henry Gantt）、哈林顿·埃默森（Harrington Emerson）和亨利·福特（Henry Ford）等。

吉尔布雷斯是一位工业工程师，被称为动作研究之父，他提出了动作经济原理。

甘特认识到非货币报酬对激励工人的价值，并提出了获得广泛应用并被称为甘特图的安排生产进度的方法。

埃默森将泰勒的观点应用于组织结构，并鼓励聘用专家以提高组织的效率。他在一次国会听证会上证实：通过采用科学管理原理，铁路一天能节省 100 万美元。

福特是一位了不起的实业家，他在其工厂采用了泰勒的科学管理原理。

20 世纪初，汽车在美国开始走俏。福特公司的 T 型车大获成功，供不应求。为提高运作效率，福特采纳了泰勒提出的科学管理原理，并采用了移动装配线。下面的这段摘录对此作了描述：

查尔斯·索伦森（Charles Sorensen），福特公司的一个高级生产管理者，正指挥着让 T 型车底盘由小车拉着缓慢穿过 250ft[㊀] 长的加工车间，并对这一过程进行全程计时。在他身后，有 6 个工人，他们从地面上精心摆好的零件堆中拿起零件并安装到底盘上。这就是装配线的产生，是美国工业革命的真正精髓。在此之前，制造一辆汽车平均大约需 13 小时；现在他们把装配时间减少了一半，制造一辆车只需 5 小时 50 分钟。他们没有就此止步，而是

㊀ 1ft = 0.304 8m。

更加努力地创新：加长了生产线，使用了专门化的工人用于最后装配。短短几周内，他们实现了仅用2小时38分钟就完成一辆汽车的制造。接着，他们又有了新突破：1914年1月，福特安装了第一条自动传送带。福特说，这是工厂里采用的第一条移动生产线，是在芝加哥肉品包装商使用吊链运输机搬运牛肉之后建成的。在有了这一创新的2个月里，福特公司装配一辆汽车仅需要1小时。这是一个惊人的成就，同时这对他们来说又成了新的动力。此时一切事情都要规定时间，被合理化并分解成更小的作业或操作，从而缩短完成时间。就在几年前，当时是固定底盘装配，生产出一辆汽车的最佳纪录是一个工人工作728小时；采用这一新的移动生产线后，生产出一辆汽车只需93分钟。

（资料来源：William J Stevenson. Production Operations Management [M]. 6th ed. New York McGraw-Hill. Companies，1998.）

汽车工业采用的大量生产是福特众多贡献中的一个。大量生产是指由技术不高或技术一般的工人使用极专业化且通常较昂贵的设备生产出大量标准化产品的一种生产系统。福特之所以能做到这一点，是因为他提出了许多重要概念。其中一个关键概念是零件互换性，它最早由美国发明家伊莱·惠特尼（Eli Whitney）于1790年提出。这一概念用在汽车生产上即是使零件标准化，从而使批量中的任一零件适合于装配线上的任一辆汽车。这就意味着与手工艺生产不同，零件无需定制。标准化的零件可替换使用。福特通过使生产中测量零件的量具标准化和采用生产标准化零件的新工艺，实现了零件的可互换性，结果装配时间和成本大为减少。

福特采纳的第二个概念是劳动分工。这是亚当·斯密在《国富论》（The Wealth of Nations，1776年）中提出的一个重要概念。劳动分工意味着一个工作被分解成一系列很多小的作业，以使每个工人完成整个工作的一小部分。与每一工人需要一定的技术以负责做许多作业的手工艺生产不同，利用劳动分工可使分解的作业涉及面很窄，因此工人几乎不需要多少技术。

这些概念使得福特能够利用大量廉价的劳动力来极大地提高其工厂的生产率。

（三）人际关系学说的发展

科学管理十分强调工作设计技术方面的问题，而人际关系学说则强调在工作设计中人这一因素的重要性。莉莲·吉尔布雷斯（Lillian Gilbreth）是一位心理学家，她和她的丈夫吉尔布雷斯一起着重研究了工作中人的因素。他们在20世纪20年代的研究大多是有关工人疲劳方面的问题。在随后的几十年里，他们将研究重点转向了动机问题。在20世纪30年代，埃尔顿·梅奥（Elton Mayo）在西方电气公司的霍桑工厂进行研究。他的研究表明：除了工作的实物和技术条件外，工人的动机对提高生产率是至关重要的。20世纪40年代，马斯洛（Abraham Maslow）提出了激励理论，50年代赫茨伯格（Frederick Hertzberg）又使激励理论得到进一步发展。麦格雷戈（Douglas Megregor）于60年代提出X理论和Y理论，这两个理论阐述了雇员看待工作的两个极端的态度。X理论坚持消极的一面，假定工人都不喜欢工作，必须经过管制——奖与罚，才能使他们干好工作。这一看法起初在汽车业及其他一些行业相当普遍，后来全球竞争威胁的加大，迫使他们不得不重新考虑这一看法。与X理论相反，Y理论以积极的态度看待工人。到了20世纪70年代，威廉·大内（Wiliam Ouchi）提出了Z理论。该理论集中了日本的诸如终生雇佣、关心雇员及协同一致的观点和西方的诸如短期雇佣、专门人才以及个人决策与职责的传统观点。

（四）决策模型与管理科学

一些定量方法的提出和运用推动了工厂的发展。F. W. 哈里斯（F. W. Harris）于 1915 年提出了第一个模型——库存管理的数学模型。20 世纪 30 年代，在贝尔电话实验室（Bell Telephone Labs）工作的三个同事 H. F. 道奇（H. F. Dodge）、H. G. 罗米格（H. G. Roming）和 W. 休哈特（W. Shewhart）提出了抽样和质量控制的统计程序。1935 年，L. H. C. 蒂皮特（L. H. C. Tippett）进行的研究为统计抽样理论提供了基础工作。

起先这些模型并未在工业上获得广泛应用。然而，第二次世界大战的爆发改变了这一状况。战争给制造业带来了很大压力，多学科的专家共同努力来促使军事和制造业迅速发展。战后，研究和改进定量方法的工作仍在进行，相继提出了预测、库存管理、项目管理及运作管理中其他方面的决策模型。

20 世纪六七十年代，管理科学方法受到高度重视，到 80 年代，对这些方法的重视程度有所下降。

（五）日本制造商的新贡献

许多日本制造商推行或改进了一些管理方法，使得工作效率和产品质量得到提高。这使得他们极具竞争力，引起了西方企业的极大兴趣。这些新方法强调质量的持续改进、工人小组和授权以及让顾客满意。值得称道的是，日本制造商是目前正在工业化国家发生的“质量革命”的发起者。

日本制造商的另一个重要贡献是他们在运作管理中成功地采用了基于时间的战略，即准时制（JIT）。

日本对美国制造业及服务业的影响是巨大的，这种影响在可预见的将来还会继续下去。

表 1-9 按时间顺序列举了运作管理演变中的一些重大发展。

表 1-9 运作管理发展简史

时 间	贡献/概念	创 始 人
1776 年	劳动分工	亚当·斯密
1790 年	零件互换性	伊莱·惠特尼
1911 年	科学管理原理	泰勒
1911 年	动作研究；工业心理学的应用	弗兰克和莉莲·吉尔布雷斯
1912 年	活动进度图	甘特
1913 年	移动装配线	福特
1915 年	库存管理的数学模型	F. W. 哈里斯
1930 年	关于工人动机的霍桑试验	梅奥
1935 年	抽样和质量控制的统计程序	H. F. 道奇，H. R. 罗米格，W. 休哈特等
1940 年	运作研究在战争上的运用	运作研究小组
1947 年	线性规划	乔治·丹茨格（George Dantzig）
1951 年	数字计算机	斯佩里·尤尼瓦克（Sperry Univac）
20 世纪 50 年代	自动化	众多人
20 世纪 60 年代	定量工具的广泛发展	众多人
1975 年	以制造战略为重点	W. 斯金纳（W. Skinner）
20 世纪 80 年代	质量、柔性和准时制	日本制造商
20 世纪 90 年代	互联网	众多人

二、现代生产与运作管理的新特征

1. 市场全球化

市场包括企业本身正在日益全球化。北美自由贸易协定（NAFTA）成员美国、加拿大和墨西哥为促进其间贸易的开展开放了各自的边境。涉及面更广的是世界贸易组织，即WTO。其成员方同意开放各自的经济领域，减少关税和补贴，扩大知识产权保护等。此外，许多企业在国外建有制造工厂。新兴市场，尤其是中国市场，方兴未艾。其结果是在世界范围内竞争日益加剧。

2. 生产与运作战略受到重视

在20世纪七八十年代，很多公司忽视了运作战略。为此，一些公司付出了沉重代价。现在，越来越多的公司开始认识到运作战略对其成功的重要性以及将运作战略与公司的整体经营联系起来的必要性。

3. 全面质量管理

许多企业正在将全面质量管理方法应用到经营管理中去，按照这一方法，整个组织上至总裁下至一般员工都要参与其中，以探求不断提高产品质量的方法。

4. 柔性

对产品需求量的变化、产品本身及交货时间变化的适应能力已经成为企业的主要竞争战略。在制造业方面，“敏捷制造”（Agile Manufacturing）一词就是针对柔性而提出的。

5. 缩短交货时间

许多公司正在致力于减少完成各项任务的时间以获得竞争优势。如果两个公司都能按同样的价格和质量提供相同的产品，但其中一公司交付货物的时间比另一个公司早4周，那么赢得客户的必定是交货时间短的那个公司。为缩短时间，公司可在工序加工、信息检索、产品设计和处理顾客抱怨等方面下工夫。

6. 技术进步

技术进步促使大量新产品和新工艺出现。毫无疑问，计算机已经并将继续对企业产生较大的影响，它使企业运作方式发生了真正的革命。其应用涉及产品设计、产品特性、加工技术、信息处理和通信。在新材料、新方法和新设备方面的技术进步也极大地影响着工作。产品和工艺上的技术变化将直接影响到企业组织的产品质量及其竞争力。但是，如果技术与现有企业运作系统不能做到很好地结合，那么，新技术的应用反而会使得产品成本提高，柔性减少，甚至生产率下降，其结果是弊大于利。

7. 工人参与

越来越多的企业正在鼓励基层人员参与决策和解决管理问题，工人掌握有关生产过程的管理和技术知识可使工人为企业多作贡献。工人参与的具体形式是建立工作小组，做到在协商一致的基础上解决问题和进行决策。

8. 流程再造

一些公司正采取有效的措施提高其经营业绩，在重新设计企业流程方面坚持从头开始。按照《公司流程再造》（Reengineering the Corporation）合作者之一米歇尔·哈默（Michael Hammer）的解释，流程再造是指对现有流程进行分析，找出问题所在，从而设计出新的企业流程。流程再造的核心是使现有企业流程得到重大改善。例如，对满足顾客要求或将某一

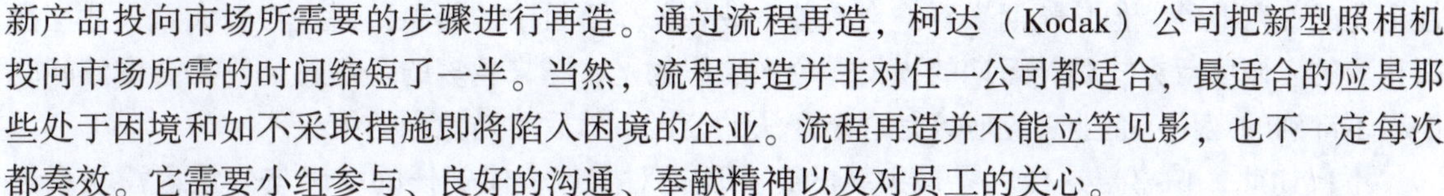

新产品投向市场所需要的步骤进行再造。通过流程再造，柯达（Kodak）公司把新型照相机投向市场所需的时间缩短了一半。当然，流程再造并非对任一公司都适合，最适合的应是那些处于困境和如不采取措施即将陷入困境的企业。流程再造并不能立竿见影，也不一定每次都奏效。它需要小组参与、良好的沟通、奉献精神以及对员工的关心。

9. 供应链管理

组织对从原料供应方一直到最终顾客这一供应链进行管理。

10. 精益生产

这一新的生产方式产生于20世纪90年代。这种生产方式综合了上述列举的众多新发展，并强调质量、柔性、缩短时间和协同工作。这一方式使得组织结构变得扁平化，管理层次大为减少。

精益生产的得名是因为该系统可使用比大量生产系统较少的资源——占用较少的空间、库存而工人生产出同样多的产品。精益生产系统利用技术高的工人和富有柔性的设备，事实上，它集中了大量生产（高产量、低成本）和手工艺生产（品种多、柔性）的优点。精益生产的产品质量要优于大量生产的产品。

在精益生产系统中，有技术的工人比大量生产中的工人更多地参与对系统的维持和改进工作。他们被告知如果发现一个缺陷就停止生产，同其他工人一道找出并消除造成缺陷的根源，以使缺陷不再出现。这样做必将促使一定时间内质量水平的不断提高，避免了返工，减少了在最后一道工序检验产品的必要性。

由于精益生产在较低库存状态下运作，因此对出现问题的类型、出现问题的位置以及出现问题的时间进行预测就显得格外重要。即便如此，问题仍时常出现。迅速解决出现的问题是精益生产的另一个核心。

11. 环境问题与低碳运营

污染控制和废物处理是企业管理者必须关心的重要问题。企业正日益注重减少废物，使用毒性较小的化学制品，以及设计出更容易再处理和再利用的产品和部件。有关环保问题的法规和法令越来越多，内容越来具体，对造成污染和对废物控制不力的企业的处罚也越来越严厉。尽管这样做会给一些企业增加一些额外的费用，但从总体上看，这将减少对环境的破坏，还人类一个美好的生存空间。

今天，低碳运营模式日益受到社会和各类组织的重视。低碳经济就是以低能耗、低污染、低排放为基础的经济模式。低碳经济的实质是能源效率和清洁能源结构问题，核心是能源技术创新和制度创新，目标是减缓气候变化和促进人类的可持续发展。从企业层面，应对企业的碳源进行分析，跟踪碳足迹，测算其碳排放量，以企业内部小循环为支撑，研究投资、技术引进、产品开发等低碳运营管理模式。

12. 道德问题与企业社会责任

道德问题和企业社会责任（Corporate Social Responsibility，CSR）涉及方方面面。会计丑闻，天价医疗费，股票经纪人散布有关股票的误导信息，侵犯网络信息的隐私性和安全性，行业欺诈，在金融、电信和其他企业中散布顾客的个人信息，有意识或无意识地破坏环境，以及随意让员工加班加点等，都属于道德和社会责任问题。这些问题已招致公众的强烈反对，并引起各级管理人员的关注。

从企业角度，越来越多的企业认识到，更多地关注公众和社会的利益，虽然短时期内会牺牲企业的经营业绩，但从长期来看，会改善企业在公众心目中的形象，通过吸引大量人才、提高客户的忠诚度等方式弥补短期的损失。令人欣慰的是，越来越多的企业对企业社会责任问题作出了准确的定位：企业首先应该是遵纪守法的公民，然后才是盈利的组织。

不仅如此，像惠普这样世界顶尖级的企业还把对全球公民责任的承诺与公司运营联系起来，实现了从义务到战略的转变。在全球范围内，惠普根据对业务、技术和社会的重要性，确定了其社会责任的三个战略重点：环境可持续性、隐私和社会投资。惠普每年都会评估客户需要和发展趋势，据此制定全球社会责任战略计划。创新、管理、社会责任、产品与服务构成了惠普这一品牌的四大支柱，社会责任已经转化为企业的竞争力。

习　题

1. 简述生产运作管理的概念及实质。
2. 生产与运作管理的目标是什么？
3. 在企业组织中，内部职能有哪些？
4. 如何理解运营职能在企业组织中的核心作用？
5. 生产与运作管理包括哪两个方面的基本问题？
6. 生产运营系统的设计与运行要解决的具体问题有哪些？
7. 生产运营系统的组织与控制要解决的具体问题有哪些？
8. 谈谈你对竞争力的理解。一家企业的竞争力具体体现在哪些方面？
9. 如何定量化测评竞争力？
10. 什么是使命书？为你熟悉的一家公司草拟一份使命书。
11. 试说明战略与策略的区别与联系。
12. 结合实例说明如何确立并维持一个企业组织的竞争优势？
13. 影响企业组织制定有效战略的外部环境因素有哪些？
14. 生产与运作战略评估的准则及指标是什么？
15. 一家餐饮公司用 8 个工人为一个学校的 10 周年庆典准备了 300 份套餐。一周前，该公司的 6 个工人为一次结婚招待会准备了 240 份套餐。

（1）上述两个业务中，哪个劳动生产率高？为什么？

（2）两个业务生产率不同的可能原因是什么？

16. 某车间生产一种产品，每小时生产 72 件合格品，废品率是 10%，劳动生产率是多少？如果废品率降为 2%，生产率提高到多少？
17. 简述运营管理的发展历程。
18. 简述日本制造商对运营管理理论与方法所作的贡献。
19. 简述现代生产与运作管理的新特征。
20. 假如你刚毕业进入一家企业工作，你认为应该如何做，才能使自己成为运营管理骨干？请列出你两年内的计划。

案例：麦当劳抓住了快餐的要旨——快与餐

梁女士拉着 5 岁女儿的手迈出了车门，正要走进超市，孩子突然说："我要吃麦当劳！"梁女士下意识地看了一下表，现在还不到 11 点，没到吃午餐的时间啊。顺着女儿手指的方向，梁女士看到了麦当劳标志性的黄金双拱门。这时，梁女士明白了，孩子一定是回忆起了上次在麦当劳儿童乐园的愉快经历。

麦当劳是总部设在美国的一家快餐连锁企业，提供以汉堡包食品为主的标准菜单。自1955年雷·克洛克（Ray Kroc）开设第一家餐厅以来，麦当劳餐厅迅速向国内外扩张，到目前为止，在121个国家拥有超过30 000家餐厅，每天为4 600万顾客提供服务。

麦当劳的愿景就是成为世界上最好的快餐厅。其使命植根于以下三个方面：

(1) 成为全世界每个社区中的最佳雇主。

(2) 每家餐厅都为顾客提供最卓越的服务。

(3) 通过品牌扩张，借助创新及技术优势，实现利润的持久增长。

那么，麦当劳是如何通过运营战略来兑现其使命和愿景呢？

人们可能并不认为麦当劳提供的食物是世界上最好的，但都认为它是世界上最好的快餐店。万变不离其宗，作为快餐，最为核心的一定是“快”与“餐”，而麦当劳就牢牢地抓住了这两个要旨。

1. 快

假设中午你想到快餐店就餐，而不是去通常的饭店或自己烧菜，最主要的动因是什么？那一定是想省点时间。

(1) 一切从选址开始。科学的选址加上醒目的标志，让顾客很快就可以找到周围最近的麦当劳。在你生活和工作的地区，你肯定知道离你最近的麦当劳在哪里；当你到了一个陌生的城市，随便问一下周围的居民，他们准会指给你周围麦当劳的位置。

麦当劳在选址时主要考虑以下因素：

1) 居民的收入水平及消费习惯。

2) 已有餐饮网点的布局。

3) 大型商场或超市、娱乐场所的分布。

4) 大型企事业单位、住宅小区的分布。

5) 公交线路、人流量和停车场的面积。

6) 厨余垃圾处理的便利性。

7) 地价与房租。

8) 社区治安和消防。

事实上，经营餐饮的公司都会考虑这些因素，而麦当劳的过人之处在于把选址分析工作做到了极致。

首先，规划目标商圈。麦当劳会把一特定的城市划分出若干商圈，并对每一商圈规划出餐厅的具体位置。在商圈内，每一个餐厅都有特定的目标顾客：有些指向商务人士，有些指向购物者，有些指向学校教职工，有些指向旅游者，有些指向大型社区的居民，等等。

其次，麦当劳设计了一种记分方法辅助选址。例如，如果附近有一个大型商场，可以按客流数量进行计分，也可以按照营业额进行计分；如果有公交线路经过目标商圈，则按照经过的公交线路或地铁条数折合为相应的分值。对影响选址的其他因素也设计相应的计分规则。单项因素分值确定以后进行汇总。

最后，精准化确定聚客点。麦当劳会用秒表测时的方法记录从公交车下车或从地铁出来后到达目标地点的时间，记录并测算平均每天从公交车下车或从地铁出来后途经目标地点的人数，还要调查从公共交通落客点到目标地点之间有无像肯德基这样强劲的竞争对手。

（2）醒目且选择有限的套餐。醒目且选择有限的套餐最大化地减少了顾客徘徊不决的时间；而顾客清楚地喊出1号或2号套餐，也极大地方便了服务人员配餐。所有这些不都是在为顾客节省时间吗？对照一下有些小吃店的做法：墙上挂满了做工精致的木牌，但上面的字却是那么小，不到近处很难看清楚上面的食品名称和价格；加之没有固定组合，顾客选来选去，既耽误了自己的时间，又影响到其他顾客选择。

（3）标准化的作业流程。麦当劳制定了详细的、标准化的作业流程，在没有排队等候的情况下，顾客一般在2min以内就能得到他们所需要的全部食品。

麦当劳使用标准化的设备，按照标准规范培训操作人员，以执行标准化的食品加工流程。麦当劳餐厅仿佛是一家高度自动化的工厂。为了达到规范与统一，麦当劳在食品加工线上大量采用自动化的设备，这样就减少了人的判断和误差。麦当劳把烤制食品的时间精确到秒。怎样翻动面包，面包烤好后怎样在上面添加配料，肉饼怎样起锅，等等，都是标准化的。标准化的作业流程极大地减少了食品准备和配送的时间。

为体现标准化的作业流程，麦当劳还严格执行“一站式”服务，即顾客只需排一次队就可以得到所需的全部食品。这一点最值得快餐企业借鉴。此外，经常去麦当劳就餐的顾客都知道，麦当劳的礼貌用语也是标准化的：服务人员使用统一的问候语表示欢迎或欢送，甚至与顾客应答的声音大小也是标准化的。

（4）标准化的设施布置。麦当劳实行标准化的设施布置。麦当劳把标准化的设施布置应用在以下几个方面：

1）厨房布置和物料摆放标准化，所有的食物都事先放在纸盒或饮料机里。

2）为实现“得来速”汽车餐厅真正的快捷性，麦当劳设计了环绕型车道。在距餐厅不远的地方装上通话器，上面标有醒目的食品名称和价格。乘客经过时，只要打开车门，对着通话器报上所需食品，当车行驶到食品配送窗口时，就能一手交钱，一手拿取食品，并能立刻驱车上路。

2. 餐

对快餐，顾客最为关心的莫过于食品的质量与安全。麦当劳的创始人雷·克洛克在创业之初就确定了QSC&V的经营理念。这里Q代表质量（Quality）、S代表服务（Service）、C代表清洁（Cleanliness）、V代表价值（Value）。几十年来，麦当劳始终致力于贯彻这一理念。而这一理念的确立正是为了保证食品的质量与安全。

（1）一切从食材选择开始。高质量和安全的食品有赖于高质量的原材料。麦当劳为保证食品原材料的品质，可谓下足了本钱。每天，成品面包、鸡肉、牛排、奶酪、袋装切好的生菜、调味酱包、面粉、调料、烹炸用油、汉堡包装盒等各种食品原材料从分散在中国各地的40多个食品供应商，运送到麦当劳分布在北京、上海、广州等城市的分发中心，再由这里分送到麦当劳遍布中国的千余家餐厅。面对大量的食品和复杂的供应链，为在各个环节保证食品的质量与安全。麦当劳采取了严格的控制手段。

麦当劳要求其供应商必须是行业专家。例如，作为麦当劳面包主要供应商的上海怡斯宝特面包工业有限公司就是一家国际知名的面包生产集团，专门生产汉堡面包、麦香鸡面包、巨无霸面包和长芝麻面包。该供应商与麦当劳的合作已有50余年。

为保证食品的独特风味和新鲜感，麦当劳制定了一系列近乎苛刻的指标。例如，肉饼必须由83%的肩肉与17%的精选五花肉混制而成，脂肪含量控制在16%～19%之间，甚至绞碎后制成的肉饼的规格也有严格的尺寸要求。同时，所有原材料在进店之前都要接受多项质量检查。其中，对牛肉的检查指标超过40个。

（2）始终如一的规范。笔者第一次去麦当劳就餐是在1992年，虽然20多年已经过去了，但那几位手里拿着抹布，腰里插条手巾，眼光敏锐、手脚勤快，顾客一走，马上就来清理桌面和地面残余物的服务员仿佛仍在眼前。事实上，麦当劳对餐厅内外的清洁和消毒均制定有严格的标准操作规程。

人们去快餐店就餐，在考虑快捷的同时，最为关心的是食品的质量和安全。麦当劳严格的质量标准、规范的作业流程、标准化的设备，使得在保证食品快速配送的同时，也最大限度地保证了食品的品质和安全。

为保证这些规范得以落到实处，麦当劳建立了严格的检查监督制度。麦当劳建立了三种检查制度：常规性月度考评、公司总部的检查及抽查。检查的主要项目有：

1）食品的新鲜度、温度和味道等。

2）地板、天花板、墙壁、桌椅等的洁净度。

3）柜台服务员的服务态度和速度等。

4）食品制作过程和柜台工作流程等。

5）营运绩效。

为保证抽查的随机性，以反映真实情况，对于第2项和第3项检查内容，地区督导常以普通顾客的身份进行抽查。

麦当劳除了最为核心的“快”与“餐”外，还提供其他服务，如生日聚会、游戏和奖品、麦当劳叔叔慈善之家等，有些餐厅里开设有儿童乐园。儿童乐园虽然空间不大，但在干净整洁的环境里，有吃的、有玩的，有哪个孩子能不动心呢？有哪个母亲会拒绝孩子的这点要求呢？梁女士当然也不会！

3. 没有结束的故事

2002年，麦当劳的竞争对手肯德基开始在中国部分城市的餐厅供应早餐，并于同年推出了两款极具中国本土特色的花式早餐粥：海鲜蛋花粥和香菇鸡肉粥，至此正式拉开了肯德基加快产品本土化的大幕。此后每年，无论早餐还是正餐，肯德基都会推出一定数量符合中国消费者口味需求的本土化产品。

2008年1月21日，油条这种中国人再熟悉不过的早餐品种，开始出现在全国各大肯德基餐厅。洋快餐卖“油条”可真是新娘子上轿——头一回。肯德基这次推出的“安心油条”，是继花式粥之后的又一种本土化全新产品。

2010年阳春三月，当顾客走进肯德基餐厅，闻到“醇豆浆”四溢的清香时，不要以为走错了地方。肯德基正大张旗鼓地把中国人最传统的饮品摆上洋快餐的餐桌上。

看来，肯德基是要把本土化食品进行到底了。麦当劳呢？它为什么仍然按兵不动？

下面是一个不怎么鼓舞人心的故事：

2009年10月31日，麦当劳在冰岛首都的三家餐厅送走了最后一批顾客。午夜时分，随着门店大门徐徐关上，麦当劳结束了在冰岛长达16年的营业史，全面退出了冰岛市场。

麦当劳在冰岛的生意一直十分兴隆：每到就餐时，汹涌的人潮是任何一个地方都没有的。那么，麦当劳为什么要退出冰岛？

麦当劳总部对此发布声明说，在冰岛开展业务是一项非常大的挑战。但是，谁也想象不到的是，挑战竟然来自看似微不足道的“洋葱”！

冰岛的农业极不发达，大部分农作物都来自德国，包括必不可少的洋葱。麦当劳的食品配方有非常严格的规程。它的主料包括：汉堡坯、牛肉馅、生菜、洋葱、西红柿、鸡蛋、奶酪、沙拉酱；调料包括：盐、料酒、黑胡椒粉。一个汉堡包净重 1.8oz，其中洋葱的重量为 0.25oz。

由于冰岛经济遭金融海啸重创，克朗汇价大幅缩水，进口成本急剧增加，要从德国进口 1kg 洋葱，要付出等同于一瓶上好威士忌的价钱。加上冰岛当局对进口食物开征重税，麦当劳已经很难再维持下去。

（资料来源：张力．麦当劳标准化作业与管理细节［M］．深圳：海天出版社，2008.）

问题：

1. 麦当劳的使命和愿景是什么？
2. 麦当劳是如何通过运营战略来实现其使命和愿景的？
3. 麦当劳把其目标顾客定位在哪里？
4. 麦当劳通过哪些手段来实现食品的快速配送？
5. 麦当劳通过哪些手段来保证食品的质量与安全？
6. 麦当劳除了提供快餐，还提供哪些服务？这些服务项目是如何支持麦当劳实现其 QSC&V 经营理念的？
7. 麦当劳如何在标准化与本土化之间做出取舍？

第二章

需求预测与管理

本章内容要点

- 需求预测的重要性
- 需求预测的过程和方法
- 需求预测误差
- 需求管理

第一节　需求预测的重要性

企业需要通过向市场提供产品或服务（以下统称为产品）满足市场的需求，达到盈利、生存和发展的目的。为了提供能够满足市场需求的产品，首先需要了解市场的需求状况，了解顾客需要什么产品、需要多少、什么时间需要、在什么地点需要等。由于产品的生产都需要一定的周期，所以企业现在生产的产品都是满足市场未来需求的。要使生产的产品能够符合市场的要求，企业就需要对未来的市场需求进行预测。而要有效地利用企业的资源，实现更高的生产效益，企业还必须制订各种计划。由于市场和顾客的需求是随机变动的，因而对未来的需求无法准确把握，企业只能根据以往的销售情况和收集到的影响市场需求的信息对市场需求进行预测。需求预测的结果是制订各种计划的重要依据。

需求预测对于企业具有重要的意义，而企业中的各类人员都需要利用需求预测的结果进行决策。首先，企业高层经营者需要根据预测进行战略的选择，这种选择往往决定企业的发展方向。比如进行投资决策，如果不根据对市场的长期需求预测的结果进行，就会成为盲目的决策，可能给企业造成致命的损失。生产计划人员需要根据市场需求预测制订生产计划，决定使用何种策略满足市场的需求；市场营销专家则要根据市场需求预测的结果调整营销策略，以便更好地满足顾客的需求；财务部门则需要根据需求预测的结果筹措资金、制定预算、核算成本；研究开发人员则需要根据对市场未来需求的预测研究开发新技术和新产品，以使企业取得长期的竞争优势；人力资源管理部门需要根据需求预测的结果募集需要的员工，组织培训，制定新的工作和薪酬标准。

由于未来的需求会受到很多不确定因素的影响，所以需求的变动是随机的，而且需求是无法准确预测的。对于未来的需求，没有一种方法能够准确地进行描述，只能利用以往的销售情况和收集到的影响市场需求的因素的信息，利用已知的需求预测方法进行需求预测。

需求预测的对象是直接向市场销售的产品，一般是最终产品，或作为配件向市场销售的零部件。需求预测应该是企业市场营销部门的职责。然而由于市场环境日趋复杂化、现代企业的职能的交叉以及各种职能部门业务范围的扩大，现代企业中高层经营者、研究开发部门、生产部门和财务部门等也都以某种形式独立或联合从事需求预测活动。

企业的需求预测可以分为三类。第一类是为了进行长期投资决策对未来较长时间市场需求发展方向进行的预测，预测的时间可以长达5～10年，称为长期需求预测。长期需求预测的内容包括未来可能出现的新需求、新技术、新产品和新市场等。这类预测的结果是企业制订长期发展计划、长期生产能力计划的依据。第二类预测是对未来一个季度到2年内需求变动的预测。其预测结果可以用于制订总生产计划、销售计划以及各种资金的预算等。第三类是对比较短的期间内的需求变动进行预测，如未来数月内各期可能发生的需求量，称为短期预测。这类预测的结果是企业制订作业计划、进行作业控制的依据。不同类型需求预测的特征如表2-1所示。

表2-1 不同类型需求预测的特征

预测的范围	代表性的时间长度	应用	特征	预测方法
长期	通常是5年或5年以上	企业计划： 产品计划 研究计划 资本计划 工厂选址和扩张	范围广，是总体的，通常是定性与定量相结合的预测	技术的方法 经济的方法 人口统计学的方法 市场研究 经营者的判断
中期	一般是一个季度到2年	总体计划： 资本和现金预算 销售计划 生产计划 生产和库存预算	定量预测 预测对象是产品族 需要估计可靠性	销售人员的预测 时间序列分析 回归分析 经济指数修正或结合经营者的判断
短期	通常不超过一个季度	短期控制： 生产和劳动水平的调整 采购 工作调度 项目分配 加班决策	在单一产品的层次上进行预测 在单一产品的层次上调整采购、生产和库存量	回归分析 移动平均法 经营者的判断 指数平滑法

要进行需求预测，首先应该明确市场需求的特点。对产品的需求，其发生的时间和发生的需求量受到多方面因素的影响。市场需求一般表现为随机的变化，其构成因素很多且很复杂，但为了预测的需要，一般把需求的结构简单化，将其分解为几种基本成分。可以把需求分解为六种成分：一段时间内需求量的平均值、周期性变化、季节性变化、变化趋势、自相关和随机性误差，如图2-1所示。

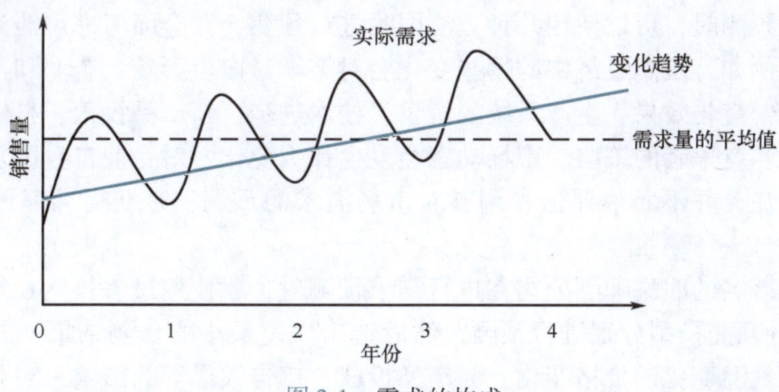

图 2-1 需求的构成

这里周期性变化是指需求受长期经济变动周期影响而发生的变动。社会经济的成长速度、景气与不景气、政治局势的变化等，都会对需求产生重要的影响。而这种影响是长期性的，往往很难准确预测。季节性变化一般比较明显，例如，市场对家用空调器的需求就呈现出非常明显的季节性变化的特点。变化趋势则是指在一定的时间段内，市场对产品的需求量呈现上升或下降的趋势。这与社会经济状况、社会技术水平、产品生命周期等都有密切的联系。变化趋势可以表现为直线上升或下降，也可以表现为曲线形式，如随着产品生命周期曲线的推移，对产品需求量的变化趋势呈现为S形曲线。自相关则描述了事件的持续性，即某一产品需求量的期望值与其自身的历史记录相关。例如在排队论中，队列的长度就是高度自相关的。如果某一队列在某一个时刻较长，则在这之后的一段时间内，该队列仍将是比较长的队列。如果各期的需求量之间存在高度自相关性，则需求量的变化就不会很大。

随机性误差是由于偶发事件造成的。在统计学意义上，当排除了需求的所有已知成因(即平均值、周期性变化、季节性变化、变化趋势、自相关）后，其余部分就是需求的不可知部分。人们一般无法确定这些剩余部分的成因，就假定其是由随机因素造成的。

第二节 需求预测的过程和方法

一、需求预测的过程

在进行需求预测时，通常首先要分析需求变化的趋势，然后分析季节性变化因素和周期性变化因素，再根据可能影响最终预测结果的其他因素进行必要的调整，确定最终预测结果。

尽管需求预测的方法有很多，但需求预测的过程一般都是由以下七个步骤构成的：第一步，确定需求预测的目标；第二步，确定需求预测的对象；第三步，确定预测期间，一般使用过去 n 期的实际需求预测在未来一期 t 可能发生的需求（见图2-2)；第四步，收集数据资料，其中影响市场需求的因素包括宏观经济指标、市场竞争态势、技术进步、消费倾向、产品生命周期、市场价格等，而历史销售数据是需求预测的重要依据；第五步，选择预测方法；第六步，实施预测；第七步，预测结果的应用。

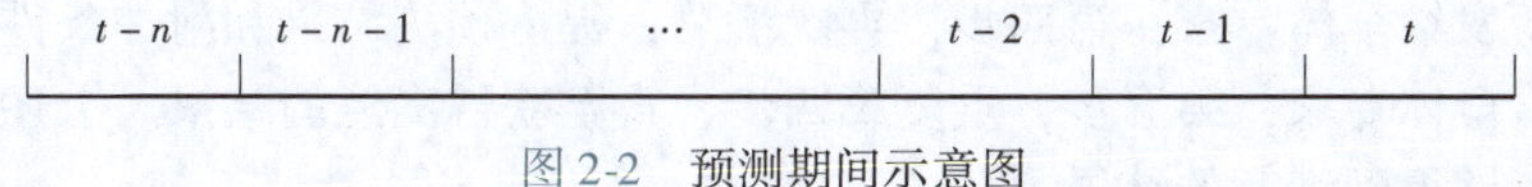

图 2-2 预测期间示意图

在进行需求预测时，可以使用几种方法同时进行预测，并全面考虑可能对需求量产生影响的各种因素。例如，宏观经济中的哪些变化会对需求量产生影响？企业和消费者个人的行为会有什么变化？广告效果、生产系统的调整、技术进步、新产品投入、自然环境等会对需求产生什么影响？竞争者的策略、市场动态会发生什么变化？对企业自身以及企业所处的环境进行密切的关注，并不断地评估和调整对市场需求的预测，是获得准确预测结果的必要条件。

例如，日本著名的麒麟啤酒公司在进行需求预测时，就使用过去长达 6 年的实际销售数据，先使用 17 种预测模型分别进行预测，然后选出误差最小的预测结果，并综合考虑各种影响因素，包括气温变化、价格变化、新产品投放、广告效果等的影响，对预测结果进行调整，最终得到的预测结果才被用于制订生产计划。该公司的需求预测准确度高达 95% 以上。

二、需求预测的方法

需求预测方法分为定性需求预测方法和定量需求预测方法两类。两类方法具有不同的用途。

（一）定性需求预测方法

定性需求预测方法又称主观需求预测方法，主要用于预测长期的需求变动、技术和产品的发展趋势、市场形势的变化等。它的信息来源和预测依据是各方面不同的主观意见，方法简单易行，不需要复杂的数学公式。常用的定性需求预测方法有：营销人员的预测、经营者的预测、专业咨询机构的市场调研、历史类比法和德尔菲法。

其中，营销人员与经营者的预测也可以用于对短期需求变动进行预测。营销人员密切接触市场，对市场需求的变动具有敏锐的观察能力。经营者则往往可以凭长期的经验对需求变动具有特殊的直觉。这两类人员的定性预测是被各类企业普遍采用的重要的需求预测方法。

市场调研一般需要通过长时间和大范围的调查收集资料，同时还要对收集到的资料进行科学的分析，需要高水平的分析人员和难度较大的分析方法，因而需要大量的投入。企业一般会委托专业咨询机构进行这种调研。市场调研主要用于新产品核心技术的研究开发，了解顾客对现有产品的偏好程度，调查特定层次的顾客偏好哪些竞争性产品等。数据收集方法主要有问卷调查和访谈法两种。

历史类比法是将预测的对象与类似的产品相联系，利用类似产品的历史数据进行预测。这种方法对于设计开发新产品时的预测具有重要意义。当要预测某种新产品的需求但又缺乏该产品的历史需求数据时，如果现有的产品或同类型的产品可用来作为类比模型，就是最理想的情况。历史类比法还可以用于很多类似产品的预测，如互补产品、替代产品等竞争性产品。

德尔菲法（Delphi Method）又称专家调查法，是 20 世纪 40 年代末期由美国兰德公司首先提出并很快在世界上盛行起来的一种调查预测方法。它一般适用于科学发展预测、潜在市场规模的预测等相对宏观的预测。此种方法的预测过程如下：第一步，选择参与预测的专家；第二步，通过调查问卷获得每一位专家的预测信息；第三步，汇总调查结果，附加适当的新问题后重新发给全体专家；第四步，再次汇总，提炼预测结果和附加条件，形成新一轮问题，然后发给全体专家；第五步，重复第四步，直至获得满意的结果。上述过程重复三四轮后，一般就能够得到满意的结果。

（二）定量需求预测方法

定量需求预测方法又分为时间序列分析和回归分析两类。其中时间序列分析更多地被用于预测短期的需求变化，而回归分析的方法则被用于短期和长期的需求变动。

1. 时间序列分析法

时间序列分析法（Time Series Analysis）是定量需求预测方法中最基本的一种，主要包括简单移动平均法、加权移动平均法、指数平滑法等方法。时间序列分析法以历史实际需求量数据为基础预测未来可能发生的需求量。例如，可以用过去数周中每一周的实际销售量预测下一周的销售量，用过去若干年内每季度的实际销售量数据预测未来各季度的销售量。

简单移动平均法可用在需求分析和需求预测两个方面。当对产品的需求变动比较平稳且不存在季节性因素的影响时，简单移动平均法能有效地消除预测中的随机波动。用于需求预测时，首先计算从现在追溯到过去一定区间内需求的平均值，根据这个平均值来预测下一期的需求。如果假设移动平均区间的长度为 n，D_{t-i}（$i=1$，…，n）为过去发生的实际需求量，需求预测值用 F_t 表示，则

$$F_t = \frac{D_{t-1} + D_{t-2} + D_{t-3} + \cdots + D_{t-n}}{n} \tag{2-1}$$

选择移动平均法的最佳区间很重要，但不同区间长度之间存在一些矛盾。移动平均区间越长，对随机误差项的平滑效果就越好。但在需求量有增加或降低的趋势时，移动平均法会使这种趋势滞后。因此，虽然使用的时间跨度短会使波动更大，但这样更能密切跟踪变化趋势；虽然时间跨度长对需求变动的平滑效果更好，但预测结果会滞后于变动趋势。

加权移动平均法与简单移动平均法相比，其最大的特点是各期需求值在预测中的权重是不同的。可以说，简单移动平均法是加权移动平均法的一个特例。

一般而言，当需求的变动存在增长或降低的趋势时，可以使用加权移动平均法进行预测。这时，因为最近的需求量数据最能预示未来的情况，因而其权重应更大些。在使用这种方法时，合理地选择权重很关键。经验法和试算法是选择权重简单而有效的方法。如果需求量的变动具有季节性，则权重也应具有季节性。

由于加权移动平均法能区别对待历史数据，因而在预测具有变动趋势的需求时要优于简单移动平均法。

设第 $t-i$ 期需求 D_{t-i} 的权重为 w_i，且 $\sum_{i=1}^{n} w_i = 1$，则第 t 期的需求预测值为

$$F_t = w_1 D_{t-1} + w_2 D_{t-2} + \cdots + w_n D_{t-n} \tag{2-2}$$

例 2-1 某汽车专营店连续 12 个月某型号汽车的销售情况如表 2-2 所示，要根据过去 3 个月的销售量来进行加权预测。权重分别为：最近一个月为 1/2，前第 2 个月为 1/3，前第 3 个月为 1/6。试预测第 13 个月汽车的销售情况。

表 2-2 前 12 个月汽车的销售情况

月 份	1	2	3	4	5	6	7	8	9	10	11	12
实际销售量/辆	10	12	13	16	19	23	26	30	28	18	16	14

第 13 个月的需求预测结果为

$$第 13 个月的预测值 = \frac{1}{2} \times 第 12 个月的销量 + \frac{1}{3} \times 第 11 个月的销售量 + \frac{1}{6} \times 第 10 个月的销售量 = 15.3 辆$$

使用简单移动平均法和加权移动平均法的一个必要条件是必须有大量连续的历史需求数据可以利用。但在一般情况下，最近期的需求数据远比较早期的更能预测未来的需求。假设数据越远离当期其重要性就越低，则指数平滑法就是最为合理的方法。

指数平滑法又称指数加权移动平均法。例如，离现在时间较近的过去的需求数据对现在的需求可能有更大的影响，则需要对其加大权重。设第 t 期的需求量和预测值分别为 D_t、F_t，最近一期的需求的权重为 α，则第 $t+1$ 期的需求预测值为

$$F_{t+1} = F_t + \alpha(D_t - F_t) \tag{2-3}$$

这个公式可以变形为

$$F_{t+1} = \alpha D_t + \alpha(1-\alpha)D_{t-1} + \alpha(1-\alpha)^2 D_{t-2} + \cdots + (1-\alpha)^N F_{t-(N-1)} \tag{2-4}$$

这种方法能够更好地对存在趋势和季节性变动的需求进行预测。使用指数平滑法时，只需用三个数据就可预测未来的需求：最近期的需求预测值、实际需求量和平滑系数 α。α 取值越大，对需求变动的反应越敏感；α 越小，预测的平滑效果越明显，如图 2-3 所示。

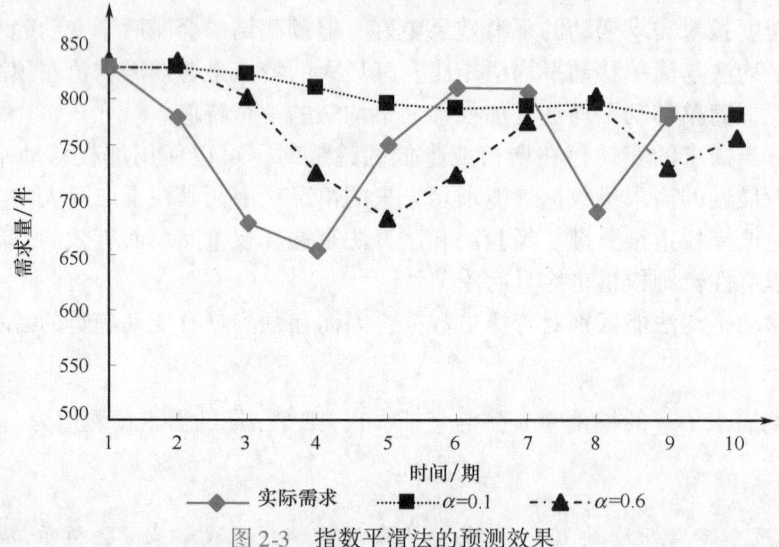

图 2-3 指数平滑法的预测效果

因为每靠前一期，其需求数据的权重就降低为前一期的 $1-\alpha$ 倍，如式（2-4）所示，所以这种方法被称为指数平滑法。从式（2-4）可以看出，对未来的需求预测也可以由过去各期的实际需求和平滑系数来决定。

使用指数平滑法时，应选择适当的 α 值。然而，选择 α 值不是一件简单的事。一般 α 在 0～1 之间取值。如果需求量稳定（如市场对日用品和食品的需求），可以选用较小的 α 值来降低短期波动或随机变化的影响；如果需求量的变化幅度比较大（如对时尚消费品和新产品的需求），则要选用较大的 α 值，以跟踪这种变化。可以通过反复实验的方法对不同的 α 值进行考察，选择使预测误差最小的 α 值。这个过程在实用中一般需要一定的时间。

另外，由于市场需求在不断变化，所以还需要根据具体情况随时对 α 值进行更新。

例 2-2　在 1 月，一个汽车销售商预测 2 月某品牌汽车的需求为 142 辆。2 月的实际需求为 152 辆。已知管理者选定的平滑系数 $\alpha=0.20$，试利用指数平滑法来预测 3 月份的需求情况。

解　将例中的数据代入公式，即可得到

新的预测值（3 月的需求）=142 辆 +0.2×（153 -142）辆 =144.2 辆

所以，3 月份该品牌汽车的预测需求是 144 辆左右。

如果一段时间内收集到的数据呈现出明显的上升或下降趋势，使用简单的指数平滑预测会导致预测结果滞后于实际需求的变化。在这种情况下，可以引进趋势修正系数对预测结果进行修正。考虑变动趋势的需求预测使用两个平滑系数，除了平滑系数 α 外，增加了第二个平滑系数 δ。通过 δ 值可以缩小实际需求量与预测结果之间的误差。

平滑系数 α 和 δ 可以根据具体情况人为设定，其初始值可以从观测的历史数据中计算得出。为了得到更准确的预测结果，应对这两个系数的各种取值进行考查，以选择更好的系数组合。

考虑变动趋势的需求预测公式为

$$\mathrm{FIT}_t = F_t + T_t \tag{2-5}$$

$$F_t = \mathrm{FIT}_{t-1} + \alpha(D_{t-1} - \mathrm{FIT}_{t-1}) \tag{2-6}$$

$$T_t = T_{t-1} + \alpha\delta(D_{t-1} - \mathrm{FIT}_{t-1}) \tag{2-7}$$

式中，F_t 表示第 t 期的指数平滑预测值；T_t 表示第 t 期的指数平滑趋势；FIT_t 表示第 t 期的趋势性预测值；FIT_{t-1} 表示第 $t-1$ 期的趋势性预测值；D_{t-1} 表示第 $t-1$ 期的实际需求；α 表示平滑系数；δ 表示平滑系数。

例 2-3　某百货公司的管理者利用时间序列分析预测了下四个季度的零售额。预测值是 100 000元、120 000 元、140 000 元和 160 000 元。四个季度的季节指数分别是 1.30、0.90、0.70 和 1.15。试计算受季节因素影响的预测值。

解　为了计算受季节因素影响的预测值或调整预测销售额 F_t，把预测值乘以季节指数，即 F_t = 季节指数 × 预测值，得到：

一季度：F_1 =1.30 ×100 000 元 =130 000 元

二季度：F_2 =0.90 ×120 000 元 =108 000 元

三季度：F_3 =0.70 ×140 000 元 =98 000 元

四季度：F_4 =1.15 ×160 000 元 =184 000 元

例 2-4　趋势性预测：假设初始预测值 $F_{t-1}=100$ 单位，趋势 T_{t-1} 为 10 单位，D_{t-1} 为 115 单位，α 为 0.2，δ 为 0.3。试预测下期需求量。

解　将初始预测值与趋势相加得到

$$\mathrm{FIT}_{t-1} = F_{t-1} + T_{t-1} = 100\text{ 单位} + 10\text{ 单位} = 110\text{ 单位}$$

D_{t-1} 如题中所给为 115 单位，由此得

$$\begin{aligned} F_t &= \mathrm{FIT}_{t-1} + \alpha(D_{t-1} - \mathrm{FIT}_{t-1}) \\ &= 110\text{ 单位} + 0.2 \times (115 - 110)\text{ 单位} = 111.0\text{ 单位} \end{aligned}$$

$$T_t = T_{t-1} + \alpha\delta(D_{t-1} - \mathrm{FIT}_{t-1})$$

$$= 10\text{单位} + 0.2 \times 0.3 \times (115 - 110)\text{单位} = 10.3\text{单位}$$

$$\text{FIT}_t = F_t + T_t = 111.0\text{单位} + 10.3\text{单位} = 121.3\text{单位}$$

如果实际需求量为120单位而不是121.3单位，重复上述计算步骤得出下一期的预测值为

$$F_{t+1} = 121.3\text{单位} + 0.2 \times (120 - 121.3)\text{单位} = 121.04\text{单位}$$

$$T_{t+1} = 10.3\text{单位} + 0.2 \times 0.3 \times (120 - 121.3)\text{单位} = 10.22\text{单位}$$

$$\text{FIT}_{t+1} = 121.04\text{单位} + 10.22\text{单位} = 131.26\text{单位}$$

2. 回归分析法

回归分析法（Regression Analysis）需求预测是在掌握大量观察数据的基础上，利用数理统计方法建立因变量与自变量之间的回归关系函数的方法。在建立了自变量与因变量的函数关系后，就可以对自变量的变化确定因变量的值。这里的因变量就是要预测的某一期的需求量。这种预测方法是在假定未来变化趋势是过去情况的延续的基础上进行的。实际上，需求量随时间的推移呈现出线性增加或减少的情况、需求量与人口增减的关系、需求量与社会经济增长率的关系等，都具有某种相关关系。回归分析需求预测就是建立在这种假设的基础上的。对于一元线性回归模型而言，就是假定需求量与时间推移之间存在线性关系。设第 x 期的需求量为 y，则根据过去的需求数据可以确定 y 与 x 之间的函数关系，即 $y = a + bx$，a 和 b 表示相关系数。a 和 b 可以使用最小二乘法确定，计算公式为

$$a = \bar{y} - b\bar{x} \tag{2-8}$$

$$b = \frac{\sum xy - n\bar{y}\bar{x}}{\sum x^2 - n\bar{x}^2} \tag{2-9}$$

式中，x 和 y 表示过去期数和实际发生的需求量；$\bar{x}$、$\bar{y}$ 分别代表相应的均值；n 表示数据的期数。

例2-5　某电力公司2006—2012年的电力需求如表2-3所示。试利用回归分析法预测2013年的需求情况。

表2-3　某电力公司2006—2012年的电力需求　（单位：MW）

年　份	2006	2007	2008	2009	2010	2011	2012
电力需求	74	79	80	90	105	142	122

解　为了简化计算，用简单的数字作为 x 值（时间），计算过程如表2-4所示。

表2-4　计算过程

年　份	期数（x）	电力需求（y）	x^2	xy
2006	1	74	1	74
2007	2	79	4	158
2008	3	80	9	240
2009	4	90	16	360
2010	5	105	25	525
2011	6	142	36	852
2012	7	122	49	854

$$\bar{x}=\frac{\sum x}{n}=\frac{28\ 年}{7}=4\ 年，\bar{y}=\frac{\sum y}{\mathrm{n}}=\frac{692}{7}\mathrm{MW}=98.86\mathrm{MW}$$

$$b=\frac{\sum xy-n\bar{x}\bar{y}}{\sum x^2-n\bar{x}^2}=\frac{3063-7\times4\times98.86}{140-7\times4^2}=10.54$$

$$a=\bar{y}-b\bar{x}=98.86-10.54\times4=56.70$$

这样，可以得到回归方程为：$y=56.70+10.54x$。为了预测 2013 年的需求，设 2013 年的期数 $x=8$，则 2013 年的需求 $y=(56.70+10.54\times8)\ \mathrm{MW}\approx141\mathrm{MW}$。

还可以用 $x=9$ 来预测 2014 年的需求，得到类似的公式：2014 年的需求 $y=(56.70+10.54\times9)\ \mathrm{MW}\approx152\mathrm{MW}$。

第三节　需求预测误差

无论采用何种预测方法，都不可能准确地预测出未来的需求情况，预测值与真实需求量之间或多或少都会有一些偏差。误差可能有多种原因，其中最主要的原因是，各种预测都是建立在历史经验或历史数据基础上的，假设过去已经发生的情况会在未来重现或者过去的趋势会持续到未来。这种假设即使需求预测成为可能，也是预测产生误差的原因，而经营和管理人员却往往忽视了这一点。通过对预测误差进行评价，能够有效地评价各种预测方法在不同环境下的适应性。

平均绝对偏差（Mean Absolute Deviation，MAD）就是一个评价预测误差的典型指标。

$$\mathrm{MAD}=\frac{\sum_{t=1}^{n}|D_t-F_t|}{n} \tag{2-10}$$

式中，D_t 表示第 t 期的实际需求量；F_t 表示第 t 期的需求预测值；n 表示期数。

均方差（Mean Square Error，ESE）是计算总预测误差的第二种方法。均方差是预测值和实际需求量之差的平方的平均值。

$$\mathrm{MSE}=\frac{\sum_{t=1}^{n}(D_t-F_t)^2}{n} \tag{2-11}$$

平均绝对偏差和均方差的值都取决于预测项数值的大小。如果预测项的数值较大，那么二者的值将非常大。为了避免这个问题，可以使用平均绝对百分比误差（Mean Absolute Percent Error，MAPE）。它是预测值和实际值差值的绝对值除以实际值的平均数，并使用百分比的形式。

$$\mathrm{MAPE}=\frac{\sum_{t=1}^{n}\frac{|D_t-F_t|}{D_t}}{n}\times100\% \tag{2-12}$$

检验预测模型是否有效的一个简单方法是将最近的实际需求量与预测值进行比较，检验偏差是否被控制在可以接受的范围以内；另一种方法是使用跟踪信号（Tracking Signal，TS）。跟踪信号由游动预测误差总和（Running Sum of Forecast Error，RSFE）除以平均绝对偏差（MAD）得到

$$TS = \frac{RSFE}{MAD}$$

式中，$RSFE = \sum_{t=1}^{N}(D_t - F_t)$。

正的跟踪信号表明实际需求大于预测值，负的跟踪信号则表明实际需求小于预测值。小的偏差是允许的，但偏差正负项应相互抵消，这样跟踪信号才接近于零。

例 2-6 某酒店每周海鲜的实际需求量和预测值如表 2-5 所示。试计算跟踪信号并确定预测是否有效，控制界限为 ±3MAD。

表 2-5 某酒店每周海鲜的实际需求量和预测值 （单位：kg）

周	实际值	预测值	误差	RSFE	预测误差绝对值	累计误差	MAD	TS
1	588	600	−12	−12	12	12	12.0	−1.0
2	593	600	−7	−19	7	19	9.5	−2.0
3	630	600	30	11	30	49	16.3	0.7
4	623	640	−17	−6	17	66	16.5	−0.4
5	645	640	5	−1	5	71	14.2	−0.1
6	683	640	43	42	43	114	19.0	2.2

解 对于第 6 周，计算公式为

$$MAD = \frac{1}{n}\sum_{t=1}^{n}|D_t - F_t| = \frac{114\text{kg}}{6} = 19.0\text{kg}$$

$$TS = \frac{RSFE}{MAD} = \frac{42}{19.0} = 2.2(MAD)$$

可见，跟踪信号误差范围为 −2.0～2.2MAD 之间，相对于 ±3MAD 的控制界限仍处于合理的范围内。

为了能够获得准确的需求预测结果，需要选择合适的需求预测方法来进行预测。而预测方法的选择需要考虑以下因素：预测期间、数据资料的可利用性、要求的预测精确度、预测经费额、预测人员的能力和产品生命周期曲线等。一般对于长期的需求预测或者战略性决策的预测，更多地用到经营者的预测、专业咨询机构的市场调研等更加定性的方法；而为了制订中短期计划的预测，则更多地使用移动平均法、指数平滑法等定量的方法；回归分析则适用于各种预测用途。多种需求预测方法在美国企业中得到了广泛的应用，但由于企业的特点不同，倾向于选择的预测方法也有所不同。表 2-6 中介绍了经营者的主观判断、营销人员的预测、移动平均法和回归分析法这四种需求预测方法分别在美国中小企业和大企业中的应用情况。

表 2-6 四种需求预测方法在美国中小企业和大企业中的应用情况

需求预测方法	中小企业（年销售额小于等于 5 亿美元）	大企业（年销售额大于 5 亿美元）
经营者的判断	40.7%	39.6%
营销人员的预测	29.6%	35.4%
移动平均法	29.6%	29.2%
回归分析法	22.2%	27.1%

第四节 需 求 管 理

企业可以使用调节生产能力、利用外部资源、设置库存和延期交货等办法使其供应能力与市场需求量相匹配，根据需求预测的结果制订各种生产计划，以获取和有效利用生产系统的资源。然而，企业对生产和供应能力的调整是有限度的，需求的变动经常会超出企业可以调节的范围。因此，企业需要响应市场需求的变动，同时还应该主动采取有效的手段对市场需求的变动施加影响。此外，需求预测中的误差是无法避免的，而根据有误差的需求预测制订的计划本身就是不准确的，执行这样的计划必然会给企业带来损失。

为了更好地满足市场需求，企业可以采取以下措施：①提高企业生产系统的适应性，使其能够适应更大范围的需求变动；②使用更适合的需求预测方法，获得更准确的预测结果；③采取积极的措施，主动影响市场需求的变动，而不是一味地被动响应需求的变动。

主动影响市场需求要求生产部门与营销部门密切配合，有目的、有计划地安排营销活动，而不是两个部门独立安排各自的活动。可以由生产和营销部门共同制订整合的生产与营销计划，使企业的生产能力和市场需求相匹配，即在需求高峰分散需求量，而在需求淡季通过促销手段提高需求量。在秋冬季节，家电零售商并没有停止对空调的销售，而是采取降价促销的方式销售本应是需求淡季的产品。这是企业主动影响和控制需求的具体形式。

管理和控制需求的目的是主动调节随机变动的需求，尽量使其与企业的供应能力水平相匹配。企业通过协调、控制各种影响需求的因素，从而有效地利用生产系统的资源，以有限的投入实现最大的产出，在满足顾客需求的同时，实现最大盈利的目的。

一方面，企业可以通过增加营销投入、增加对销售人员的激励、对顾客进行有奖促销和折扣促销等活动使需求增加；另一方面，提高价格或降低营销力度都会使需求减少。本章重点强调的虽然是通过准确的需求预测方法提高预测准确度，以提高企业满足市场需求的能力，但对市场需求进行有效的管理和控制同样是满足顾客需求的有效手段。如果能够通过有效的客户关系管理加强与顾客的联系与合作，使随即发生的需求能够提前确定，则需求的不确定性将会大幅度降低。这对企业提高需求预测的准确性和顾客的服务水平都具有重要的意义。

另外，采用现代化的信息采集手段收集更全面和及时的信息，在此基础上进行需求预测同样能够达到提高预测准确性的目的。例如，与零售商共享销售点（Point of Sales，POS）信息、与客户企业建立供应商管理库存系统（Vendor Managed Inventory，VMI）等都是有效的方法。

习 题

1. 简要介绍德尔菲法及其实施过程。
2. 试分析典型的时间序列需求包括哪些因素。
3. 简述检验需求预测方法有效性的方法。
4. 分析需求管理的重要性及方法。

5. 简要介绍在实际管理中常见的三种计算预测误差的方法。

6. 某型号电动机过去 11 年的需求量数据如表 2-7 所示。

表 2-7　某型号电动机过去 11 年的需求量　　（单位：千台）

年份	1	2	3	4	5	6	7	8	9	10	11
需求量	7	9	5	9	13	8	12	13	9	11	7

（1）从第 4 年开始到第 12 年，用 3 年的简单移动平均法进行需求预测，并在同一图中画出这些数据。

（2）从第 4 年开始到第 12 年，用 3 年的加权移动平均法进行预测，权重分别为 0.1、0.3、0.6，其中 0.6 是最近一期的权重，并在同一图中画出这些数据。

（3）将预测值与实际需求数据相比较，哪种预测效果更好一些？

7. 某医院考虑是否购进新的救护车，购买与否部分取决于下一年救护车的行驶里程。过去 5 年的行驶里程如表 2-8 所示。

表 2-8　过去 5 年的行驶里程　　（单位：km）

年份	1	2	3	4	5
里程	3 000	4 000	3 400	3 800	3 700

（1）使用 2 年的简单移动平均法来预测下一年的行驶里程。

（2）计算（1）中的平均绝对偏差。

（3）使用加权的 2 年移动平均法预测下一年的里程，权重为 0.4、0.6（0.6 是较近年份的权重），计算平均绝对偏差。

（4）使用指数平滑法预测下一年的行驶里程，其中第 1 年的预测值为 3 000km，$\alpha = 0.6$。

8. 在过去的 8 年中，某港口从货船上卸载了大量的谷物。港口的主管希望验证指数平滑法预测卸载量的效果。他预测第 1 年的谷物卸载量为 175t，其中 $\alpha = 0.10$ 和 $\alpha = 0.50$。表 2-9 列出了过去 8 年的实际卸载量。

表 2-9　过去 8 年的实际卸载量　　（单位：t）

年度	1	2	3	4	5	6	7	8	9
实际卸载量	180	168	159	175	190	205	180	182	?

（1）从第一年度开始分别用两个平滑系数来计算各年度的预测值，并计算相对应的平均绝对偏差。

（2）分析比较哪一个平滑系数对应的平均绝对偏差较小。

9. 某电力公司估计的需求趋势变化方程如下（单位：10^6kW · h）

$$D = 77 + 0.73Q$$

式中，Q 是连续的季节编号；$Q = 1$ 代表 2007 年冬季。

此外，每个季节的季节指数如表 2-10 所示。

表 2-10　季节指数

季节	冬季	春季	夏季	秋季
因素（指数）	0.8	1.1	1.4	0.7

从冬季开始，预测 2013 年四个季度的电力需求。

10. 某建材公司在作销售预测时，发现一个地区每年塑料的需求量和该地区新开工的工程项目数量有关，具体数据如表 2-11 所示。试利用回归分析方法预测 2013 年的需求量。

表 2-11　需求量数据表

时　间	新开工项目数量/个	塑料年需求量/t
2005	16	70
2006	10	50
2007	39	210
2008	21	80
2009	26	150
2010	24	100
2011	15	90
2012	36	180

案例：巴里勒公司的需求预测与管理

巴里勒公司成立于1875年，随着时间的推移，这家意大利通心面百年老店已经从最初的小作坊发展成为一个大型食品公司。在拥有2 000多家意大利通心面制造商的竞争市场中，巴里勒以其高质量的产品和富有创新的营销活动脱颖而出。到1990年，巴里勒已经成为世界上最大的通心面制造商，拥有遍布意大利全国各地的25个工厂，包括面粉加工厂、通心面工厂、面包工厂以及生产各种特色产品的工厂。巴里勒通心面在意大利市场和整个欧洲市场所占的市场份额分别为35%和22%，该公司还占有意大利面包市场29%的份额。

巴里勒公司有七个主要业务部门：三个通心面部门（在三个不同城市生产通心面产品）、干面包部门（生产中长保质期面包产品）、新鲜面包部门（生产短保质期面包产品）、公共饮食业部门（向酒吧和蛋糕店配送蛋糕和新鲜面包）以及国际业务部门。

意大利人自古以来就钟爱通心面。在意大利，平均每人每年消费18kg通心面，这大大高于其他欧洲国家。通心面需求具有季节性，例如特殊类型的通心面适用于夏天的通心面沙拉，而鸡蛋通心面和烤宽面条作为复活节食品则很受欢迎。意大利出口到其他欧洲国家的通心面数量，也正以每年20%～25%的速度递增。巴里勒的经理们还瞄准了东欧市场，那里可能具有整个通心面系列产品的极好的出口机会。

通心面的制作过程属于流程型生产。在巴里勒的工厂中，面粉加水和成生面团，然后用一系列相互距离越来越近的滚筒，把生面团碾平成一张又长又薄的连续薄片。在碾成所需厚度之后，生面薄片被送入青铜挤压模，不同模具形成不同形状的通心面。然后工人把通心面切成指定的长度，这些一定长度的通心面被放到托盘上，慢慢地通过车间里长长的、弯弯曲曲的隧道式烘干炉。为了保证生产高质量的产品，对每一种大小和形状的通心面都必须严格控制烘干炉的温度和湿度，经过4h的烘干过程后，工人对通心面产品进行称重和包装。在巴里勒最大的、技术最先进的通心面工厂，11条生产线每天能生产900t的通心面产品。

巴里勒的整个产品线划分为两大类：一类是“新鲜”产品，包括新鲜通心面产品（具有21天的保质期）和新鲜面包（只有1天的保质期）；另一类是“干货”产品，包括干通心面、甜饼、饼干、面粉等。干货产品约占巴里勒销售额的75%，其保质期为18～24个月。

对干货产品，巴里勒公司提供约800种不同的包装。通心面有200种不同的形状和规格，需要470多种不同的包装。最受欢迎的通心面产品有多种包装要求，例如对5号细面条提供5kg包装、2kg包装、具有北方特色的1kg包装、具有南方特色的2kg包装等。

巴里勒公司在意大利南部和北部各建有一个中央配送中心，干货产品一般在工厂加工完成后先运往中央配送中心。分销商从配送中心采购产品，然后再销售给零售商店。

巴里勒的产品通过三种类型的零售商店进行销售：小型独立商店、连锁超市和独立超市。巴里勒估计，仅在意大利就有约10万家零售店销售其产品。

小型独立商店在意大利比在其他西欧国家更加普遍。大约35%的巴里勒干货产品是通过小型独立商店销售的，这些小型独立商店的采购周期大约为两周时间。小商店一般通过批发商采购巴里勒的产品。

其余干货产品通过外部分销商销售到超市，其中70%进入连锁超市，30%进入独立超市。超市的采购周期大约为10~12天。尽管巴里勒提供多种包装类型，但大多数零售商只愿意销售每种规格产品的一种或两种包装类型的产品。连锁超市通过其总部（相当于分销商，称为总分销商）采购产品，而独立超市则通过集中采购组织（称为组织分销商）向巴里勒采购产品。一个组织分销商是许多独立超市的采购代理机构，它们一般带有地区性特色，通常一个独立超市只通过一个组织分销商采购产品。

总分销商和组织分销商都从巴里勒的中央配送中心采购产品，储存在自己的仓库中，然后用库存的产品满足零售超市的订单。一个分销商的仓库一般储存有能保证两周供应的干货产品库存。

许多零售超市每天向分销商订货，超市经理每天检查需要补充的产品品种和数量，然后向其分销商发出订单，分销商在接到订单之后的24~48h内把产品送到商店。

巴里勒在意大利享有很高的品牌威望，其营销策略是广告促销和价格促销相结合的策略。巴里勒公司的广告力度很大，经常聘请影视或体育明星进行产品宣传。通过广告，巴里勒把其品牌定位在最高品质、最高级的档次，从而使巴里勒的通心面产品与普通的“面条”产品区别开来。巴里勒还把一年划分为10~12个减价促销期，每期通常为4~5周，期间的价格折扣一般是：粗面粉通心面为1.4%，鸡蛋通心面4%，饼干4%，面包10%。巴里勒还提供数量折扣，例如，巴里勒为整车采购客户支付运输费，这样也为客户提供了2%~3%的价格折扣。

为组织分销商提供服务的巴里勒公司销售代表们会把90%的精力花在零售商店里。在商店里，销售代表帮助推销巴里勒的产品，并组织店内的促销活动；采集竞争信息，包括竞争对手的价格、缺货情况和新产品投入情况；与商店管理层讨论巴里勒的产品和订购策略。销售代表还会参加分销商的每周例会，帮助分销商向巴里勒的配送中心发出订单，解释促销活动和折扣，处理与订单有关的问题。销售代表每周还要参加中央配送中心的销售会议，讨论新产品及其价格，处理前一周发货中的问题，参与制定促销策略。

随着销售量的增长，需求波动对巴里勒公司的影响越来越大。巴里勒干货产品的销售量每周都有巨大的波动（见表2-12中分销商向巴里勒配送中心的订货量）。这种剧烈的需求波动严重制约着巴里勒的产品制造和物流活动。例如，突发的需求往往要求快速生产某种短缺产品，但产品烘干系统中严格的温度和湿度控制要求通心面有特定的生产顺序，而这种严格控制的生产顺序限制了短缺产品的快速生产。另外，剧烈波动的需求难以预测，在这种情况下，以保持足够多的库存来满足分销商的需求所需成本极其高昂。

一些制造商和物流管理人员注意到，许多分销商的库存水平过高，而其对零售商的服务水平却是让人难以接受的（见表2-12中分销商的库存水平和对零售商服务水平）。

面对这种尴尬的局面，巴里勒公司迫切需要有效的方法对其市场需求进行准确的预测和管理。一位物流经理设计了“准时配送”策略。这种策略要求分销商每天早晨向巴里勒中央配送中心提供他们在前一天向零售商店销售巴里勒产品种类和数量的信息，以及每种产品目前库存水平等资料。然后配送中心对这些数据进行分析，并根据由此作出的需求预测确定对分销商的供货计划 。这与使用零售商店的销售点数据相似，配送中心只比零售商店晚一天对实时信息作出反应。当然，巴里勒公司还需要改进其预测系统和建立一套决策规则，以便更好地利用获得的需求数据。

表 2-12　巴里勒公司一个分销商连续 24 周的运营数据

期/周	向巴里勒配送中心的订货量/t	向零售商店的销售量/t	库存水平/t	对零售商店的服务水平（%）
1	3.4	3.0	12.0	93.0
2	0.6	3.9	8.5	94.0
3	2.9	2.7	8.6	94.0
4	8.5	4.7	12.5	95.0
5	1.8	3.0	11.5	94.0
6	0.9	2.0	10.0	94.5
7	0.3	3.5	7.0	94.0
8	1.8	2.3	6.5	94.5
9	7.8	3.2	11.0	93.5
10	1.0	3.3	8.5	93.0
11	4.4	3.0	10.0	94.5
12	0.8	3.4	7.5	92.5
13	1.5	2.9	6.0	93.5
14	1.9	2.5	5.5	94.5
15	5.2	3.6	7.0	94.0
16	1.8	3.6	5.0	94.0
17	1.3	3.0	3.2	94.0
18	3.0	3.0	3.2	94.0
19	2.9	3.4	3.0	92.0
20	6.5	3.3	10.5	93.0
21	1.8	3.1	10.0	94.0
22	0.7	3.1	10.0	91.5
23	0.4	3.1	10.0	94.0
24	6.0	1.7	5.5	95.5

（资料来源：大卫·辛奇-利维，等．供应链设计与管理-概念、战略与案例研究［M］．季建华，邵晓峰，等译．上海：上海远东出版社，2001：80-100.）

问题：

1. 分析巴里勒公司的产品及其市场需求的特点。
2. 分析准确的需求预测对提高巴里勒公司生产管理水平的意义。
3. 为了获得准确的需求预测，需要考虑哪些影响因素？应采用何种预测方法？
4. 根据表 2-12 的数据对需求进行预测。
5. “准时配送”对于提高需求预测准确性具有什么意义？实施这种策略会遇到什么阻力？

第三章

新产品研究与开发

本章内容要点

- 新产品研究与开发的必要性
- 产品开发的路线与动力模式
- 新产品及其研究与开发的工作程序
- 几种常见的产品设计技术
- 服务设计的基本概念与方法

新产品研究与开发是指研制与开发新产品的全部工作内容，即把新原理、新结构、新技术、新工艺和新材料等应用研究方面的成果应用于开发新产品，设计、制造出满足社会需要、具有社会效益和经济效益、具有竞争能力的新产品。本章介绍新产品研究与开发的主要内容，具体包括：根据科学技术进步和社会需求的变化，分析加快新产品研究与开发的必要性；给出新产品的概念；提出新产品研究与开发的正确策略和工作程序；介绍几种常见的新产品的设计技术；介绍与新产品研究与开发既有区别又有联系的服务设计的有关理论；给出新产品研究与开发过程中的评价与决策方法。

第一节　新产品研究与开发的必要性

产品生命周期规律、科学技术的长足发展和社会需求的快速多变，以及企业的生存与发展等这些最基本的要求，加速了产品的更新换代。

一、新产品的概念、分类及发展方向

从不同的角度出发，可对新产品的概念作出不同的描述。一般来说，新产品是指在产品特性、材料性能和技术性能等方面（或仅一方面）具有先进性或独创性的产品。所谓先进性，是指由新技术、新材料产生的先进性，或由原有技术和改进技术综合产生的先进性。所谓独创性，一般是指产品由于采用新技术、新材料或引进技术所产生的全新产品。

新产品可以分为以下三种：

(1) 全新产品，即采用新技术、新发明生产的具有新原理、新技术、新结构、新工艺、

新材料等特征的新产品。

（2）改进新产品，即改进原有产品性能、功能，提高质量，增加规格型号，改变款式、花色而制造出来的新产品。

（3）换代新产品，即在原来产品的基础上，基本原理不变，部分采用新技术、新结构、新材料、新元件制造的使产品功能、性能或经济指标有显著改进的新产品。例如，从电熨斗到自动调温的电熨斗，再到无绳电熨斗。

在当今环境下，市场竞争日益激烈，顾客需要日益多样化，企业在选择新产品发展方向时必须有更多的考虑。企业可以从以下几个方面考虑新产品的发展方向：

（1）高效、多能化，即在提高产品的效率和精度的前提下扩大同一产品的功能和使用范围。例如，收录唱组合音响、多功能计算器等。

（2）复合化，即把功能上相互关联的不同单体产品发展为复合产品。例如，洗衣机和干燥机的一体化，集打字、计算、储存、印刷为一体的便携式文字处理机，集办公（文字处理、电话、传真）、计算、娱乐为一体的多媒体计算机等。

（3）小型化、轻便化，即改进产品结构，减少产品的零、部件，缩小产品的体积，减轻其重量，使之便于操作、携带、运输以及安装。

产品小型化、轻便化可以大量节省资源和能源，降低成本，有利于在低成本条件下开发多品种，扩展产品功能，从而在差别需求中寻找市场机会，打开市场缺口，进而扩大市场份额。不少日本企业都采用这种新产品开发策略，并取得了极大成功，如丰田的节油小型车，本田的125CC摩托车，索尼、松下等的电视机、录音机、激光唱机、摄影机，东芝的笔记本电脑等。几乎欧美每生产出一种工业或家用大型产品，日本企业就立即将其小型化、多功能化，选准市场缺口，避开欧美大企业的锋芒，为人所不为。但还应该指出的是，产品的小型化、轻便化需要新技术、新材料的支持。例如，轻、薄、高强度的合金钛、合金钢、工程塑料等材料以及计算机设计、精密机床、激光切割、亚微米刻蚀等技术。

（4）智能化、知识化，即把一般人需要长期学习才能掌握的知识和技术转化到产品中去，使产品功能“傻瓜化”。这可以使许多专业性产品发展成大众产品，从而大大扩大这些产品的市场。产品智能化、知识化的一个最好的例子是所谓的“傻瓜”照相机，这种照相机使一个几乎不懂任何照相技术的人拿起来就会使用。

（5）艺术化、品位化，即从产品的造型、色彩、质感和包装等方面使产品款式翻新、风格各异，体现独特的艺术品位。当今对产品艺术化、品味化的研究已经成为产品研究与开发中的重要组成部分。不仅汽车，电视机、家具这些具有一定观赏功能的产品，就连洗衣机、坐便器、盥洗用具以至旋具、扳手这样一些不登大雅之堂的纯实用产品也在追求尽善尽美，从而在竞争激烈的市场中赢得顾客。

二、新产品开发的必要性

（一）产品生命周期规律的必然反映

产品像生物体一样，有其存在的生命周期，即从研制成功投入市场直至被淘汰退出市场的“生命”历程。通常把产品生命周期分为投入期、成长期、成熟期和衰退期四个阶段。

当一种产品首次推向市场被当成新生事物对待时，由于顾客对它并不了解，并且认为这种产品还不完善，或者认为在投入期后产品价格会下降，所以，此时需求通常很低；进入成长期后，生产和设计的改善使得产品更加可靠，成本更低；而在成熟期，设计很少有变化，需求停止增长；最后，在衰退期，市场达到饱和，需求开始呈下降趋势，产品生产者停止这种产品的生产，生命的终结多半是该产品被其他产品所取代。产品生命周期规律可用产品生命周期曲线表示，如图 3-1 所示。

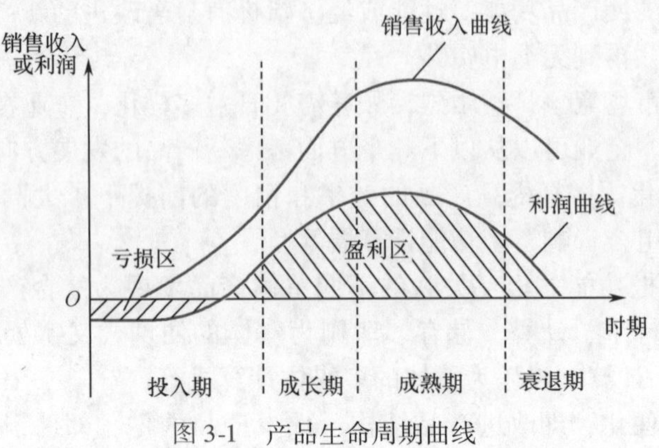

图 3-1　产品生命周期曲线

以处于不同生命周期的音像产品为例：早期的电子管收音机被晶体管收音机所取代；唱片被 CD 取而代之；除了偏远的乡村，彩色电视机几近完全被液晶或等离子电视机所取代。这样的例子不胜枚举。

产品经历生命周期的特定阶段所用的时间存在很大差别：有些产品经历各阶段的时间很短，其他产品则要花更长的时间；有些产品甚至没有明显的生命周期。时间的长短通常与对产品的基本需求和其所含技术的变化有关。有些玩具、小说及流行产品的生命周期不超过一年，然而其他日用品，如衣服清洗和烘干机，可能会持续许多年，直到出现技术变化；而木质铅笔、剪刀、水杯及类似产品则没有明显的生命周期。但有一个总的发展趋势，那就是产品生命周期越来越短，即产品更新换代的速度越来越快。

（二）科技发展和社会需求变化的要求

科学技术的长足发展和社会需求的快速多变，为新产品研究与开发提供了物质基础和前提条件，同时也对产品的更新换代提出了要求。据统计，一种重大的、全新的工业产品，从构思、设计、试制到投入商业性生产，其周期越来越短：19 世纪为 70 多年；20 世纪两次世界大战期间又缩短到 40 年；第二次世界大战后到 20 世纪 60 年代中期又缩短到 20 年；进入 20 世纪 70 年代又缩短到 10 年，最快只有 5 年；而到了 20 世纪 80 ~ 90 年代，更缩短到 5 年之内，有的只有 2 ~ 3 年；到了 21 世纪，这一周期甚至以月计。与这种发展趋势相适应，产品更新的速度也随之大大加快。现在的产品从推上市场到退出市场的时间，不再像过去那样可以维持 20 ~ 25 年，而仅能维持 8 ~ 10 年，有的则缩短到 3 ~ 5 年，甚至 1 年以内。

产品更新速度的加快，不仅反映了科学技术进步和社会需求多样性的变化，同时也促使了国民经济的发展。日本在第二次世界大战后，在一片废墟上很快地实现了经济腾飞，主要是采取了技术引进综合开发的办法，1950—1973 年共用了 43 亿 6 千美元引进了 2 万多项国外技术。他们不是简单地引进仿制，而是组织联合研究机构，进行消化吸收、综合创新、独立研制，以此开发了很多新产品，远销世界各国，在国际市场上占有很高的份额。

我国已加入 WTO，其经济已经纳入到世界经济发展的大循环，为使我国在全球竞争中保持不败并取得发展，最终实现经济崛起，就要运用新技术、新材料、新工艺、新产品，依靠科技进步，将各行各业的生产和经营都转移到先进技术基础上来，以高效、低耗、优质的生产和服务来满足社会和顾客的需求。

大力开发新产品可以起到增加社会财富、降低社会消耗、扩大对外贸易、提高企业经济效益和人民生活水平等重要作用。

（三）企业生存和发展的基本要求

企业的生存和发展具体表现在以下几个方面：

1. 竞争地位的维持

竞争地位表现为市场占有率。日趋激烈的市场竞争使得企业必须投入大量资源研究与开发新产品，以维持或提高其市场份额。

2. 营业额的增加和利润的提高

营业额的增长意味着企业规模的扩大，这是企业的重要运营目标。所以，企业必须不断地推出新产品，以增加其营业额。由于营业额的增长并不一定必然带来利润的增加，因而在新产品的研究与开发过程中应做好评价工作，以便在增加营业额的同时还能提高利润。

3. 法令法规的约束

产品的规格或性能必须符合安全和环境保护方面法令法规的要求。一方面，产品责任方面的法规和顾客对产品安全意识的提高促使企业越来越多地注重产品生产和使用过程中的安全性；另一方面，现有产品可能不是环境友好的，为适应环境保护的要求，就必须对这些产品进行改造或研究开发全新的绿色产品。

上面的分析是基于制造业的。对于非制造业来说，面临着同样的问题，即需要不断提高服务质量，推出新的服务项目。

随着居民可支配收入的增加、自由时间的增多、价值观的多样化等，人们越来越要求社会提供广泛的多样性服务。因此，服务业应根据这些特点主动推出新的服务项目。以日本为例，今天的日本已是一个第三产业高度发达的国家。根据日本“产业结构审议会”提出的施政目标，21 世纪初，日本已转变为重视社会服务的“生活”大国。目前，在日本受雇于服务业的员工总数占总劳力的 58%。服务业就业人口的增加，正在加速日本产业结构的变革，并进一步向国际化、信息化、服务经济化发展。第三产业将逐步形成包括金融保险、技术支持、物流、管理咨询、网络信息等在内的多层次结构。概括起来，日本的服务业正在朝着“服务信息化”、“服务个性化”“服务综合化”“服务效率化”的方向不断推出新的服务项目。服务信息化，即越来越多的服务行业使用计算机进行商品管理和顾客管理，以促进销售和提高服务水平。服务个性化，即注重了解消费者的不同需求和个人品位，无论是美容、健身，还是酒类、饮料，都要照顾不同顾客的爱好。服务综合化，即以某一项服务为主体，推出系列或其他业务项目，如在邮局的窗口，不仅出售邮票和明信片、接收信件和邮包等，还可办理储蓄、汇兑及保险业务，煤气、水电等公用事业费也可在邮局交纳。服务效率化，就是服务行为应该以较少的企业服务资源投入就能获得良好的企业服务效果和利益，包括经济利益和社会利益。日本服务业的这些做法有一定的启示作用，值得学习借鉴。

第二节　产品开发的路线与动力模式

一、产品开发的路线

产品开发或服务设计要与公司战略保持一致。根据公司战略制定相应的产品开发或服务设计战略，进而确定产品开发或服务设计的理念，再根据所确定的理念实施产品开发或服务设计，最后还要进行产品或服务的推介，以实现其价值。

产品开发的路线如图 3-2 所示。

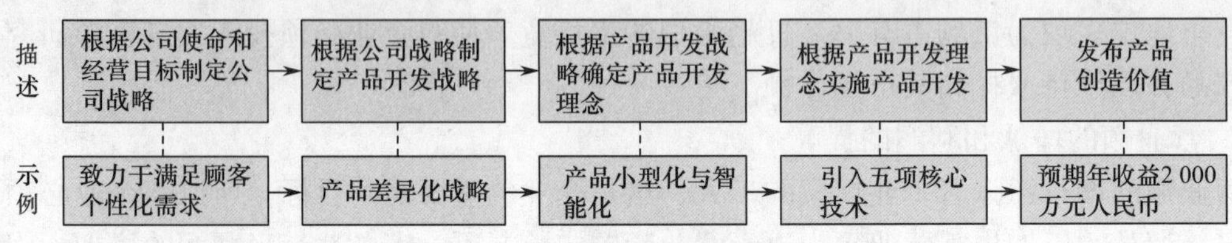

图 3-2　产品开发的路线图

二、产品开发的动力模式

新产品/服务开发有两种动力模式，即技术导向型和需求牵引型。

1. 技术导向型动力模式

所谓技术导向型，是指按照被称为“Seed Theory”的方式进行新产品/服务开发。即从最初的科学探索出发开发新产品/服务，以供给的变化带动需求的产生和变化。技术导向型的产品以“科研—生产—营销”的模式出现。青霉素是历史上典型的技术导向型动力模式开发的新产品。青霉素是在进行结核菌的培养过程中首次被发现，进而开发成抗生素的。今天，风靡全球的纳米、微纳米材料也是典型的技术导向型产品，这些产品正被广泛应用于军事装备、家电、计量仪器等。

2. 需求牵引型动力模式

所谓需求牵引型，是指按照被称为“Need Theory”的方式进行新产品/服务开发。首先，进行市场调查，了解市场需要什么样的新产品；然后，进行生产技术、价格、性能等方面的研究；最后，根据销售预测决定是否开发这种产品/服务。需求牵引型产品以“市场—研发—生产—市场”的形式出现。当今发展迅速的模糊控制洗衣机、电饭煲、空调等家用电器产品，就是典型的需求牵引型产品。

在服务业，同样存在市场导向型和需求牵引型两种设计模式。例如，快餐店向办公楼和学校配送午餐，精神分析专家提供电话咨询服务等，是典型的需求牵引型服务；而银行等金融服务业推出的 24h 柜员机服务、信用卡业务，出版界推出的电子读物、电子新闻、电子商城等，则是典型的技术导向型服务。

第三节　新产品及其研究与开发的工作程序

本节介绍新产品研究与开发的阶段与步骤，即新产品研究与开发的工作程序。因为即使一个很好的新产品方案，也有可能由于开发过程管理上的不到位而削弱甚至丧失其竞争力。所以，熟悉这些内容可以加强对新产品研究与开发的管理，尽可能地缩短开发过程，避免开发过程中无谓的反复和浪费。

新产品开发的程序就是指新产品从构思到投产所经历的主要过程及其相互关系，可概括为“构想及方案的产生→方案选择→开发→设计→生产”。

一、新产品构想及方案的产生

新产品构想及方案的产生主要是通过有目的的创造活动以及调查研究和技术预测提出可供发展的新产品方案（可能不止一个），并提出相关的新原理、新结构、新工艺等的探索试验工作任务。新产品构想的来源有多种：来自企业内部的有企业管理部门、生产现场、研究开发部门等；来自企业外部的有同行、上下游企业、发明家的产品或新公布的专利等。以不断开发新产品著称的杜邦公司为例，其2/3的新产品方案来自外部。无论是来自企业内部还是来自企业外部，新产品构想的源泉主要可以分为以下几种：

（1）人的创造性。人类到目前为止所积累起来的科技成果中，如电灯、飞机、电视机等，很多都是靠人的创造性取得的。人的创造性取决于三个基本条件：①知识和智力，即存储信息并回忆信息的能力，正确理解、思考事物之间内在联系、因果关系的能力。②想象力，即将许多要素、过程结合组成与众不同的内容的能力。爱因斯坦有一句名言：“想象力比知识更重要。”③进取心，即愿意并且能够做到在很长一段时间内集中注意一件事情，遇到困难或挫折不气馁的意志。人的这种创造性是可以被激发的，其关键在于所受的教育以及在创造力培养上所受的训练。因此，企业应重视这方面的工作，在培养和激励人的创造性上制定一些具体的措施。

（2）技术预测。除了人的创造性之外，技术预测也是新产品构想的一个主要源泉。其内容包括了解国家、地区或部门的发展规划、市场需求和未来产品拟采用的新技术。技术预测中常用的一种方法是德尔菲法，这种方法将专家意见与程序化的步骤相结合，能够得到一个为大家所公认的预测结果。

（3）有组织的R&D工作。企业的R&D活动与新产品的研究与开发密不可分。前者是后者的基础和源泉，后者是前者的目的之所在。很多新产品的构想都是研究机构和研究人员长期持续、有目的地研究所取得的结果。

二、新产品的开发与设计

产品构想及方案确定以后，就进入新产品的开发阶段。在这一阶段，首先要对新产品的原理、构造、材料、工艺过程以及性能指标、功能、用途等多方面作仔细的研究，然后对其中的关键技术进行研究和试制，进一步确认和修订技术构思。对拟定发展的新产品，就设计规范、技术参数、主要零部件结构、性能、材料、工艺进行试验，提出科学依据并进行技术经济评价，从而为具体设计打下坚实的基础。这一阶段主要是作好技术储备，一旦市场需要，就能迅速将这些技术储备用于产品设计，保证新产品的开发速度和质量。

接下来进入设计阶段，即确定新产品的基本结构、参数和技术经济指标，制定产品技术规格等。在这一阶段，产品将基本定型。必须指出，现代产品在设计阶段的工作好坏对产品生命周期总费用的影响最大。如设计质量问题发现得越晚，付出的代价就越大。美国FMC

公司曾提供以下数字模式，表明了在各个阶段所造成的损失：

暴露问题点	损失金额/美元
草图	1
产品生产	10
检验	100
现场使用	1 000
改型	10 000

因此，必须把问题消除在设计阶段。

值得提出的是，产品的可靠性和产品未来的制造成本主要取决于设计阶段，因此对设计阶段必须有足够的重视和严格的管理措施。

三、新产品的生产准备及生产

这一阶段首先要对开发设计阶段的结果进行评价，决定投产后着手生产准备工作，进行工艺设计、工夹具设计和技术文件准备等。必要时进行样品试制或批量试生产以及市场试销，对某些化工、医药等产品则需进行小试和中试，最后进入规模化大生产。

新产品研究与开发的各阶段是相互联系的，新产品投产也并非代表研制已经全部结束。新产品经过实际使用阶段的考验，又会发现新问题，进而提出改进设计的新课题。当然，新产品开发是否成功，80%取决于前两个阶段工作的成就，因而对新产品构想和方案的提出、新产品的开发与设计阶段的工作应特别加以重视。

第四节 几种常见的产品设计技术

本节给出了产品设计的几种常用技术，包括稳健设计、并行工程、计算机辅助设计和模块化设计、质量功能展开等。

一、稳健设计

人们注意到，某些产品只有在非常严格的条件下才能发挥其设计功能，而有些产品则不然，对使用环境的要求要低得多，即在恶劣的环境下仍能实现其设计功能。相对前者来说，后者的设计就是稳健设计。

一种产品（或服务）的设计越稳健，它的耐久性就越好，从而顾客的满意度也就越高。

对生产系统或作业流程的设计也是如此，人们总希望其设计是稳健的。环境因素对产品或服务的质量会有负面影响。一种生产系统或作业流程对这些影响的抵消能力越高，产品或服务受到的负面影响就越小。例如，许多产品要经过加热工序，如食品、陶瓷、钢铁、石油产品和医药制品。产品在熔炉的受热程度可能不是十分均匀的，即产品获得的热量可能由于加热位置或时间的差异而不同。解决这个问题有两种方案：一是设计一种更好的加热炉，能够实现均匀加热；二是使加热炉具备在产品加热过程中能翻动使之均匀受热的功能。这两种方案均属稳健设计，即满足了产品不受或极少受生产系统中温度差异影响的要求。

日本工程师田口玄一提出的著名的田口方法就是基于稳健设计的。其基本假设是，设计一种在使用或制造中对噪声（环境因素）都不敏感的产品通常要比控制噪声容易得多。据此，他提出三阶段设计的思路，即系统设计、参数设计和公差设计。

系统设计是根据顾客的需求及企业的实际能力提出产品的初步方案，该阶段要把产品的参数大致确定下来，以使产品具备最基本的特性。如某公司要设计一部新型轿车，需求调查的结果表明，顾客要求方向盘的反应要灵敏，设计组运用质量功能展开（QFD）方法确定了实现该目标的八个设计参数，现仅讨论其中的三个参数：弹簧刚性、减振器以及方向盘的大小。在进行系统设计时，需要确定这三个参数的设计值，以使方向盘能达到顾客的要求。

参数设计是田口方法的核心，目的在于找出系统对哪几个参数最为敏感，即找出关键参数。田口认为，要通过实验设计的方法来确定关键参数。为此，田口一改传统实验设计的统计方法，设计出许多正交矩阵，以用于不同数量的参数设计，目的在于以最少的实验次数来取得最多的设计数据。上例就是针对外界不可抗拒噪声，如道路、天气、胎压状态等，通过设计正交矩阵来确定最佳参数组合的。

公差设计是参数设计的补充。通过参数设计确定了系统各零部件或元器件参数的最佳组合后，进一步确定这些参数波动的允许范围，此即公差设计。

对田口方法，有不少批评者。他们认为田口方法是无效和不准确的，并且经常给出非最优的解决方案。但由于这一方法简单、成本低，且一般总能得到令人满意的结果，所以仍被广泛应用并且继续保持着很高的声誉。

二、并行工程

传统产品设计的做法是，设计者在没有从制造部门获得任何信息的情况下就开发一种新产品，然后将该设计方案送到制造部门，接下来，制造部门再为这种新产品设计和配置相应的生产系统。这种“隔墙”方式给制造部门带来了巨大的挑战，使得成功地生产一种新产品所需的时间大为增加。同时，滋生了“我们如何，他们如何”这样的狭隘利益思想。正是由于这些原因，并行工程方法在产品设计过程中产生了巨大的吸引力。

为实现从产品设计到实际生产的顺利过渡并减少产品开发时间，许多公司在产品设计过程中采用了并行工程方法。从狭义上说，并行工程是指在设计阶段的早期将设计和工程制造人员召集起来，同时进行产品和生产系统的开发。近年来，这个概念的应用范围得以扩大，扩展到包括产品设计、原料采购、产品生产和销售等部门。相应地，所涉及的人员也可能来自这些不同的部门。此外，供应商和顾客也经常被请来提出设计方面的建议。在产品设计过程中采用并行工程的目的是，让产品设计既能反映顾客需求，又与制造能力相匹配。

并行工程的主要优点有：

（1）制造部门的人员对企业的生产能力非常明了。在设计中，他们能够给出在材料和流程等方面的深刻见解；对生产能力的了解有助于生产系统的选择。此外，基于这种设计方法，产品成本能够得以降低，质量得到保证，生产过程中的矛盾也因此而大大减少。

（2）能够及早地进行关键设备的设计或采购，以缩短产品开发周期，此乃企业重要的竞争优势。

（3）能较早考虑某种特殊设计或设计中某一关键技术的可行性，以避免生产中可能遇到的问题。

(4) 可以将重点放在解决问题而不是解决矛盾上。

但是，这种开发方式也存在一些不足，主要有以下两点：

(1) 设计和制造部门之间长期存在的界限难以马上消除。只是把一群人召集在一起，认为他们能够精诚合作，是不切实际的。

(2) 系统开发组内部不同部门人员之间的沟通和工作的灵活性并不能得到有效保证。

因此，如果采用并行工程方法，管理者应作好投入更多精力的准备。

三、计算机辅助设计

如今，计算机在产品设计中的应用日益增加。计算机辅助设计（CAD）一般是由设计人员构思，再由计算机对有关产品的大量资料进行检索，根据性能要求及有关数据、公式进行计算和优化之后，将图形显示出来，设计人员通过交互式图形显示系统对设计方案或图形作必要的干预和修改，设计结果以图样及数据形式输出。

采用CAD技术，设计者可以用一支铅笔、一个键盘、操纵杆或类似的设备在显示器上修改已有的设计或进行全新设计。一旦设计文档被存入计算机，设计者就能从显示器上看到它的效果图：通过旋转以提供给设计者不同角度的图像；通过分解使设计者看到内部结构；同时，还能将图像扩大以便进一步地检查其中的细节。设计方案既能以书面形式又能以电子文档保存，从而可实现资源在相关部门和人员之间的共享。

现在，采用CAD技术进行设计的产品越来越多，如变压器、汽车零件、飞机零件、组装电路和电子发动机等。

CAD的主要优点是提高了设计者的工作效率。他们不再为准备产品或零件的机械图样而大伤脑筋，也不再为修改错误或因为有了新的更好的想法而重复地修改机械图样。据可靠估计，CAD将设计者的工作效率提高了3~10倍。CAD的另一个优点是它所建立的数据库能为制造部门提供如产品的几何图形和尺寸、载荷、材料规格等必要信息。

有些CAD系统可为设计者提供工程和成本分析的软件包。例如，计算机能确定一个零件的重量和体积，也能作压力分析。如果有许多可供选择的设计，计算机还能按照设计者的标准迅速检索并指出其中的最优设计。

但是应当注意到，CAD必须具备下述三个条件才能发挥其功能：

(1) 有较完备的数据库，储存诸如与产品设计有关的数据、技术规范和标准、经验曲线和表格等数据。

(2) 有较完备的程序库，即将解决与产品设计有关的各种计算、设计、分析方法，包括通用方法及专用方法都编制成相应的程序，汇集备用。

(3) 有具备人机会话功能的交互式图形系统（包括软件和硬件），即能利用实时输入/输出装置，如光笔图形显示器、图像记录仪、自动绘图仪等，实时输出设计图样及数据，实时输入设计人员的指令。

四、模块化设计

模块化设计是标准化的另一种形式。模块是指将一组零件组合为组件。关于模块化设计，一个人们都熟悉的例子就是能够遥控的电视机。计算机也有模块组件，因此能在组件有缺陷时进行更换。通过对不同规格组件的排列组合，人们可以得到性能不同的计算机。模块化设计也适用于建筑业。纽约罗切斯特的一家公司在其工厂里生产预制旅馆房间以及电线、铅管制品，甚至房间装饰品，然后将全部房间部件通过铁路运往建筑工地，在那儿将它们组装成整体结构。

与非模块化设计相比，模块化设计具有以下突出优点：由于所需检查的零件减少，设备故障更容易被诊断出来并被排除掉；维修和更换变得更加容易，可以很方便地把有缺陷的组件拆卸下来，并用一个好的组件更换；模块组件的制造和装配比较简洁，一条生产线上的零件种类很少，生产过程更加容易组织；采购和存货控制变得更加条理化；技术和操作培训费用大为减少。

模块化设计的主要不足是，可生产的产品种类有所减少，模块组件所能有的规格数量要比以单个部件组合所能有的规格数量少得多。另一点不足之处是，有时为了更换损坏部件，会遇到模块组件不能拆卸的情况。遇到这种情况，必须把整个组件拆毁，显然，这样做付出的代价是很大的。

五、质量功能展开

（一）起源与发展

质量功能展开（Quality Function Deployment，QFD）首创于日本。1972 年，日本三菱重工有限公司神户造船厂首次使用了“质量表”。1978 年 6 月，水野滋和赤尾洋二在其著作《质量功能展开》中从全面质量管理的角度介绍了这种方法的主要内容。经过多年的推广、发展，质量功能展开的理论和方法体系逐步完善，其应用也从产品扩展到服务项目。

（二）质量功能展开的内涵

质量功能展开的内涵是在产品设计与开发中充分倾听顾客的声音。为此，首先利用各种技术了解顾客的真正需求是什么，然后把顾客的需求转换为技术要求。

质量功能展开是一种集成的产品开发技术。这里的“集成”有两种含义：

（1）各种技术的集成，包括顾客需求调查、价值工程和价值分析、FMEA、矩阵图法、层次分析法等。

（2）各种职能的集成，包括市场调查、产品研发、工程管理、制造、客服等。

（三）质量屋

1. 质量屋的构成

质量屋（House of Quality）是实施质量功能展开的一种非常有用的工具。质量屋是一种形状如房屋的图形，故而得名。质量屋由以下主要部分构成：

（1）左墙：顾客需求。

（2）右墙：竞争力评价表。

（3）天花板：技术要求。

（4）房间：关系矩阵表。

（5）地板：质量规格。

（6）地下室：技术能力评价表。

（7）屋顶：技术要求之间的相关矩阵。

此外，还有其他一些必不可少的部分，如各项需求对顾客的重要度、技术要求的满意度方向、技术重要度等。

图 3-3 是一种带橡皮头铅笔的质量屋。

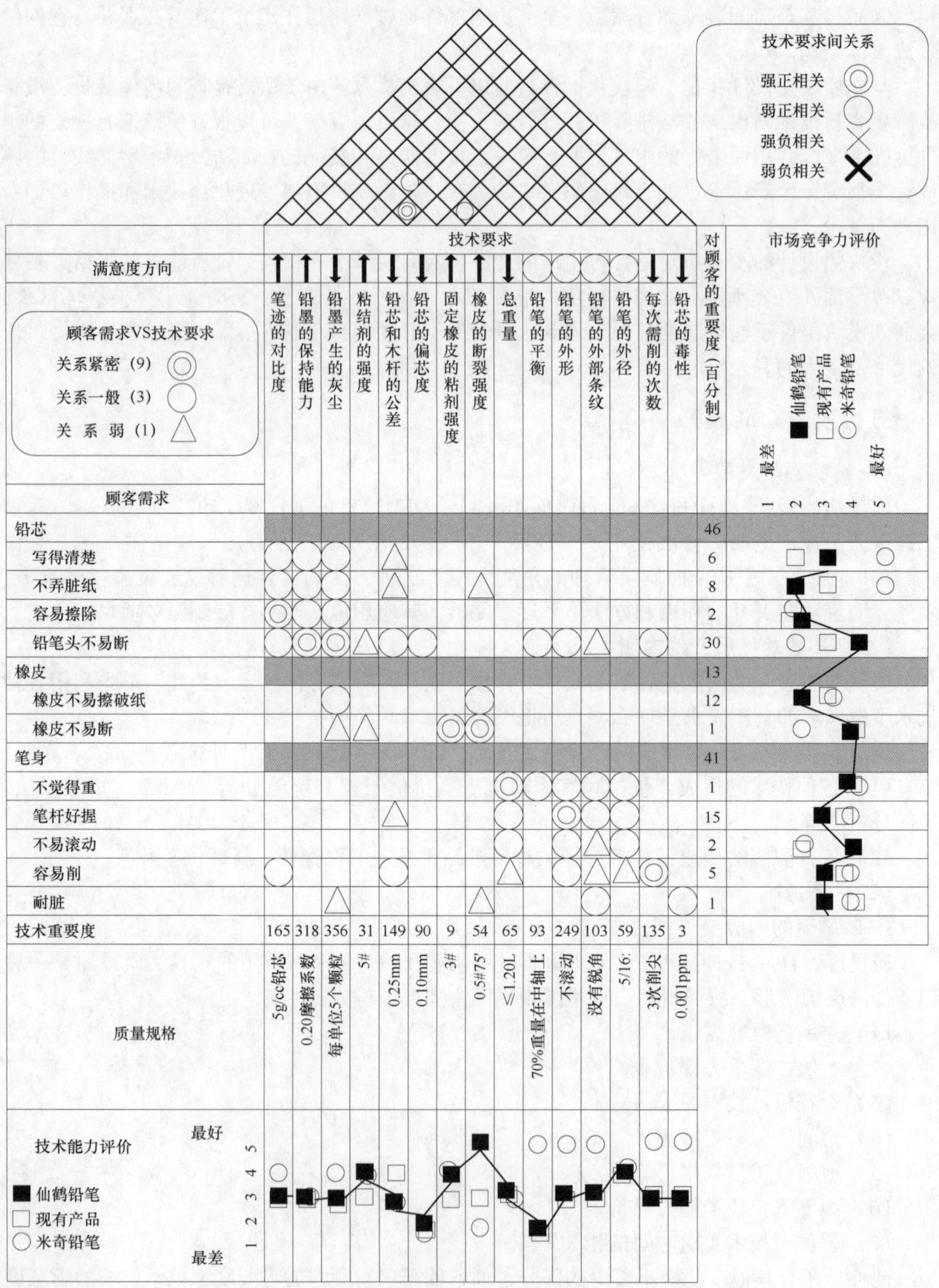

图 3-3　带橡皮头铅笔的质量屋

2. 建造质量屋的技术路线

为建造质量屋，可采取以下技术路线：调查顾客需求→测评各项需求对顾客的重要度→把顾客需求转换为技术要求→确定技术要求的满意度方向→填写关系矩阵表→计算技术重要度→设计质量规格→产品技术能力评价→产品市场竞争力评价→确定相关矩阵。建造质量屋的技术路线如图 3-4 所示。

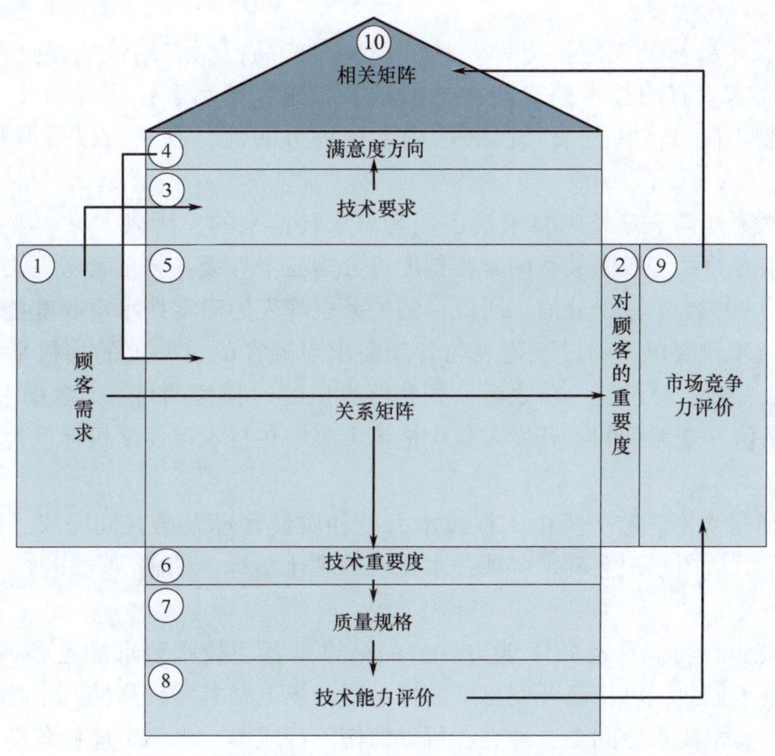

图 3-4 建造质量屋的技术路线

（1）调查顾客需求。这一步是建造质量屋的起点，也是基础。为调查顾客需求，可采用询问法、观察法或实验法。

询问法就是调查人员拟定好调查提纲，以直接或间接的询问方式请顾客回答对产品的需求。

观察法就是跟踪类似产品的生产、包装、运输、消费/使用以及最终处置的部分或全过程，以记录、搜集有关产品需求的信息和资料。

实验法就是采用理化实验方法获得产品的可靠性、安全性、可维护性等性能或品质，如可拆卸性、可降解性、能源消耗、噪声、废弃物排放、振动等环境属性，以及全生命周期成本和可制造性。

（2）测评各项需求对顾客的重要度。达到或超过顾客的满意是产品设计的首要原则。顾客满意是“对其要求已被满足的程度的感受”。满意度是实际效果与事前期望差异的函数：实际效果与事前期望相符合，则感到满意；超过事前期望，则很满意；未能达到事前期望，则不满意或很不满意。

顾客满意是需求集成的结果，而各种需求对顾客的重要度不同，即对顾客满意的贡献不同。测评各项需求对顾客的重要度的唯一方法就是对顾客进行广泛的调查，并且每隔一定时期重新进行一次这样的调查。

(3) 把顾客需求转换为技术要求。这一步由市场调查人员和工程技术人员共同把顾客的需求转换为对产品提出的技术要求，即把顾客的语言翻译成工程技术人员能够把握的语言，如把图3-3中的“写得清楚”翻译成“笔迹的对比度”。如果把在第一步所确定的顾客需求看成“是什么（What)”，那么把顾客需求转换为技术要求就解决了“如何办（How)”的问题。

(4) 确定技术要求的满意度方向。具体到某一产品，只有通过满足产品的技术要求才能满足顾客需求。有的技术要求的指标值越大，顾客越满意；而有的技术要求的指标值越大，顾客越不满意。在开发产品时应确定这种方向性，以便为以后调整质量规格提供参考。

(5) 填写关系矩阵表。技术要求是由顾客需求转换来的，所以，每一项技术要求或多或少与顾客需求有关系。根据关系的紧密程度可分为三个等级：关系紧密、关系一般、关系弱，并分别赋予9、3、1三个分值。所填写的关系矩阵表为确定技术重要度提供了依据。

(6) 计算技术重要度。通过矩阵表与各项需求对顾客的重要度的加权平均，可得到各项技术要求的重要度。经过这一步之后，顾客所提出的“模棱两可”“含糊不清”的需求，转变成一个个量值。毫无疑问，开发人员应把精力集中在技术重要度指标值大的那些技术要求上。

(7) 设计质量规格。这一步由工程技术人员和质量管理人员共同完成。设计质量规格就是在技术经济分析的基础上确定各项技术要求的理化指标，即解决“多少”（How much)的问题。

(8) 技术能力评价。产品技术能力评价的结果是各项技术要求满足顾客需求的能力。为评价产品的技术能力，可把已开发出来的样品同市场上知名度较高的几个品牌的产品放在一起进行比较。技术要求之间会有冲突，所以即使不计成本，也不可能使各项技术能力都达到最高。因此，经常要作些调整。在调整时，应力保技术重要度指标值高的那些技术要求。

(9) 市场竞争力评价。市场竞争力评价的结果是产品满足各项顾客需求的能力。市场竞争性评价的方法与技术性评价的方法相同，只是这里的评价对象是各项顾客需求。同样的，顾客需求之间往往会有冲突，所以，即使不计成本，也不可能使各项顾客需求都得到最大满足。在作调整时，应以各项需求对顾客的重要度为依据，最大限度地满足重要度指标值高的那些顾客需求。

(10) 确定相关矩阵。根据正反强弱关系，把各项技术要求之间的关系确定为四类，即强正相关、弱正相关、强负相关和弱负相关。确定相关矩阵的目的是把顾客满意度方向作量化处理，结果用于调整质量规格。

从质量功能展开的技术路线可以看出，上述10个步骤的每一步都考虑了顾客需求，体现了“充分倾听顾客声音”的核心理念。因此，只要严格按照质量功能展开各个开发阶段的要求去做，所开发的产品就是顾客真正需要的产品。

如前所述，质量功能展开是一种集成的产品开发技术，所涉及的问题很多，用到的定量方法更多，如模糊聚类、层次分析法、线性空间等理论与知识。本节给出了质量功能展开的全貌，以便读者掌握质量功能展开的起源与发展、内涵及实施步骤。

第五节　服务设计的基本概念与方法

在某些情况下，产品设计和服务设计是同时进行的，其原因在于出售商品和提供服务有时是同时进行的。例如，为一辆车更换机油包括了提供服务（抽干残油，注入新油）和出售商品（新油）。类似地，铺装新地毯包括了提供服务（铺装）和出售产品（地毯）。在某些情况下，顾客所接受的确实是单纯的服务，如理发或平整草地。但是，在大多数情况下，两者兼而有之，只不过与出售商品相比，提供服务的份额可能相对较低。但即使在制造业，也有如机器维修、员工培训、安全检查之类的服务。

一、产品设计和服务设计的区别

（1）一般情况下，产品是实实在在的，看得见、摸得着。因此，服务设计通常要比产品设计更注重其不可触摸因素（如思维的清醒程度、气氛等）。

（2）多数情况下，服务的提供和给予是同时进行的（如理发、洗车等）。在这种情况下，能够先于顾客发现和改正服务中的错误就更加困难。所以，员工培训、工作流程设计以及处理好与顾客的关系就显得特别重要。

（3）服务没有“存货”，因此限制了它的可变性，这就使服务系统的设计显得非常重要。

（4）服务对于顾客来说是“透明的”，在设计中必须牢记这点。这也为服务系统的设计提出了更多的要求，而这在产品设计中是不存在的。

（5）对某些服务业，其介入和退出非常容易。这给服务设计提出了更大的挑战，服务设计必须要有创新并考虑成本因素。

（6）便利性是服务设计要考虑的一个主要因素，选址通常对服务设计有着重要影响。因此，服务设计和位置选择应同时进行考虑。

下面对两者之间的某些差异作更为细致的分析。就顾客与服务系统的接触程度来说，包括从无接触到高度接触。当顾客接触程度很低或无接触时，服务设计与产品设计基本相同。顾客与服务系统的接触程度越高，服务设计与产品设计的差异就越大，服务设计就越复杂。顾客与服务系统接触意味着服务设计中必须进行相应流程的设计。在产品设计时必须考虑产品的制造能力，这样做是允许的，也是可能的，因为产品和生产系统毕竟仍是两个分隔的实体。下列有关服务设计的例子说明了当顾客是系统的一部分时，服务和生产流程之间联系的不可分割性：冰箱制造厂改变了装配冰箱的程序，这种变化会被购买冰箱的顾客明显地感受到；而公交公司改变车辆调度计划或行车路线，这些变化对骑车人而言是不明显的。所以，顾客与服务系统的接触程度对服务设计有很大的影响。

二、服务设计的概念

服务设计是基于服务策略选择的，服务策略决定了服务的性质和重点及其目标市场。这就要求管理人员要评估一种特殊服务的潜在市场和盈利能力，以及组织提供该服务的能力。一旦组织确定了服务的重点和目标市场，就应确定目标市场顾客的要求和期望。接下来，服务设计者根据这些信息设计服务传递系统（即工具、流程、提供服务所需的全体工作人员）。服务传递系统的实例有邮政、电话、信息服务（电脑网络、传真）及面对面的接触。

服务设计的两个关键点是服务要求的变化程度以及顾客接触服务系统并渗透到传递系统的程度，这会影响到服务的标准化或必须定制的程度。顾客接触程度和服务要求的变化程度越低，服务能达到的标准化程度就越高。没有接触及很少或没有流程变化的服务设计与产品设计极其类似；相反，高可变性及高顾客接触程度通常意味着服务必须是高度定制的。图 3-5 说明了这一概念。

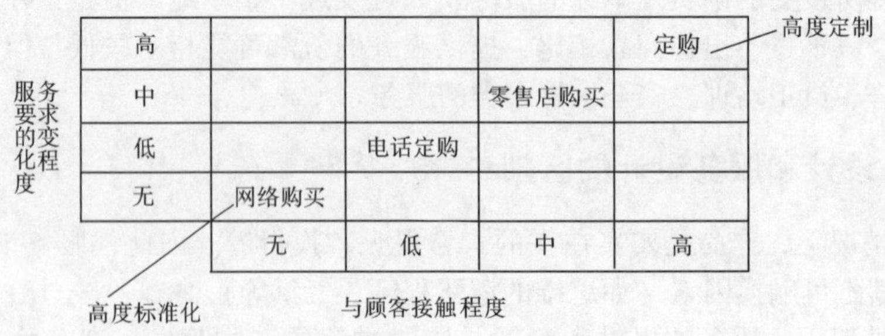

图 3-5　服务要求的变化程度及与顾客接触程度对服务设计的影响

在进行服务设计时，要考虑的一个相关因素是销售机会：顾客接触的程度越高，销售的机会就越大。

三、服务设计指导原则

服务系统的开发需在某些原则指导下进行，以下是其中的一些主要原则：

（1）以一个统一而又容易理解的标准进行设计，如便利性或速度。这有助于全体人员共同协作，而不是各行其是。

（2）确保服务系统能够提供所有可能预料到的服务项目。

（3）检查和考核指标，以确保服务是可靠和一贯优质的。

（4）系统设计要方便顾客，这对自我伺服系统来说更加重要。

四、服务蓝图

服务蓝图是服务设计中一种常用的工具，利用这种工具可以描述并分析现有的或正在设计中的服务。以下是绘制服务蓝图的主要步骤：

（1）划分各道程序的分界线。

（2）确定各道程序所包括的步骤并对其进行描述。

（3）根据执行每一步骤的主要完成者的身份，分为顾客层、前台、后台、支持层四个层次。

（4）标示可能会出现差错的地方（往往由于服务系统的缺陷而失去顾客）。

（5）分析并确定提供服务时各项业务所需时间。估计某项业务所需时间的变动范围。在服务系统中，时间是决定成本高低的首要因素，因此建立服务时间标准尤为重要。服务需求的可变性也会影响服务时间，因此对可变性的估计也是重要的。顾客主要关心的是服务时间，服务时间越短，服务就越好。但是，也存在例外，如在环境非常好的餐馆里悠闲地进餐或一个医生耐心地听取病人陈述病情，而不是草草诊断和治疗。

（6）分析影响利润率的因素。从积极和消极两方面分析哪些因素会影响到组织的利润率，并判断利润率对这些因素的敏感程度。例如，顾客等待时间是关键因素，应将设计重点放在这些关键因素上，建立能防止消极影响并使积极影响最大化的设计特性。

图 3-6 是修车业务服务蓝图，该图指出了主要的可能会出现差错的环节。

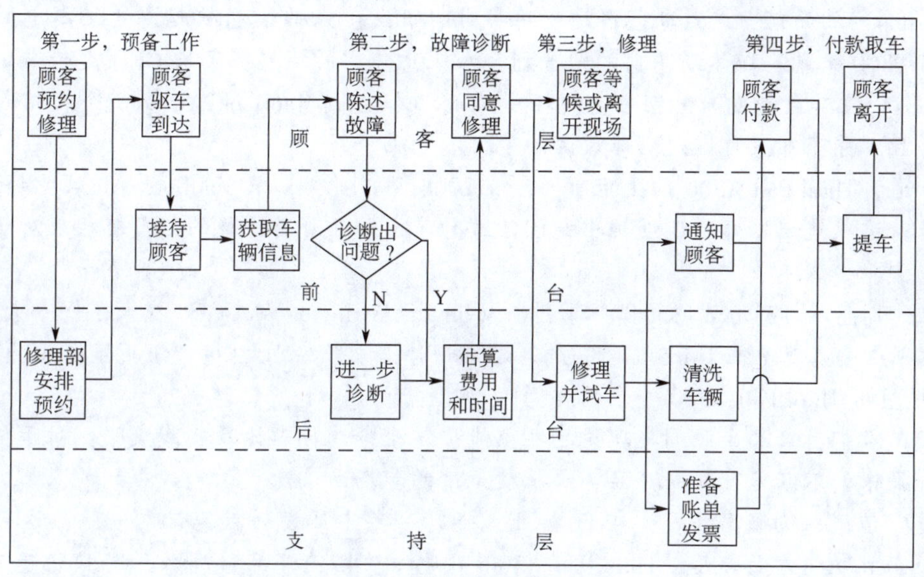

图 3-6　修车业务服务蓝图

习　题

1. 什么是新产品？根据对产品的改进程度，新产品可分为几类？
2. 开发新产品应该朝着哪些方向发展？
3. 新产品开发或服务设计的必要性体现在哪些方面？
4. 产品生命周期可分哪四个阶段？产品在各阶段分别具有哪些特点？
5. 为什么说不断开发出新产品事关企业的生存和发展？
6. 简述产品开发的路线图。
7. 简述产品开发的两种动力模式。
8. 新产品构想的源泉有哪些？
9. 产品设计的常用技术有哪些？
10. 简述并行工程的内涵。
11. 简述质量功能展开的内涵。
12. 如何理解质量功能展开是一种集成技术？
13. 结合实例说明建造质量屋的技术路线。
14. 为什么说严格按照质量屋的技术路线开发的新产品正是顾客真正需要的新产品？
15. 简述产品设计和服务设计的区别。
16. 服务有哪些特点？
17. 简述绘制服务蓝图的步骤。

案例：联想通过 ThinkPad X300 打造品牌形象

1. 引子

2008 年 1 月上旬的一天，一台崭新的 ThinkPad X300 放在了彼得 · 霍坦休斯（Peter D. Hortensius）的面前，这是联想经过一年半时间研发出来的最新款超薄笔记本电脑。跟着 ThinkPad X300 来到霍坦休斯跟前的是一则令人深感焦虑的消息：苹果 CEO 史蒂夫 · 乔布斯（Steve Jobs）把其最新发布的铝外壳超轻超薄笔记本电脑 MacBook Air 从一个大信封里拿了出来。并且，乔布斯宣称这是全球最薄的笔记本电脑。

要知道，ThinkPad X300 的上市时间定在 2008 年 2 月，如果 MacBook Air 比它还要优秀，那就意味着这款笔记本电脑还没推出就已经过时了。如果真是这样的话，其后果对于联想不亚于一场灾难。

霍坦休斯急不可耐地让他的秘书菲利斯（Phyllis Arrington McGee）找来了一个大号信封。当霍坦休斯小心翼翼地把 ThinkPad X300 塞进信封时，他兴奋地大叫："装下了！装下了！"

2. 联想对 ThinkPad X300 寄予的厚望

今天，人们对产品生命周期理论已耳熟能详。生命周期理论及实践表明：对于任何一家企业，如果未能不断地开发新产品，终将被无情的市场所淘汰。

可是，值得人们深思的是，在 IT 行业，耗时一年半开发一款笔记本电脑，这可真是犯了大忌。而且联想方面表示，ThinkPad X300 不是一款畅销产品。那么，究竟联想对 ThinkPad X300 寄予了怎样的厚望呢？

让我们把日历翻回到 2005 年 5 月 1 日。当天下午 3 点，联想正式宣布完成收购 IBM 全球 PC 业务。至此，这桩在国内外影响深远的 IT 行业的"蛇吞象"收购案尘埃落定。

无论联想对这次收购是多么信心满满，当局者也好，旁观者也好，都不得不思考这样的问题：美国 IBM 的金牌产品 ThinkPad 到了中国的联想手里，原来的客户会不会流失？潜在的客户会不会举棋不定，甚至调转船头？首先，IBM 每年可以从美国政府及其他官方组织得到约 10 亿美元的固定订单，这笔业务占 IBM 个人电脑业务的 10% 左右。谁能保证这部分订单不会流失。其次，原 IBM 个人计算机用户中有很大一部分是企业客户，谁又能保证这些客户在 IBM 出售其个人计算机业务后不会转而购买惠普或戴尔的产品。最后，一直以来，IBM 以其高品质在个人客户群中保持了极佳的口碑，更有对"小黑"（ThinkPad）解不开的情结。这个情结除来自产品过硬的品质外，还来自对 IBM 品牌的崇拜。赢得顾客的崇拜绝非一朝一夕可以成就的。

为应对客户流失的风险，联想进行了周密的策划。根据协议，联想此次收购的不仅是 IBM 个人计算机业务的办公机构、场所等，IBM 原来属于个人计算机业务的员工也被统一"打包"，整合到联想。此外，生产线不变，研发中心也不变。由于宣传到位，计划周密，同时得到了 IBM 很好的配合，联想在稳定客户方面还是取得了一定的成功。

铁打的营盘，流水的兵。在 IT 行业，员工跳槽更是司空见惯，更何况，每个人都有退休的一天。产品要改进，技术要创新。当联想推出新产品时，如何延续 ThinkPad 原有的品质呢？这个问题实实在在地摆在了联想的面前。毫无疑问，这是联想历时一年半研发 ThinkPad X300 的主要动因。

3. 推出 ThinkPad X300 的时机选择

联想把 ThinkPad X300 的上市时间选在 2008 年，这个年份耐人寻味。2008 年对于中国来说注定是不平凡的一年：南方 50 年不遇的雪灾、汶川特大地震让全国人民守望相助、上下同心；也正是在这一年，北京举办了一届无与伦比的奥运会。2004 年 3 月，联想与国际奥委会签约，成为 2008 年北京奥运会的顶级赞助商。联想绝不会失去这个千载难逢的好机会，它希望 ThinkPad X300 在 2008 年北京奥运会上大放异彩。

但是，如果奥运会提前或推迟两年举办，联想还会把 ThinkPad X300 的上市时间选在奥运年吗？在思索这一问题之前，还是让我们先回顾一下 ThinkPad X300 的开发历程吧。

4. ThinkPad X300 的开发历程

（1）公司战略布局。IBM ThinkPad 曾经一直是管理和商务人士的挚爱。看到它的光芒在逐渐淡去，联想董事会主席杨元庆表示："我们想传递这样一个信息：如果有哪家企业能够不断研发出最具创新性和高品质的产品，那它一定是联想。"

（2）产品开发战略。产品开发战略是对公司战略的支撑。根据高层传达的信息，需要制定相应的产品开发战略。事实上，企业的形象也好，品牌也好，一切都要落实到产品/服务上。没有高品质、有持续影响力的产品/服务，企业所谓的良好形象、高端品牌只能是昙花一现。

为了制定产品开发战略，需要确定产品定位和目标，开发产品平台，确定产品线，规划产品开发项目。

产品定位和目标要解决的是"瓜种"问题。联想推出 X300 的目的就是要重现 ThinkPad 昔日的辉煌，为联想在全球市场上赢得声誉。ThinkPad 定位于精品，而非畅销产品，这就明确了产品定位和目标，解决了"长什么样的藤，结什么样的瓜"的问题。

产品平台是"瓜的主藤"，是企业核心技术的集合，是使企业所有产品线和产品根植于此的公共平台。联想的选择必然是在巩固原有技术优势（如日本大和实验室）、人力资源等的基础上，投入更多的资金强化产品平台的开发。

产品线是"瓜的支藤"，是基于产品平台的同类产品的集合。ThinkPad X300 连同其他产品构成了 ThinkPad X 系列产品线。

产品项目是"藤上的瓜"，是基于产品线规划的单项新产品。联想的产品开发战略是把 ThinkPad X300 打造成 ThinkPad X 系列上的一个硕果。

制定产品开发战略的重任理所当然地落在了霍坦休斯的肩上。因为他是联想集团负责笔记本电脑业务的高级副总裁。

（3）产品的设计方案与技术应用。该是希尔、萨帕、项目经理及设计人员登场的时候了。希尔是联想公司企业形象综合战略和设计主任，以笔记本电脑传统的继承者为世人所知。理查德·萨帕是 ThinkPad 笔记本的原创人之一，他曾主导设计了 ThinkPad 700C 系列笔记本电脑，奠定了 ThinkPad 笔记本的经典设计风格。

对于笔记本电脑，轻小便是价值。如何将重量、价格和功能完美地结合在一起，使用什么样的新技术是最重要的问题。也只有研制出 ThinkPad 史上最薄、最轻、最优雅的笔记本电脑，才符合杨元庆的要求。

2006 年 6 月，希尔提出两个基本设计方案：一是把简朴发挥到极致，笔记本表面上只保留联想的标识和前面的弹簧锁，以往笔记本侧面的各种接口和底部的各种标签都通过一种金属壳隐藏起来；二是努力将笔记本做到最小，长度不超过 10in（1in = 2.45cm），厚度小于 1in，为此，需要使用折叠式键盘。

经过调查论证，时下 13in 屏幕正大受欢迎。同时，隐藏接口和标签等的金属壳也将大大增加笔记本的重量。于是，希尔放弃了原来的想法。

那么最后方案是什么呢？2006 年 10 月，经过反复论证，通过把希尔的设计理念与可能的技术相结合，确定这款新产品的代码为 Kodachi，意即小武士刀。这款高端笔记本电脑囊括了三种新兴技术：固态存储，即当笔记本电脑被摔时不会支离破碎；LED 背灯照明显示器，以增强电影观感；超薄 DVD 驱动器，厚度仅为 7mm。

（4）实施与试生产。2007 年 1 月，Kodachi 获得联想高层批准，正式进入项目计划阶段。

Kodachi 项目的产品研发人员热情高涨，不停地探索和实验任何可能用到的先进技术和工艺。希尔更是每天通过电话和邮件同日本项目组紧密联系，时刻关注着项目的进展。

但是，市场营销人员得出的预测结论是：Kodachi 的销售前景并不看好，还不到目标销售量的一半。尽管如此，霍坦休斯还是决定以铁的手腕继续推动“Kodachi”项目。他认为，销售人员过于保守，Kodachi 并不是一款普通的高端计算机，它与以往的任何产品都不同。

2007 年 4 月，Kodachi 项目进入了实际研发阶段。即刻起，所有设计人员和工程人员都陷入了深深的担忧：没准明天一上班就看到竞争对手抢先推出的一款更加轻薄的新机器。别无选择，只有抢时间。而联想高层给研发人员定下的时间表更如战鼓催征，最后期限及等待审查的鼓声一直在耳边敲着。多年来，项目团队领导 Kinoshita 在闲暇时间一直热衷于航海。但是，当 Kodachi 项目步入正轨时，别说航海了，他在拼命：通常从早上 9 点开始，一直工作到晚上 10 ~ 11 点。

2007 年 9 月上旬，机械原型；9 ~ 10 月，原型和组件的性能测试；11 月，推出定型样机；12 月上旬，生产前测试；12 月，审查委员会小组一行六人计划在大和实验室会面，共同决定 Kodachi 是否能投入试生产。Kodachi 机器原型顺利地通过了包括最为残酷的“自由坠落”测试在内的一系列压力测试。10 月 1 日，问题还是出现了：从两家亚洲供应商那里订购的固态存储驱动器没有通过质量检测。作为霍坦休斯的得力干将，马克·科恩凭借其超人的自信和技术才干，决定在没有固态存储驱动器的情况下继续下一阶段的研发。事实上，任何研发过程都会遇到这样那样的问题，能有效地解决这些问题才是实力的体现。

2007 年 12 月 10 日，位于深圳的 ThinkPad 生产线上的员工开始装配最初的 25 台 Kodachi 试验产品。他们的工作就是发现问题并为流水生产线的工作人员提供操作指南，从而为 1 月 25 日开始的大规模生产作好准备。

2008 年 1 月上旬的一天，第一台具有联想徽标的 ThinkPad 笔记本电脑 ThinkPad X300 放在了霍坦休斯面前。

5. 没有结束的故事

霍坦休斯的“信封实验”着实令人后怕。霍坦休斯成功了，希尔开心地笑了，但故事并没有结束。北京时间 2010 年 1 月 28 日凌晨 2 点，乔布斯在加利福尼亚州旧金山前卫艺术中心举行发布会，正式发布了传闻已久的平板电脑，型号是 iPad。iPad 虽然与 iPod 只有一个字母之差，外观风格与 iPhone 相似，但却装备了苹果公司自主设计的 1GHz Apple A4 芯片，这是至今为止苹果所用的最高端的芯片产品，内部集成了处理器核心、GPU 核心、I/O 核心和内存控制器。

面对苹果的咄咄逼人，故事的另一个主角发力了：北京时间 2010 年 10 月 5 日，霍坦休斯表示，联想将推出 ThinkPad 商用平板电脑。

商场如战场！身在江湖，你别无选择。

（资料来源：Steve Hamm，Kenji Hall. 打造完美笔记本电脑——专访 X300 设计师［EB/OL］.［2010-12-12］. http：//www. it. com. cn/f/notebook/083/17/564201. htm. ）

问题：

1. 联想为什么历时一年半开发 ThinkPad X300？
2. 联想为什么选择在 2008 年推出这款笔记本电脑？
3. 简述开发 ThinkPad X300 的路线图。
4. 你如何理解“商场如战场”？

第四章

设施选址与布置

本章内容要点

- 设施选址的影响因素及程序
- 设施选址的方法
- 设施布置的原则
- 设施布置的基本类型
- 工艺专业化的布置方法
- 仓库、零售店、办公室的布置

第一节　设施选址的影响因素及程序

设施选址（Facility Location）就是确定在何处建厂或建立服务设施。设施选址影响组织的投资收益、产品或服务的成本以及生产效率；而且设施投资较多，一旦建成难于更改。因此，设施选址影响组织的经济效益，关系到组织的命运，须慎重决策。一般在新建企业或改建、扩建企业时，都必须考虑设施选址问题。

一、影响选址决策的因素

对于一个特定的组织，选址决策目标取决于该组织的类型。制造业组织的选址决策主要是为了追求成本最小化，而服务业组织的选址决策一般追求收益最大化。因此，制造业设施的选址与服务业设施的选址所考虑的影响因素及侧重点不同。一般制造业选址需要考虑以下几个因素：

（1）劳动力条件。首先厂址所在地区的劳动力应在数量上有所保证，保证该地区有足够数量的、符合技术水平要求的劳动力。对于劳动密集型企业，若劳动力成本占产品成本很大比重时，还应考虑劳动力的工资水平。

（2）原材料供应条件。以笨重的、易变质为原材料进行加工时，应重点考虑该因素，如罐头加工厂、肉类加工厂等。另外，有些组织还应考虑水源、动力供应，如制药厂、饮料厂对水质有要求，火力发电厂应靠近煤矿，水力发电厂应靠近河流等。

（3）产品销售条件。目标市场的远近主要是从交给客户的产品或服务的费用多少和及时性方面考虑，应节省运费，提供及时服务。例如：橡胶公司最好建立在有轮胎生产厂的地区；而钢笔、钟表厂等，由于产品运费较少，可不考虑。

（4）交通运输条件。随着企业横向一体化的发展，企业间的联系越来越密切，便利的交通能使物料和人员以较低的成本准时到达需要的地点，使生产活动正常进行。在考虑运输条件时，主要考虑运输费用的多少和产品的性质。在运输工具中，水运运载量大，运费较低；铁路运输次之；公路运输运载量较小，运费较高，但灵活；空运运载量小，运费最高，但速度最快。对于生产笨重或出口产品的企业，应靠近火车站或码头。

（5）地理条件。建厂地点的地势、利用情况和地质条件，都会影响到建设投资。在平地建厂比在丘陵或山区建厂施工要容易得多，造价也低；在有滑坡、流沙或下沉的地面上建厂，还需有防范措施，会增加投资。因此，在平地建厂最佳。

（6）基础设施条件。这方面主要考虑的内容有：煤气、电、水的供应是否充足；排水是否充分（包括积水、洪水的排出等）；对“三废”处理的地方制约如何；通信设施是否完善。

（7）气候条件。主要对于需要控制温度、湿度、通风的工厂而言，应考虑气候条件。有些产品不适合在潮湿或寒冷的气候条件下生产，如乐器。

（8）生活条件。考虑职工住房、娱乐设施、学校、公园、交通、生活服务设施的条件，为雇员及其家属提供安心愉快的环境。

（9）环境保护条件。应考虑工厂对环境的危害。工厂的生产经营应符合该地区有关环境保护的法令、法规的要求。

（10）科技依托条件。高科技企业应建在科技人才集中之地，便于招募和利用人才，有良好的科技环境，有利于组织生存与发展。

选址需考虑的其他因素还有：对于跨地区、跨国选厂，应考虑国家政治局面的稳定性，以及文化背景和习俗对管理方式的影响；选址应为企业的未来发展留有余地，以便企业扩展；建分厂应靠近原有工厂，便于管理，但需注意对劳动力需求的自相竞争；考虑取得土地的可能性及地价；考虑各地税金的种类、总数，等等。

对于服务业，进行选址决策的重点应在于确定销售量和收入的多少。其影响因素通常有客流量、顾客质量、交通条件、与邻近店的关系以及场地环境、店面可见度等。客流量是评价店址的首要标准。服务业的店址一般选在客流量大的地区，以保证有足够的营业额。其次考虑顾客质量，即考虑所在地区顾客的收入水平、生活习惯等，以确定潜在顾客。再次考虑交通条件。便利的交通或停车场能够方便顾客前往，同时也便于组织运输货品。与邻近店铺的关系也很重要，与经营有关品种的店铺或竞争对手邻近，有时可以吸引顾客。另外，店址附近的环境也会影响顾客的数量。

二、选址决策的一般程序

选址决策涉及两个层次：一是选位，即选择哪个区域，一般是指省市或地区，对跨国选址则是指哪个国家的省市或地区；二是定址，即具体选择在该省市、地区的什么位置建立设施。具体包括以下步骤：

（1）确定选址的总体目标。选址的总体目标是使选址决策能给组织带来最大化的效益。

（2）收集新建（或扩建）设施各方面与选址有关的资料，如组织规模、生产能力、工艺流程、运输要求、“三废”处理等。

（3）识别选址的重要因素，如劳动力、市场或原材料等因素。

（4）根据选址总体目标和影响因素初步筛选，确定候选的目标地区。

（5）收集各候选目标地区资料，确定可供选择的具体地点。

（6）采用选址方法，对备选具体地点进行评价。

（7）确定具体地点。

第二节 设施选址的方法

对设施选址的方案进行评价时，常用以下几种方法：

一、因素赋值法（Factor Rating）

选址涉及多方面因素，很多因素难以量化，且各因素影响的重要程度不同。为综合考虑各影响因素及其重要度，可对各因素及重要度赋值，计算各方案总分，选择分值最高者为最优方案。具体步骤为：

（1）列出影响选址的因素，即列出比较的项目。

（2）赋以每个因素权重，以反映它在目前选址中的相对重要程度。

（3）确定每个因素记分的取值范围，如从 5 到 1 表示很好到不好。

（4）请有关专家对每个候选厂址评分。

（5）计算每个方案得分，总得分 = Σ（每个因素评分 × 权重）。

（6）选择总分数最高者为最优方案。

例 4-1 某厂有 4 个候选厂址（A、B、C、D），影响因素有 10 个，其重要度及评分如表 4-1 所示，求最优方案。

表 4-1 影响因素的重要度及评分表

影响因素	权重	候选方案 A		候选方案 B		候选方案 C		候选方案 D	
		评分	得分	评分	得分	评分	得分	评分	得分
劳动力条件	7	2	14	3	21	4	28	1	7
地理条件	5	4	20	2	10	2	10	1	5
气候条件	6	3	18	4	24	3	18	2	12
资源供应条件	4	4	16	4	16	2	8	4	16
基础设施条件	3	1	3	1	3	3	9	4	12
产品销售条件	2	4	8	2	4	3	6	4	8
生活条件	6	1	6	1	6	2	12	4	24
环境保护条件	5	2	10	3	15	4	20	1	5
政治文化条件	3	3	9	3	9	3	9	3	9
扩展余地	1	4	4	4	4	2	2	1	1
总计	—	108		112		122		99	

解 根据权重和不同候选方案的各因素得分，计算各方案的总分，如表 4-1 所示；选总分最高的方案为最佳选址方案，即 C 方案最佳。

二、选址盈亏平衡分析法（Locational Break—even Analysis）

生产经营中总成本（TC）分为固定成本（FC）和变动成本（VC）。固定成本是指在一定时期和一定业务范围内不随产量（业务量）的变化而变化，如折旧、管理人员工资、机器和厂房投资；变动成本随产量（业务量）的变化而变化，如原材料费。固定成本、变动成本与产量（业务量）的关系如图 4-1 所示。

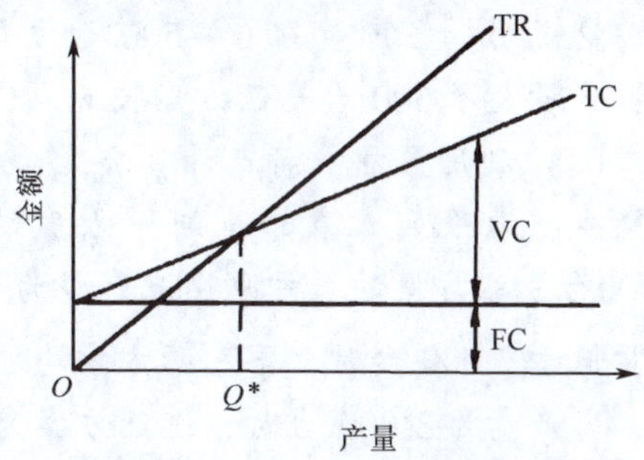

图 4-1 固定成本、变动成本与产量（业务量）的关系

在一定范围内，产量增加时，由于单位产品分摊的固定成本减少，总成本将等于或小于总收入。而当总收入等于总收益时，成本曲线与收益曲线的交点即为平衡点（Q^*）。当组织的生产产量低于平衡点产量时，将亏损；而当产量高于平衡点产量时，则会盈利。盈亏平衡点的产量为

$$Q^* = \frac{\mathrm{FC}}{P - V} \tag{4-1}$$

式中，FC 为固定成本；V 为单位可变成本；P 为单位产品售价。

例 4-2 已知固定成本 20 万元，单位可变成本 10 元，售价每件 15 元，求盈亏平衡点产量。

解

$$Q^* = \frac{\mathrm{FC}}{P - V} = \frac{20\text{ 万元}}{(15 - 10)\text{ 元/件}} = 4\text{ 万件}$$

将盈亏平衡分析法应用于选址，即假设可供选择的各个方案均能满足厂址选择的基本要求，但投资额及投产后的原材料、燃料等变动成本不同，绘制总成本线，找出每个备选地点产出的最优区间及盈利区间，确定在要求的产量下总成本最小的方案为最佳选址方案。

例 4-3 某企业在选址中，选定符合选址要求的方案为：甲、乙两个方案，生产成本如表 4-2 所示。

（1）指出各备选方案产出的最优区间。

（2）预期生产规模为 3 000 台，确定较优的方案。

表 4-2 生产成本

项目	年固定成本总额	年生产能力	单位产品变动成本	单价	损益平衡点产量
单位	元	台	元	元	台
甲方案	145 000	36 000	150	200	2 900
乙方案	160 000	36 000	120	200	2 000

解 （1）计算各方案的总成本。总成本 TC 为

$$\mathrm{TC} = \mathrm{FC} + VQ$$

令 $Q = 1\ 000$，绘制总成本图，如图 4-2 所示。

(2) 计算甲、乙方案交点产量。

$$145\,000\text{元} + 150Q = 160\,000\text{元} + 120Q$$

$$Q = 500\text{台}$$

这说明：当产量在 0 ~ 500 台之间，甲方案优于乙方案；产量大于500 台，乙方案较优。

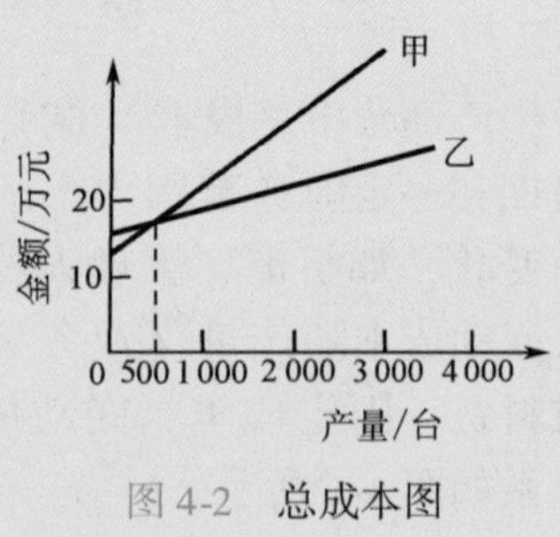

图 4-2　总成本图

(3) 利用盈亏平衡点计算公式，将有关数据代入计算平衡点，结果列入表中，则甲方案的盈亏平衡点产量为 2 900台，乙方案的盈亏平衡点产量为 2 000 台。由此可见：产量低于 2 000 台时，甲乙两方案均亏损，不可行；产量大于 2 000 台时，乙方案较优。因此，当产量为 3 000 台时，选乙方案为最佳选址方案。

三、线性规划法

对于一些大型企业，尤其是国际化大型企业，通常拥有多个生产厂、多个仓储地点和销售地点，其选址决策属于多点布局问题，通常采用线性规划法解决。其原则是追求总生产成本和运输成本最低。数学模型为：

目标函数

$$\sum_{i=1}^{n} c_i X_i + \sum_{i=1}^{n} \sum_{j=1}^{m} D_{ij} x_{ij} = \min$$

约束条件

$$\begin{cases} \sum_{i=1}^{n} x_{ij} = R_j \\ \sum_{j=1}^{m} x_{ij} = X_i \\ \sum_{j=1}^{m} R_j = \sum_{i=1}^{n} X_i \end{cases}$$

$$i = 1,2,3,\cdots,n; j = 1,2,3,\cdots,m$$

式中，X_i 为第 i 工厂的产量；c_i 为第 i 工厂的单位成本；x_{ij} 为第 i 工厂运往目标市场 j 的产品数量；R_j 为目标市场 j 的需求量；D_{ij} 为第 i 工厂向目标市场 j 运输单位产品的运费及其他流通费用。

如各候选工厂的生产成本相同，则可得：

目标函数

$$\sum_{i=1}^{n} \sum_{j=1}^{m} D_{ij} x_{ij} = \min$$

约束条件

$$\begin{cases} \sum_{i=1}^{n} x_{ij} = R_j \\ \sum_{j=1}^{M} x_{ij} = X_i \end{cases}$$

四、重心法

重心法是一种单个设施布置的方法。这种方法要考虑现有设施之间的距离和要运输的货物量，经常用于中间仓库或分销仓库的选择。它假设运入和运出成本相等，不考虑在不满载情况下增加的特殊运输费用。

重心法是将一个坐标系重叠在地图上来确定各点的相应位置，所以首先要在坐标中标出各个地点的位置，目的在于确定各点的相对距离。在国际选址中，采用经度和纬度建立坐标。然后，求出运输成本最低的位置坐标 x 和 y，对照地图找出相应位置。在坐标系中，（0，0）点的位置及其刻度并不重要。计算公式为

$$C_x = \frac{\sum d_{ix} V_i}{\sum V_i}$$

$$C_y = \frac{\sum d_{iy} V_i}{\sum V_i}$$

式中，C_x 为重心的 x 坐标；C_y 为重心的 y 坐标；d_{ix} 为第 i 个地点的 x 坐标；d_{iy} 为第 i 个地点的 y 坐标；V_i 为运到第 i 个地点或从第 i 个地点运出的货物量。

例 4-4　某一汽车制造公司在三个工厂（工厂 A、工厂 B、工厂 C）生产汽车。最近管理人员决定，建仓库 D 为三个工厂提供零部件，各工厂相对位置如图 4-3 所示，各工厂对零部件的需求量如表 4-3 所示。在何处建仓库 D 成本最低？

表 4-3　每家工厂的年需求量

工　厂	年需求量/件
A	5 500
B	6 500
C	8 000

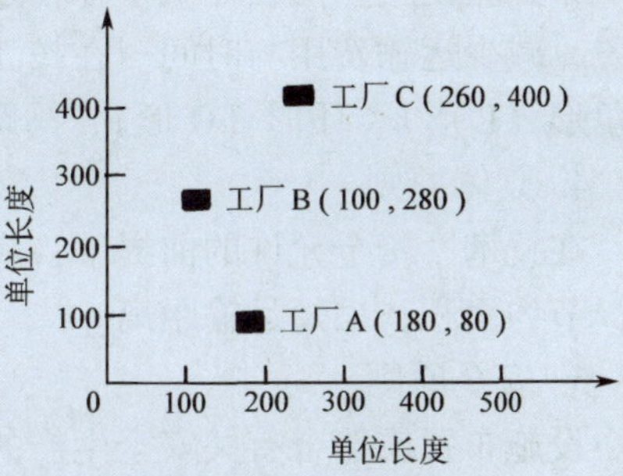

图 4-3　工厂位置图

解　假设运输量与运输成本存在线性关系，已知

$$d_{1x} = 180 \quad d_{1y} = 80 \quad V_1 = 5\,500$$

$$d_{2x} = 100 \quad d_{2y} = 280 \quad V_2 = 6\,500$$

$$d_{3x} = 260 \quad d_{3y} = 400 \quad V_3 = 8\,000$$

则利用公式得

$$C_x = \frac{\sum d_{ix} V_i}{\sum V_i} = \frac{(180 \times 5\,500) + (100 \times 6\,500) + (260 \times 8\,000)}{5\,500 + 6\,500 + 8\,000} = 186$$

$$C_y = \frac{\sum d_{iy} V_i}{\sum V_i} = \frac{(80 \times 5\,500) + (280 \times 6\,500) + (400 \times 8\,000)}{5\,500 + 6\,500 + 8\,000} = 273$$

仓库 D 的位置为（186，273），根据此坐标确定具体地理位置。

第三节 设 施 布 置

设施布置（Facility Layout）就是将组织内各种设施在空间上进行合理安排和有效组合，形成一定的空间形式，从而有效地为组织服务，以使组织获得最大效益。设施布置是在设施位置选定、组织内部组成单位确定后进行的。它根据已选定地点的地理条件，对组织内的组成单位进行合理布置，确定其平面和立面位置，并相应地确定组成单位的内部（设备）布置。

一、设施布置的原则

设施布置应遵循以下原则：

1. 为生产经营服务原则

在组织中，生产经营协作密切的组成部分应相互就近，使辅助生产和生产服务工作及时满足生产经营的需要，即以满足生产经营需要为目标。

2. 最短距离原则

在符合生产工艺过程要求的前提下，使原材料、半成品和成品的运输路线尽可能短，使布置达到时间短、费用低、便于管理的目的。

3. 单一流向原则

布置应使生产流程尽量不存在迂回曲折和平面反复交叉现象，即尽量按生产流程的顺序布置，减少运输费用与时间。在按工艺流程布置中，比较好的布置形式有直线形（I 形）、直角形（L 形）、环形（O 形）、马蹄形（U 形）、蛇形（S 形）等。

4. 立体原则

在技术、资金允许的前提下，应尽量采用多层的立体布置，这样可以充分利用空间、场地，节约面积，缩短运输距离。

5. 安全原则

设施布置应符合有关安全生产的法令和制度，符合劳动保护、环境保护的法令和制度，满足文明生产的要求等，确保生产经营的安全进行。

6. 弹性原则

设施布置还应考虑长远发展，留有一定发展余地，便于适应今后发展的需要，以利于进行调整。

在实际工作中，设施布置应根据组织的实际情况以及发展的需要，有所侧重地应用上述原则。

二、设施布置的类型

设施布置的类型主要有以下四种：

1. 工艺专业化原则布置（Process Layout）

工艺专业化原则布置是按生产工艺特征安排生产单位或设备的布置方式。在这种布置方式下，相似的生产单位或设备被放在一起。例如：机械制造厂将车床、铣床、磨床等设备分别放置，形成车工车间（或工段）、铣车工车间（或工段）、磨工车间（或工段）；医院按提供特定服务的功能进行布置，形成内科、外科等部门。这种布置方法对产品品种变换的适

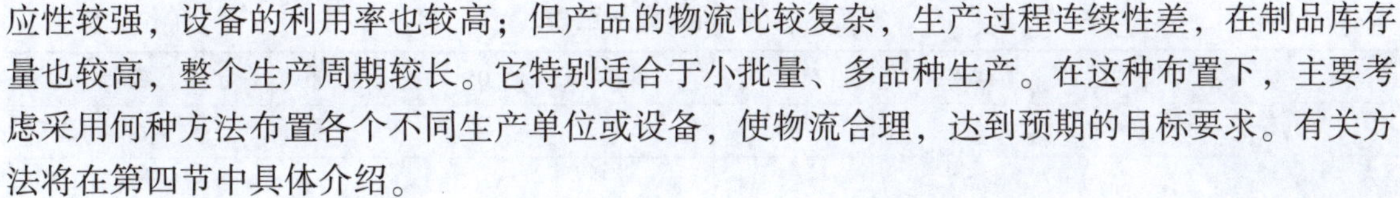

应性较强，设备的利用率也较高；但产品的物流比较复杂，生产过程连续性差，在制品库存量也较高，整个生产周期较长。它特别适合于小批量、多品种生产。在这种布置下，主要考虑采用何种方法布置各个不同生产单位或设备，使物流合理，达到预期的目标要求。有关方法将在第四节中具体介绍。

2. 对象专业化原则布置（Product Layout）

对象专业化原则布置是按产品（或服务）制造（或提供）的工艺流程安排生产单位或设备的布置方式。在这种布置下，生产单位或设备是按照某一种或某几种（但这几种产品的加工路线基本类似）产品的加工路线或加工顺序顺次排列的。这种设备布置的典型形式是流水线或生产线。例如，汽车厂装配线的布置。这种布置方法使产品（或服务）过程在空间上紧密衔接，缩短运输距离，减少在制品，节约生产面积，易于管理；但对品种变换的适应能力差。它适合于大批量、连续生产。在对象专业化原则布置下，主要考虑如何使每一单元的操作时间都大致相等，即考虑装配线或生产线平衡问题，以提高输出效率。

3. 混合布置（Hybrid Layout）

在实际中，常常把上述两种布置结合起来，即在一个生产单位内既有对象专业化单位，又有工艺专业化单位，这种布置为混合布置。实际上，这种布置是最常见的，因为在许多企业，产品有一定的批量，但不足以大到形成单一的生产线，但系列产品常常有加工类似性，又有可能使单件生产下完全“无序”的设施布置在某种程度上“有序”，因此将两种布置方式结合起来。混合布置有多种形式，例如，零部件生产采取对象专业化原则布置，装配车间采取对象专业化原则布置，等等。柔性生产系统、成组生产单元可看成是一种混合布置。

4. 固定布置（Fixed Layout）

这种布置是将要加工的对象固定在一个位置，把生产设备移动到要加工的产品处，而不是把产品移到加工设备处。这种布置方法比较特殊，通常只限于体积和重量都非常大、不易移动的产品，且通常只能以单件或极小批量生产的产品，如船舶、重型机床、建筑物、电影外景的拍摄等。这种布置通常是没有其他选择余地的。

第四节 工艺专业化的布置方法

对于上述四种基本类型，工艺专业化原则布置的问题较为复杂，需采用科学的方法进行有效的布置。常用的方法有物料运量图法、作业相关图法、从至表法、线性规划法、计算机辅助布置等。

一、物料运量图法

物料运量图法就是根据各车间（仓库/站场）的物料运量大小来进行工厂总平面布置。相互间运量大的车间靠近，反之远些。方法是先绘制物料运量从至表，如表4-4所示；然后绘制物料运量图或运量相关图，如图4-4所示；最后将运量大的单位邻近安排，本例单位1应与单位2、4、6靠近，单位2与单位1、3靠近等。这种方法适用于工厂的生产单位不多、产品品种少、生产条件稳定的组织的布置。

表 4-4　物料运量从至表　（单位：t）

	01	02	03	04	05	06	总计
01		5	3	4	5	5	
02	1		2		1		
03		7		2			
04	2	2	1			3	
05			1	1		6	
06	1			1			
总计							

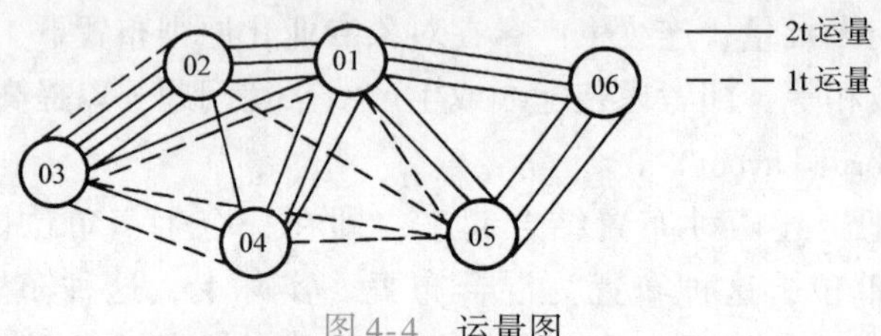

图 4-4　运量图

二、作业相关图法

作业相关图法是通过图解，判明组织各组成部分之间的关系，然后根据关系的密切程度加以布置，从而得出较优的总平面布置方案。组织各组成部分之间的关系密切程度用 A、E、I、O、U、X 六个英文字母表示，并给出相应的分值，如表 4-5 所示；组织各组成部分之间的关系密切程度用 9 个数字表示，如表 4-6 所示。

表 4-5　关系密切程度分类及代号

代　号	关系密切程度	分　值	代　号	关系密切程度	分　值
A	绝对必要	6	O	普通的	3
E	特别重要	5	U	不重要	2
I	重要	4	X	不予以考虑	1

表 4-6　各代号表示的关系密切程度

代　　号	关系密切程度	代　　号	关系密切程度
1	使用共同的记录	6	工作流程的连续性
2	共用人员	7	做类似的工作
3	共用地方	8	使用共同的设备
4	人员接触	9	其他
5	文件接触		

例 4-5　已知某企业有 8 个部门，它们之间的关系如图 4-5 所示。要求按相互关系进行布置。

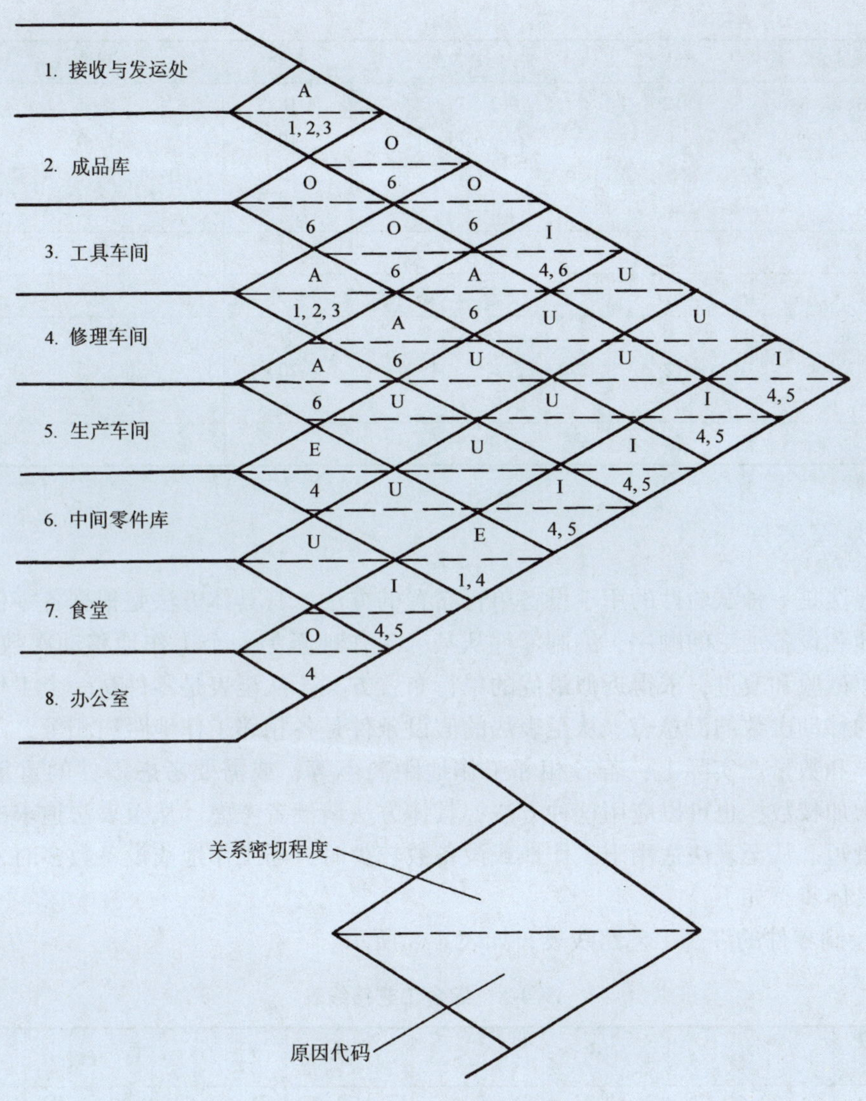

图 4-5 某企业作业相关图

解 根据作业相关图做出相关程度表，如表4-7所示。计算各部门积分，按最高分者先布置的原则，将生产车间放在中心位置，然后按与其密切程度A、E、I、O、U、X顺序布置，并依次画出。最后还可以根据其他要求进行调整。

表 4-7 相关程度表

1. 接收与发运	积分	2. 产品库	积分	3. 工具车间	积分
A—2	6	A—1，5	12	A—4，5	12
I—5，8	8	I—8	4	I—8	4
O—3，4	6	O—3，4	6	O—1，2	6
U—6，7	4	U—6，7	4	U—6，7	4
小计	24	小计	26	小计	26

（续）

4. 修理车间	积分	5. 生产车间	积分	6. 中间零件库	积分
A—3，5 I—8 O—1，2 U—6，7	12 4 6 4	A—2，3，4 E—6，8 I—1 U—7	18 10 4 2	E—5 I—8 U—1，2，3，4，7	5 4 10
小计	26	小计	34	小计	34
7. 餐厅	**积分**	**8. 管理办公室**	**积分**		
O—8 U—1，2，3， 4，5，6	3 12	E—5 I—1，2，3，4，6 O—7	5 20 3		
小计	15	小计	28		

三、从至表法

从至表法是一种试验性的用于设备单行布置的方法。其具体方法是根据各零件在生产线上各工作地和设备加工的顺序，编制零件从某一工作地至另一个工作地移动次数的从至表，经有限次数试验和改进，求得近似最优的单行布置方案。从至表是零件从一个工作地至另一个工作地的移动次数的汇总表。从至表法的假设条件是各相邻工作地距离相等，不考虑零件的重量差异和数量。实际上，若各相邻工作地距离不等，或需要考虑零件的重量差异和数量，通过增加权数，也可以应用这种方法，具体方法请读者考虑。从至表法追求的目标是总移动距离最短。从至表法适用于工作地或设备数较少时，当工作地或设备数多时，改进需求难度大。具体步骤如下：

（1）绘制零件的综合工艺路线表，如表4-8所示。

表4-8　综合工艺路线表

工作地＼零件编号	1	2	3	4	5	6	7	8	9	10	11	12	13	14	15	16	17	合计
1. 毛坯堆	1	1	1	1	1	1	1	1	1	1	1	1	1	1	1	1	1	17
2. 铣　床	2			4	6		3			2			3					6
3. 车　床	3	2	2	3	3　5　8	2		2	2		2		2	2				13
4. 钻　床	4	3	3	5	4	3				3	3							8
5. 镗　床					2													1
6. 磨　床					7　9		5											3
7. 压　床	5										4	2			2	2	2	6
8. 钳工作台		4																1
9. 锯　床				2			2　4											3
10. 最后检验	6	5	4	6	10	4	6	3	3	4	5	3	4	3	3	3	3	17

（2）制订设备布置的初始方案，编制零件从至表，如表4-9所示。计算零件从一台设备到另一台设备的移动次数。

表 4-9　零件从至表

布置顺序号			1	2	3	4	5	6	7	8	9	10	顺行		
布置顺序号	至 / 搬运次数 / 从	目的地	毛坯堆	铣床	车床	钻床	镗床	磨床	压床	钳工作台	锯床	最后检验	搬运次数	搬运距离	搬运量
	出发点	总计（58）	0	6	13	8	1	3	6	1	3	17			
1	毛坯堆	17		2	8		1		4		2				
2	铣床	6			1	2		1			1	1			
3	车床	13		3		6		1				3	3	8	24
4	钻床	8			1				2	1		4	4	7	28
5	镗床	1			1								8	6	48
6	磨床	3			1							2	0	5	0
7	压床	6										6	5	4	20
8	钳工作台	1										1	9	3	27
9	锯床	3		1	1			1					11	2	22
10	最后检验	0											9	1	9
倒行	搬运次数					1	1	0	0	2	1	4	合计		178
倒行	搬运距离					7	6	5	4	3	2	1			
倒行	搬运量					7	6	0	0	6	2	4	25		203

（3）分析并改进初始零件从至表，计算总搬运距离。改进时可考虑搬运次数多的单位靠近对角线的方格，因为靠近对角线的方格表示两台设备距离近，通过调整可使总搬运距离减小。

（4）比较不同布置方案，总搬运距离最小的方案为满意方案，如表4-10所示。

四、线性规划法

采用线性规划法也是寻找 n 个不同零件在 m 台不同设备（或工作地）上加工，而设备成单行布置的近似最优的方案。线性规划法目标是使总移动距离最小，其数学模型为

$$\begin{cases} \sum_{i=1}^{m-1}\sum_{j=1}^{m-1} a_{ij}x_{ij} = \min \\ x_{ij} \geqslant 0 \end{cases} \qquad i,j = 1,2,3,\cdots,m(i \neq j)$$

式中，a_{ij}为两台设备间零件移动的次数；x_{ij}为两台设备间的距离。

表 4-10　改进后的从至表

布置顺序号			1	2	3	4	5	6	7	8	9	10	顺行		
布置顺序号	搬运次数 至 从	目的地	毛坯堆	车床	钻床	铣床	压床	最后检验	锯床	镗床	钳工作台	磨床	搬运次数	搬运距离	搬运量
	出发点	总计（58）	0	13	8	6	6	17	3	1	1	3			
1	毛坯堆	17		8		2	4		2	1					
2	车床	13			6	3		3				1			
3	钻床	8		1			2	4			1		1	8	8
4	铣床	6		1	2			1	1			1	1	7	7
5	压床	6						6					4	6	24
6	最后检验	0											0	5	0
7	锯床	3		1		1						1	7	4	28
8	镗床	1		1									8	3	24
9	钳工作台	1						1					6	2	12
10	磨床	3		1				2					20	1	20
倒行	搬运次数				1	0	1	1	2	2	1	3	合计		123
	搬运距离				8	7	6	5	4	3	2	1			
	搬运量				8	0	6	5	8	6	2	3	38		161

五、计算机辅助布置

随着计算机在企业管理中应用，在较大型的设施布置问题中，还可以用计算机辅助布置方法。常用的计算机辅助设施布置软件有计算机辅助规划技术（CRAFT）软件和计算机辅助关系图布置设计（CORELAP）软件。计算机辅助规划技术（Computerized Relative Allocation of Facilities Technique，CRAFT）是美国人开发的一种常用的计算机辅助生产和服务设施布置的工具。它以物料的总运输费用最低为原则，逐次对初始的布置方案进行改进，以寻求最优的布置方案，是一种启发式方法。它首先从一个初始的块状区划图（可以是任意的）开始，将各单元的位置两两相互对换求得可行解，若某些块状中心要求特殊位置，则可以作为约束条件输入，计算各方案下的运输费用，比较费用最低的方案为最优解。CRAFT 所得出的答案虽不是唯一的最优解，但难以再改进。另外还应注意，CRAFT 方法求得的最终解与初始布置方案有关。因此，通常需要以若干个不同的初始布置方案求得几个最终解，然后再从中比较取舍。CRAFT 经过发展后的软件称为 SPACECRAFT，用于解决多层布置问题。

CORELAP 使用非定量的数据输入和关系图法来生成一个可行的布置方案，最多可以处理 45 个部门，并且可以处理不同的建筑形状。这个软件先布置 A 等级关系的部门，然后布置 E 等级关系部门，依此类推，最终形成一个待选方案。这种优化方法能使关系紧密地靠近。

此外，还有一些仿真软件，如 PROMODEL、EXTEND、WITNESS，也可完成设施布置方案。

第五节 仓库、零售店、办公室的布置

一、仓库布置

仓库布置不同于工厂的布置。订货次数是仓库布置要考虑的重要因素。频繁订货的物品应放在靠近仓库的入口处，而订购次数不多的物品应放在仓库的里面。而物品间的相关性也是十分重要的因素。把两类相关的物品靠近放置，将减少挑选这些物品的费用和时间。其他的考虑因素还有通道的数量和宽度、储备分隔间的高度、铁路或卡车装卸货物、定期对存储物品进行清点的必要性，以及物品的防腐和霉烂等因素。

二、零售店布置

零售店布置的目的是使店铺的单位面积的净收益达到最大。零售店布置应尽可能地提供给顾客更多的商品。展示率越高，销售和投资回报率也就越高。一般零售店布置涉及两个重要方面：一是设计顾客行走路线。行走路线设计的目的就是要给顾客提供一条路径，使他们能够尽可能多地看到商品，并沿着这条路径按顾客需要程度安排各项服务。行走路线设计包括通道的数量和宽度，它们影响服务流的方向。另外，还可以布置一些吸引顾客注意力的标记，让顾客沿店主设想的路线行走。二是商品陈列。目前较流行的做法是将顾客认为相关联的商品摆放在一起，而不是按商品的物理特性或货架大小与服务条件来摆放。这种摆放方法在百货商店的精品服务柜台、专卖店、超市的美食柜台中很常见。此外，零售店布置还涉及店面设计、橱窗陈列等。

三、办公室布置

办公室工作依赖于信息的传递。办公室工作的处理对象主要是信息以及组织内外的来访者，因此，信息的传递和交流是否方便，来访者办事是否方便、快捷，是办公室布置考虑的主要因素。信息的传递和交流既包括各种书面文件、电子信息的传递，也包括人与人之间的信息传递和交流。对于需要跨越多个部门才能完成的工作，部门之间的相对地理位置也是一个重要问题。办公室布置中要考虑的另一个主要因素是办公室人员的劳动生产率，因为它会在很大程度上影响办公室人员的劳动生产率。但必须根据工作性质、工作目标的不同来考虑什么样的布置更有利于生产率的提高。例如：在银行营业部、贸易公司、快餐公司的办公总部，开放式的大办公室布置使人们感到交流方便，促进了工作效率的提高；而在一个出版社，这种开放式的办公室布置可能会使编辑们感到无端的干扰，无法专心致志地工作。

尽管办公室布置根据行业、工作任务的不同有多种类型，但仍然存在几种基本的模式：一种模式是传统的封闭式办公室。办公楼被分割成多个小房间，伴之以一堵堵墙、一扇扇门和长长的走廊。显然，这种布置可以保持工作人员有足够的独立性，但却不利于人与人之间的信息交流和传递，使人与人之间产生疏远感，也不利于上下级之间的沟通，而且，几乎没有调整和改变布局的余地。另一种模式是近 20 多年来发展起来的开放式办公室布置。在一间很大的办公室内，可同时容纳一个或几个部门的十几人、几十人甚至上百人共同工作。这种布置方式不仅方便了同事之间的交流，也方便了部门领导与一般职员的交流，在某种程度

上消除了等级间的隔阂。但这种方式的一个弊病是，有时会相互干扰，带来职员之间的闲聊等。因此，后来进一步发展起来的一种布置是带有半截屏风的组合办公模式。这种布置既利用了开放式办公室布置的优点，又在某种程度上避免了开放式布置情况下的相互干扰、闲聊等弊病。而且，这种模块式布置有很大的柔性，可随时根据情况的变化重新调整和布置。有人曾估计过，采用这种形式的办公室布置，建筑费用比传统的封闭式办公建筑节省 40%，改变布置的费用也低得多。

实际上，在很多组织中，封闭式布置和开放式布置都是结合使用的。20 世纪 80 年代，在西方发达国家又出现了一种称为“活动中心”的新型办公室布置。在每一个活动中心，有会议室、讨论间、电视电话、接待处、打字复印、资料室等进行一项完整工作所需的各种设备。在一栋楼内有若干个这样的活动中心，每一项相对独立的工作都集中在这样一个活动中心内进行，工作人员根据工作任务的不同在不同的活动中心之间移动。但每人仍保留有一个小小的传统式个人办公室。显而易见，这是一种比较特殊的布置形式，较适用于项目型的工作。20 世纪 90 年代以来，随着信息技术的迅猛发展，一种更加新型的办公形式——“远程”办公也正在从根本上冲击着传统的办公布置方式。所谓“远程”办公，是指利用信息网络技术，将处于不同地点的人们联系在一起，共同完成工作。例如，人们可以坐在家里办公，也可以在出差地的另一个城市或飞机、火车上办公等。可以想象，当信息技术进一步普及、使用成本进一步降低以后，办公室的工作方式和对办公室布置的要求也会发生很大变化。

习　题

1. 设施选址的影响因素有哪些？
2. 设施布置的原则有哪些？
3. 设施布置的类型有哪些？
4. 仓库布置的考虑因素有哪些？
5. 零售店布置的考虑因素有哪些？
6. 办公室布置的考虑因素有哪些？
7. 以工艺专业化原则组织生产单位，可使加工制品的生产周期短。(　　)
8. 采用从至表法布置设备的目标是使总运输费用最低。(　　)
9. 采用对象专业化原则组织生产单位，有利于增强生产系统的柔性。(　　)
10. 作业相关图法是将关系密切的设备安排在一起的方法。(　　)
11. 设施布置的基本类型有________、________、________和________。
12. 设施布置应遵循以下原则______、______、______、______、______、______和______。
13. 设施选址需考虑的因素有________、________、________、________、________、________、________、________、________等。
14. 某制造公司决定在北方建一新厂，经初步筛选确定 A、B 和 C 三个备选厂址，并请专家对 6 个影响因素进行评分，结果如表 4-11 所示。请综合考虑各因素，确定哪个厂址更佳。
15. 某公司计划建一新厂，初步选择 A、B、C 三个候选厂址，有关资料如表 4-12 所示。

(1) 绘制总成本线。

(2) 指出各备选方案产出的最佳区间。

(3) 确定预期产量 25 000 台的最优方案。

表 4-11　某制造公司的选址影响因素

影 响 因 素	权　　数	候选方案 A	候选方案 B	候选方案 C
劳动力	10	4	5	4
原材料供应	8	4	3	3
基础设施	6	5	4	5
产品销售	5	2	3	4
环境保护条件	3	3	2	3
扩展余地	2	1	3	4

表 4-12　某公司选址的有关资料

项　　目	年固定费用总额/元	年生产能力/台	单位产品变动费用/元	单价/（元/台）
厂址 A	250 000	35 000	20	35
厂址 B	350 000	30 000	18	35
厂址 C	200 000	28 000	25	35

16. 某公司计划修建一个工厂，为三个制造厂生产零配件。表 4-13 列出各工厂的位置及需求量。请用重心法为新厂选择最佳位置。

表 4-13　各工厂的位置及需求量

工　　厂	坐　　标	年需求量/件
A	（350，400）	3 500
B	（400，150）	5 000
C	（325，100）	2 500

17. 某单位有 6 个部门，请根据表 4-14 列出的活动关系进行布置。

表 4-14　某单位 6 个部门间的活动关系

接触程度为 A 的两个部门	接触程度为 E 的两个部门	接触程度为 I 的两个部门	接触程度为 O 的两个部门	接触程度为 U 的两个部门
1-2	1-4	2-4	3-5	1-6
2-3	1-5	3-6	4-6	2-5
1-3	2-6			
4-5	3-4			

18. 某车间加工 6 种零件，加工顺序如表 4-15 所示，用从至表法布置这 7 个工作地，并使总运输距离最小。

表 4-15　6 种零件的加工顺序

工作地	车床	铣床	钻床	镗床	磨床	压床	检验
零件 01	1	4	2		3		5
零件 02		1	2	3	5	4	6
零件 03	1	2	6	3		4	5，7
零件 04		1		2	3		4
零件 05	1	3	2	5	4		6
零件 06	1		3		4		2，5

案例：南方旅游汽车公司的选址

1994 年 10 月，美国密苏里州圣路易斯的南方旅游汽车公司的最高管理部门宣布，公司准备将其生产和装配业务移至密西西比州的瑞支克莱斯特。作为小吨位野营车和野营拖车的主要生产厂家，该公司由于急速上涨的生产成本，连续 5 年出现利润滑坡：劳动力和原材料费用涨幅惊人，行政管理费用直线上升，税收和交通运输费用也逐步上升。该公司尽管销售量在不断扩大，仍然遭受了自 1977 年投产以来的第一次净亏损。

当管理部门最初考虑迁厂时，曾仔细视察了几个地区。对迁厂至关重要的影响因素有：完备的交通设施，州、市的税收结构，充足的劳动力资源，积极的社会态度，合理的选址成本和金融吸引力。曾有几个地区提供了基本相同的优越条件，该公司的最高管理部门却被密西西比能源和电力公司的努力以及密西西比州地方官员的热情所打动。密西西比能源和电力公司力图吸引“清洁，劳动力密集型”工业，州政府和地方政府的官员想通过吸引生产厂家在其境内建厂来促进该州经济的发展。

直到正式公布结果的两周前，南方旅游汽车的最高管理部门才将其迁厂计划最后确定下来。密西西比州瑞支克莱斯特工业区的一座现有建筑被选为新厂址（该址原为一家活动房屋制造厂，因资金不足和管理不善而破产）。州就业部开始招募工人，而公司出租或拍卖其在圣路易斯的产权的工作也已着手进行。密西西比用以吸引南方旅游汽车公司在瑞支克莱斯特建厂的条件如下：

（1）免收 5 年的国家和市政税收。

（2）免费使用供水和排水系统。

（3）在工业区再建一个装货码头（免收成本费）。

（4）同意发行 50 万美元工业债券，以备未来扩展之用。

（5）由公共财政资助在地方工商学院培训工人。

除这些条件以外，还有许多其他关键因素，如：劳动力费用远低于圣路易斯，工会组织的力量也比圣路易斯弱（密西西比州禁止强行要求工人加入工会）；行政管理费用和税收也不算高。总之，南方旅游汽车公司的管理部门认为自己的决策是明智的。

10 月 15 日，每个雇员的工资单上都有以下通知：

给：南方旅游汽车公司雇员。

由：总裁格莱德·奥伯安签发。

南方旅游汽车公司遗憾地宣布，公司计划将在 12 月 31 日停止在圣路易斯的生产，由于生产费用的增加和工会提出的不合理要求，本公司已无法创收。我衷心地感谢你们各位在过去几年中为公司提供的优良服务，如果我能够帮助你们在其他公司找到合适的工作，请通知我，再次感谢你们的合作和过去的工作。

（资料来源：Jay Heizer，等．生产与运作管理教程［M］．潘洁夫，等译．北京：华夏出版社，1999.）

问题：

1. 评价密西西比州瑞支克莱斯特提供给南方旅游汽车公司的吸引条件。
2. 一个公司将其管理机构从人口密集的工业区移至小乡镇会面临哪些困难？
3. 评价奥伯安列举的迁厂理由，它们合理吗？

第五章

工作设计与业务流程再造

本章内容要点

- 工作设计概述
- 作业研究的概念与步骤
- 方法研究
- 时间研究方法
- 业务流程再造的概念及方法

人力资源是公司最大的财富。运营职能部门是全公司人力资源最为集中的地方。工作设计是运营系统人力资源活动的核心。本章将首先讨论工作设计中的决策要素与工作设计组成要素，然后介绍方法研究、作业测定，最后讨论业务流程再造的内涵、方法与步骤。

第一节　工作设计概述

工作设计（Job Design）是在组织设置中标明个体或群体的工作活动的功能，其目标是满足组织的需求，满足工作者自身特定的需求。工作设计中要考虑如图 5-1 所示的决策要素。

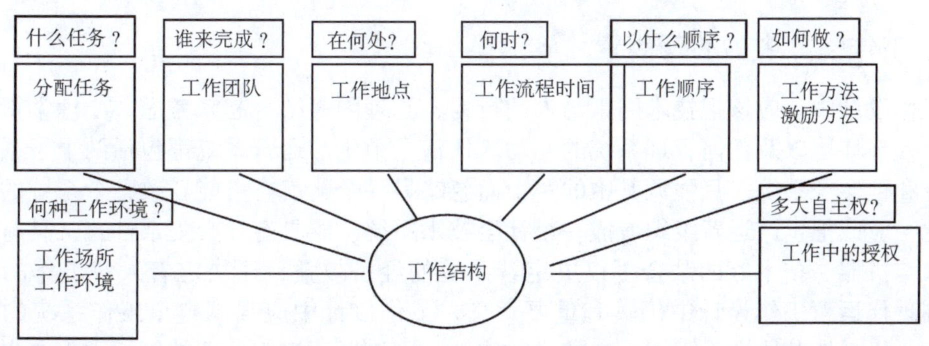

图 5-1　工作设计中的决策要素

工作设计要关注劳动分工与专业化，心理因素、生理因素与人体测量因素，工作扩展与工作轮换，团队作业与柔性作业。现就这些要素加以说明。

一、劳动专业化

1746 年，亚当·斯密在《国富论》中提出了劳动分工的原理，将整体工作分解为许多可以由一个人单独完成的更小的组成部分。1911 年，泰勒发表了《科学管理》，他在“制度化管理理论”中强调按专业化分工，把企业的经营过程分解为最简单、最基本的工序，这样工人只需重复做一种简单的工作，熟练程度大大提高，同时对各个经营过程实施严格控制。专业化分工之所以能够提高劳动效率，在于通过分工使劳动者成为某一方面的专家，使处理某一问题的单位效率得以提高。而为了能保持对专业化分工后的职能部门进行有效的管理、协调和控制，企业的组织使用等级机制，其特点是多职能部门、多层次、严格的登记制度，从最高管理者到最基层的员工形成了一个等级森严的“金字塔”形的组织体系。劳动分工与科学管理理论在 20 世纪被两大汽车巨人发展：亨利·福特（Henry Ford）将其用于福特公司的汽车生产，形成了汽车流水作业线，使生产效率倍增；阿尔弗雷德·斯隆（Alfred Sloan）将其用于通用汽车公司的组织经营管理，形成了层层上报的金字塔式组织结构。

专业化分工能够加快员工的学习过程，更容易实现自动化，减少非生产性工作。它在生产过程中的具体体现是装配线。其明显的缺陷是：工作单调，对工人的健康有所损害（如过度使用身体的某一部分会导致重复性肌肉劳损），柔性差、稳健性差（如某个工作站出现故障则会影响整个运营系统），且过度的分工会带来许多消极的影响，造成管理人员的工作与工人的工作彻底分离，妨碍了工人创造性的发挥，滋生了管理人员的官僚主义作风。

科学管理的基本原则是：

（1）管理者必须用科学的方法对工作任务进行全方位研究，确定最佳工作模式下的规则和程序。

（2）研究式工作设计方法的目的是计算出“每日公平工作量”。

（3）科学、系统地招聘、培训和发展工人。

（4）管理者进行工作设计，工人按设计好的标准完成工作。

（5）管理部门和工人必须在双方共同达到最大成功的基础上进行密切合作。

科学管理的基本特征是详尽的分析、系统的考察。尽管没有什么特别的科学和理论依据，得出的结论似乎过于琐碎，不足挂齿，但它有自己的一套系统方法——工作必需的作业通过系统的分析得出。科学管理的工作设计仍然是现代运营工作设计的基础。

二、工作设计中的心理因素

在工作设计中，应该把技术因素与人的行为、心理因素结合起来考虑。心理学帮助人们了解人、人与环境以及任何管理系统的互动。任何一个生产运营系统都包括两个子系统：技术子系统和社会子系统。只强调其中的一个而忽略另一个，就有可能导致整个系统的效率低下，因此，应该把生产运营组织看成一个社会技术系统，既具有社会复杂性，又具有技术复杂性。人与机器、技术等的结合不仅决定着系统的经济效益，还决定着人对工作的满意程度。这在现代运营工作设计中仍具有重要意义。工作设计中应强调整个工作系统的工作方式，强调人机系统的协调，强调人与技术的统一。上海通用汽车公司特别注重人与先进的柔性生产线的统一。公司制造总监认为：“国内大的合资汽车企业都可以把国外先进的生产线拿到国内来。如何把这些硬件通过软性系统，特别是通过操作它们的人来发挥更高的效率，使员工从知识结构、思维方式和工作态度上能够适应这种现代化的生产，这是制造业需要面对的问题。”

作为管理者，应该认识到人具有参加社会交往的需要，有被爱和受尊重的需要。学习是人类天生的特性，也是创新的源头。人与人之间存在差异，学习方式不同，性格、爱好也不同。管理者应发掘并培养员工的天生资质，使员工的潜在能力得以发挥。

被日本人尊称为“品质之父”的戴明告诫管理者，员工表现出差异主要是由系统造成的，管理者应首先分辨出产生波动的系统原因，如果强行引入员工间的竞争，只会导致冲突，系统并不会得到改善。所以，面对复杂的社会技术系统，管理者不能采取过分简单的方法，而应学会从不同的角度思考问题。

三、人类工效学

人类工效学主要关心工作设计中生理方面的内容，考虑工作场所及作业区的环境因素对员工的身心影响。

工作场所的设计应考虑到人体测量、神经学等因素，充分认识到工作场所可以影响工作绩效，工作场所如何使员工消除疲劳，避免员工受到身心损害。

工作环境设计应当符合各国政府制定的劳动场所工作条件的职业健康安全法规，主要考虑工作温度、照明水平、噪声水平、工作地各种粉尘等。因此，要测定环境因素，并采取相应的劳动保护措施。

近年来在写字楼中工作的人员越来越多，人类工效学的原则也应用到办公室类型的工作中，主要关注办公设备的辐射、噪声以及办公设备与桌椅、照明的合理设计及布置。

在现代运营系统工作设计中，运用人类工效学的原则与方法，对保护员工的身心健康、提高员工的生活质量、激发其创造力、提高工作效率、提高运营系统的获利能力等都具有重要意义。

四、工作扩展

在工作设计中要考虑人的工作动机，满足员工经济、社会及各种特殊的个人需要，为员工提供事业发展的舞台，提高其生活质量，同时要运用更多的激励方式，如目标激励、尊重激励、参与激励、关心激励等。

(1) 工作轮换。工作轮换是指为避免员工对工作产生厌烦感而定期把员工从一个岗位换到另一个岗位。定期岗位轮换的好处是：使员工保持工作兴趣；为员工提供发展的前景，确定个人优势与特长；增加对个人及他人工作成果的认识，丰富个人经历，使员工成为多面手。这种方法使员工具有更强的适应能力，能够迎接更大的挑战。员工从事一个新的工作，往往具有新鲜感，从而能激励员工作出更大的努力。日本企业广泛实行工作轮换，对管理人员的培养发挥了很大的作用。深圳华为公司实行职务轮换与专长培养制度，对中高级主管实行职务轮换政策，没有相关工作经验的人，不能担任部门主管；没有基层工作经验的人，不能担任科级以上干部。上海通用汽车公司的公关总监认为：“我们上海通用的管理人员都在不同的岗位上工作过，这叫角色换位，或者叫轮岗，公司提供机会让你成为一个全才。你在你的部门很出色，但你不知道别的部门是怎么运作的。如果你轮岗，你就会知道你的上游和下游在怎么做，你的眼界就会开阔，考虑问题的出发点就会是全局化的，不会有什么扯皮。”

(2) 工作扩大化。工作扩大化是指在员工原有工作的基础上适当扩展，使其有更多的工作可做。通常扩展的工作同原先的工作具有很多相似性，因此会提高工作效率。因员工的工作内容得以增加，相应地就要求员工掌握更多的知识和技能，从而提高了员工的工作兴趣，使工作具有更大的挑战性，提高了员工的工作满意度和工作质量。

(3) 工作丰富化。工作丰富化是指将公司的使命与员工对工作的满意度联系起来，以员工为中心进行工作再设计，对工作内容和责任层次进行纵向深化。其理论基础是赫茨伯格(F. Herzberg) 的内在激励—外在保健双因素理论：内在工作因素（如成就感、信任与赞赏、责任感、工作兴趣、发展前景、升迁机会等）是潜在的满意因素，外在工作因素（如企业政策、监督、人际关系、工资、工作条件、安全感）是潜在的不满意因素，满足感与不满足感不成对立面，而是两个范围。改进外在因素（如增加工资）可能降低不满足感，但不会产生满足感；唯一使员工感到满足的是工作本身的内在因素。因此，可以通过鼓励员工参与对其工作的再设计，改善工作本身的内在因素，以提高员工的满意度，进而提高生产率。

实现工作丰富化需要赋予员工一定的工作自主权，增强其责任感；需要让员工及时了解工作目标及环境变化，了解团队成员的需求；需要为员工提供学习、培训的机会，以满足员工成长和发展的需要；需要通过提高员工的责任心和决策的自主权，来提高其工作的成就感。企业要注意，外在的奖励应有助于内在激励，外在激励如果使用不当，如将员工业绩排队、论功行赏，则会打击士气，产生冲突与不满，对团队造成损害，团队绩效并不一定能提高。

工作丰富化的另一个延伸是对员工授权。员工授权是指扩大员工的工作，以使权力与责任转移到组织的更低层次。授权的基础是工作自主，并赋予工人改变工作本身及完成工作的方式的权力。它要求员工参与工作设计，授予员工设计自己工作的权力，有时还要求员工参与到运营系统的战略决策中来，并承担相应的责任。

授权并不是不需要领导，不是放任自流，不是“让每个人都当老板”；相反，真正的授权需要目标明确的、指导性强的强势领导，授权模式更多地依赖权力的影响，而不是靠直接的命令。授权模式基于相互的尊重，通过有效的沟通技巧加强领导，同时又兼顾了员工的个人追求与渴望自由的天性。员工意识到他们得到了充分的尊重与理解，积极性与创造性才能充分地发挥出来。

授权式工作设计可以提高决策的质量与速度，增强灵活性，适合差异化、定制化的运营战略，能够照顾到顾客的不同需要，有利于与顾客建立长期的关系。可通过授权模式解决动态商业环境中的复杂问题与非程序化的问题。通过授权，可借助员工的灵活性与智慧，对持续变化的、难以预测的环境作出及时的反应。授权对员工的素质要求较高，要想实现有效授权，必须建设一支对工作高度负责、充满主动精神的高素质员工队伍。通过授权激励员工克服一切困难，发挥其全部潜能，实现组织目标。

聪明的管理者通过合理分配决策权限，将授权作为一种自然而有效的方式来激励员工，员工参与到企业运营中能产生无尽的创意，管理者就能够游刃有余地应对复杂局面。上海通用汽车公司制造运营系统就实行了充分的授权，授权有利于员工不断地改进其工作。在通用，员工能够体会到不断改进工作的乐趣。上海通用制造总监说：“既然让你做了，就授权给你，我不会过多地介入。这改变了传统的命令式管理方式。”管理在很大程度上由“他律”变成了“自律”，即自主管理。通用制造总监认为，管理者的主要责任有两个：支持与指导。线上的工人在某种意义上就是管理者的“客户”。管理者通过支持、指导这些“客户”，使他们的工作更安全，质量和效率更高，整个成本更低。授权就是给员工注入一种诱发创造性的激素，“这是激励创造性的体制，是一种不容易看到的东西。它能够使工人始终以一种充满热情的方式来重复自己的工作，使他们能够在体力强度可以支撑的情况下，依然愿意开动脑筋来改变这个流程，使工作更有创造性。”

普华永道的咨询顾问们注意到：组织变革的许多重大举措只有与员工授权结合起来，才会收到持久的效果。企业领导越是强有力，授权所取得的效益也就越大，对企业文化的影响也越深远。

五、柔性作业

随着信息技术的不断发展以及知识经济时代的来临，柔性化管理方式成为企业管理的趋势。柔性管理对立于刚性管理。刚性管理以规章制度为中心，凭借制度约束、纪律监督、奖惩规则等手段对企业员工进行管理，属于泰勒的科学管理模式。柔性管理则是以人为中心，依据企业的共同价值观和文化、精神氛围进行的人格化管理；它是在研究人的心理和行为规律的基础上，采用非强制性方式，在员工心目中产生一种潜在的说服力，从而把组织意志变为个人的自觉行动。

柔性管理的最大特点，在于它主要不是依靠外力（如上级的发号施令），而是依靠人性解放、权力平等、民主管理，从内心深处来激发每个员工的内在潜力、主动性和创造精神，使他们能心情舒畅、不遗余力地为企业不断创造新的优良业绩，成为企业在全球市场竞争中取得竞争优势的力量源泉。

柔性管理思想用于工作设计，是指设计柔性作业，实现柔性运营。柔性作业的设计原则是：

（1）柔性作业的设计应有利于激发员工的创造性，激发员工从隐性知识向显性知识的转化。知识根据其存在的形式，可分为显性知识和隐性知识。前者主要是指以专利、科学发明和特殊技术等形式存在的知识；后者则是指员工的创造性知识、思想的体现。显性知识人所共知，而隐性知识只存在于员工的头脑中，难以掌握和控制。要让员工自觉、自愿地将自己的知识、思想奉献给企业，实现知识共享，需要靠柔性管理与柔性作业。

（2）柔性作业的设计应有利于适应瞬息万变的外部经营环境。知识经济时代是信息爆炸的时代，由于外部环境的易变性与复杂性，一方面要求运营经理必须整合各类专业人员的智慧，另一方面又要求运营决策快速作出、作业快速运行。柔性作业的设计能够提高企业的反应能力，使企业迅速捕捉到市场机会。

（3）柔性作业的设计应有利于满足柔性生产的需要。在知识经济时代，人们的消费观念、消费习惯和审美情趣也处在不断的变化之中，为了满足顾客的个性化需求，就要针对柔性化生产的需要进行柔性的工作设计。

（4）柔性作业的设计应适应网络化组织及分布式网络化信息系统的需求。科学管理时代的金字塔形结构的层级组织层次过多，传递信息的渠道单一而且过长，反应迟缓；各职能部门间相互隔离，信息流动受边界的限制，上下级之间的信息传递常常扭曲、失真。按照这一组织架构，在某一组织机构中有固定位置的人只能在该位置上执行固定的职能，管理模式是刚性的，不能适应面向顾客的企业运营战略的需要。因此，企业必须建立网络化的组织管理模式，进行相应的柔性作业的设计。

柔性作业有以下三个重要方面：

（1）技能柔性。员工队伍的多技能化有利于柔性化运营系统，因此要求企业重视知识管理，重视对员工的培训，建立学习型组织。相应地，企业的薪酬系统应重视员工的技能，而不是单纯视输出数量的多少来决定薪酬的高低，因为多技能的员工可根据企业环境变化的需要调换到其他岗位。多技能员工适应岗位未来的智能化与信息化需求，在生产过程出现瓶颈现象时，可以被转到生产过程的其他环节工作，保证生产的顺利进行。由此看来，多技能员工具有的价值是单一技能的员工所无法比拟的。上海通用汽车公司柔性生产线上的工人要达到该公司苛刻的上线生产标准，必须经过严格的培训。为适应柔性化生产，制造部门的工人至少必须掌握三个工位的工作内容。从成立以来，上海通用汽车有限公司已派遣众多员工到海外培训。

（2）时间柔性。时间柔性使员工的供应与工作的需求相匹配。这类系统可能为每一位员工确定一个核心工作时间段，其他时间则由员工灵活支配。

（3）地点柔性——远程作业。利用网络化信息系统提供的支持，许多工作可实行远程作业，如建立“虚拟办公室”，在任何地点都可以工作。

六、团队作业

团队作业是指由一个小组获得授权，集体完成一项确定的工作任务与目标的工作模式。团队控制着许多与工作有关的活动：集成化产品设计与开发、任务分配、进度安排、质量测定与改善，甚至成员招募等。团队活动不同于群体性活动，如候车室里的旅客、旅行团等。团队作业模式日渐普及，如跨职能产品设计团队、质量改善团队、作业改善团队、项目团队、顾客（或供应商）团队等。

产品设计团队与质量改善团队都属于解决问题式的团队，这种团队是一种非正式组织，成员可以来自跨职能的不同部门或一个部门内的不同班组。产品设计团队是为了快速响应顾客需求、实现最佳设计、不断推出新产品而组建的平台团队。质量改善团队成员定期会面，研究和解决运营系统的质量问题，提出具体建议，在部门内加以解决。日本的质量控制（QC）小组就是这种团队的雏形，小组成员自愿加入，定期研究生产中遇到的质量问题，提出质量改善建议，供管理部门决策实施。

项目团队具有明确的目的，如某项新产品的开发、某套生产线的引进、企业 ERP 的安装实施、某一投资项目的评估等。在这种团队里，其成员既有一般员工、各类技术人员，又有各部门的管理人员。团队按照项目进行组织、计划与管理，项目完成后团队解散。

团队工作制应是自我管理式的。团队小组共同完成一项相对完整的工作，小组成员自己决定任务分配方式和任务轮换，自己承担管理责任，诸如制订工作进度计划（人员安排、轮休等）、采购计划，甚至制订临时工雇用计划、决定团队工作方式等。例如，浪潮通用软件公司的企业资源计划（ERP）分行业实施团队——金融组、电信组等，每一小组自行制订自己的业务开拓计划与 ERP 实施计划等，负责所属行业内的一切事务。在团队工作中，应给予员工适度的授权，将决策的权力和责任层层下放，直至每一个员工。

目前，许多企业在组织重构与组织扁平化中，正在建立团队工作方式，削减中间管理层，赋予团队充分的自治，减少企业组织的层次，提高组织的灵活性与反应能力。

团队的重要组成因素有：

（1）合作共事的目的要明确。团队具有明确的目标与任务。

（2）相互依存。为达到目标，需要借助于同事、上司的经验、能力、权限等。

（3）成员合作意识。合作共事比独立工作能更有效地作出决策。每个人所做的工作都是过程链上的一环。

（4）责任意识。团队作为组织内部的一个单位有其责任，团队成员愿意承担相应的责任。

（5）参与意识。团队成员不仅要具有技术技能，还要具有社会技能，因此要加强成员间的非正式、交互式的沟通，加强人际互动，培养成员积极主动的参与意识。

一个好的团队应具有如下特征：团队中充满创造精神与创新活动；尽管团队成员的背景不同，但充满平等的气氛；时刻向优秀与高质量努力；不同性格的人良好组合；鼓励团队成员参与等。

团队作业具有许多优点：①提高生产率，做到群策群力；②提高激励水平与柔性；③提高质量水平并鼓励创新；④建立良好的工作氛围，团队成员互相帮助，沟通得到加强；⑤便于在工作场所实施技术革新；⑥为员工提供发展机会，提高其自身价值，增强员工对工作的满意度，使之作出更大的贡献。

如果团队没有具体的目标，具有很低的相互依存度，采用大部分个人时间进行共同作业，成员出现不满情绪，团队成员之间相处困难，团队中出现不健康的非正当的竞争，缺乏有效沟通，忽视成员的个人发展，就会导致效率下降，这时团队的管理必须改进。

有效的团队需要整合团队成员，共同努力。团队管理中容易出现一些问题，如果不加以解决就会降低团队的效能。较普遍的问题有：①将适合个人完成的工作交给团队处理；②团队成员不能清晰理解团队的绩效目标，不能作出充分的承诺，不愿意承担责任；③团队中的培训不够充分；④因为团队中存在不同的意见，而确定了折中的解决方案；⑤因为团队达成共识需要时间，因而造成团队的决断力差、反应速度慢。

第二节 作业研究基本技术

一、作业研究的基本概念

作业研究首先由泰勒创立。在此之前，工人的工作标准及定额是凭管理者的经验制定的。泰勒的作业研究运用了一套科学的方法，对工人的操作过程和操作内容进行精确的研究，设计合理的操作内容和程序，规定相应的时间标准。这些标准是控制劳动费用的基础，也是安排生产作业计划和确定价格的主要数据。

继泰勒之后，又有吉尔布雷斯夫妇进一步发展了作业研究，提出了动作分析、微动作研究、操作程序图以及节约动作原则等。

20 世纪 30 年代以后，随着统计学的广泛应用，英国纺织业首先采用抽样方法调查设备的利用情况，以后逐步形成了工时抽样的理论和方法。同一时期，美国工程师魁克在动作研究的基础上，提出了对每一细微动作预先制定标准时间的设想。后来经过许多人的长期研究，分别提出了工作因素系统、方法时间测定系统等，这些系统总称为预定动作时间系统（Predetermined Motion Time System，PTS）。这些系统的共同特点是：广泛分析各种作业的共同动作，选定其中最基本的动作，按照动作的距离、负荷重量、难度等因素进行时间测定，并制定出相应的时间标准。这样，无需经过现场测定、评定等方法，就能事先把作业的标准时间制定出来。

那么，什么是作业研究呢？作业研究就是运用系统分析的方法，在现有设备的条件下，详尽地分析某一特定的过程、作业或操作，排除其中不合理、不经济、混乱的因素，寻求更好、更经济、更简捷的工作方法，随之建立设备、操作方法和工作环境标准，准确地规定按正常速度完成工作所需的时间，训练工作人员掌握标准工作方法。作业研究的基本目标是减少时间、人力、物力、资金等方面的浪费，提高生产和工作效率。

提高工作效率的途径有多种，例如，可以通过购买先进的设备、提高劳动强度来实现。作业研究则遵循以内涵方式提高效率的原则，在既定的工作条件下，不依靠增加投资，不增加工人劳动强度，只通过重新组合生产要素、优化作业过程、改进操作方法、整顿现场秩序等方法，消除各种浪费，节约时间和资源，从而提高工作效率、增加效益。同时，由于作业规范化、工作标准化，产品质量可以得到提高。因此，作业研究是组织提高工作效率和经济效益的一个有效方法。

作业研究的基本技术是方法研究与时间研究。方法研究主要通过分析现行工作的操作过程和动作，从中发现不合理的操作过程或动作，并加以改善；时间研究的主要内容是进行工作测定和工作标准设定。作业研究中的方法研究和时间研究是相互关联的，方法研究是时间研究的基础，是制定工作标准的前提，而时间研究又是选择和比较工作方法的依据。

二、作业研究的步骤

作业研究的系统方法包括以下六个步骤：

1. 确定研究对象

一般地，作业研究的对象主要集中在生产运作系统的关键环节、薄弱环节，或带有普遍性的问题方面。从实施角度来看，对容易开展、见效快的环节或方面也应作为重点予以考虑。研究对象可以是一个生产运作系统整体，或者是某一部分，如某一职能部门、生产线上的某一车间、某一工序、某一工作岗位，甚至某一具体作业等。

2. 制定研究目标

为了便于对作业研究的效果进行评价，在确定了研究对象之后还要制定具体的目标。其中，定量指标包括：作业所需时间的减少数量、物料消耗的节约额和产品质量稳定性提高的幅度等。定性指标包括：员工工作安全性的增加、工作环境与条件的改善、员工劳动强度的减轻、员工工作兴趣和积极性的提高等。

3. 记录现行方法

记录现行方法就是将现在采用的工作方法或工作过程如实、详细地记录下来。现行方法写实的手段众多，方法各异，可借助各类专用表格来记录，还可借助于录像带或电影胶片来记录。尽管方法各异，但都是作业研究的基础，而且记录的详尽、正确程度直接影响着下一步对原始记录资料进行分析的效果。目前已有不少规范的专用图表工具，借助这些工具，作业研究人员可准确、迅速、方便地记录要研究对象的真实情况。

4. 分析现行方法

分析现行方法的目的就是确定现行工作方法中的每一项作业是否必要，顺序是否合理，哪些可以去掉，哪些可以合并，哪些需要改变，需要添加哪些作业。为此，可以运用如表 5-1 所示的 5W1H 分析法从六个方面反复提出问题。其中，Why（为什么）最为重要。一般认为，要能够由现象触及本质，以彻底解决某个问题，必须至少问五个“为什么”（见表 5-1）。

表 5-1　5W1H 分析法

Why（为什么）	为什么这项工作是必不可少的	What	这项工作的目的何在
	为什么这项工作要以这种方式、这种顺序进行	How	这项工作如何能更好地完成
	为什么要为这项工作制定这些标准	Who	何人为这项工作的恰当人选
	为什么完成这项工作需要这些投入	Where	何处开展这项工作更为恰当
	为什么这项工作需要这种人员素质	When	何时开展这项工作更为恰当

5. 设计和试用新方法

这一步骤是作业研究的核心部分，具体包括新方法的设计、试用和评价三项主要内容。设计新方法绝不是推倒重来，而是在现有工作方法的基础上，通过“取消——合并——重排——简化”四项技术对现有方法进行改进。这四项技术俗称为业研究的 ECRS 技术，其具体内容为：

（1）取消（Elimination）。对任何工作首先要问：为什么要干？能否干？其具体包括：①取消所有可能的工作、步骤或动作（其中包括身体、四肢、手和眼的动作）；②减少工作中的不规则性，比如确定工件、工具的固定存放地，形成习惯性的机械动作；③除需要的休息外，取消工作中一切怠工和闲置时间。

（2）合并（Combination）。其具体①如果工作不能取消，则考虑能否与其他工作合并；②对多个方向突变的动作予以合并，形成一个方向的连续动作；③实现工具的合并、控制的合并和动作的合并等。

（3）重排（Rearrangement）。重排即对工作的顺序进行重新排列。

（4）简化（Simplification）。简化是指对工作内容、步骤方面的简化，也是指对动作方面的简化、能量的节省。

经过 ECRS 处理后的工作方法可能会有很多，于是就有必要对新方法进行评价和优选。评价新方法的优劣主要从经济性、安全程度和管理方便程度三个方面考虑。评价指标可以是定量的，也可以是定性的。

6. 新方法的组织实施

正像物体会保持其原有的惯性一样，当某种变化不被人了解或理解，而且改变了人们多年的习惯时，就会遇到一定的阻力，所以，作业研究成果的实施可能要比对作业研究本身困难得多。因此，在实施过程中要认真做好宣传、培训、试点和示范工作，切勿急于求成。

三、基本技术

作业研究的基本技术有两个，即方法研究和时间研究。

（一）方法研究

方法研究有一个基本假设，即现行生产运作过程中的每一个作业，只要加以客观、严密的分析，一定可以发现许多可以改进的地方。有时会发现其中有许多不必要和不合理的动作，并且这些无效动作所占时间和精力往往会超过有效动作所占时间和精力的一倍或几倍。通过方法研究，可以消除不必要的动作，减少体力消耗、缩短操作时间，并拟订更简单、更易行、更有效的工作方法，从而提高工作效率。按照从“粗”到“细”，方法研究可分为过程研究、工序研究和动作研究。把方法研究应用到实际工作中去就是作业流程优化。

1. 过程研究

过程研究就是对某一工序或某项业务的整个过程进行分析。对过程的合理性分析，通常要分析到过程的每一个具体步骤，如工序（操作活动）、检验、存放、运输和等待等。

过程顺序图、流程图和物流图是过程分析的常用工具。这些图表能简明扼要地记录整个过程，如从原料进厂，经过加工、运输、检验、等待、储存，一直到制成成品。

（1）过程顺序图。下面以某种空气断路器主架零件为例，说明过程程序图的绘制方法。这种零件的现行生产过程包括 38 个操作步骤，如图 5-2 所示。

运行距离/m	所用时间/h	操作符号	说明	运行距离/m	所用时间/h	操作符号	说明
		▽1	铸件毛坯库存		1.00	▽7	待运
11	0.40	⇩1	用手推车运至砂轮机	6	0.44	⇩7	至清洗部
	0.11	○1	打磨		0.50	○8	清洗
	2.55	▽2	待运	11	0.40	⇩8	运至磨床
23	0.53	⇩2	运至铣床		0.29	○9	打磨、抛光
	3.5	▽3	待加工	40	0.80	⇩9	运至油漆部
	0.034	○2	铣毛坯		0.012	○10	打底漆
	0.5	▽4	待运		1.50	▽8	待干
5	0.25	⇩3	运至钻床		0.016	○11	打腻子
	0.3	○3	钻孔	5	0.05	⇩10	运至烘炉
	0.25	⇩4	运至铣床		1.00	○12	烘干
	0.22	○4	立铣平底面	5	0.025	⇩11	运至喷漆部
	0.10	▽5	等待铣床调整		0.20	○13	喷漆
	1.87	○5	铣凸柄及侧面	3	0.04	⇩12	运至烘炉
	0.35	▽6	待运		2.0	○14	烘干
9	0.4	⇩5	运至车床		0.20	□1	检验
	0.21	○6	车平面		1.00	▽9	待运
12	0.12	⇩6	运至钻床	6	0.43	⇩13	运至零件库
	0.12	○7	钻孔			▽10	存零件库

图 5-2　空气断路器主架零件生产工艺过程顺序图

在表5-2中，为了便于绘图，用一些符号来代表一定的活动。除上述四种符号外，经常用到的还有一些符号，如表5-3所示。

表5-2 生产过程合理化分析表

	现行制造方法		建议改进方法		差 异	
单位成本						
材料运送距离与装卸次数	*m* 次		*m* 次		*m* 次	
符号	次数	所用时间	次数	所用时间	次数	所用时间
○ 工序或操作 ⇨ 运送 □ 检验 ▽ 储存 D 延误生产活动总次数						
年节约量 建议新方法所需费用 年节约额						

表5-3 流程图分析所用符号及表示内容示例

符 号	含 义	表示内容示例
○	加工、操作（Operations）	钉钉子、搅拌、钻孔
◎	操作、表示生成一个记录、报告	打印报告、修改程序、填写工作记录
⊘	操作，表示往一个记录上添加信息	贴产品标签、更新库存记录、张贴生产进度控制表
⇨	搬运（Transportation）	用小车搬运物料、传送带运送工件、专人传送信息
□	检查（inspection）	检查物料质量和数量、阅读仪表数据、检查打印出来的通知格式
D	延误（Delay）	等待乘电梯、在制品等待加工、文件等待处理
▽	存储（Storage）	储存罐中的原料、货架上的成品库存、文件柜中的文件

（2）流程图（Process Charts）。过程程序图完成后，可绘制流程图，以求对过程情况进行进一步的了解，进而寻求工作方法的改善。

在绘制流程程序图时，可预先印成表格。观察时只要将实际活动过程的操作（或工序）、运送、储存、检验等判别清楚，按顺序用粗线条连接起来即可。它的重点是注意每一活动发生的次数、发生的时间及移动的距离，如图5-3所示。

（3）物流图（Flow Diagrams）。为了弥补流程图的不足，可以绘制物流图，清晰地显现人和物料移动的路线，能够比较形象地使人了解各项活动的路线。其方法是将流程图涉及的工作场地或科室按一定比例绘制出平面图，并正确标出各工作地点的位置，标明改变前后全部活动（人或工作物）的行动路线。

流程：	办公用品采购	流程汇总情况			
部门：	采购部				
开始的活动：	收集需求	活动	数量	时间/天	距离/m
结束活动：	将办公用品发送给用户	操作 ●	8	3.10	
		传送 ➡	1	0.10	76
		检查 ■	1	0.10	
		等待 ◗	4	9.50	
		存储 ▼	1	2.10	

步骤	时间/天	距离/m	●	➡	■	◗	▼	活动描述
1	0.10		X					办公用品采购员收集需求
2	0.20		X					需求汇总，填写申购单
3	0.10	16		X				送达采购主管
4	1.00					X		等待审批
5	0.10				X			审核通过
6	1.50					X		联系供应商
7	0.50		X					确定供应商
8	1.00	20	X					谈判及合同条款
9	0.10		X					下达订单
10	5.00					X		等待收货
11	0.10		X					收到货物并检查
12	2.10						X	存入仓库
13	0.10	40	X					通知用户领用
14	2.00					X		等待用户来领
15	1.00		X					将办公用品发送给用户

图5-3　某公司办公用品采购流程图

2. 工序研究

通过过程研究的全面分析，可以减少工人、机器设备的活动以及人员、材料的行动路线，并且找出较有条理、有系统的工作程序。完成这些工作后，就要进一步研究工序（作业），并加以改进。工序研究的主要目的，就是仔细研究工人和机器的每一个操作，研究如何使工人的操作以及工人和机器的配合达到最为经济与最为有效。

工序研究着重研究操作工人在工作场所的活动状况，研究和分析操作工人和机器在同一时间与同一地点的协调动作。经常使用的研究分析图表有：人—机活动图、工序程序图和线形图等。

（1）人—机活动图（Man-machine Activity Chart）。人—机活动图通过把机器与人在工作时间上的配合关系描述在图表上，对操作人员与机器间的交互作用进行描述。通过对人—机活动图的分析，可以发现在工作人员之间分配工作的更好方法，缩短各项活动所需的时间。此外，还可以重新安排各项活动，以缩短完成一项工作所需的全部时间。人—机活动图还可以帮助管理人员决定如何有效地利用人力、设备或工作地。这种图还常常被用来发现无谓的等待时间，以便将其去除。其结果将是生产率的提高。人—机活动图可表示同一时间某项活动同时在几个设施上进行或多人同时工作的情况，因此又称为多活动图。在使用这种方法时，通常利用条形图的长度来表示时间的长度，可用不同的条形图标明机床自动工作时间、工人手工操作时间和工人或机床空闲时间。

（2）工序程序图。工序程序图也称双手操作程序图，它是将操作者在工作地上左右手的动作，按其发生的先后顺序加以记录的图表。记录时要求迅速准确。因此，这种研究技术一般适用于经常重复的人工操作。其目的是研究操作的合理性，减少不必要的无效动作，合理布置工作地，以减轻或消除某些易产生疲劳的动作，如图 5-4 所示。

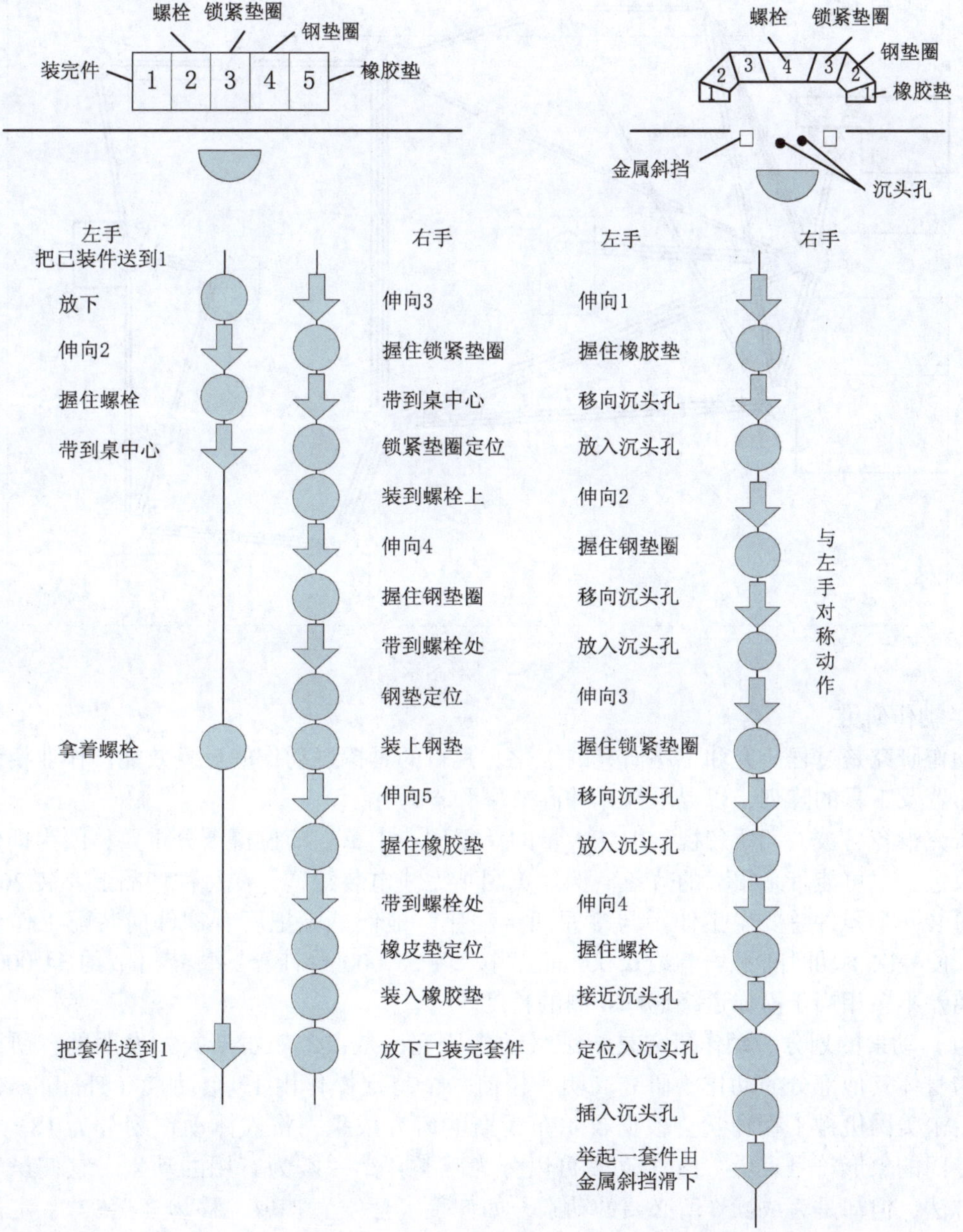

图 5-4 双手操作程序图

(3) 线形图。线形图和流程图相似。线形图主要研究操作者在工作场所的移动（步行）路线。其目的是精确了解工人在进行操作时在工作场所的移动距离及频率。所以，它是一种按比例绘制的平面布置图。通过研究分析，可寻求缩短路线的新方法。实施改进的新方法可能很多，可以将工人需要操作或停留的机器设备、工作台、工具箱、库房等按比例剪成硬纸样片，并在平面图上按各种方案摆放，直至找到满意解（较短路线）为止。图5-5是线形图的示例。

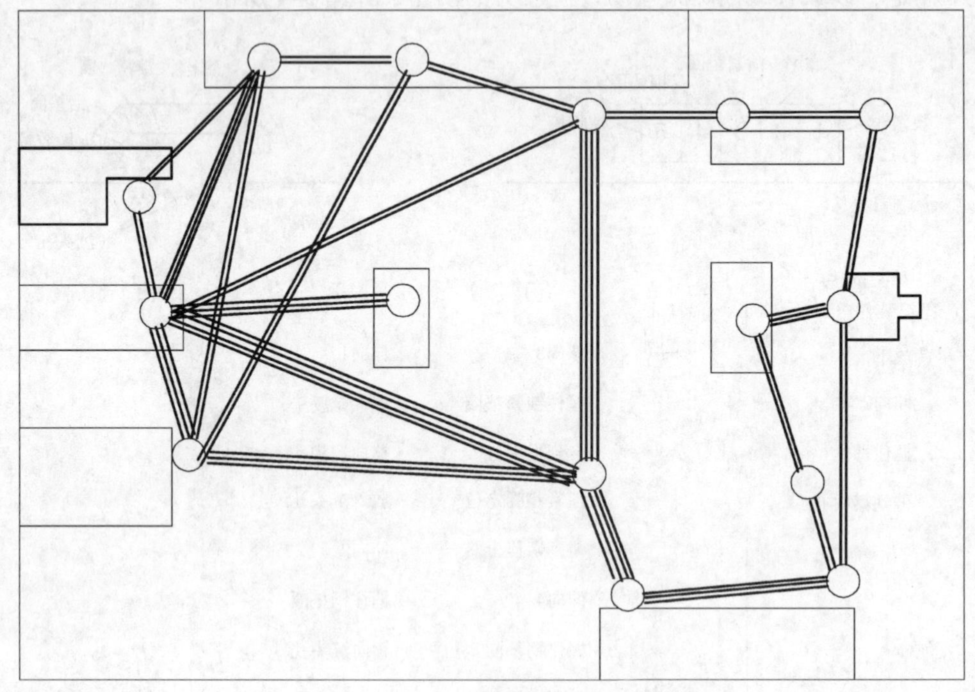

图 5-5　线形图示例

3. 动作研究

动作研究是过程研究和工序研究的细化。其目的是探讨动作的反复效能、作业姿势、工作地布置及工具的阵列，以寻求操作的高效率和省力化。

动作研究很容易被人们所忽视，但在大量的反复作业中，它却显得十分重要，因为即使是微小的改进，也可能带来很大的效益。例如美国某无线电装配厂，在每件产品上要装260个零件，每装一个零件总要发生伸手与拿回两个动作。他们试验把所有零件向装配工作台移近6in[㊀]，使一次手动时间平均节约0.002min，按日产8 000台计算，每年可节约34 000h，节省距离差不多相当于沿赤道绕地球4圈的长度。

(1) 动素的划分。动作研究是指细微动作研究，是吉尔布雷斯夫妇发明的，研究人的双手与身体其他部分的动作。研究表明，任何一个特定操作由17个动素（Therbligs）所组成。后来美国机械工程师学会根据吉尔布雷斯的研究成果，将人体动作划分为18个动作，并用专门的象形符号表示。18个动素可以分为三类：第一类为有用的动素，它们虽非最有效的方法，但却是完成操作所必要的动素，如伸手（运空）握取、移物（运实）、定位（对

㊀ 1in = 0. 025 4m。

准)、装配、应用、检验、放手等。对这些动素，应根据节约动作原则，研究哪些是可以改进的措施。第二类常常是减缓第一类操作的动素，如拆卸、寻找、选择、预定位（预对）、计划、持住等。对这些动素，应研究改进工作地布置和事先加强指导和准备，尽可能减少它们的发生。第三类是对完成操作并没有促进作用的动素，如发现、迟延、故延和休息等。对这些动素应研究动作程序和工作地布置的改善，以及消除引起疲劳的因素，尽可能减少它们的发生。

（2）节约动作原则。节约动作原则也称经济动作原则，最初由吉尔布雷斯提出，经过不断研究补充，最后归纳为节约动作的十原则。

1）双手的动作应该是同时的和对称的。合理地利用双手同时工作，能提高劳动效率。心理学试验证明：右手疲劳后，左手参加工作，可以迅速缓解右手疲劳；反之亦然，甚至脚参加工作也可以帮助缓解手的疲劳。另外，双手（或双脚）交替或对称运动可以使人体保持平衡，减少身体的摇晃。由于平衡作用，在一定程度（指负重）内，双手运动比单手运动可以减少身体的紧张程度，消除疲劳。所以，不能不加分析地认为双手操作比单手操作劳动强度大。

交替进行双手操作有利于减轻疲劳，对称动作有利于双手协调配合、动作准确。这可以根据工作性质和特点加以选择。为了实现双手操作，应该相应地布置工作地和工位器具。

2）工具和物料应该放在近处和操作者面前，以便使其处在双手容易拿到的位置。手的移动距离应该越短越好，移动次数越少越好。

手的动作一般分为五级：①手指动作；②手指及手腕动作；③手指、手腕及前臂动作；④手指、手腕、前臂及后臂动作；⑤手指、手腕、前臂、后臂及身体动作。从节约动作的原则来看，人的操作应尽可能取较低一级的动作，这样可以减少体力消耗及时间消耗。

另外，工作地的布置也应该适应这一原则的要求。

3）所有的工具和物料必须有明确的和固定的存放地点。

4）为了将物料送到靠近使用的地点，应该利用重力式的送料盒或容器。

5）只要条件允许，工具和物料应该放在预先定好的位置。

6）尽可能采用“下坠式传送”方式。

7）所有的工作，只要用脚来做更为有利，就应该避免用手来做；只要经济合算，就应采用动力驱动的工具和设备；只要可能，就应该采用台虎钳或夹具来固定工作物，以便腾出双手来进行其他操作。

8）物料和工具摆放应能使操作流畅和有节奏。

9）要避免骤然改变方向的曲折的或直线的动作发生，而应采用流畅而连续的手动动作。

10）工作地和座椅的高度最好能布置得在工作时可以替换着坐和站，同时应该具备适宜的光线，使工作者尽可能舒适。

（二）时间研究

时间研究又称工作测定，即对实际完成工作所需时间进行测量和预测。它是作业研究的一项基本技术和主要内容。

时间研究的主要目的是建立工作标准。此外，时间研究的目的还包括：把实际工作情况与标准作业时间作对比，寻找改善的方向；测定并采取措施减少工人空闲和等待物料等非创造附加价值的时间。

1. 时间研究的基本方法及步骤

进行时间研究需按照一定的步骤来完成。一般可分为以下几个步骤：①工作分解；②测时；③样本大小的确定；④标准时间的制定。下面结合茶杯包装的例子来说明时间研究的步骤，该例要求操作人员把一套6个茶杯装入纸盒、封口、码放。

（1）工作分解。把要进行时间研究的工作分解成多个工作单元或动作单元。在茶杯包装例子中，按照操作的先后顺序，可将这一工作分解成以下四个工作单元（见表5-4）：①取两个纸盒；②将衬垫放入纸盒；③将茶杯放入纸盒；④纸盒封口、码放。

表5-4 时间研究中的数据记录表 （单位：min）

工作单元		观测记录										$\bar{t}$
		1	2	3	4	5	6	7	8	9	10	
取两个纸盒	t	0.48		0.46		0.54		0.49		0.51		0.50
	r	0.48		4.85		9.14		13.53		17.83		
将衬垫放入纸盒	t	0.11	0.13	0.09	0.10	0.11	0.13	0.08	0.12	0.10	0.09	0.11
	r	0.59	2.56	4.94	6.82	9.25	11.23	13.61	15.50	17.93	19.83	
将茶杯放入纸盒	t	0.74	0.68	0.71	0.69	0.73	0.70	0.68	0.74	0.71	0.72	0.71
	r	1.33	3.24	5.65	7.51	9.98	11.93	14.29	16.24	18.64	20.55	
纸盒封口、码放	t	1.10	1.15	1.07	1.09	1.12	1.11	1.09	1.08	1.10	1.13	1.10
	r	2.43	4.39	6.72	8.60	11.10	13.04	15.38	17.32	19.74	21.68	

在进行工作分解时，要注意以下两个方面的问题：

1）为了测量工作单元所花费的时间，要求分解成的每一个工作单元都应有明确的开始和结束标志。

2）花费很短时间就可完成的动作，不能作为一个工作单元。时间长短的判别标准依作业研究对象的不同而不同，考虑到下一步用秒表测时的需要，几秒钟以内就可完成的动作一般不作为一个单独的工作单元。例如，上述例子中的动作单元②，如果再细分，还可以分成三个单元：a. 左手拿起衬垫；b. 将衬垫打开（将放每个茶杯的网眼撑开）；c. 将衬垫放入纸盒。由于这三个动作都非常快，难以精确测量各自所需的时间，所以不作为工作单元处理。

（2）测时。用秒表或其他工具观察和测量工作分解所确定的每一个工作单元。选择一名训练有素的人员，测量其在正常发挥的条件下在各个工作单元上所花费的时间。常用的测时方法是连续测时法，即研究人员在每个工作单元的动作结束时，记下该时刻，然后根据两个工作单元结束时刻的差即可得出第一个单元所花费的时间。依此类推，计算出所有工作耗费的时间。

对于有连续多个时间较短的工作单元（0.1min以内），则可采用循环测时法，即除去工作所包括的一个工作单元后再观测其时间。按照循环计算法计算出各工作单元所耗费的时间。每次记录时都不记录所要测量的那个工作单元，而只记录其余工作单元所耗费的时间之和，然后从全部工作时间中减去每次所得时间，即可得所要观测的那个工作单元所耗费的时间。

下面结合茶杯包装的例子，说明连续测时法的应用。测时记录表格式如表5-4所示。在第一个工作循环中，第一个工作单元结束时秒表显示为0.48min，第二个工作单元结束时秒表显示为0.59min，则第一个工作单元耗费的时间为0.48min，第二个为0.11min，依此类推。

第二个工作循环中无第一个工作单元，因为第一个循环中一下取了两个，所以每两次循环中发生一次这个动作。假设这项实验共观察了 10 个工作循环，全部记录数据如表 5-4 所示。

对观察得到的数据取平均值，记在表 5-4 的 $\bar{t}$ 列内。

观测时，也有一些应注意的事项，具体包括：

1）如果所观察测量的数值中有明显偏离大多数其他数值的，就应分析这个值是不是由偶然因素引起的，如工具失手、机器故障、物料掉地又捡回等。如果是的话，应将这样的数据排除在外。在茶杯包装一例中，如衬垫失手掉在地上又捡起来，个别包装盒不规范而重新拿取新的包装盒等，均不应计算在工作时间之内。

2）对一些发生频率低却是规则的动作，也必须计算在内。

(3) 样本大小的确定。样本大小的确定即根据经验公式确定为了达到所需要的时间精度，必须重复观测的次数。

表 5-4 的观测次数是 10 个工作循环，那么，该样本数是否满足要求？通常情况下，时间研究得出的工作时间估计值如果能达到实际工作平均时间的 95%，就基本上满意；如果要达到更高的精度，样本数就会急剧增大。样本数 n 可按式（5-1）（依正态分布推出）来计算

$$n = \left(\frac{z}{e}\frac{S}{\bar{t}}\right)^2 \tag{5-1}$$

式中，n 为所需样本数；e 为估计精度，以与真正时间值（未知）的偏离程度（%）来表示；$\bar{t}$ 为对某工作单元观测得到的时间平均值；z 为要求的置信度水平下的标准差数；S 为某工作单元的样本标准差。

样本标准差 S 可按式（5-2）计算得出

$$S = \sqrt{\frac{\sum (t_j - \bar{t})^2}{\hat{n} - 1}} \tag{5-2}$$

式中，t_j 是第 j 个工作循环的观测时间值；$\hat{n}$ 是测量次数，对工作单元 1，$\hat{n}=5$，对其他单元，$\hat{n}=10$。

在茶杯包装一例中，设与真正时间值的偏离程度不超过 4%，即估计精度为 4%，利用表 5-4 的数据，根据式（5-1）和式（5-2）可得表 5-5 中的数值。

表 5-5　样本数据计算结果

工作单元	S	$\bar{t}$	$S/\bar{t}$	n
1	0.030 5	0.50	0.061 0	9
2	0.017 1	0.11	0.155 4	58
3	0.022 6	0.71	0.031 8	3
4	0.024 1	1.10	0.021 9	2

计算出的 n 通常不是整数，取与之最接近的整数即可。如果要保证每个单元的估计精度都在 4% 以内，所需样本数量应取该表中最大值，即 58。因此，需要在原来观测的基础上再追加 48 次观察和测量。

(4) 时间标准的制定。时间标准的制定即根据对工作单元的实测时间来确定研究对象的时间标准。

现假定进行 58 次观察和测量后，所得到的四个工作单元的样本平均值分别为 0.53min、

0.10min、0.75min 和 1.08min。现在的问题是：能否直接把上面四个平均时间值之和作为茶杯包装的时间标准？答案是否定的。为正确得出研究对象的时间标准，还要对有关数据进行修正。一般地，还要考虑操作人员正常发挥的程度和在一个工作循环内各工作单元平均发生的频数两个因素。

1）操作人员正常发挥的程度。所观察的操作人员在技术熟练程度、工作速度、产品（工作）质量等各方面不可能都是具有平均水平的，所以应给出一个修正系数，以对实测得到的数据进行修正，即决定一个正常时间（Normal Time，NT）。修正系数通常称为绩效评价因子（Performance Rating Factor，PRF）。

PRF 主要依据经验得到。表 5-6 是一些评价因素及其可供参考的系数范围。对于具体例子，可将各评定要素的系数值进行加和得到 PRF 值。

表 5-6　评价因素及其可供参考的系数范围

等　级	评定要素			
	技巧性	努力程度	质　量	均匀性
最　优	+0.12 ~ +0.15	+0.12 ~ +0.15	+0.06	+0.04
优　秀	+0.06 ~ +0.11	+0.06 ~ +0.11	+0.04	+0.02
良　好	+0.01 ~ +0.05	+0.01 ~ +0.05	+0.02	+0.01
一　般	0	0	0	0
较　差	−0.05 ~ −0.10	−0.07 ~ −0.06	−0.03	−0.02
差	−0.11 ~0.22	−0.07 ~ −0.17	−0.07	−0.04

在茶杯包装一例中，不妨假设经过评价所得到的各工作单元的 PRF 分别为 1.05、0.95、1.10 和 0.90。

2）工作单元平均发生的频数。决定正常时间需要考虑的另一个因素是，在一个工作循环内，各工作单元动作平均发生的频数 F。如在上例中，单元 1 并不是每个循环内都发生，而是两个循环内才发生一次，因此平均每个循环内发生 0.5 次。现把各工作单元的测量平均值、发生频数以及绩效评价因子记录在表 5-7 中。

表 5-7　58 个观察样本数据

工作单元	$\bar{t}_i$	F_i	PRF_i
1	0.53	0.50	1.05
2	0.10	1.00	0.95
3	0.75	1.00	1.10
4	1.08	1.00	0.90

将测量值的平均值、发生频数以及绩效评价因子三者相乘，即可得出一个单元 i 的正常时间 NT_i 和一个工作循环所需的正常时间 NTC（即全部正常时间）。可用式（5-3）和式（5-4）表示为

$$NT_i = \bar{t}_i \times F_i \times PRF_i \tag{5-3}$$

$$NTC = \sum NT_i \tag{5-4}$$

就茶杯包装一例，根据式（5-3）和式（5-4），利用表 5-7 中的数据，可得

$$NT_1 = 0.53\text{min} \times 0.50 \times 1.05 = 0.28\text{min}$$

$$NT_2 = 0.10\text{min} \times 1.00 \times 0.95 = 0.10\text{min}$$

$$NT_3 = 0.75\text{min} \times 1.00 \times 1.10 = 0.83\text{min}$$

$$NT_4 = 1.08\text{min} \times 1.00 \times 0.90 = 0.97\text{min}$$

$$NTC = (0.28 + 0.10 + 0.83 + 0.97)\text{min} = 2.18\text{min}$$

需要指出的是，全部正常时间仍然不能作为时间标准，原因是这一时间值并未考虑人的疲劳因素。人需要有休息时间，有时会有不可避免的延误（由于偶然性事件所引起）等。因此，还需要在正常时间的基础上再加一部分宽放时间（Allowance Time），这样才能得出切合实际的标准时间。标准时间 ST（Standard of Time）可表示为

$$ST = NTC(1 + A)(\text{基于工作时间})$$

或

$$ST = NTC/(1 - A)(\text{基于作业的时间})$$

式中，A 是宽放系数，通常取值为 10% ~20%。

假定上例中的宽放系数取 0.15，则茶杯包装工作的标准时间可计算如下

$$ST = 2.18\text{min} \times (1 + 0.15) = 2.51\text{min}$$

值得指出的是，并不是对所有工作进行时间研究时都要经历上述所有四个步骤。

2. 预定时间标准设定法

预定时间标准设定（Predetermined Time Standards，PTS）法是动作研究和时间研究相结合而产生的。其基本原理是对给定的作业进行详细分析，设计出合理的、必要的基本动作元素，在实验的基础上求出基本动作元素的时间值，然后加以综合，确定完成该项作业的时间标准。经过不断完善，已经设计出针对这种方法的基本动作时间标准表。当要确定实际工作时间时，只要把工作任务分解成这些基本动作，从基本动作时间标准表上查出各基本动作的时间标准，将其相加，就可以得到工作的正常时间；然后再加上宽放时间，就可以得到工作任务的时间标准。

PTS 方法有很多种，其中比较成熟的一种是时间测定法（Methods of Time Measurement，MTM）。在时间测定法中，有若干种基本动作标准数据，这里介绍其中最精确的一种——MTM-1。在这种方法中，将基本动作分为表 5-8 所示的八种。这种方法所采用的时间单位是 TMU，1TMU＝0.000 01h，或 1TMU＝0.000 6min。也正是由于这种方法使用的时间单位过少，致使其很难被采用。

表 5-8 MTM-1 的基本动作分类

伸手（Reach）	移动（Move）
施压（Apply Pressure）	抓取（Grasp）
放置（定位、对准）（Position）	解开（Disengage）
放手（Release）	转动（Turn）

表 5-9 所示是美国 MTM 标准研究协会（MTM Association for Standard and Research）制定的其中一个动作“移动”的时间标准。该表中的时间标准考虑了移动质量、移动距离以及移动情况三种因素。每个因素不同，所需的时间标准也不同。例如，有这样一个动作，需要单手将一个 7kg 的物体移动至 28cm 外的一个大致位置上。为得到这个移动的时间标准，首先应根据移动情况判定该动作属于哪一种情况。显然，这种移动属 B 类，即“移动物体至一大致位置”；然后，根据移动距离为 28cm，在 28cm 的行与 B 列的交叉处找到该动作所需

的时间为23.1TMU；最后，进一步根据移动的质量对所查出的时间作相应的调整。因为移动的质量为7kg，在表中最接近于7.5kg，因此，动态因子为1.06，静态常数为2.2TMU。根据基本时间、动态因子和静态常数就可以计算出该动作的时间标准：“移动”的时间标准＝TMU表格值×动态因子＋静态常数＝（23.1×1.06＋2.2）TMU≈27TMU。

表5-9 **MTM法中的动作“移动”的标准时间数据表**

<table>
<tr><th rowspan="2">移动距离/cm</th><th colspan="3">时间/TMU</th><th colspan="3">质量允许值</th><th rowspan="2">不同移动情况</th></tr>
<tr><th>A</th><th>B</th><th>C</th><th>质量/kg</th><th>动态因子</th><th>静态常数/TMU</th></tr>
<tr><td>更少（Or less）</td><td>2.0</td><td>2.0</td><td>2.0</td><td rowspan="2">2.5</td><td rowspan="2">1.00</td><td rowspan="2">0</td><td rowspan="7">A. 移动物体至另外一只手</td></tr>
<tr><td>1</td><td>2.5</td><td>2.9</td><td>3.4</td></tr>
<tr><td>2</td><td>3.6</td><td>4.6</td><td>5.2</td><td rowspan="2">7.5</td><td rowspan="2">1.06</td><td rowspan="2">2.2</td></tr>
<tr><td>3</td><td>4.9</td><td>5.7</td><td>6.7</td></tr>
<tr><td>4</td><td>6.1</td><td>6.9</td><td>8.0</td><td rowspan="2">12.5</td><td rowspan="2">1.11</td><td rowspan="2">3.9</td></tr>
<tr><td>5</td><td>7.3</td><td>8.0</td><td>9.2</td></tr>
<tr><td>6</td><td>8.1</td><td>8.9</td><td>10.3</td><td rowspan="2">17.5</td><td rowspan="2">1.17</td><td rowspan="2">5.6</td></tr>
<tr><td>7</td><td>8.9</td><td>9.7</td><td>11.1</td><td rowspan="8">B. 移动物体至一大致位置</td></tr>
<tr><td>8</td><td>9.7</td><td>10.6</td><td>11.8</td><td rowspan="2">22.5</td><td rowspan="2">1.22</td><td rowspan="2">7.4</td></tr>
<tr><td>9</td><td>10.5</td><td>11.5</td><td>12.7</td></tr>
<tr><td>10</td><td>11.3</td><td>12.2</td><td>13.5</td><td rowspan="2">27.5</td><td rowspan="2">1.28</td><td rowspan="2">9.1</td></tr>
<tr><td>12</td><td>12.9</td><td>13.4</td><td>15.2</td></tr>
<tr><td>14</td><td>14.4</td><td>14.6</td><td>16.9</td><td rowspan="2">32.5</td><td rowspan="2">1.33</td><td rowspan="2">10.8</td></tr>
<tr><td>16</td><td>16.0</td><td>15.8</td><td>18.7</td></tr>
<tr><td>18</td><td>17.5</td><td>17.0</td><td>20.4</td><td rowspan="2">37.5</td><td rowspan="2">1.39</td><td rowspan="2">12.5</td></tr>
<tr><td>20</td><td>19.2</td><td>18.2</td><td>22.1</td><td rowspan="6">C. 移动物体至一精确位置</td></tr>
<tr><td>22</td><td>20.8</td><td>19.4</td><td>23.8</td><td rowspan="2">42.5</td><td rowspan="2">1.44</td><td rowspan="2">14.3</td></tr>
<tr><td>24</td><td>22.4</td><td>20.6</td><td>25.5</td></tr>
<tr><td>26</td><td>24.0</td><td>21.8</td><td>27.3</td><td rowspan="2">45.5</td><td rowspan="2">1.50</td><td rowspan="2">16.0</td></tr>
<tr><td>28</td><td>25.5</td><td>23.1</td><td>29.0</td></tr>
<tr><td>30</td><td>27.1</td><td>24.3</td><td>30.7</td><td></td><td></td><td></td></tr>
</table>

每一种基本动作都有类似的表格。这些标准数据是经过严格测定、反复试验后确定的，其科学性、严密性都很强，而且有专门的组织制定这样的数据。

从上述介绍的PTS方法的特点可以看出这种方法的一些优点，总结起来有：

（1）可以用来为新设生产线的新工作设定工作时间标准，并可对不同的新方法进行比较。对于全新的工作来说，是无法使用通常的时间研究方法确定的。

（2）因为这种方法大大减少了时间研究中常见的读数错误等引起的不正确结果的可能性，所以用这种方法设定时间标准的一致性很高。

（3）这种方法不需要对时间标准进行绩效评价，而绩效评价总是带有主观性的。

当然，PTS方法也有一些局限性，主要有：

（1）所使用的时间单位过少，致使这种方法在实际中很难被采用。

（2）对于进行多品种小批量生产，以工艺对象专业化为生产组织方式的企业来说并不实用。在这样的企业中，工作种类繁多而重复性较低，要把每项工作都分解为基本动作难度太大。

（3）PTS 方法的标准数据有时不能反映具有某些特殊企业的情况。同时，作为样本被观测的操作人员也许不具有代表性。

（4）需要考虑的调整因素过多，像表 5-9 这样的表格很难制作。另外，在某些情况下，移动物体所需的时间也许与物体的形状有关，但是表 5-9 并没有考虑这个因素。

（5）在采用 PTS 方法时有一个基本假设：整个工作时间可用基本动作时间相加得到。但这种方法忽略了一种可能性，即实际工作时间也许与各个动作的顺序有关。

（6）PTS 方法的使用需要一定的技能，尤其在分解基本动作和确定调节因素方面更是如此。这就限制了这种方法的使用。

3. 工作抽样法

工作抽样法是依据数理统计原理产生的。其基本原理是：不管具体动作所耗费的时间，只是估计人或机器在某种行为中所占用的时间比例。例如：一台机器可能处于负荷或空闲状态；一名秘书可能在打字、整理文件或接电话等；一个木工可能在运送木料、测量、锯木头等。这些都可看成是某种“行为”，都会占用一定的时间。对这些行为所占用时间的估计是在进行大量观察的基础上作出的。其基本假设是：在样本中观察到的某个行为所占用的时间比例，一般来说是该行为发生时实际所占用的时间比例。在给定的置信度下，样本数的大小将影响估计的精度。

工作抽样法的主要用途有以下几个方面：

（1）测定机器设备或人员在工作中工作（负荷）和停歇（空闲）的时间比率，以提供分析工时利用情况的资料。

（2）测定工作人员在工作班中各类工时消耗的比例，以提供制定定额时所用的各种标准资料。

（3）在一定条件下，测定工作人员完成任务所需的时间，用于制定工序的时间标准。

在采用工作抽样法时，要根据统计的置信度要求，确定观测次数。一般要以达到的置信度水平（如 99.73%）确定标准偏差的个数 z（如正态分布中 99.73% 的置信度对应的标准差个数 $z=3$）。

$$e = z\sigma$$

因为二项分布标准偏差 σ 为

$$\sigma = \sqrt{\frac{p(1-p)}{n}} \tag{5-5}$$

所以

$$n = \frac{z^2 p(1-p)}{e^2} \tag{5-6}$$

式中，e 为绝对误差（或精度）；p 为调查事件出现的概率，如设备负荷百分比；n 为观测次数（抽样样本大小）。

一般开始时，p 值可能不知道，可根据统计资料或实地调查以确定 p 值。

例如，设工作抽样要求的置信度为 95%，绝对误差（精度）为 ±3%，实地调查 100 次，机床有 25 台次停工，则得

$$p = \frac{25}{100} = 25\%$$

所以

$$n = \frac{4 \times 0.25 \times (1 - 0.25)}{0.03^2} = \frac{0.75}{0.0009} = 833$$

若继续抽样观测 400 次，连同开始的 100 次共 500 次，其中有 150 次停工，则

$$p = \frac{150}{500} = 30\%$$

此时

$$n = \frac{4 \times 0.30 \times (1 - 0.30)}{0.03^2} = \frac{0.84}{0.0009} = 933$$

如此计算，可按一定的时间间隔（一天或几天）进行，直到计算出的 p 值比较稳定时为止。

归纳起来，工作抽样法具有以下几个主要优点：

（1）观测者不需要受专门训练。

（2）节省时间、节省费用。据国外资料介绍，这种方法的费用只需其他时间研究方法所发生费用的一半以下。

（3）与其他作业测定方法相比，更容易得到被观测人员的合作。

（4）观测时间可自由安排，可长可短，可随时中断、随时继续，而不影响其结果。

工作抽样法的局限性主要表现在：所需观察的样本数较大；只能得出平均结果，得不出导致个别差异数值的资料。此外，这种方法对于重复性工作的标准时间的设定是不经济的。

4. 信息技术对时间研究的影响

信息技术对时间研究的影响表现在以下几个方面：

（1）信息技术使得某些原来由人来完成的工作变得不再必要，进而就没有必要再对这些工作进行时间研究。例如，原来由人工进行的报表传递可以很快捷、准确地由局域网传输；工业机器人的引入使得某些苦、脏、累、险岗位上的操作人员得到了解放，等等。

（2）随着一个组织自动化程度的提高，宽放时间在整个时间标准中所占的比重必然会越来越小；同时，对操作人员疲劳的考虑正在从体力上的疲劳转变为精神上的疲劳。

（3）信息技术也影响了时间研究方法本身。因为可用电子监视器同时对多个对象进行观测，所以，样本法变得更容易了。在一个自动化制造程度较高的组织中，由于管理人员往往占人员构成的很大比例，所以 PTS 法的着重点转移到分析机器人的动作和管理人员的活动上。现在有一种系统，称为“机器人时间和动作研究”（Robot Time and Motion，RTM），就是专门用来评价机器人的各种工作方法的。

（4）信息技术为自动化制造系统的各主要部分建立标准数据提供了便利，而不像现在这样只为某个工作或某个动作建立标准数据。这样的自动化制造单元的标准数据可用来模拟各种工作方法，也可以在产品开始生产以前估计生产成本。

时间研究方法是制定工作标准中使用得最多的一种方法。训练有素并具有一定经验的研究人员使用这种方法可以制定出切合实际的工作标准。但是，这种方法也具有局限性：首先，这种方法主要适用于工作周期较短、重复性很强、动作比较规律的工作，对于某些主要是思考性质的工作就不太适用，如数学家求解问题、大学教授准备讲义或寻找汽车故障的原

因等，对于某些非重复性的工作也是不适用的，如非常规设备的检修；其次，秒表的使用有一定的技巧性，一个没有任何使用经验的人测出的时间值有时误差可能很大，基于这样的数据很可能会制定出不正确的时间标准；再次，时间研究中所包含的一些主观判断因素有时会遭到被观测者的反对。

第三节　业务流程再造

一、业务流程再造的实质

20 世纪 80 年代中期，一些著名的咨询公司，如毕马威会计师事务所（Peat Marwick）和麦肯锡咨询公司（McKinsey），开始提出对业务过程进行再设计（Redesign）的思想。1990 年，美国 MIT 教授迈克尔·哈默（Michael Hamme）提出了业务过程再造（Business Process Re-engineering，BPR）的概念，确立了以业务过程为中心的思想；他后来又进一步提出，BPR 就是要“针对竞争环境和顾客需要的变化，对企业的业务流程进行根本的再思考和彻底的再设计，从而获得在成本、质量、服务和速度等方面绩效的显著改善”。简单地说，BPR 就是指对组织内或组织之间的工作流和流程进行分析和重新设计，以大幅度提高业务流程的效率和绩效。Parker（1993）对其下的定义为：使用各种方法/工具，结合现代科学技术，提供一种全新的、贯穿于组织间变化的组合，以满足顾客的需求。托马斯 H. 达文波特（Thomas H. Davenport）阐述了信息技术在流程革新中的作用，指出信息技术能够将非结构化的流程转变为程序化的事务，消除地理位置对业务流程的影响，能够将业务流程自动化，能够对业务流程进行复杂的分析，能够给业务流程带来海量的信息，使得业务流程的执行顺序可以发生更改，特别是某些任务可以并行完成，使得捕获和传播有关知识以改进业务流程成为可能，使得人们可以追踪业务流程的状态、输入和输出，使得流程中某些部分的交流可以不通过中介而直接进行。业务流程再造的思想提出后，业界掀起了一股再造的热潮。

业务流程再造的基本思想是，彻底改变传统的工作方式。传统工作方式即工业革命以来按照分工原则把一项完整的工作分成不同部分，由各自相对独立的不同部门按顺序依次完成工作。这样的工作顺序和相应建立的组织结构必须重新设计，拆除人为设置在市场、设计、生产、销售、财务、人事和其他工作之间的围墙，使许多工作能齐头并进，以加快组织对市场的反应速度。

具体地说，业务流程再造一般由下列四个要素组成：①重新设计工作方式和工作程序，以追求更高的工作效率；②结构性重组，将多层性的功能架构改为交叉性的功能架构；③全新的、整体性的信息管理及评价系统；④新价值观，即把顾客满意放在首位。

业务流程再造虽然是近年来才提出的，但其渊源仍然是泰勒创立的作业研究，是作业研究的深化和进一步发展。但是，据此认为业务流程再造是“新瓶装旧酒”则是片面的甚至是错误的。业务流程再造至少在以下两个方面与作业研究有着实质性区别：①着眼点不同。作业研究的出发点是寻求某一项作业或活动的局部的、渐近式的改善；业务流程再造主张对改善对象重新进行设计和规划。②对象不同。作业研究一般局限于某一项作业或活动；而业务流程再造的改善对象是组织或其某一个部门的整体业务流程。

二、业务流程再造的具体方法

业务流程再造的理念都是相同的，即利用现代科技手段提供一种全新的、贯穿于组织间变化的组合，以满足顾客的需求。同时，它作为一种重新设计工作方式、设计工作流程的思想，有其普遍意义。但是，在实际应用中，必须根据本组织的具体情况来进行。到目前为止，美国的许多大型组织都不同程度地实施了业务流程再造。现介绍其中的一些主要方法：

1. 将数项工作或业务合并为一

例如，某信用卡公司原来分为会员募集、会员资格审查和款项支付三个部门。会员募集部门为了做好自己的工作，花费大量的时间和资金收集名录、打电话或发信联系顾客。寄来的申请书在会员资格部门审查，审查的核心是申请者将来是否会出现信用等问题。于是又进行了新一轮的调查取证工作，结果是刷掉了那些被认为有信用问题或其他方面有问题的人。其结果从顾客一方看，一开始被劝诱入会，随后却又以“信用度不够”而被拒绝，当然非常不满，恐怕以后再也不会与这家公司打交道；从公司一方来看，损失了顾客，而且各个部门越“忠实”于其职责，公司整体的浪费就越大，效率就越低。在业务流程再造中，将会员募集和会员资格审查合二为一，每个人都负责从会员募集直至最后决定是否接收为会员的工作全过程。如果合并后的工作仍需要几个人负责，则成立一个团队，由团队成员共同负责一项从头到尾的工作。如果一项工作较复杂、所需要的信息较多，还可以采取建立共享数据库的方式。这样做的结果，减少了部门间书面文件资料的传递和交接，避免了时间上的浪费和其他方面的失误，消除了部门间的互相抵触，工作流程大为缩短，一项完整工作的责任也比较明确，提高了效率，降低了管理费用，提高了顾客的满意度。

2. 工作流程的各个步骤按其自然顺序进行

在传统的组织中，工作成果在细分化了的职能部门之间传递和流动，若上一个步骤未完成，则下一个步骤不能开始。这种“直线化”的工作流程使得工作时间大为加长。如果按照工作本身的自然顺序，其实是可以同时或交叉进行的。这样的“非直线化”工作方式可大大加快工作速度。

3. 为同一工作设置若干种处理方式

传统的做法是对某一工作全过程出现的问题采取同一种处理方式，但这样做往往并不奏效。改变传统做法，按照不同情况分别设置若干种处理方式，将使工作变得简捷，效率也可大为提高。

4. 超越组织的界限，在最适当的场所完成相应的工作

在传统的组织中，完全按部门划分工作范围，这就必然增加许多不必要的协调工作。如果根据工作流程的性质超越组织部门的界限、在最适当的场所完成相应的工作，那么工作效率可以大为提高，甚至在有些情况下还可以超越组织之间的界限。例如，P&G 公司与销售其产品的超级市场通过计算机将有关信息联网，超级市场直接向 P&G 公司传递产品的销售情况和库存情况，P&G 公司则根据这些信息决定产品的生产日期和生产数量以及送货日期和送货数量。

5. 尽量减少检查、控制和调整等管理工作

检查、控制和调整等管理工作往往不增加任何附加价值，但却耗费了大量的人力和财力。美国某公司的调查表明，一个部门为了买 3 美元的电池，需通过主管批准，同时还要到

会计部门、采购等部门办理一系列的手续，仅此所增加的额外成本已经超过了购买电池本身的价值！减少检查、控制和调整等管理工作的必要性由此可见一斑。

三、信息技术在业务流程再造中的重要作用

在当今从工业化社会向信息化社会转变的过程中，信息技术已经在组织经营、管理、开发、制造等各方面起到了重要作用。但是，现在组织的通常做法是考虑如何利用信息技术强化或改善现有的工作方式，而业务流程再造则强调，更重要的是考虑如何利用信息技术打破旧方式，做一些到目前为止还没有做过的事情，达到一个全新的目标。

以美国通用汽车公司（GM）在其某工厂所进行的业务流程再造为例，由于充分发挥了信息技术的作用，该工厂及其零部件供应商都发生了巨大的变化。在该工厂，利用计算机通信网络设置了与零部件供应商共享的关于生产计划和生产实绩的数据库，供应商可以不用等待 GM 的订货通知而自己随时扫描数据库提供的信息，由此判断什么时候需要送什么样的零部件，保证按时向 GM 的工厂送货。由于从该网络也可以了解到 GM 下个月的生产计划，零部件供应商还可以在此基础上制订自己的生产计划。信息技术使得 GM 的工厂和其零部件供应商像一个公司一样运行，两者的管理费用、库存费用都大为降低。

信息技术在业务流程再造中的作用还表现在可以利用信息技术打破组织原有工作模式中不合理但人们却习以为常的旧规则。

例如：旧规则之一是信息一次只能在一个场所利用。而利用数据库共享，可以做到同时在若干个场所利用。旧规则之二是复杂工作只有专家才能担当。而利用专家系统，一般人也可以做这样的工作。如某大型化公司，因产品较复杂，只有优秀的、有经验的业务人员才能向顾客解释产品的特性、构成等技术问题，从而获得销售机会。而设置了有关产品各种特性的专家系统以后，一般人也完全可以做这样的工作。旧规则之三是决策由管理者作出。而利用决策支持工具，决策可以成为每个人工作的一部分，等等。此外，利用无线通信、双向通信系统、自动定位技术、多媒体计算机等，还可以打破其他许多旧的工作方式以至组织运营模式。

四、业务流程再造实施步骤

法雷尔（Farrell）提出了业务流程再造的五个阶段：评估、再造工程、开发、建立、执行。Thomas J. H. 等提出了决定业务流程再造的核心活动等六个实施业务流程再造的步骤。Goldwasser 则以南加州气体（Southern California Gas）公司为例提出业务流程再造的五大实施步骤：再造工程企划，现状诊断，标准设定，作业重新设计，流程效果评估、执行/反馈。Fuvey 以精准物料公司（Precision Materials Inc.）为例，就该公司订单流程再造工程提出了决定顾客需要等六项执行业务流程再造的步骤。在此基础上，张保隆等人提出了一套实施业务流程再造的程序，包括以下八项实施步骤：

步骤一：宣传与沟通。

这一步至关重要，其目的是让全体员工认识到将要实施的流程再造的意义所在，以便形成一种合力，而不是旁观或抵触。

步骤二：了解内、外目标。

这一步就是通过调查，明确用户的需求，如质量、交货期等要求；同时，还要把企业内部所提出的要求具体化，如人员的减少、处理业务时间的缩短等。

步骤三：诊断现有流程。

这一步即详细分析现有业务所存在的问题，如业务流程、材料消耗或人员等方面的问题。

步骤四：修改现有流程。

这一步即针对现有业务所存在的问题提出解决办法。

步骤五：设定标杆。

标杆的确立是为将要进行的流程再造设定一个标准。所设立的标杆也可作为评价流程再造项目成功的程度。

步骤六：设计再造流程。

这一步为业务设计全新的流程。一般采用流程图的方法进行再造流程设计。

步骤七：执行再造流程。

因为人们已经习惯了原有的业务流程，所以执行再造流程是业务流程再造过程中的难点所在。这就要做好方方面面的推动工作，以减少执行过程中的阻力。

步骤八：评估实施后的绩效。

对实施后的绩效进行评估非常重要，它可帮助人们树立信心，培养人们的创新意识。

习　题

1. 工作设计应考虑哪些因素？

2. 作业研究的基本目标是什么？

3. 正常时间与标准时间有何区别？

4. 银行经理想确定出纳员工作和空闲时间的百分比。他决定使用工作抽样方法，他的初始估计是出纳员有 15% 的时间空闲。为了达到 94.45% 的置信度，且结果误差不超过 4%，应该进行多少次观测？

5. 生产主管想确定工作区域内一台机器的空闲时间。他决定用工作抽样方法，他的初始估计是机器有 20% 的时间空闲。为了达到 98% 的置信度且结果误差不超过 5%，应该进行多少次观测？

6. 为了制定新的时间标准，对当前的工作进行了一项时间研究。对一个工人观察了 45min，他生产了 30 件产品。分析人员对工人工作的评价分为 90 分（满分 100 分）。该公司为了工人休息及个人时间，给予 12% 宽放时间，确定该任务的标准工时。如果工人一天工作 8h 生产 300 件产品，基本报酬为每小时 100 元，他一天应得的报酬为多少？

7. 某制造公司在其实验室研究某项准备应用于生产的作业，该公司想达到比较高的精确水平，以更加准确地预测劳动成本，设定 99% 的置信度，时间定额的误差在 3% 以内。该公司应该进行多少次观测？目前已经观察了 5 次，收集到如下 5 个数据：1.7min、1.6min、1.4min、1.4min、1.4min。

8. Jackson 制造公司[⊖]的生产副总裁刚接到 DeKalb 电器供应公司对每周 400 台电动机电枢的报价。电枢是电动机中的标准部件，可以自己生产或基于 JIT 从供应商处购买，但是它们在组装上有些区别。Jackson 制造公司如果从电器公司购买，则在组装电枢之前有 8 项作业，其中 7 项作业与 Jackson 制造公司以前的作业相似，第 8 项作业是超负荷测试。Jackson 制造公司决定对此作业进行时间研究，以确定劳动标准，估计电枢劳动成本，从而对 DeKalb 电器供应公司的报价作出确认或还价。为了确定此作业的标准时间，从目前组装站中选出一名工人，对他进行培训。熟练后，他被要求将此作业操作 17 次以确定标准。实际的观察时间为：2.05min、1.92min、2.01min、1.89min、1.77min、1.80min、1.86min、1.83min、1.93min、1.96min、1.95min、2.05min、1.79min、1.82min、1.85min、1.85min、1.99min。

⊖ 选自 Jay Heizer, Barry Render. 运作管理［M］. 8 版. 陈荣秋，张祥，译. 北京：中国人民大学出版社，2006：507. 有改动。

工人的绩效评定系数为115%，作业间装有空调，坐着完成工作，工作站的设计考虑了人类工效学因素。电枢本身重10.5lb㊀，有转盘托着它，工人只需转动电枢，但是仍有许多细节工作要做，因此，为防止疲劳，增加8%的宽放时间。公司已确定个人自然需要的宽放时间系数为6%，延误宽放时间系数平均值为2%，此标准仍然参照执行。每个工作日工作7.5h，但是工人的工资按8h计算，每小时平均工资为12.50美元。分析并计算下列问题：

（1）假设在99.73%的置信度和5%的精确度下，样本容量应该多大？此案例中的样本容量足够大吗？

（2）每天在此工作站上应该生产多少台产品？

（3）该工作站单位产品的直接劳动成本是多少？

案例：机动车部汽车驾照换新流程再造

亨利（Henry）是某机动车部（Department of Motor Vehicles）办公室主任。他通过对驾驶证换新活动进行分析，确定了换新步骤及每个步骤需要完成时间，如表5-10所示。

表5-10　机动车部汽车驾驶证换新流程所需要的时间

步　　骤	平均完成时间/s
1. 检查换新申请的正确性	15
2. 处理，登记付费	30
3. 检查档案，确定有无违规和受限制情况	60
4. 进行视力检查	40
5. 为申请人拍照	20
6. 发放驾驶证	30

现在，每个步骤指派不同的人完成。办事员的工作量分配是不均匀的，负责第3步检查档案的办事员往往匆忙完成，以压缩时间，与其他办事员保持一致。在驾驶证申请旺季，申请者往往排长队。

每次换证申请是一相对独立的流程，亨利决定对办公室进行重新布置，对人员进行重新分派，提高工作效率，每小时可以处理换证的数量达到120个。

亨利发现：步骤1～4可以交给一般的办事员来办理，他们每人每小时的工资是12元；步骤5可以交给一位摄影师来完成，每小时支付的工资是16元；完成拍摄任务后，照片进入照片管理系统，需要按人头缴纳照片处理软件及驾照制作软件许可费10元；步骤6发放驾驶证需要由穿制服的机动车部官员来完成，这些官员每小时的工资是18元，他们可以胜任除了摄影之外的任何工作。

亨利对工作步骤进行重新审视发现：步骤1检查换新申请是必须首先完成的，之后才能进行下面的工作；同样，步骤6发放驾驶证的工作需要在所有步骤完成以后才能进行。

亨利承受着上面领导的压力，他必须想办法提高劳动生产率并降低成本，必须使办公室的布置与人力分派适应驾驶证换新申请的需求。否则，就要"做好走人的准备"。

（资料来源：Jay Heizer，Barry Render. 运作管理［M］. 陈荣秋，张祥，译 .8 版 . 北京：中国人民大学出版社，2006：452. 有改动。）

㊀　1lb＝0.453 592kg。

问题：

1. 从目前的流程来看，每小时可以处理的最大申请数量是多少？

2. 请替亨利想想办法，运用作业研究方法，确立多个换新服务方案，并核算每个方案的成本。

3. 针对选定的方案，对人员的工作进行设计，画出现场流程的平面图。

4. 为提高生产率，在换新服务流水线中应考虑哪些因素？

第六章

流水生产线组织

本章内容要点

- 流水生产线的基本特征和形式
- 单一对象流水生产线的组织设计
- 多品种流水生产线的设计
- 多品种小批量生产

第一节　流水生产线的基本特征和形式

一、流水生产线的基本特征

流水生产线又称生产对象专业化布置（Product Layout），是一种先进的生产组织形式。它是按照产品（零部件）的生产工艺顺序把完成相同生产对象的设备和人员集中起来组成的生产单位。工作地按生产工序的顺序排列，产品（零部件）按照一定的速度、顺序有节奏地通过各个工作地，依次被加工，直到生产出成品。这种生产组织形式一般具有以下基本特征：

（1）工作地专业化程度高，生产有明确的节奏性。在流水生产线上固定生产一种或少数几种制品，每个工作地固定完成一道或几道工序。

（2）工艺过程是封闭的，具有高度的连续性。工作地按工艺顺序排列，生产对象在工序间单向移动。

（3）各工作地的加工时间同其设备数量的比值相等或相近。

流水生产线的上述特征，使其具有以下优点：

1）整个生产过程平行连续，协调均衡。

2）有利于机器设备和人力的充分利用。

3）最大限度地缩短生产周期。

4）缩短运输路线，工序间的在制品数量很少。

5）由于工作地的专业化程度高，能采用专业设备和工具，因此有利于提高劳动生产率。

生产对象专业化设施布置能够给企业带来如下效益：首先是高生产效率、高产量和低成本；

其次，由于长时间大量生产相同或相近的产品，可以获得稳定的产品质量，由于生产路线相对简单，其管理也相对简单。对于生产线上工作准确度要求高、重复频率高和枯燥的作业，可以采用高效的专用设备，以提高工作准确度，降低工人的劳动强度，并进一步提高生产效率。

在带来经济效益的同时，生产对象专业化布置也有其局限性。这主要是因为在这种生产系统中，产品品种少，对需求变化的适应能力比较差。在顾客需求个性化程度不断提高的现代社会中，有效提高环境适应性是这种生产系统面临的艰巨挑战。另外，在这种生产系统中，工人不可避免地需要承受劳动强度大和精神紧张的压力。

二、流水生产线的形式

流水生产线有多种形式，可按不同的标志进行分类：

（1）按生产对象是否移动，流水生产线可分为固定流水生产线和移动流水生产线。前者是指生产对象固定，工人携带工具顺序地对生产对象进行加工的流水生产线；后者是指设备和工作地位置固定，生产对象顺序经过各道工序的工作地进行加工的流水生产线。

（2）按生产品种数量的多少，流水生产线可分为单一品种流水生产线和多品种流水生产线。前者只固定生产一种产品；后者生产两种或两种以上的产品。在多品种流水生产线条件下，由于加工的产品不止一种，因此就存在产品轮换方式的问题。从产品的轮换方式看，多品种流水生产线又可分为可变流水生产线、混合流水生产线和成组流水生产线。其中，可变流水生产线是分批轮换地制造固定在流水生产线上的几个品种；混合流水生产线是将生产作业方式大致相同的特定几个品种在流水生产线上混合连续生产；成组流水生产线就是在一定时间内同时或顺序地生产具有一定相似性的产品，在变换品种时基本上不需要重新调整设备和工艺装备。

（3）按生产连续程度，流水生产线可分为连续流水生产线和间断流水生产线。前者是产品在一个工作地加工完毕后，立即转到下一个工作地继续加工，中间没有停歇时间；后者是产品在一个工作地加工完成后，在下一个工作地加工开始之前，存在停歇时间，即生产过程中存在间断现象。产生间断的原因，主要是流水生产线上各工作地的加工时间不相等或加工时间与设备数量不成倍比关系。

（4）按维持生产节奏的方式，流水生产线可分为强制节拍流水生产线和自由节拍流水生产线。前者是准确地按节拍生产的流水生产线，用机械化运输装置保证固定的节拍；而在自由节拍流水生产线上，不要求严格地按照固定的节拍进行生产，节拍主要靠工作的熟练程度来保证。

一般在采用传送带等传送装置传送产品时，工人在生产线的一旁或两旁，对传送带上的产品进行加工。产品从各工作地流过的时间，就是工人对产品进行加工的时间，这个时间不大于生产线的节拍，如图 6-1 所示。

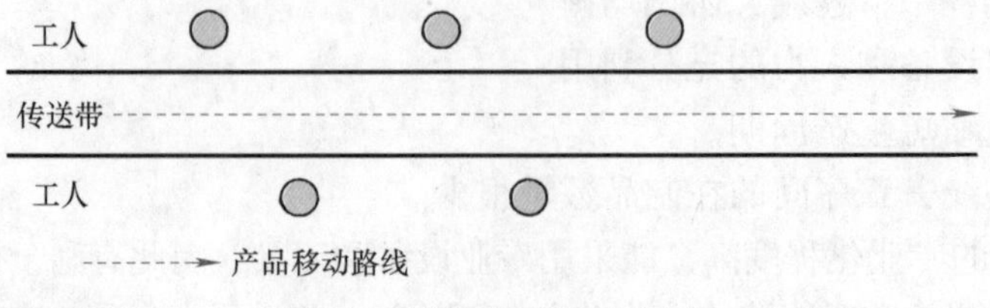

图 6-1　流水生产线示意图

三、组织流水生产线的条件

组织流水生产线的条件主要有：

(1) 产品设计已经定型，工艺先进。在产品的结构方面，要能反映现代科学技术成就，并基本定型，有良好的工艺性和互换性。在工艺方面，要求工艺规程能稳定地保证产品质量，采用先进的、经济合理的工艺方法、设备和工具。产品结构和工艺的先进性是稳定性的前提，因为如果产品的结构和工艺落后，将很快被淘汰，其流水生产线也将随之被淘汰，造成浪费。

(2) 产品需求量大，需求旺盛期长。

(3) 生产产品的工艺过程可划分为简单的工序，可按生产线组织的要求进行分解和合并。各工作地的加工时间应与流水生产线的节拍相等，或各工作地的加工时间与其设备数的比值相等或相近，即同期化。同期化是保证连续生产、充分利用设备和人力的必要条件。

第二节　单一对象流水生产线的组织设计

单一对象流水生产线能够保证长期、稳定的生产，能够实现高效率和高产量，是现代化大量生产系统的代表。这种流水生产线只生产一种产品，各工作地的生产负荷可以根据产品的生产情况实现高度平衡。单一对象流水生产线设计是在假设生产的产品已经确定，所生产产品的作业内容和作业时间已经确定的条件下，确定流水生产线需要使用的工作地数、设备数、工人人数、传送装置、平面布置等，以实现最高的生产效率。一般单一对象流水生产线的设计过程如下：

第一步，根据作业内容确定产品装配网络图。

第二步，确定流水线的节拍。

第三步，确定需要的工作地数。

第四步，进行流水线平衡。

第五步，确定各工序的设备数。

第六步，配备工人。

第七步，选择传送装置。

第八步，确定平面布置。

下面使用一个例题说明这个设计过程。

假设一种产品具有进行大量生产的条件，需要设计一条流水生产线。该产品的设计已经定型，整个生产过程由 8 项作业程序组成。该产品需要每天生产 360 件，生产线计划每天运行 450min。表 6-1 给出了生产该产品的作业及各作业的时间和紧前作业。

表 6-1　产品的作业及各作业的时间和紧前作业

作　业	作业时间/s	紧前作业	作　业	作业时间/s	紧前作业
A	30	—	E	25	C
B	35	A	F	65	C
C	30	A	G	40	E，F
D	35	B	H	25	D，G

第一步，需要画出装配该产品的装配网络图。根据给定的条件，该产品的装配网络图如图 6-2 所示。

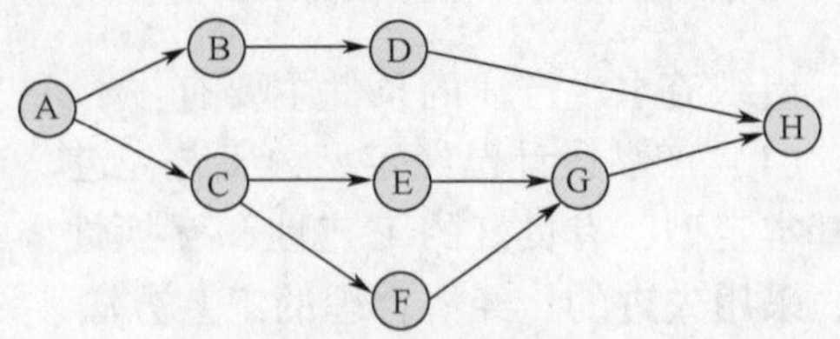

图 6-2　装配网络图（一）

第二步，确定流水生产线的生产节拍（Cycle Time）。一般情况下，流水生产线的生产节拍用下面的公式计算：

生产节拍 r = 工作时间 / 计划产量

这里，生产节拍 r = 工作时间/计划产量 = 450min/360 件 = 1.25min/件 = 75s/件。

第三步，计算需要的最少工作地数。需要的最少工作地数等于装配网络图上各项作业的作业时间总和除以流水生产线的节拍。用下面的公式计算

$$S = \left[\frac{T}{r}\right] \tag{6-1}$$

式中，S 为流水线需要的最少工作地数；T 为装配网络图上所有作业时间之和；r 为生产节拍。

括号[ ]中的数若不是整数，则取大于该数的最小整数。

这里，需要的最少工作地数 S = [（30 + 35 + 30 + 35 + 25 + 65 + 40 + 25）/75] 个 ≈ 4 个。也就是说，整个流水生产线的工作地数不会少于 4 个。

第四步，进行流水线平衡。这是生产对象专业化布置设计的一个重要内容，就是把产品装配网络图上的作业合理地分配给所需要的工作地。这里所说的合理是指，所得到的分配方案能够保证产品生产的顺利进行，而且要使流水生产线上的工作地数尽可能少。根据这个要求，流水生产线平衡应按以下原则进行：

（1）不违反作业的先后顺序。

（2）各工作地的单件作业时间不大于生产节拍。

（3）使工作地数尽可能少。

（4）先分配后续作业数多的作业。

（5）先分配后续作业时间长的作业。

进行流水线平衡最规范和最有效的方法是分支定界法。对于简单的产品结构，也可以使用表上作业的方法解决。

这里使用表上作业的方法。这种方法比较直观，并且便于观察和计算。首先给第一个工作地分配作业，从装配网络图上选取 A。第一个工作地可以利用的时间为 75s，作业 A 的时间为 30s，在分配了作业 A 后，第一个工作地还剩余 45s 可以利用。在不违反作业先后顺序的情况下，还可以选取作业 B 和 C。这里按先选取后续作业数多的作业的原则选取作业 C，这时剩余时间为 15s，已经没有可以分配的作业。

在给第一个工作地分配作业后，可以计算在这种分配方案下整个流水线最少需要多少个工作地。这时，需要的最少工作地数可以用下面的公式计算

$$S_{1k} = 1 + \left[\frac{T - T_{1k}}{r}\right] \tag{6-2}$$

式中，S_{1k} 为根据第一个工作地的作业分配方案求得的流水线的最少工作地数，k 是第一个工作地的分配方案序号，用于该工作地存在复数个分配方案的情况；T_{1k} 为第一个工作地的作

业时间。

因此，得到第一个工作地的分配方案后，整个流水生产线需要的最少工作地数为

$$S_{1k} = 1\text{个} + \left[\frac{285-60}{75}\right]\text{个} = 4\text{个}$$

这里 $k=1$，因为只存在一个方案。

同理，第二个工作地的分配方案为 B 和 E。

$$S_{2k} = 2\text{个} + \left[\frac{285-60-60}{75}\right]\text{个} = 5\text{个}$$

第三个工作地的分配方案为 D。

$$S_{3k} = 3\text{个} + \left[\frac{285-60-60-35}{75}\right]\text{个} = 5\text{个}$$

第四个工作地的分配方案为 F。

$$S_{4k} = 4\text{个} + \left[\frac{285-60-60-35-65}{75}\right]\text{个} = 5\text{个}$$

第五个工作地的分配方案为 G 和 H。

$$S_{5k} = 5\text{个} + \left[\frac{285-60-60-35-65-65}{75}\right]\text{个} = 5\text{个}$$

至此全部作业已经分配完毕，流水线平衡完成。全部分配结果如表 6-2 所示。

表 6-2　流水线平衡过程

工作地	已分配作业	剩余时间/s	可能的后续作业	选择的作业
1	A	45	B，C	C
	C	15	—	—
2	B	40	D，E	E
	E	15	—	—
3	D	40	—	—
4	F	10	—	—
5	G	35	H	H
	H	10	—	—

该流水生产线平衡方案的设备利用率＝装配网络图上各项作业的时间总和/（节拍×工作地数）＝285/（75×5）＝76%。

第五步和第六步是根据流水生产线平衡的结果确定各工作地需要的设备数并确定流水线上的工人人数。如果某工序设备的生产效率低，不能保证在一个节拍内完成一件产品的加工，则这个工序就要使用一台以上的设备。各工序的设备数可以用如下方法确定：工序设备数＝［工序单件加工时间/生产节拍］（中括号的意思是取比这个值大的最小的整数）。相反，如果某工序设备的效率高而使其单件加工时间小于节拍，则可以安排这个工序上的工人看管多台设备，以充分利用工人的工时。流水线上的工人人数要根据设备对操作工人人数的要求确定。一般情况下，人数确定后，还要增加10%左右的后备人员，以满足生产系统不确定性的需要。

在选择传送装置时，主要的参考依据是流水生产线的效率。一般如果流水线的效率大于

70%，就可以采用自动传送装置，如传送带，建立强制节拍流水线；如果效率小于70%，则可以选择手动辊道等装置，建立自由节拍流水线。

最后为流水生产线确定平面布置方案。这时需要考虑的主要问题是建设流水线的场地限制。根据具体情况，可以选择直线形、曲线形、弧形、环形等平面布置结构。如果需要把流水线建在多层结构的厂房里，还可以建成立体布置的流水线。

对于复杂结构的产品，其装配网络图会很复杂。在设计流水生产线时，流水线平衡工作量很大，而且也不是用目视或表上作业可以解决的，这时就需要使用规范的分支定界法。下面是使用分支定界法进行流水线平衡的一个例题。

设装配某产品的节拍为10min，整个装配工作可分解为11项作业，各作业的先后顺序和时间定额如表6-3所示。

表6-3　各作业的先后顺序和时间定额

作　业	作业时间/min	紧前作业	作　业	作业时间/min	紧前作业
1	6	—	7	6	2
2	2	1	8	3	3，4，5
3	5	1	9	5	6，7
4	7	1	10	5	8
5	1	1	11	4	9，10
6	2	2			

按照表中作业的先后顺序，可以画出产品装配网络图，如图6-3所示。

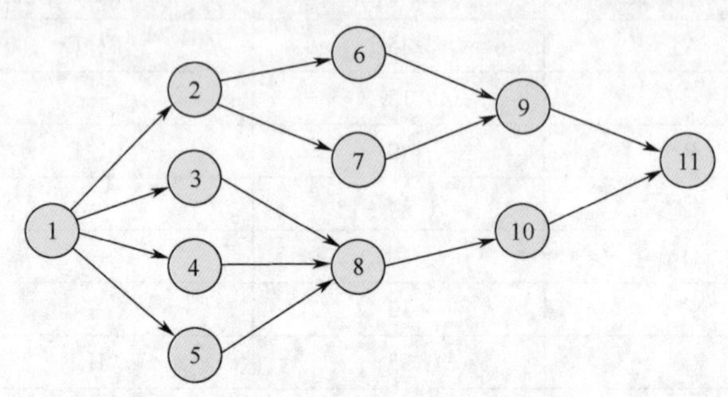

图6-3　装配网络图（二）

用分支定界法确定最优的流水线平衡方案。分支定界法是利用分支定界并寻找最新活动节点的原理，求出可行的作业组合方案，然后，一方面依靠回溯检查，消除明显不良的作业组合方案，另一方面求出能使装配工序数最小的作业组合方案。

先求第一个可行解。列出所有可能作为第一工作地的作业组合。本题中，第一工作地有{1，2，5}和{1，2，6}两种分配方案。对于这两个分配方案，可求得相应的整个流水线需要的工作地数S_{ik}，然后，从这些方案中找出S_{ik}值最小的方案作为分支节点，在该节点进行分支。当各方案的S_{ik}值相等时，选取工序时间较大的方案继续分支。下面用树形图说明计算过程，如图6-4所示。因此，在第一个工作地选择第二个方案1-2进行分支，在第二个工作地选择第二个方案2-2进行分支，在第三个工作地选择第一个方案3-1进行分支。在这种情况下，根据前三个工作地的分配方案，流水线所需要的最少工作地数为5，而从第四个工作地的分配方案以后，所需的最少工作地数变为6。

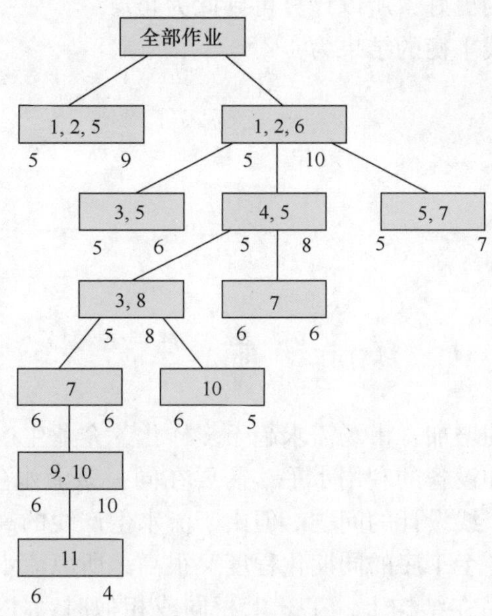

图 6-4　分支定界法的计算过程（一）

注：方框左下角的数值为 S_{ik}；右下角的数值为 T_{ik}；i 为工作地序号。

全部作业分配完毕后，由最后一道工序向前回溯，可以看到，工作地数小于 6 的方案有 1-1、2-1 和 2-3。因方案 2-3 的 i 值最大，且其工作地作业时间较长，所以从这个节点分支继续寻求可行解。寻求可行解的过程依然用树形图表示，如图 6-5 所示。

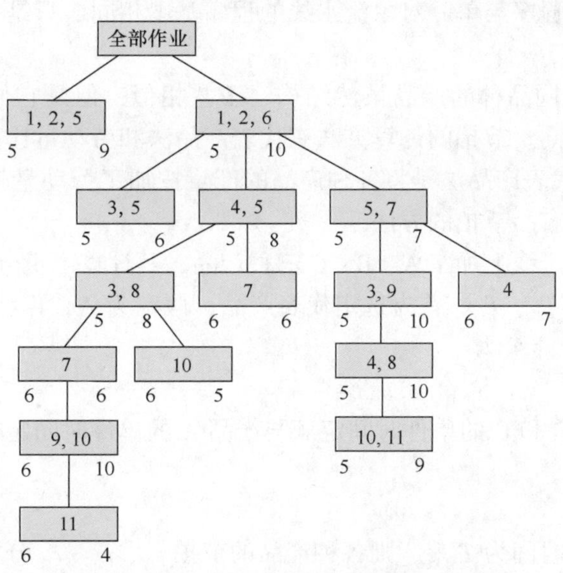

图 6-5　分支定界法的计算过程（二）

在第二轮分支求解的过程中，所得到的最终方案需要的最少工作地数为 5。

因为装配流水线的最少工作地数为 5，所以不存在比这种方案工作地更少的作业分配方案。虽然从方案 1-1 或方案 2-1 出发再进行计算也可能得出其他的最少工作地数为 5 的方案，但其平衡效果不会比现在的更好，所以计算可到此为止。

因此，可以得到流水线平衡的结果为：

工作地1：{1，2，6}

工作地2：{5，7}

工作地3：{3，9}

工作地4：{4，8}

工作地5：{10，11}

第三节　多品种流水生产线的设计

随着顾客个性化需求的增加，市场需求趋于多样化，企业生产的同类产品的规格与型号越来越多。为了提高资源和设备的利用水平，需要在同一条流水生产线上生产多品种产品，由此产生了多品种流水生产线设计的问题。但由于流水生产线的高效率来自于生产作业的高度分工和操作的标准化，各个工序的同期化程度又很高，所以流水线适应多品种产品生产的能力是有限的。只有当产品在结构上、工艺上相同或相似时，才有可能组织多品种流水生产。目前，可以采用可变流水生产线和混合流水线两种生产组织形式。

1. 可变流水生产线

可变流水生产线的基本特征是在一条流水线上轮番生产多种产品，当由一种产品转换为另一种产品时，流水线需要作少量的调整。轮番生产的时间间隔可长可短，根据市场对各种产品的需求来决定。在生产某种产品时，流水线如单一对象流水生产线那样工作。

可变流水线的设计程序与单一对象流水线的程序基本相同，只是节拍和设备数量的计算要作一些改变。

（1）节拍计算。不同品种的产品虽然结构、工艺相似，但是它们加工的工序时间可能不等，节拍也会有所不同。节拍的计算方法有代表产品法和劳动量比重法。

1）代表产品法。代表产品法是将各种产品的产量按加工劳动量折合为某一种代表产品的产量，然后计算代表产品节拍的方法。

设在某可变流水生产线上加工A、B、C三种产品，其计算产量分别为N_A、N_B、N_C，产品工时定额分别为T_A、T_B、T_C。首先选定代表产品，假定为A，再将产品B和C的产量换算为A的产量，则总产量N为

$$N = N_A + \varepsilon_1 N_B + \varepsilon_2 N_C$$

式中，ε_1和ε_2是产品B和C的单件时间定额与产品A的单件时间定额的比值，即

$$\varepsilon_1 = \frac{T_B}{T_A} \qquad \varepsilon_2 = \frac{T_C}{T_A}$$

如用于生产的有效时间为$T_{有效}$，则各种产品的节拍r_A、r_B、r_C分别为

$$r_A = \frac{T_{有效}}{N_A + N_B\varepsilon_1 + N_C\varepsilon_2}$$

$$r_B = r_A\varepsilon_1$$

$$r_C = r_A\varepsilon_2$$

假设在可变流水生产线生产 A 、B、C 三种产品，其计划月产量分别为 2 000 件、1 875 件、1 857 件，每种产品在流水线上各工序单件作业时间之和分别为 40min、32min、28min，流水生产线按两班制工作，每月有效工作时间为 24 000min，选择 A 为代表产品，则

$$\text{计划期以代表产品 A 计算的总产量} = \left(2\ 000 + 1\ 875 \times \frac{32}{40} + 1\ 857 \times \frac{28}{40}\right)\text{件} = 4\ 800\text{ 件}$$

$$\text{代表产品 A 的节拍} = \frac{24\ 000}{4\ 800}\text{min/件} = 5\text{min/件}$$

$$\text{产品 B 的节拍} = 5 \times \frac{32}{40}\text{min/件} = 4\text{min/件}$$

$$\text{产品 B 的节拍} = 5 \times \frac{28}{40}\text{min/件} = 3.5\text{min/件}$$

2）加工劳动量比重法。加工劳动量比重法是按各种产品在流水生产线加工的总劳动量中占的比重分配有效工作时间，然后计算各种节拍的方法。

设 A、B、C 三种产品的加工劳动量在总劳动量中所占的比重分别为 α_A、α_B、α_C，则

$$\alpha_A = \frac{N_A T_A}{N_A T_A + N_B T_B + N_C T_C}$$

$$\alpha_B = \frac{N_B T_B}{N_A T_A + N_B T_B + N_C T_C}$$

$$\alpha_C = \frac{N_C T_C}{N_A T_A + N_B T_B + N_C T_C}$$

三种零件的节拍计算公式为

$$r_A = \frac{\alpha_A T_{有效}}{N_A} \qquad r_B = \frac{\alpha_B T_{有效}}{N_B} \qquad r_C = \frac{\alpha_C T_{有效}}{N_C}$$

例如，上例中 A 产品的加工劳动量在总劳动量中所占的比重为

$$\frac{\text{A 产品劳动量}}{\text{占总劳动量的比重}} = \frac{2\ 000 \times 40}{2\ 000 \times 40 + 1\ 875 \times 32 + 1\ 857 \times 28} \times 100\% = 41.67\%$$

同理求得 B 产品劳动量占总劳动量的比重为 31.25%，C 产品劳动量占总劳动量的比重为 27.08%。根据各产品的劳动量比重，分配计划期的有效工作时间，并计算出各产品的节拍如下

$$\text{产品 A 的节拍} = \frac{24\ 000 \times 41.67\%}{2\ 000}\text{min/件} = 5\text{min/件}$$

$$\text{产品 B 的节拍} = \frac{24\ 000 \times 31.25\%}{1\ 875}\text{min/件} = 4\text{min/件}$$

$$\text{产品 C 的节拍} = \frac{24\ 000 \times 27.08\%}{1\ 857}\text{min/件} = 3.5\text{min/件}$$

（2）计算各工序设备的数量。计算仍采用基本公式 $S = T/r$。先分别对每个加工对象计算各工序的设备需要量，如计算得到生产 A 需要的设备数为 S_{A1}，S_{A2}，S_{A3}，…，S_{Am}。同样，可计算出生产 B 产品、C 产品需要的设备数为 S_{Bi}、S_{Ci}。然后将各产品在各工序的设备需要数量列表分析。在各工序的设备需要数量满足下面的系列等式时，才能使可变流水生产线上的设备和人员达到满负荷，并有利于组织管理，否则需要进行工序同期化处理。

$$S_{A1} = S_{B1} = S_{C1}$$

$$S_{A2} = S_{B2} = S_{C2}$$
$$\vdots$$
$$S_{Am} = S_{Bm} = S_{Cm}$$

采用可变流水生产线可以提高流水生产方式适应市场需求多样化的能力。但是市场对各品种的需求不是轮番发生的，而是均匀发生的。为了能随时提供多种产品，只能依靠维持较高库存量的方法来解决。这种方法不符合有效利用资源、提高生产效率的要求。混合流水生产线则克服了这个缺点。

2. 混合流水生产线

混合流水生产线是在同一条流水线上按固定的顺序同时生产多种产品的方式，是现代汽车生产企业普遍采用的生产方式。由于是流水生产，不允许频繁调整设备，要求产品是结构和工艺特征相似的系列产品。采用混合流水生产方式，使企业实现了多品种、小批量、大规模生产的目的，保持了流水生产线大规模生产、高效率和低成本的优点，提高了生产系统的灵活性，能随时满足市场多样化的需求，提高了企业的竞争能力。混合流水生产线具有突出的优势，但其组织设计难度大，对产品设计和生产技术的要求更高：产品的系列化、标准化、通用模块化程度要高；在加工中转换产品时要求快速调整设备，如快速更换模具、夹具、工具等；各生产环节要求衔接顺畅，尽量实现同步化；要求有训练有素和能够胜任多工种的生产工人等。

此外，在流水线上进行混合流水生产时，还要解决产品的加工顺序的问题。对于这个问题，一个比较简单的解决方法是生产比倒数法。

生产比倒数法是从各产品计划产量中找出最大公约数，计算各产品的生产比倒数，再按一定的规则确定生产顺序。在流水线上传送的顺序称为连锁。下面通过一个例题说明生产比倒数法的应用。

一条混合流水生产线生产 A、B、C 三种产品，计划产量分别为 3 000 件、2 000 件和 1 000件，试用生产比倒数法确定投产顺序。

（1）计算生产比 X_i。用各产品产量的最大公约数去除各产品的产量。本例题中最大公约数为 1 000，因此各产品的生产比如下

$$X_A = \frac{3\,000}{1\,000} = 3 \qquad X_B = \frac{2\,000}{1\,000} = 2 \qquad X_C = \frac{1\,000}{1\,000} = 1$$

生产比总和为 6，表示 3 个 A 产品、2 个 B 产品、1 个 C 产品构成一个循环流程。

（2）计算生产比倒数 m_j。各产品的生产比倒数如下

$$m_A = \frac{1}{X_A} = \frac{1}{3} \qquad m_B = \frac{1}{X_B} = \frac{1}{2} \qquad m_C = \frac{1}{X_C} = 1$$

（3）确定投产顺序。确定投产顺序的过程归纳在表 6-4 中。确定投产顺序的规则为：

1）生产比倒数最小的产品先投产，如有多个最小生产比倒数，则安排最小生产比倒数晚出现的产品先投产。采用这一规则时，如出现连续投入一品种时，应排除这个品种，再按此规则排序。

2）给已选定的生产比倒数 m_j 标上“＊”号，并更新 m_j 的值，即在所选定产品的 m_j^* 上再加上该产品的 m_j。

3）重复以上过程，直至得到的连锁中各产品的数量分别等于它们的生产比。

表 6-4 用生产比倒数法确定投产顺序

计算次数	A产品	B产品	C产品	连锁	备注
1	$\frac{1}{3}^{*}$	$\frac{1}{2}$	1	A	
2	$\frac{2}{3}$	$\frac{1}{2}^{*}$	1	AB	
3	$\frac{2}{3}^{*}$	1	1	ABA	选B
4	1	1^{*}	1	ABAB	
5	1^{*}		1	ABABA	
6			1^{*}	ABABAC	

第四节 多品种小批量生产

一、多品种小批量生产的特点

多品种小批量生产是指在规定的生产期间内，作为生产对象的产品种类（规格、形状、尺寸、型号、色彩等）较多，而每种产品生产数量较少的一种生产方式。与大量生产方式相比，多品种小批量生产方式一般具有以下特点：

（1）产品品种繁多，而批量与交货期又各不相同。

（2）生产过程复杂，从材料到成品的工艺路线因产品而异，交错复杂。

（3）对生产能力适应性要求高。由于品种不一、需求量不等，导致生产设备能力过剩或不足，只能通过空闲或加班进行调节。

（4）环境条件多变。由于订货规格、数量、交货期等变化大，往往因此而更改设计，出现特急任务，或发生零部件交货不及时等意外情况。

（5）生产计划的困难性。因为订货规格不一，造成产品设计和生产过程多变、工艺路线复杂，因此难以实现工艺计划和进度计划的最优化。

（6）生产管理的动态性。由于生产过程中情况多变，如设备故障、人员缺勤、操作熟练程度不够、次品多等问题，管理人员往往靠经验和直觉进行管理，难以实现管理的规范化。

二、多品种小批量生产的适用范围

根据生产系统类型的划分可知：按生产任务来源，生产类型可分为订货生产、订货装配和备货生产；按产品产量多少，生产类型则有单件小批生产、成批生产和大量生产之分。根据各种生产类型的特点可知，订货生产和订货装配多属于多品种小批量生产，但是在备货生产中，也有些具有多品种小批量生产的特征。就产量而言，单件小批量生产或成批生产方式一般属于多品种小批量生产，而大量生产方式中又出现了所谓“混合流水生产方式”。例如，在同一汽车装配线上采用流水作业方式，连续、交替装配因不同款式、色彩、内装饰而形成的不同车种，从而进一步扩大了多品种小批量生产的适用范围。

三、实施多品种小批量生产的必要性

一般来说，多品种小批量生产方式与大量生产方式相比，效率低，成本和价格高，不容易实现自动化。因此，过去接受订单生产的中小企业采用这种生产方式的比较多。但是，现在不少大型企业也开始采用多品种小批量生产方式。根据日本丰田汽车公司的统计资料，该公司在 3 个月的时间里生产汽车 364 000 辆，共 4 个基本车型、32 100 种型号，平均一种型号的产量为 11 辆，最少的只有 6 辆，最多的也只有 17 辆。日本机械制造企业中，95% 采用多品种小批量生产方式。美国审计总署近年的报告称，在美国制造业中，有 75% ~80% 的产品，每一种产品的产量不超过 50 件。我国机械制造企业属于小批量生产的占总数的 95% 左右。所以，多品种小批量生产已成为当今社会的主要生产方式。为什么虽然多品种小批量生产效率不高，但很多企业仍不得不采用这种生产方式呢？其原因有：

1）为了适应市场需求。大量生产由于采用了专用设备及专用工艺装备，劳动效率高、生产成本低，这对企业来说是有利的。然而随着社会经济水平的提高，顾客的需求日益向多层次、多样化、个性化转变，他们追求独特的和流行的商品。其结果是企业的产品多样化成为一种必然的趋势。

2）产品生命周期不断缩短，新产品层出不穷，但又很快被淘汰。这迫使企业不断开发、生产和提供更新的产品。科学技术的发展为企业开发新产品提供了条件。

3）企业间竞争激烈，提高市场占有率已成为企业的重要目标。企业必须不断推出新产品，以取得竞争的主动权。

四、提高多品种小批量生产效率的途径

为了满足市场需求，企业不得不采用多品种小批量生产方式。在这种情况下，企业可以采取如下措施提高多品种小批量生产的效率：

1）提高产品的设计水平。在对产品零部件分类的基础上，进行产品结构分析，改进产品设计，提高产品的系列化、标准化、通用化、模块化水平。这样可以在不同的产品中使用更多的标准件、通用件和模块，减少专用件的数量。

2）提高工艺水平。例如采用典型工艺，使不同的零件具有相同的工艺过程，在一定程度上提高了零件的生产批量；又如采用成组技术，也可以提高零件的生产批量。

3）建立柔性制造系统。这是一种把计算机技术与控制技术、加工中心、自动仓库、传送系统等集成到一起的集成化系统，能够按照输入的程序自动生产同一类型的各种型号、各种结构、各种工艺路线要求的多种产品，具有很强的适应性和灵活性。

习　题

1. 分析流水生产线的优点和局限性。
2. 简述流水生产线的分类方法。
3. 简述流水线平衡的概念和方法。
4. 进行流水生产线平衡时，如何确定流水线的效率？
5. 分析多品种小批量生产的特点及提高多品种小批量生产效率的方法。

6. 作为一工厂主要革新项目的一部分，工业工程部门被要求对一修改过的流水线进行平衡，以实现每天产量为240单位、日工作时间8h的目标。各作业的时间和先后顺序如表6-5所示。

表6-5　各作业的时间和先后顺序

作业	时间/min	紧后作业	作业	时间/min	紧后作业
a	0.2	b	e	1.2	g
b	0.4	c，f	f	1.2	g
c	0.2	g	g	1.0	—
d	0.4	e			

（1）画出产品装配网络图。

（2）确定流水线的节拍。

（3）确定所需最少工作地数。

（4）按后续作业数最多的作业先分配这一方法将作业分配到各工作地。如果出现多个作业的后续作业个数相等时，先分配加工时间最长的作业。如果仍然相等，可以任选一个。

（5）计算这一分配方案的效率。

7. 某产品装配作业及其操作顺序在表6-6中给出。试将这些作业安排到各工作地以形成一条流水线。这条流水线每天运行7.5h，要求每天生产1 000件产品。

表6-6　作业时间和顺序

作业	时间/s	紧前作业	作业	时间/s	紧前作业
A	15	—	G	11	C
B	24	A	H	9	D
C	6	A	I	14	E
D	12	B	J	7	F，G
E	18	B	K	15	H，I
F	6	C	L	10	J，K

（1）画出装配网络图。

（2）针对预定1 000件产品的产量，用分支定界法进行流水线平衡。

（3）根据（2）中的条件，计算装配线平衡后的效率。

（4）生产开始后，市场部意识到他们低估了市场需求，决定将产量提高到1 500件。应该采取什么措施？试定量地作出回答。

案例：福特的汽车装配生产线

亨利·福特（1863—1974）于1903年创建福特汽车公司。20世纪初，福特的工厂创造了工业革命以来最先进的生产技术，他的T型汽车创造了每分钟出产6辆的历史最高纪录。福特创立的流水线生产方法成为大规模工业化生产的基本模式，推动了工业革命的进程。

20世纪初，美国汽车行业的做法是面向较为富有的阶层，汽车因为价格昂贵成了只供富人消费的奢侈品。当时，福特汽车公司推出的新型汽车也都是“奢华型”产品：车体笨重、多为定制、价格昂贵，非一般人财力可以企及。

在这种社会环境中，福特萌发了一个愿望，他希望让美国所有的普通家庭都能买得起他的汽车。福特意识到，为了实现他的理想，必须最大限度地降低产品的生产成本和价格，而要降低成本，就要大幅度提高汽车的产量。1906年7月，福特宣布公司的发展战略，他说：

“本公司致力于生产标准化、规格统一、价格低廉、质量优越、能为广大公众接受的产品。大家的眼睛不要光盯着富人的口袋，全美国富人本来就是少数，况且有多少汽车商都在打富人的主意。我们想要生存，要获得大的发展，只有另辟蹊径，在社会公众中寻找市场，在中等收入阶层找到我们的市场。”

福特强调标准化的意义。他说：“生产一种设计标准化的汽车是我们今后的主要任务。”福特的发展战略赢得了公司董事们的一致赞同。福特公司的这一举措立竿见影：1906 年下半年到 1907 年年底，在美国经济开始滑入低谷的情况下，福特汽车公司却取得了惊人的业绩，盈利达 125 万美元，其产品在市场上供不应求。公司的销售业绩证明，产品价格越低，利润反而越大。因此，福特公司当时生产统一规格、价格低廉、能为普通大众接受的汽车是明智之举。在这种背景下，1908 年 3 月 19 日，福特汽车公司的新产品——T 型汽车投产。该产品很快就受到了普通大众的广泛欢迎。当时 T 型车的市场销售价格为每辆 3 200 美元，价格仍然处于较高水平。但福特不断对其汽车生产过程进行革新，连续化、专业化的生产方式渐渐从部件供应线的应用转向最后的组装。到 1913 年年初，福特公司已经停止使用旧式的静态组装法，而改为将底盘及车体 60 个一字排开，每一底盘都安放在一对木马上。这种新布局的分工更加细致，工人们不必像过去那样要等全部装完一辆后再装另一辆，而是不间断地从一个工作地移向另一个工作地，重复自己特定的工作。旧日的全能组装工成为“轴工组”“发动机组”或“接线组”的一员，每一组后面是一些助手和传递工，这些辅助技工的职责是保证组装工的工具和零部件的供应。

从静态组装法改为“运动中组装法”，生产规模扩大了，但场地、部件的冲突问题也随之而来。为了进一步提高生产效率、降低生产成本，1914 年，福特在他的高原公园新厂建立了世界上第一条流水装配生产线。要装配的汽车底盘被固定在链式传送带上，装配线两边都安装了移动式的辅助传送带供给零部件。这种辅助传送带的功能，是在生产中保持部件移动，将部件传送给装配线上的负责装配的工人。各种零部件定时定量、准确无误地送至总装线，一辆汽车从底盘被放到装配线上开始，以成品 T 型车完成为止，形成了大规模生产的典型模式。这种汽车组装方式使工人操作时无需移动就可以从旁边和高架的供应线上获取各种零部件和工具。采用流水线生产方法以后，劳动生产率大幅度提高。

实行这种方法的前一年，即 1913 年，福特公司每 12 小时 20 分钟出产一辆汽车；而到了 1925 年，该公司平均每 10 秒就能出产一辆汽车。这时，从铁矿石投入高炉炼钢到汽车完成出厂的整个流程只需要 4. 3 天。在流水作业和大量生产的基础上，汽车的生产成本和销售价格都逐渐降低，同时销售量提高了。福特首创的流水生产线方法的意义在于：一种产品，只要它的结构和工艺比较稳定，产量足够大，零部件具有互换性，就可以组织流水生产。因此，流水生产线作业方式不仅为以后汽车工业实行大规模生产奠定了基础，而且也推动了世界工业革命的发展，在管理科学史上写下了光辉的一页。

1920 年 2 月 7 日，福特公司达到了每分钟出产一辆 T 型车的生产速度。1925 年 10 月 31 日，福特公司的一个工厂一天造出了 9109 辆 T 型车，平均每 10 秒就有一辆汽车从工厂开出。从 1908 年到 1926 年，T 型车的成本和价格以 80% 的学习曲线逐年下降。在 1926 年，T 型车的市场销售价格已经下降为 750 美元一辆，正像福特希望的那样，T 型车成了普通家庭都买得起的汽车。

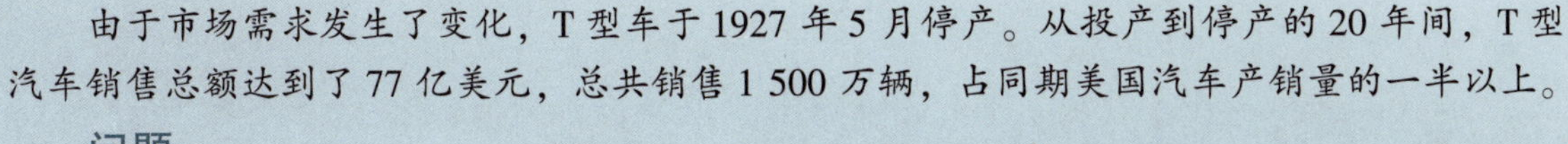

由于市场需求发生了变化，T 型车于 1927 年 5 月停产。从投产到停产的 20 年间，T 型汽车销售总额达到了 77 亿美元，总共销售 1 500 万辆，占同期美国汽车产销量的一半以上。

问题：

1. 福特汽车公司连续 20 年只生产一种汽车的时代背景是怎样的？
2. 汽车生产周期在 10 年间从 12h 缩短到 10s，福特为此作了哪些努力？
3. 分析福特汽车公司长期生产一种汽车的利弊。

第七章

生产计划与企业资源计划

本章内容要点

- 生产计划的概念及其层次关系
- ERP 的发展历程及基本概念
- ERP 系统的基本原理
- ERP 的实施条件和实施步骤

计划是企业经营活动的基础。决策者通过对计划的制订、执行、检查、调整，合理地利用人力、物力和财力等资源，有效地协调企业内外各方面的生产经营活动，实现企业的经营目标。

本章首先介绍了生产计划的相关概念及其在企业运营管理中的重要性，分析生产计划层级体系及其要解决的关键问题。在此基础上，介绍 ERP 的发展历程、基本概念、基本原理以及实施条件与步骤。

第一节　生 产 计 划

生产计划是企业管理活动的首要职能，是组织和控制企业生产运作活动的依据。合理的生产计划是企业高效运营的基础和保障。

一、生产计划的概念与作用

生产计划是关于企业生产运作的总体计划，是对计划期内产品品种、品质、交货量等生产任务和产品生产进度的安排。它反映的并非某几个生产岗位或某一条生产线的生产活动，也并非产品生产的细节问题以及一些具体的机器设备、人力和其他生产资源的使用安排问题，而是指导企业计划期内生产活动的纲领性方案。

生产计划是每个企业生产管理的首要因素和管理主线。生产系统流畅与否，产能安排是否合理，生产效率与成本的高低，以及工厂库存控制是否合理等，很大程度上都取决于生产计划制订得科学与否。总体来说，生产计划的任务主要包括：

（1）保证交货日期与生产量。

（2）使企业维持同其生产能力相称的工作量（负荷）及适当开工率。

（3）作为物料采购的基准依据。

（4）将重要的产品或物料的库存量维持在适当水平。

（5）对长期的增产计划，做适当的人员与机械设备补充的安排。

由此可知，一个科学合理的生产计划，需具备以下三点特征标准：

（1）有利于充分利用销售机会，满足市场需求。

（2）有利于充分利用盈利机会，实现生产成本最低化。

（3）有利于充分利用生产资源，最大限度地减少生产资源的闲置和浪费。

生产计划对均衡合理地组织生产，提高企业经济效益具有重要的作用，其主要表现在：

（1）生产计划是日常生产活动的依据，可使企业各生产环节和全体员工统一、协调工作，充分利用人力和设备。企业通过计划过程，可以预计未来可能的变化，从而制订适应变化的最佳方案，减少工作中的失误，使各环节有组织地、系统地进行。

（2）计划目标的制订为各级员工指明了组织发展方向，可使员工行动目标明确，使企业均衡、有节奏地组织生产。而均衡稳定的生产，是提高劳动生产率、保证产品质量、降低产品成本、保证安全生产的重要手段。

（3）生产计划是联系供、产、销、运等日常工作和日常生产技术准备工作的纽带。通过生产计划，可以把企业的日常生产经营活动组织起来。

（4）有利于提高经济效益。计划为下属提供了明确的工作目标及实现目标的最佳途径，提高了工作效率和效益。

（5）有利于控制工作进度。计划为组织活动制定了目标、指标、步骤、进度和预期成果，是控制活动的标准和依据。

二、生产计划的层次性及各层之间的关系

企业生产计划按层次一般可以划分为战略计划、战术计划与作业计划三个层次。不同层次的计划特点关系如表 7-1 所示。

表 7-1　不同层次的计划特点关系

项　　目	战略计划	战术计划	作业计划
计划层总任务	制定总目标，获取所需资源	有效利用现有资源，满足市场需求	执行车间计划及日常活动处理，配置生产产能
管理层次	企业高层领导	中层，部门领导	基层，车间领导
计划期	长（5 年以上）	中（1 年）	短（月、旬、周）
详细程度	高度综合	概略	具体、详细
不确定性程度	高	中	低
决策空间范围	企业	工厂	车间、班组

由表 7-1 可知，战略计划的主要任务是制定产品发展方向、生产发展规模、技术发展水平、新生产设施的建造等，属于战略计划范畴，以此为基础可以制订经营计划。它要与同时期的销售计划、市场预测和资金需求相协调，其计划期长度大于或等于 5 年，且随着时间的推移，需进行滚动计划更新修改。战术计划是确定现有资源下所从事的生产经营活动应达到的目标、如品种、产量、产值和利润等。其计划期长度一般为 1 年。作业计划是确定日常生

产经营活动的具体安排。其主要任务是依据用户订单，合理安排生产活动中的每个细节，使之紧密衔接，以确保在交货期内按量保质地完成合同订单要求。

从系统的观点看，生产计划系统是一个以长期经营计划、综合生产计划、主生产计划、物料需求计划和短期详细作业计划为主线，包括预测职能、需求管理、分销计划、能力计划等相关计划和职能，并以生产控制信息的及时反馈连接构成的复杂系统。不同种类的生产计划处在不同的计划层次中，具有不同的特点。依据生产计划层次特点，可以将生产计划系统层次功能展开，如图 7-1 所示。

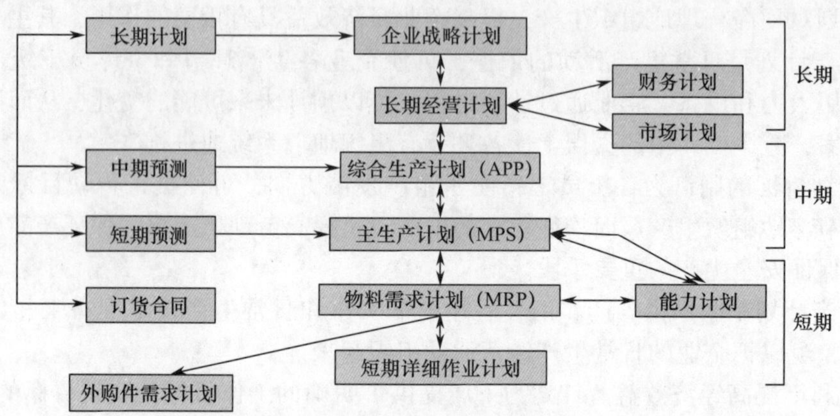

图 7-1　生产计划系统层次功能图

生产计划是为规定需要完成的目标及进度而建立的，从高层到低层有：企业战略计划、长期经营计划、综合生产计划、主生产计划、物料需求计划和短期详细作业计划，内容从宏观到微观、战略到战术、粗略到详细不断深化，计划的跨度从长远到眼前，需求从预测到现实其不确定性越来越小。下层计划以上层计划为依据，下层计划只能反馈信息，而没有更改上层计划的权力。综合生产计划是对未来一段时间内不同产品系列所做的概括性安排，它不是一种用来具体操作的实施计划；主生产计划是把综合生产计划具体化操作的实施计划；物料需求计划则是根据主生产计划的要求，对所需全部物料作出的安排。下面分别对各种计划的作用和内容分别进行阐述：

（一）综合生产计划

综合生产计划（Aggregate Production Planning，APP）又称为年度生产计划，它的主要指标有品种、产量、产值、质量和出产期。

（1）品种指标规定了企业在计划期内出产的产品品名和品种数。它作出企业“生产什么”的决策。

（2）产量指标通常是指企业在计划期间内出产的合格品的数量。它作出企业“生产多少”的决策。产量指标一般以实物单位计量。

（3）产值指标就是用货币表示的产量指标。它能综合反映企业生产的总成果。产值指标按其所包含的内容不同，又可以分为商品产值、总产值和工业增加值三种。

（4）质量指标是指企业在计划期内各种产品应该达到的质量标准。产品的质量指标是按所定合同规定的技术要求或国家的有关质量标准而定的，企业不能随意修改或自行降低。

（5）出产期是为了保证按期交货而确定的产品出产期限。正确地决定出产期很重要，若出产期太紧，保证不了按期交货，既会给用户带来损失，也会给企业的信誉带来损失；若出产期太松，不仅不利于争取客户，还会造成生产能力浪费、库存费用增加。

1. 综合生产计划的编制程序

综合生产计划的制订过程是一个动态的、连续的过程，体现按需定产的原则，需要根据市场环境的变化进行周期性的审视和更新。

步骤一，确定计划期内的市场需求。

需求信息来源包括：①用户的直接订单；②市场需求预测；③未来的库存计划。

另外，有些产品的综合计划中还包括国家的一些指令性计划或指导性计划。

步骤二，统筹安排，拟订初步计划方案。

综合计划方案主要是指各种产品生产指标的方案。在同样的内外条件下，存在着许多不同的生产方案。计划编制工作在这一阶段的任务就是要制订不同的方案，并在生产能力分析的基础上选择一个比较满意的计划。

步骤三，综合平衡分析，确定综合计划指标。

综合平衡计划的内容包括；①年度生产任务与生产能力的平衡；②年度生产任务和物资平衡；③年度生产任务与劳动力的平衡；④年度生产任务与成本财务的平衡。

步骤四，讨论修正，批准实施。

根据综合平衡的结果，即可编制年度计划草案。计划草案经过有关科室、车间组织人员讨论后，进行必要的修正，经生产主管或经理批准后，就可以组织实施。

2. 综合生产计划的制订方法

综合计划的编制方法较多，典型的有经验法、试算法、线性规划法和计算机仿真等。经验法是管理者根据过去的统计分析资料确定生产计划；试算法是通过计算不同生产计划的成本来选择较好的方案；线性规划法是通过建立线性规划模型，解决资源合理利用的有效方法；而计算机仿真技术则是由计算机控制的生产系统来实现。有关综合计划的以上编制方法，相关书籍已有大量介绍，本书不再介绍。本节重点介绍表上作业法的相关概念，并以例 7-1 来介绍其编制过程。

对于约束条件较少的生产计划问题，可采用表上作业法编制综合生产计划。综合生产计划的目标是使总成本最小，相关成本主要包括正常成本、加班成本、外协成本和库存持有费用。表上作业法的基本假设是：每一个计划期内的正常生产能力、加班生产能力以及外协量均有一定的限制；每一个计划期预测的需求是已知的；全部成本都与产量呈线性关系；不允许缺货。使用表上作业法时，要标出生产方式、每一计划期内的需求量、生产能力、初始库存量以及可能发生的成本。表上作业法的具体步骤如下：

（1）将有关需求、生产能力以及成本的数据填入规范用表中。

（2）在规范用表中列出“未用生产能力”，在编制综合计划开始时，未用生产能力与可用生产能力相等。

（3）在第一列（即第一个单位计划期）寻找成本最低的单元，尽可能将生产任务分配到该单元，但不能超出单元所在行的生产能力和该所在列的需求。

（4）如果该列仍然有需求尚未满足，重复步骤（3），直至需求全部满足。

（5）在其后的各单位计划期重复步骤（3）、（4），注意在完成一列后再继续下一列。

（6）使用原则：一行内各单元记入量的总和应该等于该行的总生产能力，而一列内各单元记入的总和应等于该列的需求。只有遵循这条原则，才能保证未超过生产能力，并且全部需求得以满足。

例 7-1 彩虹化学有限公司生产“五合一”墙漆，其产品的需求预测、生产能力和单位成本数据如表 7-2 所示。注意到由于秋季和夏季为装修新房的旺季，所以第 2、3 季度对墙漆的需求较高。此外，由于秋季容易招到临时工人，所以第三季度生产能力高于其他季度。如果彩虹化学有限公司本年度的初库存为 250 桶，期末库存预计为 300 桶，不允许缺货。表上作业法为该公司编制综合计划的过程如下：

表 7-2 彩虹化学有限公司产品的需求预测、生产能力和单位成本数据表

		计划期			
		1	2	3	4
需求预测/桶		300	850	1 500	350
生产能力/桶	正常生产	450	450	750	450
	加班生产	90	90	150	90
	外协	200	200	200	200
单位成本/元	正常生产	100			
	加班生产	150			
	外协	190			
	单位持有费用	30			

解：根据表上作业法的操作步骤，得到表 7-3 的结果。

表 7-3 彩虹化学有限公司综合生产计划计算表 （单位：桶）

			计划期				生产能力	
计划期			1	2	3	4	未用	全部
期初库存			0 250	30	60	90		250
计划期	1	正常生产	100 50	130 400	160	190		450
		加班生产	150	180	210 90	240		90
		外协	190	220	250 20	280	180	200
	2	正常生产		100 450	130	160		450
		加班生产		150	180 90	210		90
		外协		190	220 200	250		200
	3	正常生产			100 750	130		750

（续）

			计划期				生产能力	
计划期			1	2	3	4	未用	全部
计划期	3	加班生产	×	×	[150] 150	[180]		150
		外协	×	×	[190] 200	[220]		200
	4	正常生产	×	×	×	[100] 450		450
		加班生产	×	×	×	[150] 90		90
		外协	×	×	×	[190] 110	90	200
需求			300	850	1 500	650	270	3 570

由表7-3可得到如表7-4所示的该公司的综合计划表。

表7-4 彩虹化学有限公司综合计划表 （单位：桶）

计划期	1	2	3	4
正常生产	450	459	750	450
加班生产	90	90	150	90
外协	20	200	200	110
周转库存	510	400	0	300

其中，周转库存计算如下

第1季度：510桶=［250+（450+90+20）-300］桶

第2季度：400桶=［510+（450+90+20）-850］桶

第3季度：0桶=［400+（750+150+200）-1 500］桶

第4季度：300桶=［0+（450+90+110）-350］桶

该计划的总成本是各单元生产任务乘以单元单位成本之和，即

库存产品：(250×0）元=0元

第1季度：(50×100+400×130+90×210+20×250）元=80 900元

第2季度：(450×100+90×180+200×220）元=105 200元

第3季度：(750×100+150×150+200×190）元=135 500元

第4季度：(450×100+90×150+110×190）元=79 400元

总成本=401 000元

（二）主生产计划

主生产计划（Master Production Schedule，MPS）是在综合生产计划的指导下，以实体产品为对象的，基于独立需求的最终物料的计划。它要确定每一具体的最终产品在每一个具体时间段内的生产数量，是综合生产计划的具体化。这里的最终产品是指对于企业来说最终完

成、要出厂的完成品，要具体到品种、型号；这里的具体时间段通常以周为单位，在有些情况下，也可以是日、旬、月。主生产计划详细规定生产什么、什么时段应该产出，是独立的需求计划，其制订得合理与否将直接影响到随后的物料需求计划的执行情况和精度。一个有效的MPS应充分考虑企业的生产能力，要能体现企业的战略目标，是一个保持生产和市场平衡的解决方案。

主生产计划是MRPⅡ的一个重要的计划层次。粗略地说，主生产计划是关于“将要生产什么”的一种描述，它起着承上启下、从宏观计划向微观计划过渡的作用。主生产计划是生产部门的工具，因为它指出了企业将要生产什么；同时，主生产计划也是市场销售部门的工具，因为它指出了将要为用户生产什么。因此，主生产计划是联系市场销售同生产制造的桥梁，使生产活动既符合不断变化的市场需求，又向销售部门提供生产和库存的信息，起着沟通内外的作用。

在编制主生产计划时，主要包括以下六个基本原则：最少项目原则、独立具体原则、关键项目原则、全面代表原则、适当裕量原则以及适当稳定原则。关于这些基本原则，相关书籍已有介绍，本书不再赘述。依据以上MPS编制原则进行MPS编制时，主要包括以下几个过程：计算预计实有库存，决定MPS产品生产量与生产时间，粗能力计划与分析和批准下达。这是一个反复试行的过程，具体如图7-2所示。为了更好地理解和阐述MPS编制过程，现以周为单位并借助相关实例讨论MPS的编制过程。

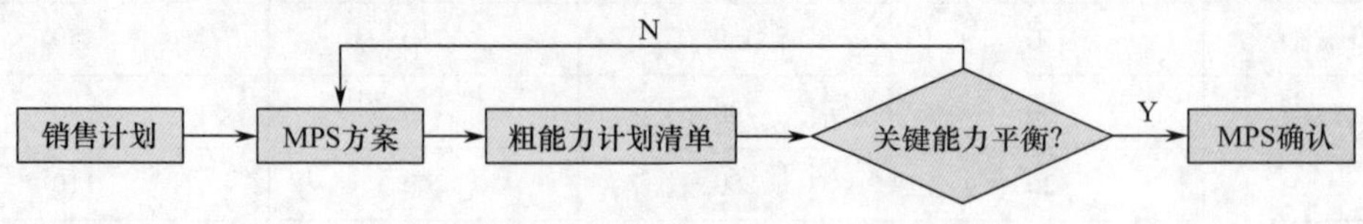

图7-2　主生产计划制订流程

1. 制订初步的MPS

该过程分为预计实有库存量与决定MPS生产量和生产时间两步。预计实有库存量是指每周的需求被满足后，对剩余的仍可利用的库存量进行预算。该值的大小为上周末预计的实有库存量与本周MPS生产量之和，再减去本周预计需求和实际订货量中较大的那个数。之所以减去预计需求和实际订货量中较大的数，是为了使得制订的MPS能最大限度地满足需求，决定生产量和生产时间的值，以确保预计实有库存量为非负值。

例7-2　假设某自行车制造企业为款型为A的自行车制订一个MPS，该产品2月、3月的销售计划经销售部门预测需求分别为6 000辆和8 000辆，其他相关信息如表7-5所示。

表7-5　**A款型自行车相关信息**　（单位：辆）

期初库存：3 000 生产批量：5 000 安全库存：0	2月				3月			
	周次				周次			
	1	2	3	4	5	6	7	8
需求预测	1 600	1 300	1 400	1 700	2 500	2 000	1 700	1 800
实际订货	1 400	1 200	1 200					
预计实有库存	1 400	100	−1 300					
MPS量								

由表 7-5 可知，第一周周末的预计实有库存量为（3 000 + 0 − 1 600）辆 = 1 400 辆，第三周周末为 − 1 300辆，表示缺货，应该在第三周进行一次批量生产。生产后第三周周末的预计实有库存量为（100 + 5 000 − 1 400）辆 = 3 700 辆。依次计算可以得到 2 月、3 月的 MPS 表如表 7-6 所示。

表 7-6　A 款型自行车 2 月、3 月的 MPS 表　　（单位：辆）

期初库存：3 000 生产批量：5 000 安全库存：0	2 月				3 月			
	周次				周次			
	1	2	3	4	5	6	7	8
需求预测	1 600	1 300	1 400	1 700	2 500	2 000	1 700	1 800
实际订货	1 400	1 200	1 200	1 500	2 300	1 800	2 500	2 000
预计实有库存	1 400	100	3 700	2 000	4 500	2 500	0	3 000
MPS 量			5 000		5 000			5 000

2. 粗能力计划分析

该计划主要用于核定瓶颈工序、材料和人力等关键资源是否满足 MPS，即通过用标准工时来计算每一产品在各关键工序所需的劳动时间，进而判定能否承受 MPS 所规定的生产量。利用资源清单来计算 MPS 初步计划的需求资源的过程如下：首先用 MPS 中每个项目的每周生产量乘以关键工序的能力需求，然后汇总各标准机时，与可用资源进行比较，以找出不能承受 MPS 的相关资源。资源与需求的比较要从可用的人工工时和可用的机器机时进行比较。若机时和工时两方面都超出需求，则任务满足所有关键和非关键工序；若至少在某一方面能力不能满足需求，则视情况需作相关调整，如果工时不能满足需求，则可以考虑加班，如果是机时不够，可考虑将某些项目转到其他工作中心处理，同时又不影响它们本应该承担的生产计划任务的完成。

例 7-3　假设某企业生产 A、B、C、D 四种型号产品，各型号产品在 a 和 b 两个关键工序所需的标准工时及四种产品在某月四周次的 MPS 方案如表 7-7 所示。

表 7-7　产品关键工序标准工时及周次 MPS 方案　　（单位：件）

	a/h	b/h	周次							
			1	2	3	4	5	6	7	8
A	1.3	1.5	0	0	5 000	0	5 000	0	0	5 000
B	1.2	1.6	3 000	0	3 000	0	0	6 000	0	0
C	0.9	1.1	1 500	1 500	3 000	1 500	1 500	3 000	1 500	3 000
D	1.4	1.2	2 500	2 500	5 000	2 500	5 000	0	2 500	2 500

以第 1 周为例，其 a、b 工序负荷分别为

a 工序负荷：（0 × 1.3 + 3 000 × 1.2 + 1 500 × 0.9 + 2 500 × 1.4）h = 8 450h

b 工序负荷：（0 × 1.5 + 3 000 × 1.6 + 1 500 × 1.1 + 2 500 × 1.2）h = 9 450h

依次计算各周的关键工序即可得到汇总后的标准机时如表 7-8 所示。

表 7-8　汇总标准机时　（单位：h）

周次	1	2	3	4	5	6	7	8
a	8 450	4 850	19 800	4 850	14 850	9 900	4 850	6 200
b	9 450	4 650	21 600	4 650	15 150	12 900	4 650	6 300

3. 作出选择

通过以上计算，判断能力与需求是否平衡。如果两者平衡，经有关部门批准后，即可以将 MPS 下达到下面的层次并制订相关的作业计划；如果需求超出某些关键资源而又不能通过调整资源以适应需求时，则需返回调整 MPS 初步计划。

（三）物料需求计划

物料需求计划（Material Requirement Planning，MRP）是根据市场需求预测和顾客订单制订产品的主生产计划，然后基于产品生成进度计划，组成产品的材料结构表和库存状况，通过计算机计算所需物资的需求量和需求时间，从而确定材料的加工进度和订货日程的一种实用技术。其主要内容包括客户需求管理、产品生产计划、原材料计划以及库存记录。有关 MRP 的相关知识将在本章第二、三节详细展开论述，故本节不再赘述。

第二节　ERP 的发展历程及基本概念

企业资源计划（Enterprise Resource Planning，ERP）是 20 世纪 90 年代初由美国著名的计算机技术咨询和评估集团公司——高德纳咨询公司（Gartner Group）首先提出的。它的具体含义是建立在信息技术基础上，以系统化的管理思想，为企业决策层及员工提供决策运行手段的管理平台。

ERP 的形成大致经历了四个阶段：基本 MRP 阶段、闭环 MRP 阶段、MRP Ⅱ 阶段以及 ERP 形成阶段。下面就 ERP 的形成历史及有关理论和思想分别进行介绍。

一、基本 MRP

20 世纪 40 年代初期，西方经济学家通过对库存物料随时间推移而被使用和消耗的规律的研究，提出了订货点的方法和理论，并将其运用于企业的库存计划管理中。订货点法采用控制库存物品数量的方法，为需求的每种物料设置一个最大库存量和安全库存量。最大库存量是为库存容量、库存占用资金的限制而设置的；物料的消耗不能小于安全库存量，当库存数量低于安全库存量时，就需要下达订单去采购或生产这一物料。对于稳定消耗（即每天消耗的量大致相同）的物料，这一订货点法的确起到了一定的作用；但对于非稳定消耗的物料，并不适合运用这一方法。特别是当某一项物料以后不再被需求时，按照订货点法，它仍然建议下达订单，这样就容易形成死库存。

针对订货点法的诸多不足，20 世纪 60 年代中期，美国 IBM 公司的管理专家及其合作者约瑟夫·奥里奇博士（Dr. Joseph A. Orlicky）提出了独立需求和相关需求的概念，将企业内的物料分成独立的需求物料和相关的需求物料两种类型。独立需求是指用户对某种物料的需求与对其他物料的需求无关。比如，用户对企业的最终产品的需求是独立需求，它通常来自市场预测或客户订单；反之，相关需求是指与其他需求有内相关性的需求，比如构成最终产品的零部件和原材料是相关需求，企业可以根据对最终产品的需求精确地算出它们的需求量和需求时间。

传统的库存管理理论主要是针对独立需求的方法。由于企业中相关需求物料的种类和数量繁多，而且不同的零部件之间还具有多层关系，因此对相关需求的管理和控制具有非常重要的意义。这种相关需求物料的计划和管理比独立需求要复杂得多，但是，长期以来，企业对这种相关需求物料的管理采用的是与独立需求相同的管理方法——订货点法，即当库存降到订货点时，就按照既定的批量再订购（生产）一批的方法。其实质是基于“库存补充”的原则，目的是在需求不确定的情况下，为了保证供应而将所有的库存都留有一定的储备。这种方法实际上是处理独立需求库存的一种方法，用于处理相关需求，实际上是有很大局限性的。这种局限性主要体现在以下几个方面：

（1）独立需求库存理论假定需求是连续的、均衡的，但对于相关需求而言，由于生产往往是成批进行的，故需求是断续的、不均衡的。

（2）独立需求库存理论假定需求是独立的，但相关需求取决于最终产品。这种相关关系可以根据物料清单确定，何时需要以及需要多少则是由最终产品的生产计划决定的。

（3）独立需求库存理论依据历史数据或市场预测来决定库存和订货的时间和数量，相关需求则是以确定的生产计划为依据。

（4）订货点法不是着眼于未来的需求，而是根据过去的需求统计数据来确定订货点和安全库存量。

因此，用订货点法来处理相关需求问题，是一种很不合理、很不经济、效率极低的方法，而且很容易导致库存量过大，需要的物料未到、不需要的物料先到，各种所需物料不配套等问题。对于相关需求物料来说，最好是用已有的最终产品的生产计划作为主要信息来源，而不是根据过去的统计平均值来制订生产库存计划。

在此基础上，人们总结了一种新的管理理论——物料需求计划（Material Require Planning，MRP）。这种理论和方法与传统的库存理论和方法有着明显的不同。其最主要的特点是，在传统的基础上引入了时间分段和反映分层式产品结构的物料清单（Bill of Materials，BOM），较好地解决了库存管理和生产控制中的难题，即按时按量得到所需要的物料，以免造成库存的积压。

二、闭环 MRP

基本 MRP 方法的出现，在当时对提高库存管理水平和生产计划的准确性确实起到了很大的作用。但随着 MRP 应用的不断发展，MRP 方法也逐渐显现出它的一些不足。MRP 仅给出了物料的需求计划，并没有考虑实际生产能力是否可以完成这些计划。若当生产能力不足时，这些物料需求计划仅仅是纸上谈兵，无法真正实施完成，从而也就失去了其在实际应用中的价值。

具体来说，MRP 系统是根据主生产计划的要求，输入库存计划及产品结构，由计算机进行物料需求计算，输出零部件的生产计划、原材料及外购件的采购计划以及辅助报告等。上述系统通常被称为开环 MRP。从输入信息、处理过程以及输出信息中可以看到，基本 MRP 有以下缺陷：

（1）MRP 系统的运行首先假定已有了主生产计划，并且主生产计划是可行的。

（2）MRP 系统的运行假定生产能力可行，即生产设备和人力能保证生产计划的实现。

（3）MRP 系统的运行假定物料采购计划可行，即供货能力和运输能力能保证完成物料的采购计划。

（4）MRP 系统的运行结果需要人工介入进行判断，不具有反馈调节功能。

然而，在复杂的现实生产环境中，这种假定是难以成立的，因此 MRP 系统的输出将只是设想而无法付诸实现。且 MRP 系统的应用仅局限于物料管理，还不能达到企业生产管理的要求。

为了弥补上述缺陷，20 世纪 80 年代初，在 MRP 系统的基础上扩展了综合生产计划、能力需求计划及执行反馈等功能，形成了 CLMRP（Closed-loop MRP)，即闭环 MRP 系统。所谓“闭环”，就是指执行功能能提供反馈信息，从而使计划在任何时候都保持有效。闭环 MRP 系统是一个集计划、执行、反馈为一体的综合性系统，它能对生产中的人力、设备和材料等各项资源进行计划与控制，使生产管理的应变能力大大增强。

三、MRPⅡ

在闭环 MRP 的基础上，如果以 MRP 为中心建立一个生产活动的信息处理系统，则可以：

（1）利用 MRP 的功能建立采购计划。

（2）生产部门将销售计划与生产计划紧密配合来制订主生产计划表，并将其不断地细化。

（3）设计部门不再孤立地设计产品，而是将改良设计与以上生产活动信息相联系。

（4）产品结构不再仅仅只有参考价值，而是成为控制生产计划的重要依据。

（5）更进一步，可以将以上一切活动均与财务系统结合起来，即将库存记录、工作中心和物料清单用于成本核算。

（6）根据 MRP 运算得到的采购及供应商资料，建立应付账、销售生产合同和应收账。

（7）建立应收账与其应付账及与总账的关联，根据总账又产生各种报表。

在上述过程中，系统的信息共享程度和业务范围不仅超越了开环 MRP 的物料计划范畴，也超越了闭环 MRP 的生产管理范畴，将 MRP 的信息共享程度扩大，使生产、销售、财务、采购、工程紧密地结合在一起，共享有关数据，组成了一个全面生产管理的集成优化模式。这就是于 1977 年 9 月，美国生产管理专家奥列弗·怀特（Oliver W. Wight）提出的制造资源计划（Manufacturing Resources Planning，简称 MRPⅡ）。为了避免名词的混淆，物料需求计划被称为狭义 MRP，而制造资源计划被称为广义 MRP 或 MRPⅡ。

MRPⅡ系统在一个统一的数据库环境下进行数据管理，并在此基础上将制造企业中的销售与分销、制造、财务三大业务功能紧密地有机集成，使其所发生的业务数据都来源于一个数据库，从而实现企业各个业务部门之间迅速、准确、高效的运作。

MRPⅡ是一个制造业所公认的管理标准系统，它是由闭环 MRP 加上财务等功能所组成的。MRPⅡ系统克服了 MRP 系统的不足，在软件中增加了生产能力计划、生产活动控制、采购和物料计划三个方面的功能。

（1）生产能力计划功能是以物料需求计划的输出作为输入，根据计划的零部件需求量和生产成本信息中的工序、工作中心等信息计算出设备与人力的需求量、各种设备的负荷量，以便判断是否有足够的生产能力。如发现能力不足，进行设备负荷调节和人力补充；如果能力实在无法平衡，则可以调整产品的生产计划。

（2）生产活动控制功能是以调整好的物料需求计划的输出作为输入，利用计算机模拟技术，按照作业优先执行的原则，自动地编制各种设备或工作中心的作业排序和作业完成日期。

（3）采购和物料管理计划功能是根据物料需求计划和库存管理的策略编制物料采购计划，建立采购与进货管理，供应商档案和供应商账务处理，库存会计账务管理，成本、应收账、应付账、总账管理。

（4）MRPⅡ系统具备一定的模拟功能。它可模拟将来的物料需求而提出任何物料的缺料警告；模拟生产能力需求，发出能力不足的警告。这些警告为管理者提供了必要的信息，争取了时间，使管理者能及时地进行准备和安排。

MRPⅡ系统是通过客户的询价和报价，从客户订单需求和预测数据录入生成主生产计划起始，经过物料清单的分解、物料需求计划的计算，并考虑已有存量生成净需求，再与能力资源协调匹配，产生采购与制造订单，进行作业和采购活动的收料与发料、成本控制，直至完成客户订单的产品需求交付、发生的财务账务处理为止的全过程业务管理。因此，人们把MRPⅡ系统称为“以物料的投入与产出活动为对象的全过程管理”，是帮助制造企业全面控制生产经营的一种行之有效的方法与手段。

四、ERP

（一）从MRPⅡ到ERP

20世纪90年代初，美国高德纳咨询公司提出企业资源计划（Enterprise Resource Planning，ERP）的概念。ERP系统是对MRPⅡ的进一步发展，它以信息共享为基础，实现了对整个企业范围的经营资源的综合管理。ERP的诞生可以看成是企业管理技术的一大进步。

在MRP到MRPⅡ的发展过程中，制造业企业系统观念的发展基本上沿着两个方向延伸：一是资源概念内涵的不断扩大；二是企业计划闭环的形成。但是，在这个发展的过程中始终存在着两个局限——资源局限于企业内部，决策方法局限于结构化问题。

ERP的发展突破了这些局限：从计划的范围来看，ERP的计划不局限在企业内部，而是把供需链内的供应商、分销商等外部资源也作为计划的对象；在决策方法方面，决策支持系统（Decision Support System，DDS）被看成是ERP中不可缺少的一部分，使ERP能够解决半结构化和非结构化的问题。

从总体上看，ERP的发展过程有如图7-3所示的两大类：一类是通过在MRP/MRPⅡ的基础上增加会计、人事等功能而形成的ERP系统；另一类则是在某一特定领域（比如会计、人事）的业务系统上增加了MRP/MRPⅡ等功能而形成的ERP系统。但无论在哪一类ERP中，MRPⅡ的基本功能都在系统中占据核心地位。

如图7-4所示，ERP将贯穿企业各部门的采购、生产、销售、会计、人事等业务流程所构成的企业价值链，通过强化对信息资源的管理，综合利用人、财、物三方面的企业经营资源，使它们发挥出最大的效用。ERP由现实中的管理软件发展而来，而非一套完整的理论体系，目前也没有统一的定义。在概念上比较有影响力的是美国高德纳公司提出用来界定ERP功能的标准：

（1）超越了MRPⅡ的范围和集成功能。

（2）支持混合方式的制造环境。

（3）支持动态的监控能力，提高业务绩效。

（4）支持开放的客户机/服务器计算环境。

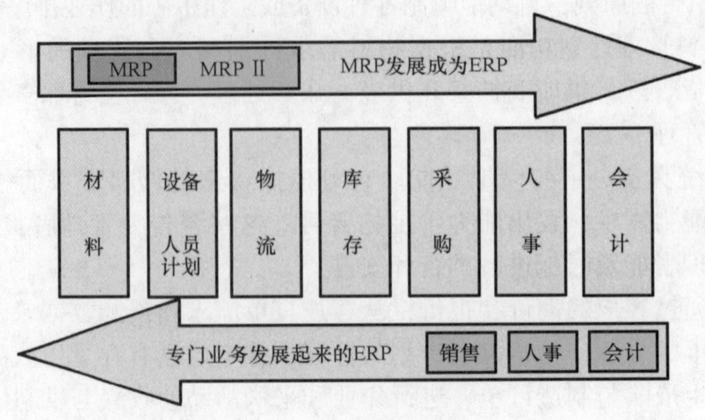

图 7-3　ERP 的发展过程

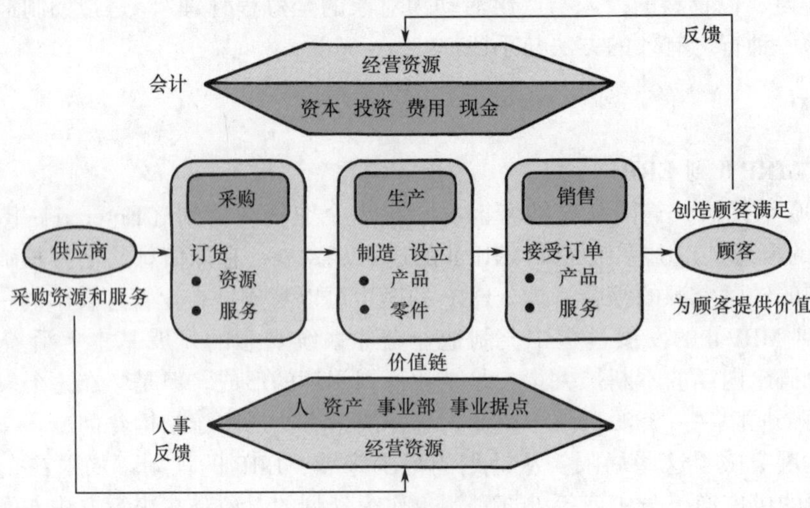

图 7-4　ERP 的概念

（二）**ERP 同 MRP Ⅱ 的主要区别**

1. 在资源管理范围方面的差别

MRP Ⅱ 主要侧重对企业内部的人、财、物等资源的管理。ERP 系统则是在 MRP Ⅱ 的基础上扩展了管理范围，把客户需求和企业内部的制造活动以及供应商的制造资源整合在一起，形成企业一个完整的供应链，并对供应链上的所有环节，如订单、采购、库存、计划、生产制造、质量控制、运输、分销、服务与维护、财务管理、人事管理、实验室管理、项目管理、配方管理等进行有效管理。

2. 在生产方式管理方面的差别

MRP Ⅱ 系统把企业归类为几种典型的生产方式进行管理，如重复制造、批量生产、按订单生产、按订单装配、按库存生产等，对每一种类型都有一套管理标准。而在 20 世纪 80 年代末、90 年代初期，为了紧跟市场的变化，多品种、小批量生产以及看板式生产等则成为企业主要采用的生产方式，企业由单一的生产方式向混合型生产方式发展。ERP 则能很好地支持和管理混合型制造环境，满足了企业多角化经营的需要。

3. 在管理功能方面的差别

ERP 除了 MRPⅡ系统的制造、分销、财务管理功能外，还增加了支持整个供应链上物料流通体系中供、产、需各个环节之间的运输管理和仓库管理；支持生产保障体系的质量管理、实验室管理、设备维修和备品备件管理；支持对工作流（业务处理流程）的管理。

4. 在事务处理控制方面的差别

MRPⅡ是通过计划的及时滚动来控制整个生产过程。它的实时性较差，一般只能实现事中控制。而 ERP 系统支持在线分析处理（Online Analytical Processing，OLAP）、售后服务及质量反馈，强调企业的事前控制能力，它可以将设计、制造、销售、运输等通过集成来并行地进行各种相关作业，为企业提供了对质量、适应变化、客户满意、绩效等关键问题的实时分析能力。

此外，在 MRPⅡ中，财务系统只是一个信息的归结者，它的功能是将供、产、销中的数量信息转变为价值信息，是物流的价值反映；而 ERP 系统则将财务计划和价值控制功能集成到了整个供应链上。

5. 在跨国（或地区）经营事务处理方面的差别

现在企业的发展，使得企业内部各个组织单元之间、企业与外部的业务单元之间的协调变得越来越多且越来越重要。ERP 系统应用完整的组织架构，从而可以支持跨国经营的企业在多个国家或地区、多工厂、多语种、多币制情况下满足应用需求。

6. 在计算机信息处理技术方面的差别

随着 IT 技术的飞速发展、网络通信技术的应用，使得 ERP 系统得以实现对整个供应链信息进行集成管理。ERP 系统采用客户/服务器（C/S）体系结构和分布式数据处理技术，支持 Internet/Intranet/Extranet、电子商务（E-business、E-commerce）、电子数据交换（EDI）。此外，还能实现在不同平台上的交互操作。

第三节　ERP 系统的基本原理

一、MRP 的原理

在制造业中，通常需要将零部件经过多道工序的加工和组装才能形成最终产品。工厂里的物料管理和工序管理过程非常复杂，在一个大型企业中，可能有数十万的零部件以及数十道的工序。将这些零部件一个不差、准时地送到相应的工序，是一件超越人类手工极限的艰巨工作。物料需求计划正是针对这种复杂的生产过程，借助于计算机系统对从原材料开始直到最终产品的物料的流动进行管理的机制。

（一）MRP 的流程

MRP 是依照最终产品的生产计划，根据物料清单、现有库存量和预计库存量，计算哪些物料、在什么时候、需要多少的一系列方法。MRP 适用于相关需求的计划与控制。其出发点就是根据对成品的需求，计算出对构成成品的原材料、零部件的相关需求，进而排出零部件的生产进度及采购日程。它将最终产品的计划转为零部件、原材料的生产、订购计划。

MRP 系统是一种能提供物料计划及库存控制，决定订货优先度，根据产品的需求自动地推导出构成这些产品的零部件与材料的需求量，由产品的交货期展开成零部件的生产进度日程和原材料与外购件的需求日期，即将主生产计划转化为物料需求表，并能为能力需求计划提供信息的系统。应用MRP系统，必须要决定物料的需求总量和净需求量。MRP流程如图7-5所示。

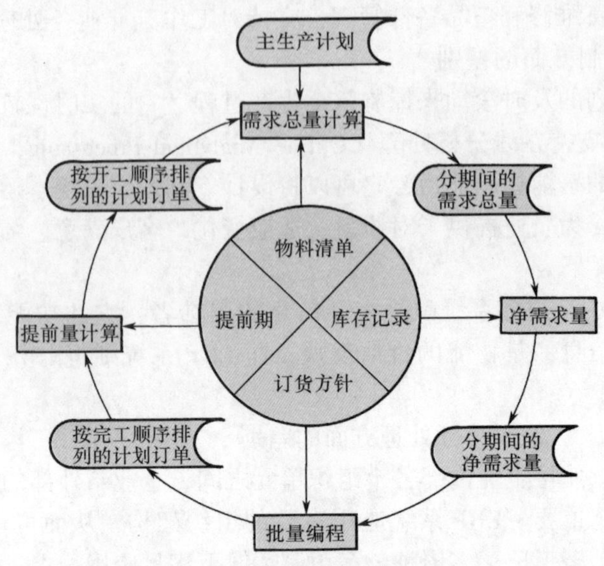

图7-5　MRP流程示意图

从图7-5中可以看出，MRP流程可分为如下步骤：

(1) 计算需求总量。按照主生产计划的每一最终产品数量和产品交货期，逐层分解出每一物料按期间分段的需求总量。

(2) 计算净需求量。把需求总量与库存状态相匹配，决定分期间的物料的净需求总量。其计算公式为

$$净需求=(毛需求+已分配量)-(可用库存+计划接收量)$$

(3) 批量编程。根据订货方针，编程推算出按到货时间排序的计划订单。

(4) 计算提前期。考虑物料的进货、运输等时间，计算采购提前期，倒推出按订货时间排序的计划订单。

(二) MRP的关键信息要素

从MRP流程中可以看到，主生产计划、物料清单、提前期、订货方针以及库存记录等信息在MRP的计算过程中起着关键性的作用。以下对这些关键要素作进一步介绍：

1. 主生产计划 (MPS)

主生产计划规定了每一种产品的期与量的标准。物料需求计划正是由主生产计划来驱动的。因此，主生产计划是MRP的关键信息要素之一。

2. 物料清单 (BOM)

物料清单是产品结构的技术性描述文件，它表明了最终产品的组件、零件直到原材料之间的结构关系和数量关系。物料清单是一种树形结构，通常称为产品结构树。图7-6表示一个三级的BOM结构，其中，

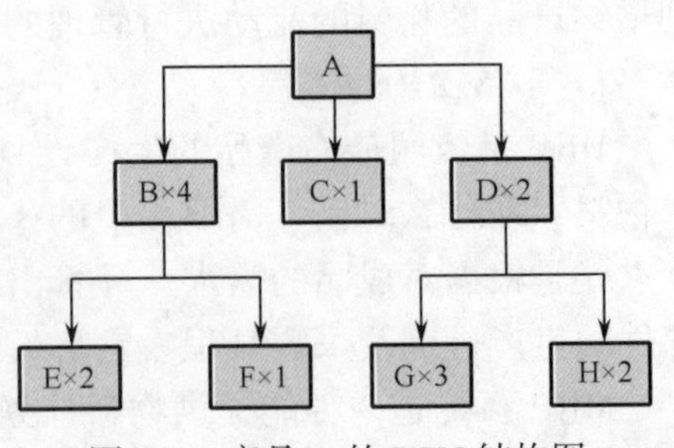

图7-6　产品A的BOM结构图

产品 A 由 4 个部件 B、1 个部件 C 和 2 个部件 D 组成；部件 B 又由 2 个部件 E 和 1 个部件 F 组成；部件 D 由 3 个部件 G 和 2 个部件 H 组成。

3. 提前期

在 MRP 中不仅要考虑 BOM 各个层次中的零部件需求量，而且还要考虑为了满足最终产品的交货期，所需零部件的加工或采购提前期。图 7-7 是产品结构在时间结构上的反映，以产品的应完工日期为起点倒排计划，可相应地求出各个零部件最晚应该开始加工的时间或采购订单发出的时间。

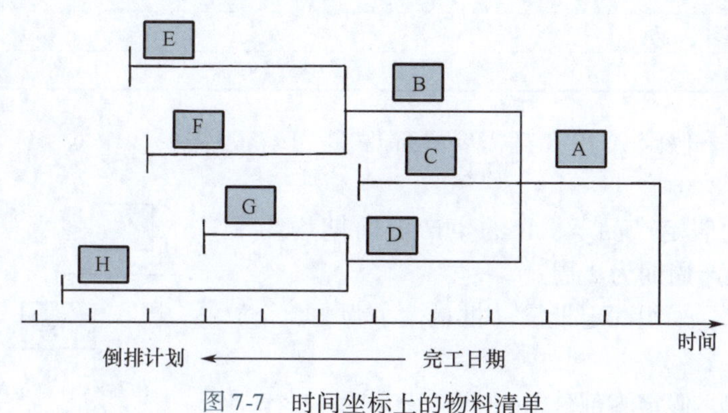

图 7-7　时间坐标上的物料清单

4. 订货方针

在 MRP 的计算过程中，为了确定每次订货的批量，需要对每一物料预先确定批量规则。在 MRP 中，这些批量规则通常称为订货方针。订货方针有多种，大体上可分为以下两大类：一类是静态批量规则，即每一批量的大小都相同。典型的静态批量规则之一是“固定订货量”。在这种情况下，批量的大小预先确定。例如，订货量可以是由设备能力上限决定的。对外购产品，订货量可以按价格折扣的最小量、整船量、被限定的最小购买量来确定。订货量也可以按经济订货批量（EOQ）公式来确定。另一类是动态批量规则，即允许每次订货的批量大小不一样，但必须大到足以防止缺货发生。一种动态批量规则是“周期性批量规则”，在这种规则下，批量的大小等于未来 P 周（从收到货的当周算起）的粗需求加安全库存量，再减去前一周的现有库存量。这样的批量可以保证安全库存量并充分保证 P 周的粗需求；但它并不意味着每隔 P 周必须发放一次订单，而只是意味着当确定批量时，其大小必须满足 P 周的需求。在实际操作中，可首先根据理想的批量（如 EOQ）除以每周的平均需求来确定 P，然后用 P 周的需求表示目标批量，并取与之最接近的整数。

5. 库存记录

库存记录说明现在库存中有哪些物料、有多少、已经准备再进多少，从而在制订新的加工、采购计划时减掉相应的数量。库存记录通常被称为 MRP 表格，其计算方法构成了 MRP 的基本计算方法。

（三）MRP 的计算模型

如上所述，MRP 可以根据主生产计划回答要生产什么；根据物料清单回答要用到什么；根据库存记录回答已经有了什么；作为 MRP 运算后得出的结果可以回答还缺什么、何时生产或订购。这些结果都是以 MRP 表格为中心得到的。下面通过一个简单的例子来说明 MRP 的计算过程。

1. MRP 的输入

在运行 MRP 时，所需的输入信息包括主生产计划、物料清单、提前期、订货方针、库存记录。在本例中，MRP 的各项输入信息分别如下：

（1）主生产计划。假定在第 2 周和第 7 周均要生产 75 个产品 A，在第 5 周和第 8 周均要生产 40 个产品 B，主生产计划见表 7-9。

表 7-9　主生产计划表　（单位：个）

周　次	1	2	3	4	5	6	7	8
产品 A		75					75	
产品 B					40			40

（2）物料清单。假定 A 和 B 都需要零部件 C，1 个 A 需要 2 个 C，1 个 B 需要 3 个 C，其需求关系见图 7-8。

（3）提前期。假定产品 A、B 的生产提前期均为 1 周，零部件 C 的生产周期为 2 周。

（4）订货方针。采用固定批量（批量大小为 230 个）的订货方针。

（5）库存记录。假定零部件 C 的期初库存为 47 个。

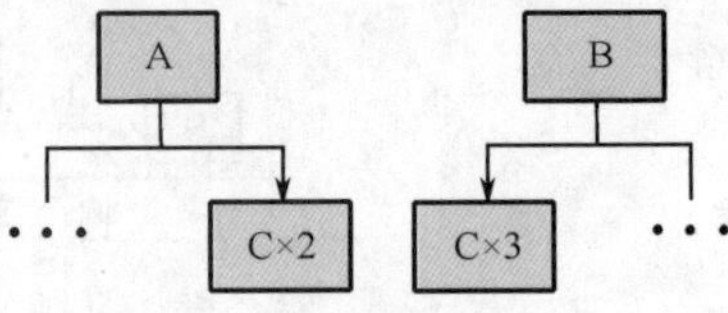

图 7-8　产品 A 和产品 B 对零部件 C 的需求

2. MRP 的计算

（1）计算需求总量。MRP 库存记录中需求总量是指当周应准备好的量。本例中需求总量的计算如表 7-10 所示。

表 7-10　需求总量的计算　（单位：个）

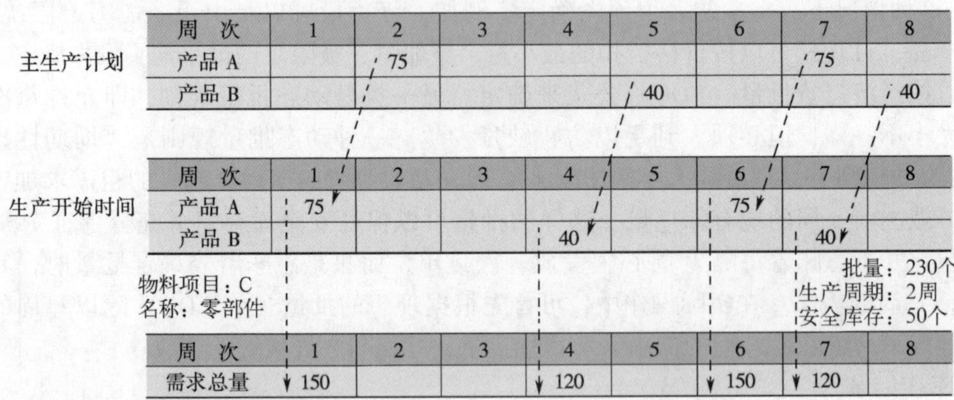

主生产计划

周　次	1	2	3	4	5	6	7	8
产品 A		75					75	
产品 B					40			40

生产开始时间

周　次	1	2	3	4	5	6	7	8
产品 A	75					75		
产品 B				40			40	

物料项目：C
名称：零部件

批量：230个
生产周期：2周
安全库存：50个

周　次	1	2	3	4	5	6	7	8
需求总量	150			120		150	120	

在确定需求总量时，应考虑以下因素：

1）物料清单。需求总量的计算是从最终产品开始，层层向下推算直至采购材料或外购件为止。这样建立的物料需求计划包括零部件的生产计划和原材料的物料计划。

本例中，由于 1 个产品 A 需要 2 个零部件 C，1 个产品 B 需要 3 个零部件 C，因此，要将产品的量乘以物料清单中相应的系数，才能得到零部件的需求总量。

2）相关需求与独立需求。在相关需求与独立需求同时存在的情况下，计算需求总量时应将相关需求部分按产品结构树推算的结果加上独立需求部分的需求量。

如果本例中的 C 既是 A 和 B 的零部件，又是具有独立需求的产品，那么计算其需求量时便要同时考虑其相关需求与独立需求。

3）提前期。在确定需求总量的需求时间时，提前期也是一个重要的因素。

本例中，产品 A、B 的生产提前期均为 1 周，即在计算各自的生产开始时间时，要用主生产计划中的时间减去生产提前期。这样，产品 A 的生产开始时间为第 1 周和第 6 周，产品 B 的生产开始时间为第 4 周和第 7 周。

（2）计算净需求量。在确定了需求总量之后，便可以根据现有库存和预计入库量来计算其净需求量。

计算净需求量还要考虑安全库存量。使用安全库存是为了应对紧急情况，防止由于生产日程的变更而产生缺料现象。它是一种缓冲性的库存量。

净需求量是根据零件需求总量、现有库存状况所确定的实际需求量。计算净需求量，就是为了保证各周的现有库存量不低于安全库存。

对于那些不需要安全库存的中间物料，净需求量的意义则是要保证现有库存量为非负值。

在本例中，假定：①零部件 C 在第 1 周的期初库存为 47 个；②安全库存量为 50 个；③在第 1 周预计入库量为 230 个。因此，零部件 C 的净需求量的计算过程如表 7-11 所示。

表 7-11　零部件 C 的净需求量　（单位：个）

周　次	1	2	3	4	5	6	7	8
需求总量	150	0	0	120	0	150	120	0
期初库存	47	127	127	127	50	50	50	50
预计入库量	230	0	0	0	0	0	0	0
是否缺货	否	否	否	是	否	是	是	否
净需求量	0	0	0	43	0	150	120	0

（3）批量编程。根据零部件的订货方针，计算各零部件按订货方针组成批量、按完工顺序排列的计划订单。这里，零部件 C 的订货方针为每批 230 个的固定批量。其计算过程和结构如表 7-12 所示。

表 7-12　零部件 C 的批量编程　（单位：个）

周　次	1	2	3	4	5	6	7	8
净需求量	0	0	0	43	0	150	120	0
库存新增				187	187	37	-83	147
按完工顺序排列的计划订单				230			230	

（4）计算提前期。把按完工顺序排列的计划订单减去提前期，就可以得到按开工顺序排列的计划订单。这里，零部件 C 的生产周期为 2 周，则其按开工顺序排列的计划订单的计算过程和结果如表 7-13 所示。

表 7-13　零部件 C 的计算提前期　（单位：个）

周　次	1	2	3	4	5	6	7	8
按完工顺序排列的计划订单				230			230	
按开工顺序排列的计划订单		230			230			

3. MRP 的输出

在上面的计算过程中：

(1) 以主生产计划为依据，按 BOM 确定所需零件的需求总量。

(2) 用需求总量减去可用库存后得到净需求量。

(3) 通过批量编程和计算提前期得到各种物料的需求量和需求时间。

(4) 据此确定订单的内容和订单的发出时间。

这些结果便是 MRP 的输出，通常被称为措施提示信息。

在上面的例子中，最终得到的是按开工顺序排列的计划订单。它告诉人们，为了满足生产计划的需求，在第 2 周和第 5 周要分别发出 230 个零部件 C 的订单。

二、闭环 MRP 的原理

(一) 闭环 MRP 流程图

闭环 MRP 系统是在 MRP 的基础上扩展了综合生产计划、能力需求计划及执行反馈等功能。一旦综合生产计划阶段完成，而且生产计划与能力需求计划匹配后被确认为合理可行，则执行功能开始运行。当 MRP 系统具有来自其自身模块输出的反馈信息时，就成了闭环 MRP，其逻辑流程如图 7-9 所示。

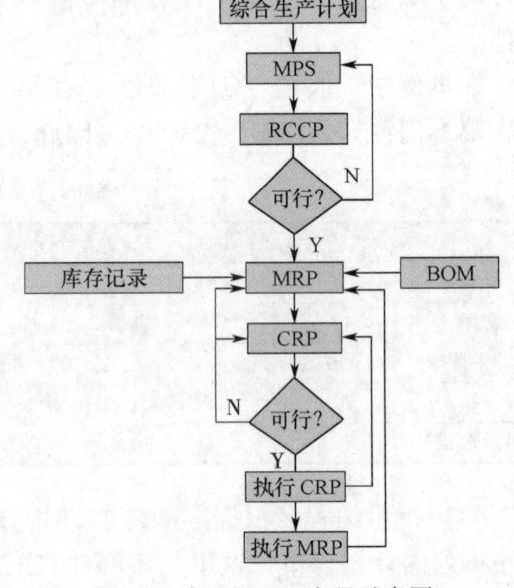

图 7-9 闭环 MRP 流程示意图

(二) 综合生产计划

综合生产计划虽然并不具体制定每一品种的生产数量、生产时间和每一车间、人员的具体工作任务，但提出了年度内生产规模、资金等方面的总体需求，所以对整个计划系统起着指导性作用。

(三) 能力需求计划

1. 粗能力计划与能力需求计划

在闭环 MRP 系统中，把关键工作中心的负荷平衡称为粗能力计划（Rough Cut Capacity Planning，RCCP），它的计划对象为独立需求件，主要面向的是主生产计划；把全部工作中心的负荷平衡称为能力需求计划（Capacity Requirement Planning，CRP），或称为详细能力计划，而它的计划对象为相关需求件，主要面向的是车间。由于 MRP 和 MPS 之间存在内在的联系，所以粗能力计划与能力需求计划之间也是一脉相承的，而后者正是在前者的基础上进行计算的。

2. 能力需求计划的依据

(1) 工作中心。它是各种生产或加工能力单元和成本计算单元的统称。对工作中心，都统一用工时来量化其能力的大小。

(2) 工作日历。它是用于编制计划的特殊形式的日历，是由普通日历除去每周双休日、假日、停工和其他不生产的日子，并将日期表示为顺序的形式而形成的。

(3) 工艺路线。它是一种反映制造某项“物料”加工方法及加工次序的文件。它说明加工和装配的工序顺序、每道工序使用的工作中心、各项时间定额、外协工序的时间和费用等。

3. 能力需求计划的计算逻辑

闭环 MRP 的基本目标是满足客户和市场的需求，因此在编制计划时，总是先不考虑能力约束而优先保证计划需求，然后再进行能力计划，经过多次反复运算、调整核实，才转入下一个阶段。能力需求计划的运算过程就是把物料需求计划订单换算成能力需求数量，生成能力需求报表。

（四）现场作业控制及执行反馈

各工作中心的能力与负荷需求基本平衡后，接下来的一步就是集中解决如何具体地组织生产活动，使各种资源既能合理利用，又能按期完成各项订单任务，并将客观生产活动进行的状况及时反馈到系统中，以便根据实际情况进行调整与控制。这就是现场作业控制。它的工作内容一般包括以下四个方面：

（1）车间订单下达。订单下达就是核实 MRP 生成的计划订单，并转换为下达订单。

（2）作业排序。它是指从工作中心的角度控制加工工件的作业顺序或作业优先级。

（3）投入产出控制。它是一种监控作业流（正在作业的车间订单）通过工作中心的技术方法。利用投入/产出报告，可以分析生产中存在的问题，并制定应采取的相应措施。

（4）作业信息反馈。它主要是跟踪作业订单在制造过程中的运动，收集各种资源消耗的实际数据，更新库存余额并完成 MRP 的闭环。

三、制造资源计划 MRPⅡ的原理

（一）MRPⅡ逻辑流程图

图 7-10 给出了 MRPⅡ逻辑流程图。

（二）MRPⅡ功能描述

在 MRPⅡ逻辑流程图中，包括决策层、计划层、执行层等企业经营计划层及生产中物料需求和生产能力需求的基础数据与主要财务信息，其中连线表明 MRPⅡ中信息流向和相互之间的信息集成关系。经营计划是 MRPⅡ的起点，它根据市场需求和企业现有的条件确定企业生产中的产量、品种、利润等指标，从而制订企业的各种计划，包括产品销售计划，各种物料、资金、人工等的需求计划，在此基础上制订出企业的具体生产计划，确定生产何种产品及其生产产量和投产时间。在制订生产计划的同时还需对生产能力进行平衡，以保证生产计划能够实际完成。然后根据生产计划制订产品生产计划，规定每种产品的生产数量和生产时间。它是营销和生产作业的根据。流程图中的业绩评价是对 MRPⅡ系统成效进行评定，以求进一步提高和改善业绩。

四、企业资源计划（ERP）的原理

企业资源计划是在 MRP、MRPⅡ基础上的进一步扩充与发展，其功能范围扩展到整个企业的经营活动。它以信息共享为基础，实现了对整个企业范围的经营资源的综合管理。ERP 的产生可以看成是企业管理技术的一大进步。

（一）ERP 的构成

ERP 的核心是 MRPⅡ。ERP 是在 MRPⅡ的销售/分销、制造、财务三大功能基础上的扩展延伸，其基本架构、基础逻辑和需求运算仍然遵循 MRP/MRPⅡ，并无本质上的变化与改进，只是在内容范围上包含更广，如销售管理、人事管理、会计管理等，如图 7-11 所示。

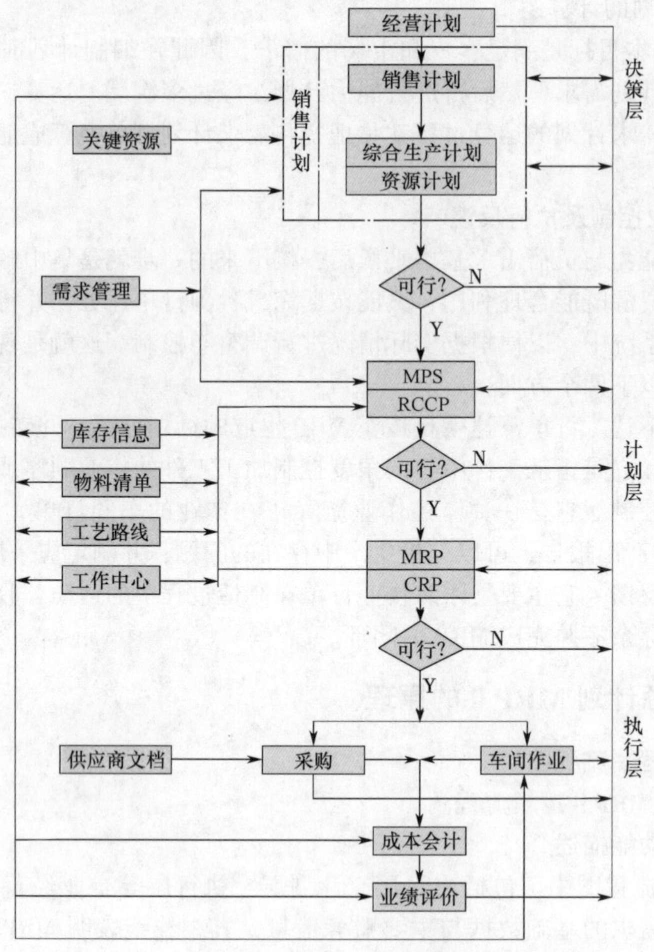

图 7-10 MRPⅡ逻辑流程图

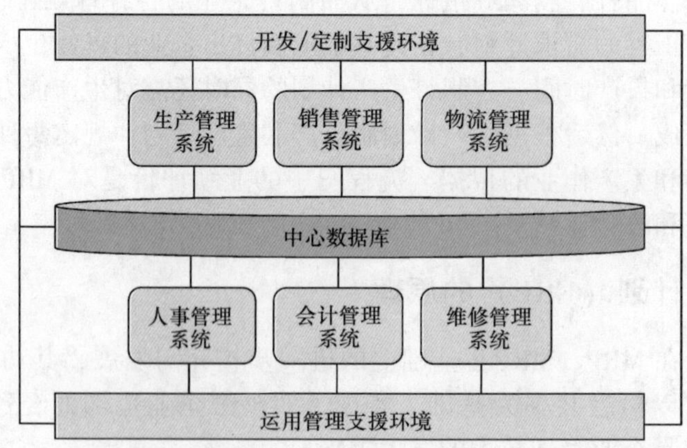

图 7-11 ERP 系统的构成

ERP 系统同 MRPⅡ系统一样，也是在一个统一的数据库环境下进行数据管理的。其所发生的业务数据都来源于一个数据库，在一个统一的数据库环境下全面地对企业各个业务部门的业务实施沟通运作。

（二）ERP 系统的管理思想

ERP 的核心管理思想就是实现对整个供应链的有效管理，主要体现在以下三个方面：

1. 体现对整个供应链资源进行管理的思想

现代企业的竞争已经不是单一企业与单一企业间的竞争，而是一个企业供应链与另一个企业供应链之间的竞争，即企业不仅要依靠自己的资源，还必须把经营过程中的有关各方，如供应商、制造工厂、分销网络、客户等纳入一个紧密的供应链中，才能在市场上获得竞争优势。ERP 系统正是适应了这一市场竞争的需要，实现了对整个企业供应链的管理。

2. 体现精益生产、同步工程和敏捷制造的思想

ERP 系统支持混合型生产方式的管理，其管理思想表现在两个方面：一是“精益生产”（Lean Production，LP）的思想，即企业把客户、销售代理商、供应商、协作单位纳入生产体系，同他们建立起利益共享的合作伙伴关系，进而组成一个企业的供应链。二是“敏捷制造”（Agile Manufacturing，AM）的思想。当市场上出现新的机会，而企业的基本合作伙伴不能满足新产品开发的要求时，企业组织一个由特定的供应商和销售渠道组成的短期或一次性供应链，形成“虚拟工厂”，把供应和协作单位看成是企业的一个组成部分，运用“同步工程”（SE）组织生产，用最短的时间将新产品打入市场，时刻保持产品的高质量、多样化和灵活性，此即“敏捷制造”的核心思想。

3. 体现事先计划与事中控制的思想

ERP 系统中的计划体系主要包括主生产计划、物流需求计划、能力计划、采购计划、销售执行计划、利润计划、财务预算和人力资源计划等，而且这些计划功能与价值控制功能已经完全集成到整个供应链系统中。另一方面，ERP 系统通过定义事务处理（Transaction）相关的会计核算科目与核算方式，在事务处理发生的同时自动生成会计核算分录，保证了资金流与物流的同步记录和数据的一致性，从而实现了根据财务资金的现状可以追溯资金的来龙去脉，并进一步追溯所发生的相关业务，便于实现事中控制和实时作出决策。

五、简要回顾

至此我们就完成了对整个 ERP 原理的介绍。当然，ERP 仍旧处于不断发展变化的过程中。最后，作为一个总结，通过表 7-14 来对 ERP 发展的几个主要阶段进行一下简要的回顾。

表 7-14 ERP 发展的几个主要阶段

阶段	企业经营方式	问题提出	管理软件及发展阶段	理论基础
1. 20 世纪 60 年代	追求降低成本 手工订货发货 生产缺货频繁	如何确定订货时间和订货数量	开环 MRP 系统	库存管理理论 主生产计划 物料清单 期量标准
2. 20 世纪 70 年代	计划偏离实际 人工完成车间作业计划	如何有效实施计划并及时调整	闭环 MRP 系统	能力需求计划 车间作业管理 计划、实施、反馈与控制的循环
3. 20 世纪 80 年代	追求竞争优势 各子系统缺乏联系，矛盾重重	如何实现管理系统一体化	MRP Ⅱ 系统	系统集成技术 物流管理 决策模拟

（续）

阶　段	企业经营方式	问 题 提 出	管理软件及发展阶段	理 论 基 础
4. 20 世纪 90 年代	追求创新 要求适应市场环境的迅速变化	如何在全社会范围内利用一切可利用的资源	ERP 系统	供应链 混合型生产环境 事前控制

第四节　ERP 的实施

在引入 ERP 系统的过程中，实施是一个极其关键也是最容易被忽视的环节。实施的成败最终决定着 ERP 效益的充分发挥。在所有的 ERP 系统应用中，存在三种情况：按期按预算成功实现系统集成的只占 10% ~20%；没有实现系统集成或实现部分集成的占 30% ~40%；而失败的却占 50%。并且在实施成功的 10% ~20% 中大多为外资企业。如此令人沮丧的事实无疑向人们表明：ERP 实施情况已经成为制约 ERP 效益发挥的一大瓶颈。因此，企业的 ERP 项目只有在科学方法的指导下，才能够成功实现企业的应用目标。ERP 系统的实施不仅牵涉企业技术方面的问题，更会牵扯企业管理方面的问题，在 MRP Ⅱ/ERP 项目的实施过程中，哪一方面的问题都不容忽视。同时还必须注意到，在实施 ERP 系统的过程中还必须结合企业的实际，不能盲目效仿，不能生搬硬套。每个企业都有各自与众不同的地方，一套适合企业的 MRPⅡ/ERP 系统是通过对企业现状和现有 MRPⅡ/ERP 系统两个方面的改造与调整最终实现的，企业最终的先进的管理模式也是这两方面相互协调，从而找到理想的结合点的产物。

一、实施的条件

制造业应用 ERP 是有条件的，这些条件包括：

1. 相关需求的物料和生产管理

ERP 软件应用的对象是相关需求的物料和生产管理，制造工业属于此种需求范畴，特别是对于单件小批量生产，ERP 更能显示出优越性，效果更为显著。对于多品种批量的生产，也可以应用 ERP 软件。对于类似于相关需求类型的非制造工业，有时也能应用 ERP 软件。

此外，对于生产组织形式，无论是订货生产还是备货生产，或者是订货装配生产的工厂，也都使用 ERP 软件。

对于流通领域的独立需求物料的管理，如零售和批发贸易公司，它们不组织产品生产，而只是组织商品流通，可以选用 ERP 中的销售、采购、应收账等局部模块。特别是对于具有配销中心的大型集团公司，还可以应用分销需求计划 DRP 进行供应链管理。

2. 生产计划必须可行

由于主生产计划是物料需求计划的输入，因此，主生产计划必须是可行的，生产负荷与生产能力不能悬殊太大，外购原材料和零件的计划也必须是比较容易实现的。一般以一个 ERP 软件系统管理一个工厂，以避免生产计划的复杂性，保证生产计划是可行的。此外，主生产计划需要用产品结构 BOM 形式来表示，或者用零件编号来表示，因为 ERP 系统只能识别零件编号。

3. 产品结构表完善

ERP 运行所需要的基本信息是产品结构表，因此，产品结构表记录得正确与完善是保证需求量计算精确度的重要前提。要按照最新面貌整理出一份反映产品结构关系的产品结构表，将其输入至计算机中。产品结构表的准确度要求达到98%以上。

4. 库存记录完整、准确和连贯

任何一个工厂在没有建立ERP系统之前，都具备库存记录。由于订货点方法是以订货点为行动的准则，因此往往将产品结构BOM丢在一边，不再过问BOM的信息是否正确，因为它对库存计划来说是无关紧要的。一旦库存发生错误，就以实际库存量来进行调整。而在ERP系统中，不是以实际库存量进行调整的，因此，一旦信息不准确，库存数量和时间都有差错的话，整个系统都将失去作用。所以，不仅在建立ERP系统之前要输入正确的当前库存，在建立ERP系统之后也要努力保持库存记录的准确性、完整性和连贯性。一般要求库存记录准确度达到95%以上，否则，ERP软件数据库中的记录会与仓库现场实物不一致。

5. 批量与提前期建立

在ERP运行之前，还要对每个零部件确定一个批量值与提前期值，因为批量和提前期是ERP计算中运用到的两个参数。批量可以通过决定批量的各种方法来确定，而提前期则可以通过公式计算出来。过分加大批量和提前期的数值，会降低ERP的使用效果，所以这两个参数需要仔细小心地确定。

6. 物料先入库后出库

ERP系统控制之下的任何库存零件，必然是先入库而后出库，即先收料，使库存中存在着现有量，然后才发料。这样，物料需求量的计算工作才能由一个阶段推向另外一个阶段。

7. 组件发料是独立的

在ERP系统中，计算的需求量是多少，则其发料的数量必须是多少。对于连续的物料，如钢丝、电缆等，就不能按照以上要求来执行，而需要修改ERP的工作步骤以适应要求。

8. 装配件备料齐全

在ERP系统中，装配件的全部组件必须在装配之前准备齐全，因此单位装配件的提前期要较小，并且装配件的组件必须在装配时同时使用。如果装配件所需要的装配时间很长，它的组件有可能不是同时使用，而是先后使用，这时也需要修改物料需求量的计算步骤。

9. 零件加工具有独立性

零件加工具有独立性，这就意味着下达的工作指令可以单独开始加工，直至完工。其中不需要涉及其他工作指令，不需要其他零件配合加工。在这种情况下，标准的ERP系统能够使用。如果碰上有配合关系的零件，则必须修改标准的ERP系统，然后才能使用。

对于具备以上各方面条件的工厂，可以进行ERP软件的应用，将得到较好的应用效益。

当然这并不是说以上几项条件都具备的工厂才能应用ERP，因为条件是可以创造出来的。

经过大量企业的实践证明：ERP系统不仅能用于复杂的装配产品，也能用于简单的产品；不仅能用于机床业，也能用于电线、电缆业，家具制造业和包装业；不仅能用于成本高的物料，也能用于成本低的物料；不仅能用于装配式生产的制造工业，也能用于连续生产的化工、冶金等工业；还能用于商业贸易公司、配销中心等领域。

二、实施步骤

有关ERP实施方面的内容，可通过一个典型的ERP实施进程图来说明，如图7-12所示。

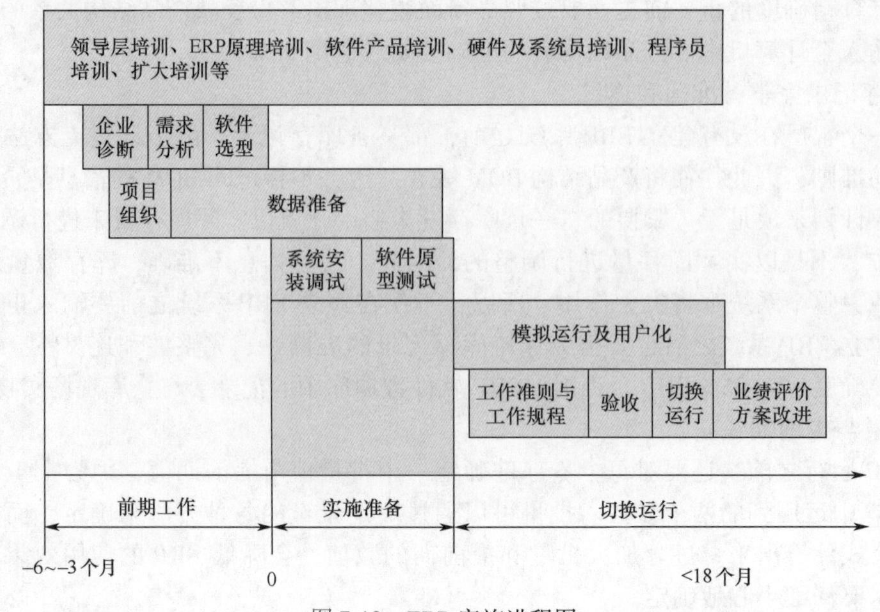

图 7-12 ERP 实施进程图

1. 项目的前期工作

这个阶段（软件安装之前的阶段）非常重要，关系到项目的成败，但在实际工作中却往往被忽视。

(1) 培训。培训是贯彻实施过程始终的一项工作。企业若准备上 ERP 项目，就先要了解什么是 ERP 以及 ERP 能为企业做什么，只有这样，才能为进一步的企业诊断、需求分析以及后续的软件选型提供理论基础。在 ERP 系统的售前技术支持和技术服务中，经常会遇到这样的问题：企业的领导决策人员和中层管理人员，甚至企业的信息管理部门的人员对 ERP 的知识缺乏必要的了解，更不懂得如何对 ERP 软件进行选型，在听取了一些 ERP 软件供应商的讲解宣传之后，也只不过知道了一些皮毛。况且软件供应商的见解一般都带有商业色彩，在这种情况下，能否做好选型工作就可想而知了。此外，如何做好对企业上 ERP 项目的诊断工作，即企业目前的状况是否需要上 ERP 项目，企业的资源是否具备上 ERP 项目的条件等问题，也需要在企业的相关人员对 ERP 系统有了一定的认识后才能作出正确的决定。

(2) 企业诊断。企业诊断就是由企业的高层领导与各项目组人员用 ERP 的思想对企业现行管理的业务流程和存在的问题进行评议及诊断，找出问题，寻求解决方案，用书面形式明确预期目标，并规定评价实现目标的标准。这一部分实际上包含了 ERP 项目的可行性分析工作。在对 ERP 有了一定的认识之后，项目组人员要根据企业的现状作出可行性分析报告，包括：企业是否需要建设 ERP 项目？上 ERP 项目的目的是什么？系统到底能够解决哪些问题和达到哪些目标？企业现有资源能否支持 ERP 项目的建设？还要进行 ERP 系统的投资回报率或投资效益分析，以及建设过程中会遇到问题的预测和解决方案的设计。

(3) 项目组织。ERP 的实施是一个大型的系统工程，需要组织上的保证。如果项目的组成人员选择不当、协调配合不好，将会直接影响项目的实施周期和成败。项目组织应该由三个层次组成，而每一层次的组长都是上一层次的成员。

1) 领导小组。由企业的一把手牵头，并与系统相关的副总一起组成领导小组。项目领导小组也是整个项目的领导，它的作用与职责为：进一步明确 ERP 项目要达到的总体目标；推进业务流程重组和组织变革；督促项目实施工作的开展；人力资源的调配；有关项目实施的各种规章制度的确立。

2）项目实施小组。主要的、大量的 ERP 项目实施工作是由这一层次来完成的，一般由项目经理来领导组织工作，其他成员应当由企业主要业务部门的领导或业务骨干组成。项目实施小组的职责总体来说如下：制订实施计划并监督执行；在软件公司、咨询公司有关顾问的指导下，安排企业项目的日常实施工作；负责指导、组织和推动业务组的工作，对业务改革积极地提出意见并参与；负责组织原型测试，模拟运行 ERP 软件系统并提出有关意见；负责企业的内部培训，项目实施小组的每个成员都要充当培训员的角色；负责数据的收集和整理；制定岗位工作规则；负责系统的安全和保密工作；提交各个工作阶段的工作报告。

3）项目业务组。项目业务组是指各个具体业务的执行组成人员，一般由各个部门的主要业务操作人员组成，负责完成部门的 ERP 项目实施工作或进行 ERP 项目的专项工作。这部分工作的完成情况是 ERP 实施能否贯彻到基层的关键所在。每个业务组必须有固定的人员，带着业务处理中的问题，通过对 ERP 系统的掌握，寻求一种新的解决方案和运作方法，并用新的业务流程来验证，最后协同实施小组一起制定新的工作规程和准则，并且还要完成对基层单位的培训工作。业务组和项目实施小组应是一个紧密联系的整体。项目业务组要在项目实施小组的领导下，根据部门工作的特点，制定出本部门的 ERP 项目实施方法与步骤，包括业务改革的执行意见。

(4) 需求分析。在立项之后，项目组就要为企业实施 ERP 项目进行需求分析。每个企业都有自己不同的特点和管理需求。作好需求分析不仅需要专业知识和较高的技术，而且可能会花费比较长的时间，但这是值得的，会得到事半功倍的效果。这一部分最好要有专家指导，或是由专门的咨询公司或软件供应商等来完成。需求分析是企业实施 ERP 系统的主要依据，其主要内容包括：

1）各个部门所要处理的业务需求。例如，有关业务的数据输入、业务数据的处理方式(处理步骤、处理点等)、业务数据输出的情况。尤其要注意产品的结构特点、物料管理的特点、生产工艺的特点和成本核算的特点。再根据各项业务需求标示出企业需求的分类级别，如重点需求、一般需求和可有可无的需求等。

2）考虑计算机处理业务数据的软件使用权限的管理。特别要关注企业的权限需求和特殊性需求。例如，有的企业不只是对功能的控制权限有要求，而且对字段甚至是字段内容的控制权限也有要求。

3）业务报表需求。企业的报表形式非常丰富，尤其是我国汉字报表，更是复杂多样，因此对报表需求要列出清单，标识出必要需求、一般需求或最好需求等。

4）数据接口的开放性。企业已有或未来将有各种各样的信息系统，如 CAM、CAI、CAD、CRM、PDM、DSS 等，因此要考虑这些数据的传输问题，在实施的时候要预留出接口，使系统具有良好的扩展性。

(5) 软件选型。在选择软件的过程中，从总体上要把握这样的原则，就是要知己知彼。知己，就是要弄清楚企业的需求，即先对企业本身的需求进行细致的分析和充分的调研，这应该在需求分析阶段完成；知彼，就是要弄清软件的管理思想和功能是否满足企业的需求。这两者是相互交叉进行的，可以通过软件的先进管理思想来找出企业现有的管理问题。特定的软件则可能由于自身的原因，不能够满足企业一定的特殊需求，也需要一定的补充开发。

软件选型阶段是 ERP 实施前期工作的最后阶段。而这一阶段可能会经历比较长的时间，一些慎重对待的企业可能会经历 1～2 年的时间，但是一般来说，3～6 个月的时间对于确定 ERP 软件的供应商或开发商以及相关机构就够用了。当然，这也要看前面工作做得如何。

在选择 ERP 软件与服务时，一般应考虑以下问题：

1）软件的规模和功能是否适合本企业现阶段的需要和未来的发展。ERP 系统一般可以分为大、中、小型，功能特点更是多种多样。第一，企业要了解软件是否包括了企业的主要业务功能范围，看软件是否适合本企业的各项业务流程和管理需要。第二，报表在数据的传输方面非常重要，是企业数据流的主要部分，但企业报表形式多样、内容复杂，一定要了解 ERP 软件所能提供的报表。考察软件所提供的报表时，不要片面地追求报表的形式，而主要应该看报表的实际内容和数据，同时还要注意报表的可扩展性和可维护性。第三，要对软件的数据处理量和处理速度加以考察，特别是对大型企业来说，这一点非常重要。第四，要结合企业未来一段时间的发展规划考虑软件的扩展性。

2）软件供应商/实施服务提供商的资质。ERP 项目重在实施，甚至有人认为实施的好坏比软件本身的好坏更重要。这种说法并不一定正确，因为一套好的 ERP 软件毕竟是所有工作的基础，但这种说法充分说明了实施的重要性，实施工作确实与 ERP 项目最终的成败密切相关。虽然现在的许多 ERP 供应商都提供实施服务，毕竟他们最了解自己的软件，可以最大限度地挖掘软件的潜力，但是现在众多的上 ERP 项目的企业更多地选择由第三方来完成实施工作，即由专业的 ERP 实施公司、咨询公司来完成。这主要是考虑了第三方参与在软件选型时的公正性和在实施过程中的专业性。但是，一定要注意实施、咨询服务机构与软件提供商有无利益捆绑关系。

ERP 软件是一种管理型软件。一套先进的 ERP 软件不仅应该在技术上具有先进性，而且应该在管理思想、理论和方法上都具有先进性。这在很多时候与软件供应商/实施服务提供商的资质有很大的关系。因为，一个成熟的 ERP 软件与成熟的实施方法绝不是一朝一夕形成的，这里包含着管理知识的积累与沉淀，软件流程的成熟与稳定是要靠长时间的努力才能完成的。当然，也不能光凭公司的建立时间长短来评论所提供软件的水平，还要兼顾所提供的企业管理解决方案的优化程度以及软件与本企业的匹配程度，更重要的是要看软件供应商/实施服务提供商的持续发展潜力，以便考察他们所能提供的支持、维护能力和进行二次开发的实力等。

3）方案比较。可以让相对比较满意的软件、实施服务提供商作出整套的、系统的方案，以供企业进行对比选择。另外，在软件选型时，一定要注意尽量多地走访一些实施 ERP 项目取得成功的企业，这是一种辅助进行方案比较的好方法。通过走访，一来可以更多地了解有关 ERP 的知识，特别是要注意对实施方法的了解；二来可以用第一手资料最直观地指导软件的选择。

4）文档资料的规范与齐全。ERP 软件使用的文档资料（安装手册、培训教材、实施手册等）是否详细齐全，不仅可以从一个侧面反映软件供应商的水平和实力，同时也是企业在今后实施、使用、管理 ERP 系统的重要依据。

5）实施环境。实施环境包括两个方面：①国情及法规政策，如财务会计法则等一些法令法规；②行业或企业的特殊要求。根据这些来实现流程和功能，从“用户化”和“本地化”的角度来为 ERP 选型。

除了上述五点考虑之外，还要做好对 ERP 系统的测试和评估记录，最好设计出评价标准，使对软件的评价达到量化水平。总之，企业对 ERP 软件的选型工作必须给予高度重视，要用科学的方法进行指导，为接下来的具体实施打下良好的基础，否则，可能导致软件应用偏离目标，给企业造成严重的经济损失。

2. 实施准备阶段

这一阶段要建立的项目组织和所需的一些静态数据可以在选定软件之前就着手准备和设置。在实施准备阶段，要做好以下几项工作：

（1）数据准备。在运行 ERP 系统之前，要准备和录入一系列基础数据。这些数据是在运用系统之前没有或未明确规定的，故需要做大量的分析研究工作，包括一些产品、工艺、库存等信息，还包括一些参数的设置，如系统安装调试所需信息、财务信息、需求信息等。只有充分了解了 ERP 的原理、方法，并经过培训理解了各项数据的作用和要求后，才能开始准备数据。数据准备包括数据收集、分析、整理和录入等工作。这些工作除了需要专门的人员外，还应该使用专业的软件。

数据准备的要求是及时、准确、完整和保证基础数据的质量。

（2）系统安装调试。系统的安装设计包括软、硬件的设计与安装，其中硬件方案可以与调研同步进行，但要注意考虑企业的实际情况。安装步骤的灵活性一定要考虑，因为如果安装步骤是固定不变的，是刚性的，那么在这个过程中会遇到很大的麻烦。软件的构造应该随着需要进行适当的改造，不仅要发挥其功能优势，而且要适合公司的需要。

在全面正式使用前，选择一些典型的部门作示范，试运行该软件系统是必要的。这样的试运行能够帮助企业发现一些需要调整的重大问题，而且能够在风险比较小的时候加以解决。

（3）软件原型测试。对软件功能的原型测试（Prototyping）也称计算机模拟（Computer Pilot），即根据收集的数据，录入 ERP 软件，进行原型测试工作。在这一阶段，企业测试人员应在实施顾问的指导下，系统地进行测试工作。因为 ERP 的业务数据、处理流程相关性很强，如果不按系统的处理逻辑处理，则录入的数据无法进行处理或根本不能进行录入。例如，要录入物品的入库单，则必须先录入如物品代码、库存的初始数据等。由于 ERP 系统是信息集成系统，所以在测试时应当是全系统的测试。

（4）后续工作。人们进行软件安装时常犯的一个错误就是认为一旦安装完毕，软件运行工程就结束了。其实不然，其后续支持工作也是非常重要的。软件成为企业的一部分，企业的人和企业的变动都将与这一软件的运行相关，因此也要求软件进行相应变动，包括软件功能的增加、修改或数据流本身的改变。而软件供应商应该按惯例更新他们的软件版本，以便更好地配合企业的业务。企业往往需要 IT 专业人员的长期指导与帮助。

3. 系统运行与用户化

系统运行与用户化阶段的目标和相关的任务如下：

（1）模拟运行及用户化。因为企业自身的特点，ERP 软件系统可能会有一定量的用户化与二次开发工作。例如，用户要求的特殊操作界面、报表和特殊业务等。

（2）制定工作准则与工作规程。进行了一段时间的测试和模拟运行之后，针对实施中出现的问题，项目小组会提出一些相应的解决方案。在这一阶段，就要将与之对应的工作准则与工作规程初步制定出来，并在以后的实践中不断完善。

(3) 验收。在完成必要的用户化工作、进入现场运行之前，还要经过企业最高领导的审批和验收通过，以确保 ERP 的实施质量。

(4) 切换运行。这要根据企业的条件来决定应采取的步骤，可以各模块平行一次性实施，也可以先实施一两个模块，即分步切换运行。

(5) 新系统运行。一个新系统被应用于企业后，其实施工作其实并没有完全结束，而是转入业绩评价和下一步的后期支持阶段。这是因为，有必要对系统实施的结果作一个小结和自我评价，以判断是否达到了最初的目标，从而在此基础上确定下一步工作的方向。由于市场竞争形势的发展，将会不断有新的需求提出，再加之系统的更新换代、主机技术的进步都会对原有系统构成新的挑战，所以，无论如何，都必须在巩固的基础上，通过自我业绩评价，制定下一个目标，再进行改进，从而不断地巩固和提高。

当然，这些阶段是密切相关的，一个阶段没有做好，绝不可操之过急，进入下一个阶段，否则只能是事倍功半。值得注意的是，在整个实施进程中，培训工作是贯彻始终的。不仅第一个阶段的领导层培训和有关 ERP 原理的培训很重要，而且那些贯穿于实施准备、模拟运行及用户化、切换运行、新系统运行过程中的有关培训，如软件产品培训、硬件及系统员培训、程序员培训和持续扩大培训也都是至关重要的。这个道理应该是显而易见的，因为只有员工才是系统的真正使用者，只有他们对相关的 ERP 软件产品及所要求的硬件环境有了一定的了解，才能够保证系统最终的顺利实施和应用。

三、实施 ERP 的三个关键因素

实施 ERP 系统的三个关键因素是：技术、数据和人。

ERP 系统不能以手工方式实施，所以计算机系统和网络系统的技术要求是不可缺少的，是系统实施的最基本的支撑。除了硬件上的要求之外，还必须有准确完备的数据，才可以令 ERP 系统良好地运行。有人将企业 MIS 的开发说成是“三分技术、七分组织、十二分数据”，这并不无道理。因为 MIS 是靠数据来驱动的，没有一套完整、准确、规范化的数据，它是很难可靠运转的。基础数据由系统和人用于企业的日常管理，在实现计划和进度编排以前，基础数据必须准确无误；如果基础数据有错误，会导致整个系统失败。人们常用“进去的是垃圾，出来的也是垃圾”来形容由于原始数据不准确而产生错误信息的现象。经验证明，数据不准确是导致某些企业推行 MRPⅡ/ERP 失败的主要原因。因此，在实施 ERP 系统之前，首先要下决心采取必要措施，保证各项数据的完整性和准确性。

人的因素在 ERP 系统的实施过程中是最重要的。企业的各级人员必须对 ERP 有充分的理解和认识，这是实施 ERP 系统并获得成功的关键所在。高层管理人员的参与程度、中级人员的积极性以及企业广大员工的态度，已被公认是实施 ERP 系统获得成功的最重要的因素。

有些企业实施 ERP 系统未获成功或未能充分发挥 ERP 系统的作用，究其原因，就是他们仅仅把 ERP 系统作为一个软件系统来对待，而没有充分考虑到人在其中所起到的作用。尽管他们花了很多的时间和精力去选择 ERP 系统，然而成功的 ERP 用户和不成功的 ERP 用户之间的巨大差别绝不是由软件系统的差别所造成的。人的因素解决不好，就不可能建立好的 ERP 系统。

在实施 ERP 系统的过程中，人的因素的重要性无论怎样强调也不过分。所以在重要程度上来说，以上三项关键因素的排列次序应该是：人、数据、技术。

四、ERP 实施过程中需注意的问题

从 ERP 的应用分析中，可以了解到 ERP 系统在我国企业中的应用相对于国外企业的应用并不是十分理想。究竟什么原因导致了这种现象是一个值得研究的问题。在 ERP 的实施过程中，经常会暴露出很多不利于系统实施的问题，下面列出几个较关键的问题以供参考：

1. 缺乏变革的意识

ERP 系统不是一个模仿手工的信息系统，也不是一个松散的信息系统，更不是一个专用的系统，而是一个充满变革意识的全新的信息系统。它不仅只是用计算机来处理各种信息，更重要的是在信息处理过程中，不是按照传统的管理思路，而是按照 MRP 的思路对管理进行变革。比如说，采购计划需要按计算机计算的物料需求计划的结果来下达。根据计算机下达的计划数量和需求时间，采购员只是执行采购计划，按采购计划提出采购申请，当采购申请批准之后，再与供应商签订合同建立正式的采购订单。而在以往采购计划的制定过程中，人工介入较多，准确性较差。两者一比较就可以发现业务流程发生了变化，这对采购业务来说就是一种变革。当然，如果采购员能够接受这种变革的话，ERP 的实施就会很顺利；反之，采购员如果产生抵触情绪，实施就会受阻。因此，在实施过程中，由于缺乏变革意识而导致系统实施受阻的现象时有发生。

在 ERP 的实施过程中，有些软件厂商不是努力说服用户转变观念，而是迁就用户的要求，对 ERP 进行变革，结果往往是 ERP 被改得面目全非，失去了应用 ERP 的初衷，这是在实施过程中应该避免发生的问题。

2. 没有扎实的管理基础

ERP 系统本身是一种人机系统，仅仅有计算机是不够的，还必须有人的参与、人的支持，人与计算机的交互才能真正实现 ERP 的功能。

在建立 ERP 系统时，必须做好各项数据的准备工作，包括物料清单、工艺路线、工作中心、会计科目、成本中心、物料库存等许多基础数据的准备工作。这些基础数据如果不输入计算机，ERP 系统是无法运行的。

对于管理基础比较扎实的企业来说，这些数据是随时可以得到的；但对于那些管理基础不太好的企业来说，这些基础数据的整理工作将是一项巨大的工程，工作量大，要花费很多人工和时间。比如说，现有库存量是物料需求计划计算时必须具备的项目，这项基本数据必须准确，只有这样，物料需求计划的计算结果才有实用价值。那么，如何来保证现有库存量的准确性呢？这就必须通过现有账面库存余额与实际库存进行核对，核对的方法就是进行库存盘点。如果平时库存数据比较准确，盘点工作量比较小；反之，盘点工作量较多，当然花费的时间也就多。如果无法及时、准确地准备好库存数据，ERP 就无法实施。所以一些基础不太好的企业，往往在实施前需指派专人进行基础数据整理，以解决此问题。

3. 实施组织不力

ERP 软件的顾问们在企业实施 ERP 之前，经常会告诫企业，必须要建立一个 ERP 推进委员会，以便不断地推进 ERP 的实施工作。这个组织其实是一个由高层决策者直接指挥、各个管理部门核心人物参加的团队。这种组织形式将为 ERP 项目功能全面地在企业中实施创造条件。

实施组织之所以采用这种团队方式，是由 ERP 项目的特性所决定的。ERP 是大型企业管

理软件，它涉及企业的全面管理，需要有一个具有开拓精神的团队，并且这个团队是由企业高层决策者亲自指挥、协调的。此外，这个团队还要具有适当的实施技巧来开展实施工作。

在我国企业中，由于企业的一些高层决策者对 ERP 理解不深、重视不够，往往将 ERP 作为一般的计算机应用项目对待，造成领导不力，企业中缺少以上的团队；或者虽然建立了团队，但由于高层决策者经常轮换，短期行为较多，缺乏长期实施的保障措施，实施的队伍不稳定，ERP 推进委员会也显得无力，推进工作的力度不大，实施时间拖得过长而引起人们对实施能否成功产生怀疑，结果造成半途而废的局面。一旦产生了这种现象，要从头开始再次实施，其阻力就更大了，于是 ERP 的实现就可能遥遥无期了。

当然，以上三方面的问题并不是不可克服的，不少企业克服了以上问题，而成功实施了 ERP 项目。

习　题

1. 企业的计划系统包括哪几个层次？每个计划的目标和任务有什么不同？
2. 企业综合生产计划编制主要有哪些步骤？主要指标有哪些？应如何确定综合生产计划指标？
3. 主生产计划是什么？它与综合生产计划有什么不同？
4. 利用表上作业法编制综合生产计划主要考虑的成本项目有哪些？
5. 什么是 MPS？MPS 处于计划中什么样的地位？其来源是什么？
6. 简述基本 MRP 的计划逻辑。
7. 物料需求计划与订货点理论的根本不同点是什么？
8. 什么是闭环 MRP 计划理论？它与基本 MRP 计划理论有何异同？
9. 什么是 MRPⅡ计划理论？它与闭环 MRP 计划理论有何异同？
10. 你能画出 MRPⅡ的逻辑流程吗？
11. ERP 是什么？它是一种软件还是一种管理理论？
12. ERP 与 MRPⅡ有何异同？
13. 你对 ERP 的未来发展有何看法？
14. 假设产品 P 由 3 个 A 及 4 个 B 组成；A 由 3 个 C 及 4 个 D 组成；D 由 2 个 E 组成。各种物料的提前期分别为：P，2 周；A、B、C，1 周；D、E，3 周。设在第 14 周需要 P 为 50 个，假设各物料目前没有库存，批量按照直接批量原则。

（1）试画出产品结构图。

（2）制定一个 MRP 计划表。

15. 产品 X 由 1 个 A 及 1 个 B 组成；A 由 2 个 E 及 2 个 F 组成；B 由 2 个 E 和 4 个 H 组成。各种物料的提前期和生产批量如表 7-15 所示。设在第 8 周需要 X 10 个，第 12 周需要 X 12 个。假设各物料目前没有库存。

（1）试画出产品结构图。

（2）制定一个 MRP 计划表。

表 7-15　各种物料的提前期和生产批量

物料名称	提前期/周	批 量政策/个	物料名称	提前期/周	批量政策/个
X	1	直接批量	E	2	30
A	1	20	F	2	40
B	1	30	H	3	30

案例：国美 ERP 大飞跃

作为我国家电零售业内的领军企业，国美电器成功部署了全新的 ERP 系统，并一跃成为具有世界最先进信息化平台的零售企业之一。

2011 年 12 月 1 日，国内最大的家电及消费电子零售连锁企业国美电器与中国连锁经营协会、中国家电协会、中国消费者协会，SAP、惠普、麦肯锡及上百家全球家电制造商，在天津召开领航者 ERP 信息系统实施成功发布会。

发布会上，国美电器总裁王俊洲正式宣布国美 ERP 信息系统实施成功，国美将加速向以商品和客户经营为中心的商业模式转型。

一、国美 ERP 信息系统实施填补家电零售业信息系统标准空白

从我国家电制造业与零售业的发展历程来看，由于两者的发展阶段不同，导致双方分工不清晰，制造业将大量人力和物力投入零售业。制造业在零售产业链上的延伸，不可避免地造成大量重复投入，产业资源浪费，其结果必然是商品销售成本的增加，而成本增加最终导致市场竞争力的降低，这是目前制造业与零售业深层次的矛盾。同时，零售业能力的不配套，也使得零售商更多地停留在物业经营和供应商经营阶段。

对此，王俊洲表示，在我国家电产业升级转型的关键时期，作为国内最大的电器零售企业之一，国美电器有责任率先承担起解决产业现有问题、推动产业快速崛起的重任，真正实现制造与零售的同步发展，提升制造业和零售业的国际竞争能力。正是基于对经济形势和行业发展的深刻判断，国美启动了以消费者需求为导向、以供需链全面整合为核心的新型商业模式转型，但要实现这一转型，必须首先打通企业内部、产业链各环节，实现信息流、物流、资金流的高度对接，因此，全面升级信息化系统势在必行。

2007 年国美集团就开始了对信息化的全球选型，2009 年正式与 SAP 合作，次年与惠普达成合作，另外还签约了 14 家国内外知名 IT 合作商。国美、SAP、惠普历时 16 个月，完成了对新 ERP 系统需求整理、蓝图设计、系统功能实现和系统切换上线。此次国美信息化系统采用了 SAP 的最新版本，并结合国美 25 年的商业经营管理经验，是我国零售业最先进的信息化系统，也成为我国零售服务行业的标杆。

二、率先开启家电供需链共赢时代

未来的竞争将是供需链之间的竞争，产业链上的各环节将成为一个紧密合作的利益共同体，这一点已被越来越多的企业所认识。对于零售企业来说，只有与供应商、消费者共赢，才能实现长久的健康发展。近年来，国美一直在推动产业供需链的无缝对接。新的 ERP 系统在提升国美核心能力的同时，打造了与供应商之间全新的信息共享平台和协同管理平台，率先开启了家电供需链共赢时代。

三、首创供需链协同管理模式与供应商和谐共赢

在谈及新系统的最大特点时，王俊洲认为是透明、开放与共享。国美通过新 ERP 系统，首次在行业内构建了“真正”联合共同体，与供应商实现了订单协同、库存协同、收入及结算协同、促销协同、商品推广协同、促销员资源共享、市场信息协同及服务协同共八大供应链协同。通过供应链的协同，国美和供应商之间资源得到最优利用，进而提高双方市场业绩，降低产业链的损耗。

在国美系统平台上，供应商可以共享包括市场基础数据、市场竞争信息、服务信息、研发信息等在内的信息，实现了零供信息的透明化、及时化、精准化和无缝对接。

在这一新的平台背景下，对零售商来说最重要的工作是发现需求，根据需求指导供应商研制适销对路的产品；对制造商来说，最重要的工作就是提升核心技术能力，快速为消费者生产满足需求的产品。双方通过协同供需链平台第一时间将产品和服务送到消费者手中，实现产品研发、市场试生产、量产等制造环节与市场环节紧密结合，形成完整的“需求—供给—创造需求”的产业链提升，在从根本上解决了产业链供需矛盾的同时，大幅提升了我国家电业的国际竞争力。

四、专注消费需求，全力保障消费利益最大化

作为我国家电零售业首个以消费需求为导向的信息化系统，国美新 ERP 系统极大地增强了零供双方发现、研究与共同满足消费需求的能力，促使整个行业回归到消费者需求这一本源上来，实现最大限度地满足消费者低成本选购产品的需求。

随着新 ERP 系统的全面应用，零供双方最重要的工作就是共同研究和满足消费需求。零售商根据需求指导供应商研制适销对路的产品，制造商提升核心技术能力快速为消费者生产产品，双方通过协同供需链平台第一时间将满足需求的产品送到消费者手中。整个产业链效率提升、成本降低，再加上零售企业大规模采购的常态化，使得消费者能够持续享受到低成本、高品质的商品。

为全面提升消费者体验，国美也在行业内首次实现了对物流能力、售后能力的实时管理，为一线销售人员提供了完整的服务能力信息，以帮助他们能够准确地按照客户需求确定送货和上门安装的时间，使得国美的服务能力、上游制造商的服务能力与消费者需求最大限度地结合，极大地提升了消费者的体验和满意度，同时也最大限度地整合了供应链的资源，并为进一步优化供应链的效率和服务能力打下了坚实的基础。从国美新 ERP 系统上线后的统计数据来看，关于物流配送和送货服务的客户投诉率大幅降低，部分分部实现了零投诉。

（一）一场艰难的战役

“虽然原有的 ERP 系统能够满足我们日常的需要，但基于推进公司商业变革和未来发展战略的考虑，几年前，我们就已决定要对信息系统进行一次全面的改造和升级。”国美副总裁、ERP 项目负责人牟贵先说。

据悉，2007 年国美就成立了 ERP 选型小组。通过长达两年的全球范围内的甄选，国美最终选择了 SAP，采用目前业内最高版本的 ERP 解决方案 ECC6.0，并聘请惠普作为 ERP 实施商。2011 年 7 月 1 日，在与惠普共同奋战一年后，国美 ERP 领航者工程成功上线，且顺利通过了“‘十一’黄金周”的考验。

回顾整个 ERP 系统的建设，牟贵先表示：“我们的项目有几个突出的特点，引起了业内的关注和惊叹。”

一是实施的范围很宽。“一般 ERP 工程在第一阶段只设置一些最基本的架构，例如财务和业务架构，而国美此次 ERP 建设的第一阶段就包含了从业务到财务、物流、CRM、全面预算等公司经营管理涉及的全部环节。这一点开创了零售企业 ERP 项目第一阶段的先河。”牟贵先说。

二是复杂度高。国美对精细化管理有明确的需求，例如要管理整个产品生命周期、要实现库存全国共享等。很多企业并不敢这么做，因为需要整合外围系统而且将产生巨大的数据，无疑会加大整个系统蓝图设计与实施的复杂度，然而在惠普的帮助下，国美最终攻破了这个难关。

三是时间短。涵盖范围这么宽、复杂度这么高的系统，一般企业至少需要 18 ~ 24 个月时间，但国美只用了 12 个月的时间，而且一次性成功上线。

四是组建了世界顶尖的实施团队。国美员工、惠普资深顾问、SAP 专家及业界其他资深顾问共同参与了此项项目。牟贵先表示："惠普为我们提供了很多方法论上的好建议，而且惠普的顾问特别能打能拼。"中国惠普副总裁、企业服务事业部总经理潘家驰也告诉记者，惠普将很多大项目管理经验用在了国美 ERP 项目上，并根据国美需求进行了大量的创新，才完成了这个几乎不可能实现的任务。

"我们与惠普一起打了一场艰难的战役。我们不知道别的企业能不能做到，但惠普做到了。"牟贵先如此表达对惠普的肯定。

（二）三大特色成就基业长青

在谈到新 ERP 系统的功能和意义的时候，牟贵先表示主要有以下三个方面：

首先，从范围上来看，国美 ERP 系统是国内覆盖流程最全的信息化系统，因此在经营精细化方面真正实现了核算到门店、管理到单品、绩效到个人、门店运营管理、人力资源管理、全面预算管理、财务管理等全方位。

其次，新系统极大地提升了消费者体验。牟贵先解释说："新系统中的 CRM 模块，可以更好地把握、分析消费者需求，借助分析结果，国美进行优化改善，这将大幅度提升消费者的消费体验，从而增强消费者对国美的忠诚度，这对国美的长期、可持续发展有巨大的帮助。"

此外，新系统的成功上线还使国美实现了"物资流、资金流、信息流、服务流"四流合一，不仅如此，国美的信息化平台还将对供应商开放，从而实现供需的无缝对接，最大化地优化资源，降低整条产业链的成本，最终消费者和全球供应商都将从中受益。

"我们相信，全新 ERP 系统会将国美引入一个发展更快速、管理水平更高的轨道。"牟贵先说。

（资料来源：ERP 成功案例：国美 ERP 大飞跃［EB/OL］.［2012-9-12］. http：//wenku.baidu.com/view/0e8ded2d915f804d2b16c150.html.）

问题：

1. 国美实施 ERP 的背景是什么？
2. 新 ERP 系统给国美以及整个产业带来了什么变化？
3. 国美 ERP 系统怎样实现供需链协同管理模式与供应商和谐共赢？
4. 国美实施 ERP 系统有哪些特点？

第八章

作业计划与控制

本章内容要点

- 期量标准
- 生产作业计划
- 作业排序与服务排队
- 生产控制

第一节 期量标准

期量标准又称作业计划标准，是指为加工对象（零部件、产品等）在生产期限和生产数量上所规定的标准数据。期量标准中的“期”就是时间，“量”就是数量，它是在具体编制生产作业计划中的一种主要依据。合理的期量标准对于提高生产过程的组织水平、实现均衡生产、改善生产的经济效益都有积极的作用。不同类型的企业，其期量标准不同。

大量流水生产作业的期量标准有节拍、流水线工作指示图表、在制品定额等；成批生产的期量标准有批量、生产间隔期、生产周期、提前期、在制品定额等；单件生产的期量标准有产品生产周期、提前期等。本节介绍的内容以成批生产的期量标准为例。

一、批量和生产间隔期

批量是指一次投入（或出产）生产同种制品（产品或零部件）的数量。生产间隔期又称生产重复期，是指前后两批同种制品投入或产出的间隔时间。由于成批轮番生产，企业不能像流水生产那样每天小批量地投料生产，所以需要确定一个合理的生产批量。按批量分批地生产产品是成批轮番生产类型的主要特征。

批量与生产间隔期有着密切的关系。在产品生产任务确定以后，平均日产量不变时，批量大，生产间隔期就会相应延长；反之，批量小，生产间隔期相应缩短。其相互关系可用下列公式表示

$$批量=生产间隔期\times平均日产量$$

从上式看，在生产任务已定的情况下，批量和生产间隔期只要有一个确定下来，另一个

也就相应地确定了。因此，确定批量和生产间隔期通常有两种方式，即以量定期法和以期定量法。

以量定期法就是根据技术经济效果的综合要求，先计算出一个批量，然后再根据生产任务和批量来确定生产间隔期。

批量大小对生产的经济效益有很大影响。加大生产批量，设备调整次数可以减少，设备调整费用相应减少，设备利用率提高，而且有利于简化生产的组织管理工作和生产技术准备工作，有利于提高劳动生产率。但是，相应的在制品量也会增大，对流动资金的使用不利。反之，如果批量小，就会导致频繁变动产品，设备利用率降低，产品质量和劳动生产率也会受到影响。因此，确定批量和生产间隔期需要平衡这些因素，既要满足用户要求，保证按期交货，又要有利于流动资金的有效使用，提高设备的利用率。

对于某些难以按标准批量组织生产的企业，由于生产条件不太稳定，可以采用以期定量法。

以期定量法就是先将零件按复杂程度、工艺特点、价值大小等因素分类，然后主要凭经验确定各类零件的生产间隔期。价值大的间隔期短，价值小的间隔期长，再根据间隔期和生产任务确定各类零件的批量。当生产任务变动时，生产间隔期不变，只调整批量。

以期定量法的优点是简便易行，灵活性大，容易保证零件的成套性，而且生产均衡。其缺点是经济效果较差。

二、生产周期

产品的生产周期是从原材料投入生产起，一直到成品出产为止的全部日历时间。产品的生产周期由各零部件的生产周期组成，包括零件的毛坯生产周期、机加工生产周期和装配生产周期以及各工艺阶段之间的保险期时间之和。零部件的生产周期由该零件的各个工艺阶段或工序的生产周期组成。产品生产周期结构如图 8-1 所示。

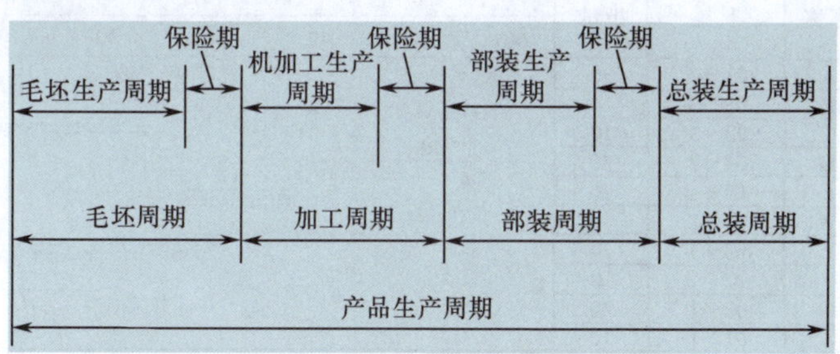

图 8-1 产品生产周期结构示意图

确定生产周期标准，一般首先根据生产流程，确定零件在各个工艺阶段上的生产周期，然后确定零件的生产周期，最后确定产品的生产周期。

（1）零件工序生产周期。它是指一批零件在某道工序上的作业时间。其计算公式如下

$$T_{oi} = \frac{t_i Q}{S F_e k_t} + t_{pi}$$

式中，T_{oi} 为一批零件第 i 道工序的生产周期，单位为天；t_i 为单件工序生产时间，单位为 min；Q 为零件批量，单位为件或个；S 为同时完成该工序的工作中心数，单位为个；F_e 为每日有效工作时间，单位为 min/天；k_t 为工时定额完成系数；t_{pi} 为第 i 道工序的准备结束时

间，单位为天。

（2）零件加工生产周期。它是指零件从投入时刻起至加工完毕的时间长度。零件在整个加工过程中要经过多道工序，生产周期在很大程度上与零件在工序间的移动方式有关。典型的移动方式有顺序移动、平行移动和顺序平行移动。其中，平行移动的时间最短，顺序移动的时间最长。因此，生产周期需要用一个平行系数加以修正，一般顺序移动方式的系数为 1.0，顺序平行移动的系数采用 0.5～0.8。零件加工生产周期的计算公式为

$$T_{o} = \alpha \sum_{i=1}^{m} T_{oi} + (m-1)t_{d}$$

式中，T_o 为一批零件的加工生产周期，单位为天；α 为平行系数；m 为工序数目；t_d 为零件在工序之间移动时的平均间断时间，包括检验、运输及等待时间，单位为天。

上式也适用于计算装配阶段的生产周期。

（3）产品生产周期。产品生产周期是各工艺阶段的生产周期与所有保险期之和。保险期包括工艺规定的自然时效时间、跨车间工序之间的协作时间及生产安全期时间，由企业具体分析而定。其计算公式如下

$$T_{o} = T_{o1} + T_{is1} + T_{o2} + T_{is2} + T_{o3} + T_{is3} + T_{o4}$$

式中，T_o 为产品生产周期；T_{o1} 为毛坯生产周期；T_{o2} 为机加工生产周期；T_{o3} 为部件装配生产周期；T_{is1} 为毛坯保险期；T_{is2} 为机加工保险期；T_{is3} 为部件装配保险期；T_{o4} 为组装生产周期。

以上单位均为天。

图 8-2 是一个简化了的产品生产周期示意图。整个产品的生产周期是 60 天。黑线表示各零件从开始生产到完工的工艺阶段，其长度表示该零件在毛坯和机加工阶段的生产周期。本例是从最后工序开始，向相反的方向画样条线所作的生产周期图，称为倒排，图中无安全时间，故是理想的生产周期图。

零部件	名称	零件编号	批量	作业日程（60 50 40 30 20 10 0）
零件	A	03—4	30	
	B	03—3	20	
部件	C	02—3	10	
零件	D	04—2	30	d
	E	04—1	20	
部件	W	03—2	10	w
零件	F	03—1	20	
部件	Y	02—2	10	y
零件	G	02—1	20	
产品	Z	01—1	10	z

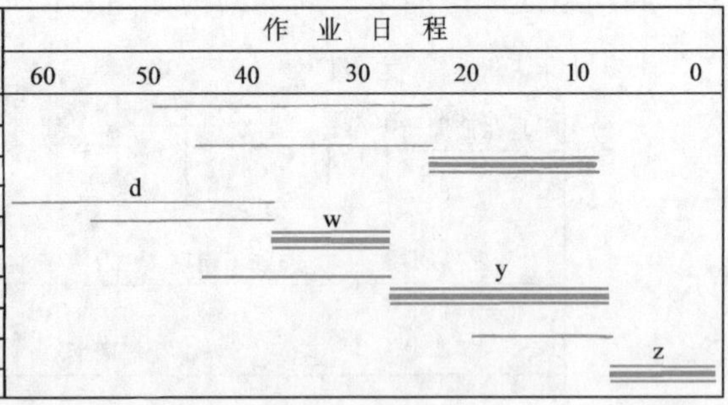

图 8-2　产品生产周期示意图

制定产品生产周期标准应注意以下问题：

1）首先找出从最初的零件加工，到部件组装，然后到总装的最长时间加工顺序路线，即关键路线，它决定了产品生产周期的最大长度。在图 8-2 中，关键路线是 d—w—y—z，时间是 60 天。

2）其余零部件的工艺加工阶段，是与关键路线上的零部件加工平行进行的，安排方法是从最后工序开始，逆向安排零件的加工顺序。这样安排可使工序间的间隔时间最短。

3）考虑各种设备的最大负荷限制，错开某些零件的加工时间，使设备负荷尽量均衡。

三、生产提前期

生产提前期是指产品（零部件）在各生产环节出产（投入）的时间同成品出产时间相比所要提前的时间。产品在每一个生产环节上都有投入和出产之分，因而提前期也分为投入提前期和出产提前期。

实践表明，构成提前期的要素较多，比如排队等候时间、加工时间、更换作业的准备时间、停放时间（等候运输的时间）、检验时间、运输时间以及其他时间。在一般多任务生产单位环境下，排队等候时间在正常情况下要占到生产提前期约 90% 的比重，而真正的加工时间比重平均不到 5%。造成排队等候加工时间如此之长的原因主要有两个：批量的大小和优先次序的先后。因此，减小批量，合理地安排零件加工的优先次序，可以降低零件的平均等候加工时间，缩短生产提前期。

提前期的计算是按工艺过程相反的顺序进行的。以机械企业为例，装配车间的出产提前期为零。机械企业生产提前期及其相互关系如图 8-3 所示。

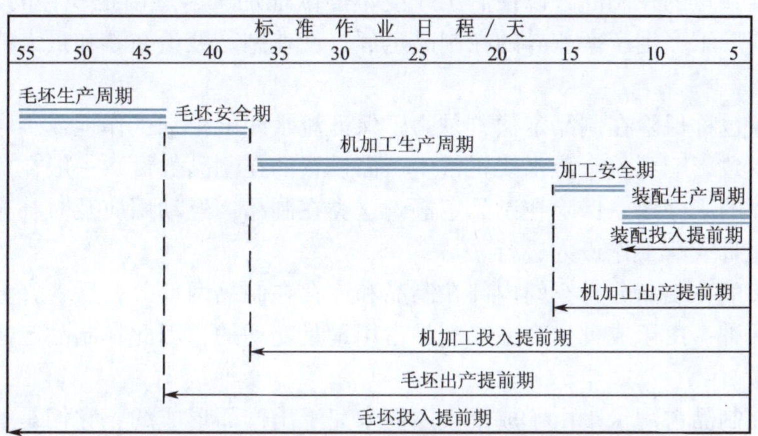

图 8-3　机械企业生产提前期及其相互关系

计算投入和出产提前期的一般公式为

车间投入提前期 = 本车间出产提前期 + 本车间生产周期

车间出产提前期 = 后车间投入提前期 + 安全期

如果各工艺阶段的批量不同，则每批产品在不同车间的生产间隔期不同，因此，投入和出产提前期的计算方法也不同。其公式为

车间投入提前期 = 本车间出产提前期 + 本车间生产周期

车间出产提前期 = 后车间投入提前期 + （本车间生产间隔期 − 后车间生产间隔期） + 安全期

四、在制品定额

在制品定额是指在一定的技术组织条件下，各生产环节为了保证生产衔接所必需的、最低限度的在制品储备量。一般来说，一定数量在制品是保证生产不断进行的必要条件。但在制品过多，又会使工作场所拥挤，产品生产周期延长，流动资金占用过多，运输保管费用增

加。因此，必须合理确定在制品定额。

企业生产类型不同，制定在制品定额的方法也各不相同。

大量生产中，在制品定额可分为流水线内（车间内）占用量和流水线间（库存）占用量两类。流水线内在制品占用量包括工艺占用量、运输占用量、周转占用量和保险占用量四种；流水线间在制品占用量包括周转占用量、运输占用量和保险占用量。

工艺占用量或称工艺在制品定额，是保证流水线全部工作地同时开始工作所必需的在制品数量，即分布在各加工、装配、检验工位上的毛坯、零件、部件、产品的数量。

运输占用量也称运输在制品定额，是指流水线内处于运输过程中的在制品数量。它取决于运输方式、运输批量、运输间隔期、产品（零部件）体积及存放地情况等因素。

周转占用量也称工序间流动在制品定额，它只存在于间断流水线中，是由于相邻工序时间定额不等、效率不协调而形成的。若前工序生产率高于后工序生产率，则一个看管周期结束，后工序会积压一批待加工的在制品（最大值）；若前工序完成任务后就停工，则后工序能逐渐加工完所积压的在制品。反之，若前工序生产率低于后工序生产率，则前工序必须提前加工积存一定数量的在制品，以便后工序能不停歇地加工，逐渐把积存的在制品加工完。这种用于平衡前后工序生产率差异的在制品定额，使在制品数量在零和最大值之间周期性地变化。

保险占用量也称保险在制品定额，是为了保证流水线上个别工作地或工序突然发生故障或出现废品，不致影响到整个流水线正常生产而设置的在制品数量。一般在负荷较高的工序或容易发生故障的工序建立保险在制品定额。这类在制品一经动用应及时补充，补充的时间一般安排在节假日或非工作班内进行。

成批生产中的在制品分为车间内部在制品和库存在制品两部分，后者又分为流动在制品和保险在制品两种。由于成批生产中在制品占用量是变动的，因此在制品定额一般是指月末时的在制品数量。

车间内部在制品占用量是由于成批投入但未完工出产而形成的，它们是整批地停留在车间内，因此要通过批数和总量来确定。具体讲，车间内部在制品定额的大小是由批量、生产周期和生产间隔期三个因素确定的，与生产周期和生产间隔期的比值有关。

库存流动在制品定额又称库存半成品占用量，它是由于前后车间的批量、生产间隔期不同而形成的，由周转半成品和保险半成品两部分组成。周转半成品占用量就是计划期末库存半成品占用量，它经常处于变动中。因前车间半成品入库与后车间半成品领用的情况不同，有多种形式，其占用量可用图解法结合计算法确定。保险半成品占用量是为防止意外原因而造成前后车间生产脱节设置的在制品占用量，可由领用车间平均日产量乘以保险期来确定。保险期是根据以往统计资料经分析后确定的。动用保险半成品占用量后，应迅速补足。

第二节　生产作业计划

一、生产作业计划的编制方法

编制作业计划就是明确生产运作各个环节的时间，不同类型的企业，编制生产作业计划使用的方法不同。按计划编制对象，生产作业计划可分为两大类，如图 8-4 所示。这里主要介绍专用件和产品的生产作业计划编制方法。对于常备件，比如标准件、通用件以及用量较大的 C 类零件，它们的补充方式完全适用于 C 类库存单元的库存控制策略，如双箱法、定期检查法等，这些一般在库存控制策略中讨论。

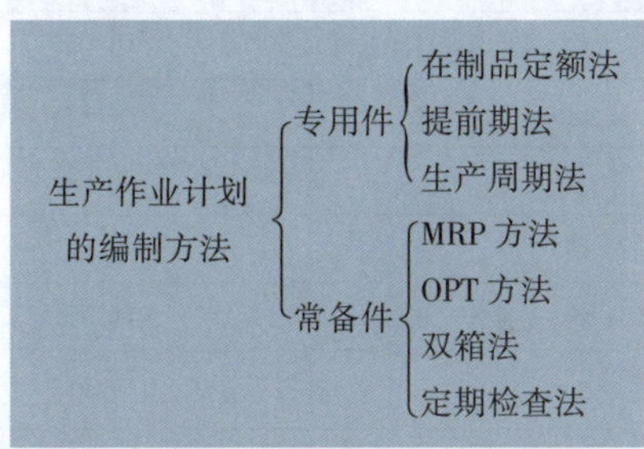

图 8-4　生产作业计划编制方法的分类

物料需求计划（MRP）系统是一种基于计算机应用、适用于产品结构复杂、具有高级制造装配过程，但需求不规律、不均衡的产品种类，批量（成批生产类型）生产的作业计划管理系统。本书在前面几章已作过介绍，下面主要介绍其余几种方法。

1. 在制品定额法

这是一种适用于流水生产或大量生产的作业计划编制方法。这类企业的特点是产量较大、生产连续性强。各生产单位之间只要认真解决好在制品、半成品的储备和供应，生产就能比较顺畅地进行。

在实际生产过程中，由于不合格品、工人缺勤、设备故障等种种因素，会导致生产量的波动。在制品定额法就是以增减在制品数量的方式来调整上述原因所导致的生产量的波动。

这种方法的基本原则是按反工艺顺序，从后向前环环相扣进行计算。先按生产计划规定的任务确定最后生产单位（车间或工艺阶段）的出产量，然后考虑其在制品的保证情况、废品出现情况、损耗情况等，确定本车间本工艺阶段的投入量。在计算出最后生产单位投入量的基础上，加上最后车间、最后工艺阶段与其前一车间、前一工艺阶段之间的库存半成品定额和有无半成品的需要等情况，确定前一车间、前一工艺阶段的出产量。依此规律，往前推算出一个一个车间、一个一个工艺阶段的出产量、投入量，直到第一车间、第一工艺阶段。在制品定额法的具体计算公式为

$$Q_{出} = Q_{后投} + M_{销} + (Z_{末库} - Z_{初库})$$

$$Q_{投} = Q_{本出} + M_{废} + (Z_{末定} - Z_{初定})$$

式中，$Q_{出}$ 为某生产单位出产量；$Q_{后投}$ 为后生产单位投入量；$M_{销}$ 为本生产单位半成品外销量；$Z_{末库}$ 为期末半成品定额；$Z_{初库}$ 为期初半成品库存结存预计；$Q_{投}$ 为某生产单位投入量；$Q_{本出}$ 为本生产单位出产量；$Z_{末定}$ 为期末生产单位在制品定额；$Z_{初定}$ 为期初生产单位在制品储备预计；$M_{废}$ 为本生产单位可能发生的废品数量。

以上单位均为件、台或个。

下面以汽车厂为例，计算各车间月度生产任务，如表 8-1 所示。

2. 提前期法

提前期法适用于成批轮番生产的企业。成批生产类型企业的主要特征是品种多、每种产

表 8-1　各车间作业计划表　（单位：个）

产品名称及出产数量			××汽车　15 000 辆	
零件编号及零件名称			A1——081 轴	A1——082 齿轮
单位数量			1	4
装配车间	①	出产量	15 000	60 000
	②	废品及损耗	—	—
	③	在制品定额	2 000	9 000
	④	期初预计在制品结存量	1 000	4 000
	⑤	投入量①+②+③-④	16 000	65 000
零件库	⑥	本成品外销量	600	—
	⑦	库存半成品定额	900	8 000
	⑧	期初预计结存量	1 000	9 100
加工车间	⑨	出产量⑤+⑥+⑦-⑧	16 500	63 900
	⑩	废品及损耗	150	450
	⑪	在制品定额	2 000	6 000
	⑫	期初预计结存量	800	2 500
	⑬	投入量⑨+⑩+⑪-⑫	17 850	67 850
毛坯库	⑭	半成品外销量	600	6 500
	⑮	库存半成品总额	3 000	12 000
	⑯	期初预计结存量	3 500	10 000
毛坯车间	⑰	出产量⑬+⑭+⑮-⑯	17 950	76 350
	⑱	废品及损耗	—	1 000
	⑲	在制品定额	500	2 600
	⑳	期初预计在制品库存量	400	1 800
	㉑	投入量⑰+⑱+⑲-⑳	18 050	78 150

品产量多少不一。由于品种轮番上下场，各个生产环节积存的在制品数量经常不一样，因而不能采用在制品定额法。但因为各品种轮番上下场，前后生产单位之间的联系主要表现在生产提前期上，所以作业计划的编制方法通常采用提前期法。

提前期法是根据最终产品的平均日产量，将生产提前期转化为提前量，并由此规定各生产单位应该达到的投入和出产累计数的一种计划方法。因此，提前期法又称累计编号法。累计编号数可以从年初或开始生产这种产品起，按出产的先后顺序累计确定。在同一时间上，某种产品越接近完成阶段，其累计编号越小；反之，其累计编号越大。具体计算步骤如下：

（1）计算产品在各车间计划期末应达到的累计生产和投入的号数。公式为

$$M_{出} = M_{后出} + T_{出} N_{后}$$

$$M_{投} = M_{后出} + T_{投} N_{后}$$

式中，$M_{出}$ 为某生产单位的出产累计数，单位为台、件或个；$M_{后出}$ 为最后生产单位的出产累计数，单位为台、件或个；$T_{出}$ 为本生产单位的出产提前期，单位为天或 h；$N_{后}$ 为最后生产

单位的平均日产量，单位为台、件/天；$M_{投}$为某生产单位的投入累计数，单位为台、件或个；$T_{投}$为本生产单位的投入提前期，单位为天或h。

（2）计算各生产单位计划期内应完成的出产量和投入量。其公式为

某生产单位计划期出产任务量＝该单位计划期末出产累计号数－该单位计划期初已出产累计号数

某生产单位计划期投入任务量＝该单位计划期末投入累计号数－该单位计划期初已投入累计号数

（3）如果严格按照批量进行生产，则计算出的出产量和投入量，按照与批量相等或成整数倍的关系，对投入量与出产量进行修正。

例8-1 某企业成批生产一种产品，在10月初已累计投入120号，累计出产100号。根据生产计划的要求，10月份装配车间累计出产达到160号，平均日产量2台，装配生产周期为10天，装配车间的批量是30件。装配车间的前一车间是机加工车间，机加工车间出产提前期为20天，投入提前期为50天，机加工车间的批量是50套。试计算机加工车间的投入、出产累计号及装配车间10月份的计划投入、出产任务量。

首先，计算各车间10月份的出产、投入累计号数，并进行修正。

$$M_{装入} = M_{装出} + T_{装入}N_{装} = (160 + 10 \times 2)\text{号} = 180\text{号}$$
$$M_{机出} = M_{装出} + T_{机出}N_{装} = (160 + 20 \times 2)\text{号} = 200\text{号}$$
$$M_{机入} = M_{装出} + T_{机入}N_{装} = (160 + 50 \times 2)\text{号} = 260\text{号}$$

修正 $$M_{机入} = [260/50] \times 50\text{号} = 250\text{号}$$

其次，计算装配车间的任务量。

出产任务量＝（160－100）件＝60件＝2批

投入任务量＝（180－120）件＝60件＝2批

采用提前期法安排生产任务有以下特点：

（1）可以同时计算各生产单位的任务，而不必按工艺顺序方向依次计算，因而加快了计划编制速度。

（2）如果计划期实际的完成情况与原来预计的数字不一致，则制造部不必修改各生产单位的计划任务书，由各生产单位自行进行调整就可以了。也就是说，某生产单位当上期任务超额完成时，就自动削减本期的计划任务；如没有完成，则未完成部分自动转为计划期任务。这样就可以简化计划的编制工作。

（3）由于同一台产品的所有零件都属于同一个累计编号，所以，只要每个生产环节都能出产到计划规定的累计号数，就能有效地保证零件的成套性。

3. 生产周期法

生产周期法是依据各项订货的交货日期和每类产品的生产周期标准，来规定各生产单位投入出产任务的方法。这种方法适用于根据订单组织生产的单件小批生产企业。这类企业的特点是产量少，重复性生产少，既不能采用在制品定额法，也不能采用累计编号法。各种产品的生产任务完全取决于订货的数量，不需要再进行计算。解决的问题是产品在各生产单位出产和投入时间能够相互衔接起来，保证成品的交货期。应用生产周期法编制生产作业计划的步骤是：

首先，编制各项订货产品的投入出产综合进度计划表。

其次，在综合进度计划中摘录出属于每个生产单位的当月应该投入和生产的任务，按订货先后顺序确定各产品零部件在各工艺阶段的投入、出产日期，就可得出当月每个单位的生产任务。

最后，分生产单位进行能力与任务的平衡。

例如，某企业三张订货合同为8606、8607、8608，产品出产时间、数量、工艺规定如表8-2所示。

表8-2　某企业产品生产周期表

订货单号	产品代号	产品出产时间	数量	单台毛坯制造时间	毛坯—机加工之间保险期	单台机加工时间	机加工—装备之间保险期	单台装配时间	单台试验时间
8606	A	10月20日 10月30日	1台 1台	10天	5天	30天	5天	20天	5天
8607	B	10月	1台	10天	5天	25天	5天	25天	5天
8608	C	11月	2台	10天	5天	20天	5天	30天	5天

首先，绘制产品投入产出综合进度表，如图8-5所示。

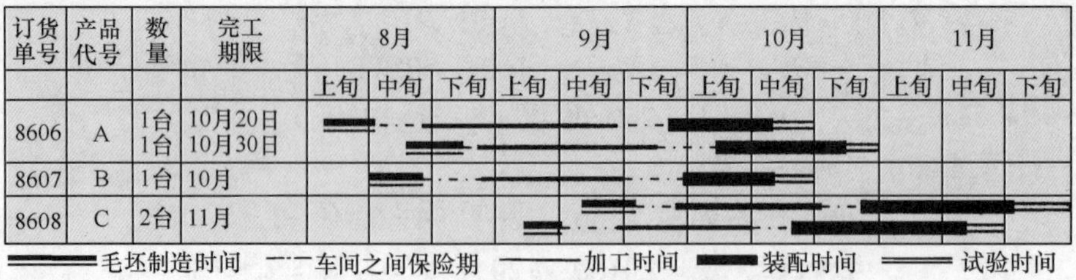

订货单号	产品代号	数量	完工期限	8月			9月			10月			11月		
				上旬	中旬	下旬	上旬	中旬	下旬	上旬	中旬	下旬	上旬	中旬	下旬
8606	A	1台 1台	10月20日 10月30日												
8607	B	1台	10月												
8608	C	2台	11月												

毛坯制造时间　车间之间保险期　加工时间　装配时间　试验时间

图8-5　产品投入产出综合进度表

然后，根据综合进度表中所列的各项生产进度的具体安排，把每一个单位的计划任务从投入出产综合进度表中单独取出来，重新加以编制，绘制成作业计划表的形式，经过能力与任务平衡后下达给每个生产单位，如图8-6所示。

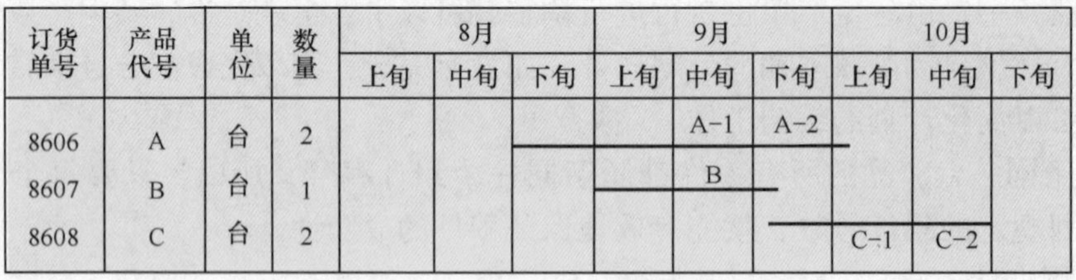

订货单号	产品代号	单位	数量	8月			9月			10月		
				上旬	中旬	下旬	上旬	中旬	下旬	上旬	中旬	下旬
8606	A	台	2					A-1	A-2			
8607	B	台	1					B				
8608	C	台	2							C-1	C-2	

图8-6　机加工车间作业计划表

有些单件小批生产类型的企业结合实际，还采用了网络计划技术来编制生产作业计划。

二、车间内部作业计划的编制

1. 标准计划法

该法适用于大量大批生产。通过把所加工的各种制品的投入及出产顺序、期限和数量，

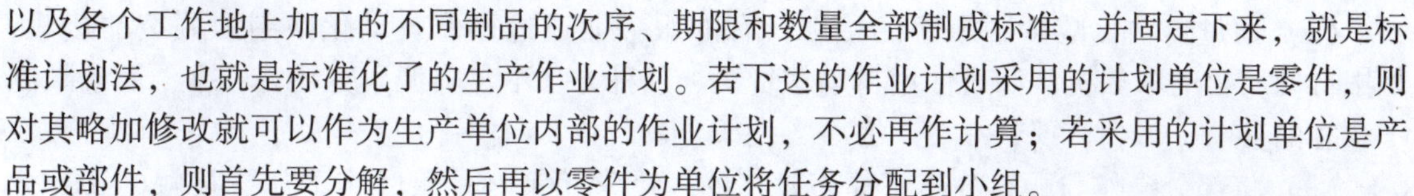

以及各个工作地上加工的不同制品的次序、期限和数量全部制成标准，并固定下来，就是标准计划法，也就是标准化了的生产作业计划。若下达的作业计划采用的计划单位是零件，则对其略加修改就可以作为生产单位内部的作业计划，不必再作计算；若采用的计划单位是产品或部件，则首先要分解，然后再以零件为单位将任务分配到小组。

2. 定期排序法

在成批生产中，每一个工作地和每一个工人要轮番生产多种零部件，轮番执行多种工序。为了使各道工序能够相互衔接地进行，使机器设备能够有充分的负荷，就必须安排零部件工序进度和机床负荷进度计划。因此，工件加工的排序问题就成为成批生产作业计划的难点，定期排序法就应运而生。关于作业排序，下一节将详细介绍。

3. 日常分配法

该法适用于单件小批量生产。在一些生产不太稳定的单件小批量生产单位，由于变化因素较多，难以预先作好长时间的安排，计划员就要根据生产任务的要求和各种设备的实际负荷情况，每天给工作地安排生产任务。

三、服务业的作业计划

制造业是通过产品为顾客服务的，而服务业是通过员工的劳动直接为顾客服务的，所以服务业的作业计划与制造业作业计划有很大的区别。由于服务业中顾客化程度较高，易受多种因素的影响，如需求的不稳定性、随机性、非均匀性及顾客参与，这就使制订服务作业计划变得复杂。许多服务企业只有在明确了服务对象之后，才能设计服务内容与服务方式。因此，制订作业计划时需要确定的作业人员、作业时间、作业标准和方法，就很难做到像制造业那样标准化、规范化。

1. 顾客参与的影响

服务业与制造业的一个显著的区别是，服务运作过程中顾客直接参与。顾客参与会给服务作业带来如下一些不利因素：

（1）由于需要与顾客接触，因此服务业员工的服务态度十分重要。服务态度直接关系到服务的质量。

（2）由于顾客参与服务过程，不少服务作业难以实现标准化，直接影响服务效率。

（3）有时为了满足顾客的心理需求，需要服务人员与之交谈。为了满足顾客的这种要求，难以控制时间，因此使顾客感到舒适和有趣的代价是损失了服务人员的时间。

（4）对服务质量的评价常常是主观的。由于服务是无形的，服务质量与顾客的感觉有关，难以获得客观的定量评价。不准确评价的信息反馈会影响员工的工作积极性，甚至影响服务质量的进一步提高。

（5）在服务作业过程中，顾客参与程度不同，对服务运作的影响也不同。比如，邮政服务，顾客的参与程度低；饭馆服务，顾客的参与程度较高；咨询服务，顾客的参与程度更高。顾客的参与程度越高，对服务效率的影响越大。

2. 减少顾客参与影响的方法

（1）通过服务标准化减少服务品种。顾客需求的多样性会造成服务品种无限多。服务品种增加会降低服务效率。服务标准化可用有限的服务满足不同的需求。饭馆里的菜单或快餐店的食品都是标准化的例子。

（2）通过自动化减少同顾客的接触。有的服务业通过操作自动化限制同顾客的接触，如银行使用自动取款机，商店使用自动售货机。这种方法不仅降低了劳动力成本，而且限制了顾客的参与。

（3）将部分操作与顾客分离。提高效率的一个常用策略是将顾客不需要接触的那部分操作同顾客分离。例如在酒店，服务员在顾客不在时才清扫房间。这样做不仅能避免打扰顾客，而且可以减少干扰，提高清扫的效率。再如饭馆，设置前台和后台，前台服务员接待顾客，为顾客提供点菜服务；后台厨师专门炒菜，不与顾客直接打交道。这样做的好处是既可改善服务质量，又可提高效率。此外，前台服务设施可以建在交通方便、市面繁华的地点，这样可以吸引更多的顾客，是顾客导向的；相反，后台设施可以集中建在地价便宜的较为偏僻的地方。

（4）设置一定量的库存。纯服务是不能库存的，但很多一般服务还是可以通过库存来调节生产活动。例如，批发和零售服务，都可以通过库存来调节。

3. 制订服务作业计划的策略

（1）固定时间表。对于那些顾客直接参与服务过程程度较低的服务业，如长途汽车、民用航空、电影歌舞等，如果完全按照顾客的需要来安排服务，会造成巨大的浪费。采用固定时间表可以兼顾顾客的需要和企业的生产能力。

（2）使用预约系统。对于那些顾客参与程度较高的服务，典型例子如牙医看病，为了正确处理服务能力与需求的关系，可采用预约系统，既满足了病人的需要，又使得牙医的时间得到充分利用。

（3）改善人员、班次安排，并为低峰时的需求提供优惠。服务需求的另外一个特点是需求的非均匀性。很多服务是每周 7 天、每天 24h 进行的，其中有些时间是负荷高峰，有些时间是负荷低谷。完全按高峰负荷安排人员，会造成人力浪费；完全按低谷负荷安排人员，又会造成供不应求，失去顾客。这就需要对每周和每天的负荷进行预测，在不同的班次或时间段安排数量不同的服务人员，既保证了服务水平，又减少了人员数量。另外，为了使有限的服务设施得到充分利用，对低谷时的需求提供低价或其他优惠，如在晚上 9 点之后打电话实行半价，就是这种策略。

（4）让顾客自己选择服务水平。设置不同的服务水平供顾客选择，既可满足顾客的不同需求，又可使不同水平的服务得到不同的收入。

（5）雇用多技能员工和半时工作人员。相对于单技能员工，多技能员工具有更大的柔性。当负荷不均匀时，多技能员工可以到任何高负荷的地方工作，从而较容易地做到负荷能力平衡。同时，对一天内需求变化大的服务业或者是季节性波动大的服务业，还可以雇用半时工作人员。在服务业采用半时工作人员来适应服务负荷的变化，如同制造业采用库存调节生产一样。

（6）顾客自我服务。如果能做到顾客自我服务，则需求一旦出现，能力也就有了，就不会出现能力与需求的不平衡。例如，顾客自己加油和洗车、超级市场购物、吃自助餐等，都是顾客自我服务的例子。

（7）采用生产线方法。一些准制造式的服务业，如麦当劳、肯德基采用生产线方法来满足顾客需求。在前台，顾客仍可按菜单点他们所需的食品；在后台，则采用流水线生产方式加工不同的元件（食品），然后按订货型生产方式将不同的食品进行组合，供顾客消费。

这种方式的生产效率非常高，从而能够做到成本低、效率高和服务及时。麦当劳是将制造业方法用于服务业的一个成功例子。

四、服务型企业的人员作业计划

正如前面所讨论过的，制造业和服务业的一个主要差异在于，服务业的顾客是直接参与服务交付过程的，与服务员工直接接触，因此在任何特定的时间段内，决定所需的服务人员的数量决策尤为关键，它不仅影响到服务效率，更关系到服务的成功与否。如果安排的人员太少，会让顾客感到自己不受重视，甚至给顾客造成不必要的等待时间；如果安排的人员太多，则会导致不必要的高劳动成本，从而降低了获利能力。因此，要在有效地满足顾客需求的同时，实现不必要的劳动成本最小化，服务型企业人员作业排序就显得尤为重要。

（一）服务型企业人员作业排序的框架

一般来说，与制造型企业类似，服务型企业也需要首先制订中长期运营计划，并在中期需求计划的基础上细化为短期作业计划。服务型企业的人员作业排序的计划跨度（计划期）通常是一周。需要一周时间的原因主要有以下几点：①为维护劳动者的合法权益；②为便于管理，全职员工和兼职员工通常也是按照每周工作时间的长短来区分的；③由于服务行业就业的灵活性，许多企业使用的都是临时工，可能会以周薪的方式支付员工的报酬。这样，服务型企业的人员作业排序可以分为以下四个基本步骤，如图 8-7 所示。

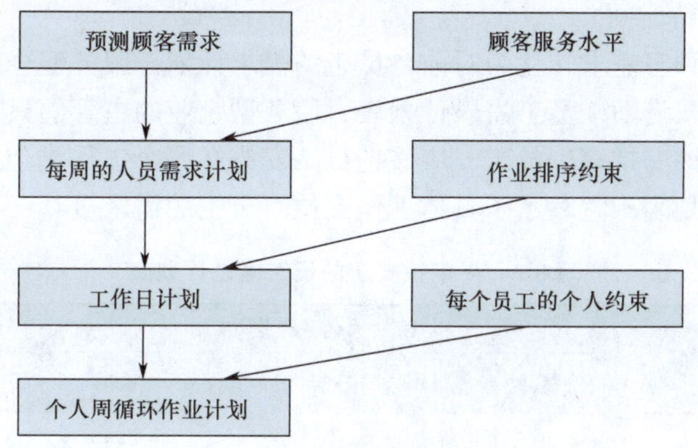

图 8-7 人员作业排序的基本步骤

1. 预测顾客需求

由于大多数服务的交付都需要顾客直接与服务人员接触，因此，顾客的到达率直接影响着服务的需求波动。比如，餐馆里的顾客必须来到餐馆就餐，直接参与到服务员服务的过程中；医院里的病人必须到医院看病，接受医生的治疗服务。除此之外，接受服务的顾客需求的多样性，也使得有效的人员作业排序显得更为复杂。因此，人员作业排序要能够满足顾客的需求，就必须精确地预测顾客的需求。

一般来讲，需要考虑以下需求模式：一天（甚至每小时）内的需求变化、一周内的需求变化、一个月内的需求变化以及季节性的需求变化。如果一天内的需求有很大的变动，通常每隔一小时或半小时就要对需求变化进行预测。如今，随着计算机和 POS 系统的普及，随时可以将顾客的需求状况记录下来，这样有助于预测短时间间隔内的顾客量。

另外，为了更有效地预测需求的变化，还需要收集与顾客需求相关的历史数据。一般在某一特定的时间间隔内，比如，以半小时或一小时为一个单元进行收集，会得到较为准确的服务顾客数量，并且通过计算机将这些数据保存下来，可供将来预测分析之用。

2. 将顾客需求转化为每周的人员需求计划

服务型企业的人员通常可以分为两大类：前台人员和后台人员。前台人员是指那些与顾客直接接触的员工，如银行的出纳员、商场里的售货员和收银员、机场登机处的工作人员等；后台工作人员是指那些不与顾客直接接触的员工，如餐厅里的厨师、机场的行李处理员等，其作业排序问题与制造业的作业排序问题相似。

由于前台工作人员需要直接与顾客接触，因此人员的作业排序问题比较复杂。换言之，前台服务人员在顾客需要服务的时候，就要及时为顾客提供服务。因此，在将顾客需求转化为每周的人员需求计划的过程中，首先必须确定顾客服务水平，也就是每位顾客到达后能得到及时服务的概率。比如，很多餐馆在一天的某一特定时间内都会提供快餐服务，就是为了能给顾客提供及时的服务。

在掌握了计划期内需要服务的顾客的数量以及为每个顾客提供的平均服务时间后，企业就能够作出排序决策，也就是这段时间内应该安排多少服务人员以达到预期的水平。一般可以通过以下三个变量之间的函数关系得到：

（1）顾客需求，如每小时有多少需要服务的顾客。

（2）可用能力，即在岗员工人数以及能够服务的每个员工的平均时间。

（3）顾客平均等待时间。

为了更有效地将顾客需求转化为对前台员工的需求计划，服务型企业还可以通过制订员工需求计划表来解决。借助于员工需求计划表，服务型企业的主管们只需查看一下计划期预计需求，就能决定应该安排多少员工，应该把员工安排在哪个工作岗位。表 8-3 所示是一家快餐店的员工需求计划表，它表示了具体工作岗位对员工的需求量。

表 8-3　一家快餐店的员工需求计划表

销售量/（元/H）	总人数/人	具体工作岗位/个						
		烤	窗口	外卖	仓储	油煎	机动	
120	4	1	1	1	—	—	1	员工需求量最少
150	5	1	1	1	—	—	2	
180	6	2	1	1	—	—	2	
210	7	2	2	1	—	—	2	
240	8	2	2	2	1	—	1	
275	9	2	2	2	1	—	2	
310	10	3	3	2	1	—	1	
345	11	3	3	2	1	1	1	
385	12	3	3	3	1	1	1	
425	13	4	3	3	1	1	1	
475	14	4	3	3	1	1	2	
525	15	4	4	3	1	1	2	
585	16	5	4	3	1	1	2	
645	17	5	5	3	1	1	2	员工需求量最多

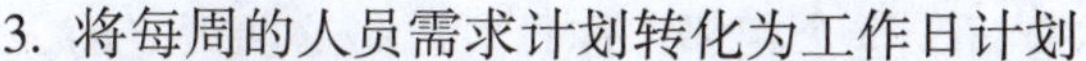

3. 将每周的人员需求计划转化为工作日计划

接下来是将每周的人员需求计划转化为工作日计划或班次计划。其基本目标就是在计划期内安排足够数量的员工，以满足目标服务水平下的预期需求。此外，一般还需要考虑一些其他影响因素，如：

（1）工会合同规定的一个工作日（班次）的最短工作时间。

（2）国家法律规定的最长工作时间。

（3）公司关于公休和午休的政策。

在最短工作时间的约束下安排员工工作日计划时，必须使需要满足的最短工作时间总和超过满足需求所需的实际工作时间。这些因素都会极大地影响公司达到目标服务水平的服务效率。

另外，在制订员工工作日计划时，许多企业更倾向于使用兼职员工而非全职员工，这样在满足客户需求的同时，又能有效地控制成本。因为兼职员工的工资和额外福利往往比全职员工要少（有的甚至没有额外福利），而且兼职员工的平均小时工资也普遍比全职员工低。通常，企业会在高峰期（如餐馆的就餐时间）或全职员工不情愿工作的时段（如医院的周末时间）雇用兼职员工。

4. 将工作日计划转化为个人周循环作业计划

将工作日计划转化为个人周循环作业计划，比简单地重复工作日计划更为复杂。在制订个人周循环作业计划时，一般需要把员工的病假、节假日和休假日考虑在内，同时考虑如果在假期要求员工加班需要支付的加班费用。例如，医院的员工排班在主要节假日期间尤为紧张。此外，个人周循环作业计划需要将一周的任务具体分派到个人。因此，需要考虑每个员工的个人约束，如假期、可工作时间等。

（二）服务型企业人员作业排序举例——双休日时的人员安排

在美国，根据《公平劳动标准法案》，许多服务型企业编制作业计划时都要考虑的实际问题是，最好使员工能够享有双休日（两个连续的休息日）。《公平劳动标准法案》要求对每周超过40h的工作时（按小时工作的工人）支付加班费。很明显，如果计划不能给每个员工提供双休日，就有可能支付不必要的加班费。此外，大多数人可能更喜欢每周享有双休日。下面的这个启发性程序是目前普遍采用的方法，它是美国的詹姆斯·布朗（James Browne）和拉杰·蒂布雷威勒（Rajen Tibrewala）为解决这个问题而开发的方法。

（1）目标。根据人员工作日计划的要求，寻求可以使有双休日的五天工作制的人员数量最小的计划（假设员工对于哪两天休息并无偏好）。

（2）程序。从一周中每天需要的人员总数量开始，按一次增加一个员工的方法制订计划。此程序可以分为两个步骤：

第一步，根据每天的工人总需求量，为所有需要工作人员的每一天指派一个工人（最简单的方法就是跟踪每天所需的工人数）。正数表明工人已经被分配到那天工作。

由于第一个工人有可能被分配到全部的七天中，所以用圆圈画出需要工人数最少的连续两天。这两天可以考虑作为第一个工人的休息日。最少的两天是指这两天中需要工人数的最大值，不大于其他任何两天中需要工人数的最大值。这能保证需要工人最多的一天可以安排到工人（周一和周日尽管分处一周的两端，但可以被同时选择）。如果出现相等的情况，选择相邻的工作日需求量也最小的两天作为休息日。这个相邻工作日可以是这两天之前，也可以是之后。如果仍然相等，则选择前面的两天。

第二步，对于第二个工人，从每个是正数、没有画圈的日子里减去1，然后把结果填入第二个工人对应的行。这表明这些工作日可以少需要一个工人，因为第一个工人已经被指派过了。

对于第二个工人、第三个工人以及接下来的工人重复上面的步骤，直到不再需要工人来完成计划，如表8-4所示。

表8-4　双休日时的人员计划

	周一	周二	周三	周四	周五	周六	周日
所需人数	4	3	4	2	3	1	2
员工1	4	3	4	2	3	1	2
员工2	3	2	3	1	2	1	2
员工3	2	1	2	0	2	1	1
员工4	1	0	1	0	1	1	1
员工5	0	0	1	0	0	0	0

表8-4所示的计划方案包括5个员工，工作19天。具体来说，这个计划方案就是将员工1安排在周六、日休息，员工2安排在周五、六休息，员工3安排在周六、日休息，员工4安排在周二、三休息，员工5只在周三上班，因为其他工作日不再需要额外的劳动力了。注意，员工3和员工4在周四也休息。

第三节　作业排序与服务排队

一、作业排序

作业计划的任务是根据设备能力来对需求进行分配和排列优先次序。管理人员在编制作业计划时，经常遇到以下情况：有几项不同的任务，如几种不同的工件要在一台或一组设备上加工，每种工件都有各自的加工时间和完成时间（即交货期）的要求。由于这些工件不能同时在同一台设备上加工，而只能按一定的顺序依次加工，所以管理人员在制订出作业计划后要解决的一个问题就是如何安排这些工件的加工顺序。这就是作业计划中的作业排序问题。

所以说，排序（Sequencing）是决定在某些机器或者某些工作中心上先开始哪个作业的过程。

在日常生活中，经常可以遇到各种排序问题，凡是与此同时有多个不同的任务要完成的情况，就有作业计划和作业排序问题。例如几批不同的工件需要加工，需要向几位顾客提供服务，几个问题需要处理，病人等待就医，顾客在超市出口处等待付款，顾客在银行等待服务，飞机等待着陆，等等，都有作业计划和作业排序问题。研究排序问题有助于合理确定作业能力和服务能力，目的是以尽可能少的设施获得最大的效益。

排序不等于作业计划（Scheduling），排序确定各个工件在设备上加工的先后顺序，而作业计划不仅包括确定工件的加工顺序，还包括确定机器加工每个工件的开始时间和完成时间。在排序的基础上再给定每一个工件的加工开始和结束时间，这样就构成一个完整的作业计划。因此，作业排序和作业计划的实质是解决如何按照时间的先后，将有限的人力、物力资源分配给不同的任务，使预定的目标最优化。

（一）作业排序优先级规则

优先级规则（Priority Rules）是指在进行作业排序时使用的规则。这些规则可能很简单，仅根据某一数据对作业进行排序，比如加工时间、交货日期或者到达的顺序，也可能根据几个数据来进行排序。下面列出最常用的 10 个规则：

（1）先到先服务（First Come，First Served，FCFS）规则。这一规则是指按照订单到达的先后顺序进行加工。

（2）最短作业时间（Shortest Processing Time，SPT）规则。这一规则是指首先加工所需时间最短的作业，然后是第二短的，依次类推。此规则也称为 SOT（Shortest Operating Time）。

（3）最早交货期（Earliest Due Date，EDD）规则。这一规则是指将交货期最早的作业优先安排，而交货期要求晚一些作业则排到后面加工。交货期是指整个作业的交货期。

（4）最早开始日期，即交货日期减去作业的正常提前期（Earliest Start Date，ESD）规则。这一规则是指将最早开始的作业放在第一个进行。

（5）剩余松弛时间（Slack Time Remaining，STR）规则。剩余松弛时间是交货期前的剩余时间与剩余的加工时间的差值。这一规则是指剩余松弛时间最短的作业优先进行。

（6）每个作业的剩余松弛时间（STR/OP）。这一规则是指 STR/OP 最短的作业优先进行。STR/OP 的计算方法如下

$$\text{STR/OP}=\frac{\text{交货期前的剩余时间}-\text{剩余的加工时间}}{\text{剩余的作业数}}$$

（7）关键比率（Critical Ratio，CR）规则。关键比率是用交货日期减去当前日期的差值，再除以剩余的工作日数计算得出。关键比率最小的订单优先执行。

（8）排队比率（Queue Ratio，QR）规则。排队比率是用计划中的剩余松弛时间除以计划中的剩余排队时间计算得出的。排队比率最小的订单优先执行。

（9）后到先服务（Last Come，First Served，LCFS）规则。该规则经常作为默认规则使用。因为后到的订单放在先到的上面，而操作人员通常是先处理上面的订单。

（10）随机排序或随机处置规则。这一规则是指主管或操作人员通常随意选择他们喜欢的作业先执行。

（二）作业排序方案的评价标准

（1）满足顾客交货日期或者下游工序的交货日期。

（2）流程时间最短。流程时间也称为产出周期或产出时间，是指作业在整个流程中的时间。

（3）在制品库存量（WIP）最小。

（4）机器或者人员空闲时间最短。

（三）作业排序方法

作业排序方法主要分三种情况：n 个作业的单机排序（$n/1$）；n 个作业的双机排序（$n/2$）；

n 个作业的多机排序（n/m）。本文以 n 个作业的单机排序和双机排序为例来说明。

1. n 个作业的单机排序（$n/1$）

单机排序是作业排序中最简单、最基本的问题。当 n 个作业在一台设备上加工时，可能有 $n!$ 种排序方案。但不管是哪种方案，n 个作业的最大流程时间都是一个固定值，即与作业加工的先后顺序无关。所以，单机优化排序评价标准通常是：平均流程时间最短，最大拖期量最小或者为零。

因此，单机零件加工排序问题可按以下规则进行：

（1）SOT 规则。根据作业工序加工时间长短，按从短到长的顺序排列，可使平均流程时间最短。应用 SOT 规则可减少在制品占用量，节省流动资金。但由于未考虑交货期，所以有可能产生交货期延迟现象。

（2）EDD 规则。根据作业预定交货期的先后，按从先到后顺序排列，可使最大交货拖期量最小。这种方法又称“最早交货期”准则。EDD 规则可保证按期交货，但是平均流程时间有所增加。

（3）EDD 规则约束下的 SOT 规则。首先使用 EDD 规则，如果能得到最大拖期量 $D_{max}=0$，进而用 SOT 规则进行调整，即在无拖期的第一评价规则——EDD 规则下，进一步按第二评价规则——SOT 规则排序，使平均流程时间最短。其具体计算如下：

设在尚未排序的作业集合中，如存在有作业 J_L 满足条件：

① 交货期大于等于各作业时间之和，即 $d_L \geqslant \sum_{i=1}^{n} t_i$。

② 对于满足 $d_j \geqslant \sum_{j=1}^{n} t_j$ 的所有作业 J 中，若 $t_L \geqslant t_j$ 时，则将作业 J_L 排在最后加工，以此反复进行。

条件①表示该作业放在最后加工也不会拖期；条件②表示该作业在不发生拖期的作业中是具有最长作业时间的一个。

例 8-2 有 5 个作业在单台设备上加工，请按表 8-5 所给条件对其作业加工优先级进行排序。

表 8-5 单台设备作业排序

作业编号	J_1	J_2	J_3	J_4	J_5
作业加工时间 t_i	2	7	1	3	6
交货期 d_i	25	23	8	9	10

解 分析过程如下：

按照上述的 SOT 规则，作业加工顺序为 $J_3—J_1—J_4—J_5—J_2$，此时，所有作业在加工中心停留的平均时间，即平均流程时间最短（$\overline{F}=4.6$），但 J_5 将延期交货，最大交货拖期量 $D_{max}=2$，如表 8-6 所示。

按照 EDD 规则，加工顺序为 $J_3—J_4—J_5—J_2—J_1$，此时，$D_{max}=0$，但 $\overline{F}=10.2$，比按 SOT 规则排序的 $\overline{F}$ 大，如表 8-7 所示。

表 8-6 按 SOT 规则的排序

排序结果	J_3	J_1	J_4	J_5	J_2
作业加工时间 t_i	1	2	3	6	7
交货期 d_i	8	25	9	10	23
完工时间 C_i	1	3	6	12	19
拖期量 D_i	0	0	0	2	0
最大拖期量	$D_{max}=2$				
平均流程时间	$\overline{F}=\frac{1}{5}\times(1+3+6+12+19)=8.2$				

表 8-7 按 EDD 规则的排序

排序结果	J_3	J_4	J_5	J_2	J_1
作业加工时间 t_i	1	3	6	7	2
交货期 d_i	8	9	10	23	25
完工时间 C_i	1	4	10	17	19
拖期量 D_i	0	0	0	0	0
最大拖期量	$D_{max}=0$				
平均流程时间	$\overline{F}=\frac{1}{5}\times(1+4+10+17+19)=10.2$				

在 EDD 规则的基础上，满足了 $D_{max}=0$ 后，根据第二评价规则，找出 J_1 和 J_2。作业 J_1 的交货期 $d_1=25$，$d_1>\sum_{i=1}^{5}t_i=19$，同时作业 J_2 的交货期 $d_2=23$，$d_2>\sum_{i=1}^{5}t_i=19$，由于 $t_2>t_1$（$7>2$），故将 J_2 排在最后面。将余下 4 个作业以此反复进行，可以找到使平均流程时间较短的加工顺序，即 J_3—J_4—J_5—J_1—J_2，此时，$\overline{F}=9.2$。这是按上述在 EDD 规则约束下的 SOT 规则排序的结果，如表8-8所示。

表 8-8 在 EDD 规则约束下的 SOT 规则排序

排序结果	J_3	J_4	J_5	J_1	J_2
作业加工时间 t_i	1	3	6	2	7
交货期 d_i	8	9	10	25	23
完工时间 C_i	1	4	10	12	19
拖期量 D_i	0	0	0	0	0
最大拖期量	$D_{max}=0$				
平均流程时间	$\overline{F}=\frac{1}{5}\times(1+4+10+12+19)=9.2$				

2. n 个作业在两台机床上作业的排序（$n/2$）

稍微复杂一点的是 $n/2$ 流水车间的情况，即两个或者更多的作业必须在两台机器上以共同的工序进行加工。与 $n/1$ 的情况一样，根据某个评价准则，有一种方法可以提供最优方案。这种方法称为约翰逊规则（Johnson's Rule）或者约翰逊方法（Johnson's Method），目的是使从第一个作业开始到最后一个作业结束的总流程时间最短。应用这项技术必须满足以下几个必备条件：

（1）各项作业在各加工中心的作业时间（包含准备与加工）必须已知且固定。

（2）作业时间必须独立于作业顺序。

（3）所有作业都必须遵循同样的两步式工作顺序。

（4）没有工作优先级。

（5）在作业被移送到第二个加工中心之前，其在第一个加工中心的所有工作内容都必须结束。

约翰逊规则包括以下几个步骤：

第一步，列出每个作业在各加工中心的时间。

第二步，选择最短的加工时间。如果最短时间来自第一台机器，就将该作业排在第一位；如果来自第二台机器，则将其排在序列最后一位。

第三步，消除这项作业及其时间，进行下一步的考虑。

第四步，对于剩余的作业重复第二步和第三步，直到整个排序完成。

例 8-3 对表 8-9 所示的 5 个作业要进行同样的两步式操作，第一步操作是清洁工作，第二步是喷漆。请为这组作业排序，使总完成时间最短。

表 8-9 作业在两台设备上的加工时间 （单位：h）

作业	设备 1	设备 2	作业	设备 1	设备 2
A	6	8	D	7	6
B	3	2	E	5	3
C	1	4			

解 选出加工时间最短的作业，即作业 C，耗时 1h。根据约翰逊规则，应将对应的作业 C 排在第一位，即 C—＊—＊—＊—＊。

去掉 C，在剩余的作业中再找最小值。不难看出，最小值是 2h，它出现在设备 2 上，所以应将对应的作业 B 排在最后一位，即 C—＊—＊—＊—B。

再去掉 B，在剩余的 A、D、E 中重复上述步骤，求解过程为：

C—＊—＊—E—B

C—＊—D—E—B

C—A—D—E—B

当同时出现多个最小值时，可从中任选一个。最后，C—A—D—E—B 就是最优结果。图 8-8 是最优排序结果，并对不同排序进行了比较。

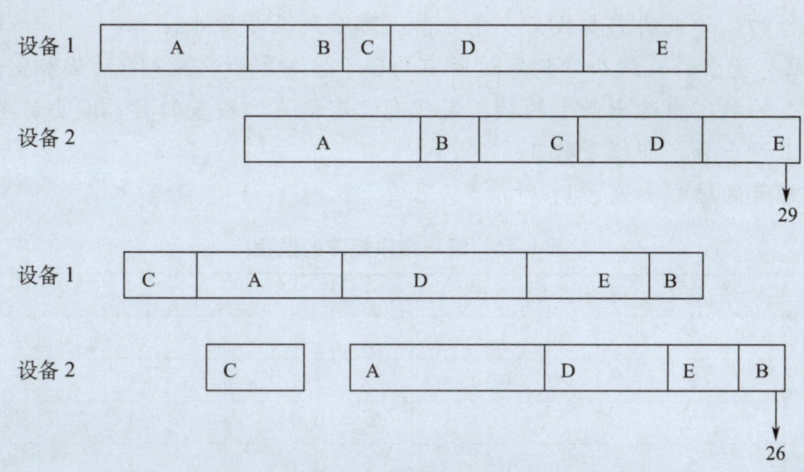

图 8-8 作业在两台设备上的不同排序方案比较

3. n 项作业的 n 机调度（n/n）

指派方法是线性规划中运输方法的一种特例，它适用于所有那些提供 n 项资源解决 n 项需求，并且目标是最大化或者最小化某些效率度量值的情况（例如 5 台机器上面的 5 项任务）。在工作中心的作业分配、每项作业的人员分配等运用这种技术十分方便，指派原则被用于解决具有以下特征的问题：

（1）有 n 个事物要被分配到 n 个目的地。

（2）每个事物必须被分配给一个目的地，且仅被分配给一个目的地。

（3）仅能采用一个标准（例如，成本最小化、利润最大化、补给时间最短）。

例 8-4 指派方法。假设一个计划人员有 5 项作业，可以在 5 台机器上完成（$n=5$）。表 8-10 显示的是每项作业机器加工成本的指派矩阵。计划人员想要设计一种成本最小化的指派。（一共存在 5！ =120 种可能的指派方法。）

表 8-10 每项作业机器加工成本的指派矩阵

	A	B	C	D	E
Ⅰ	5	6	4	8	3
Ⅱ	6	4	9	8	5
Ⅲ	4	3	2	5	4
Ⅳ	7	2	4	5	3
Ⅴ	3	6	4	5	5

解 这个问题可以用指派方法来解决。一般这种方法由以下四个步骤组成（注意：也能用 Excel Solver 来解决）：

步骤 1，每一行中的每一个数都减去该行中最小的一个数（那么每一行都至少有一个 0）。

步骤 2，每一列中的每一个数都减去该列中最小的一个数（那么每一列都至少有一个 0）。

步骤 3，判断覆盖所有 0 的直线是否恰好为 n 条，如果恰好为 n 条，那么就找到了最优的解决方案，因为所有的任务—机器组合都要安排在表格中 0 的位置，而这一检测方法下，这种结果是可行的。如果所需要线条少于 n 条，那么跳至步骤4。

步骤4，画尽量少的直线令它们穿过所有的0（也许是和步骤3中的线相同的线）。在还没有被直线覆盖的数字中选出最小的数，用所有没有被直线覆盖的数都减去这个数，在直线的交汇点上加上这个数，即得步骤3。

解决指派矩阵的过程如表8-11所示。

表8-11 解决指派矩阵的过程

步骤1：行减——对于一行的每个数字减去其中最小的数					
Ⅰ	2	3	1	5	0
Ⅱ	2	0	5	4	1
Ⅲ	2	1	0	3	2
Ⅳ	5	0	2	3	1
Ⅴ	0	3	1	2	2
步骤2：列减——对于一列的每个数字减去其中最小的数					
Ⅰ	2	3	1	3	0
Ⅱ	2	0	5	2	1
Ⅲ	2	1	0	1	2
Ⅳ	5	0	2	1	1
Ⅴ	0	3	1	0	2
步骤3：用线检验——覆盖所有0所需直线的数量是4，因为要求直线的数量是5，所以跳至步骤4					
Ⅰ	2	3	1	3	0
Ⅱ	2	0	5	2	1
Ⅲ	2	1	0	1	2
Ⅳ	5	0	2	1	1
Ⅴ	0	3	1	0	2
步骤4：未被覆盖的数字中减去最小的，并且在直线的交叉点加上这个最小值。采用步骤3中画的线条，未被覆盖的数字中最小的那个是1					
Ⅰ	1	3	0	2	0
Ⅱ	1	0	4	1	1
Ⅲ	2	2	0	1	3
Ⅳ	4	0	1	0	1
Ⅴ	0	4	1	0	3
最优解决方案：通过线条测试					
Ⅰ	1	3	0	2	0
Ⅱ	1	0	4	1	1
Ⅲ	2	2	0	1	3
Ⅳ	4	0	1	0	1
Ⅴ	0	4	1	0	3

最优指派和相应的成本如表 8-12 所示。

表 8-12 最优指派和相应的成本 （单位：美元）

作业Ⅰ指派给机器 E	3
作业Ⅱ指派给机器 B	4
作业Ⅲ指派给机器 C	2
作业Ⅳ指派给机器 D	5
作业Ⅴ指派给机器 A	3
总成本	17

注意，尽管最终表格中有三行中都有一个 0，但表 8-12 中所展示的解决方案是这个问题的唯一解，因为为了满足“指派给 0 位”的要求，作业Ⅲ必须指派给机器 C。其他的问题可能会有一个以上的最优解，当然这取决于问题所涉及的成本。

指派方法的非经济学原理是机会成本最小化。例如，如果决定指派作业Ⅰ给机器 A 而不是给机器 E，可能就牺牲了节约 2 美元（5 美元 − 3 美元）的机会成本。像步骤 1 和步骤 2 中描述的那样，指派的运算法则有效地通过行列的减法比较了不同的指派方案，在步骤 4 里作了类似的比较，很明显，如果在 0 单元格作指派，对于这个矩阵来说就没有机会成本。

4. n 项作业的 m 机调度（n/m）

复杂车间的特征是多个机器中心加工一天内间歇到达的各种不同的作业。如果有 n 项作业要在 m 台机器上加工，并且所有的作业要经过所有的机器加工，那么这个工作环境中有（$n!$）m 个可选方案。即使小型车间也会有大量的调度方案出现，计算机仿真是在这种情形下决定选择哪种优先原则的唯一实用的方法。

应该采用何种优先原则？从实际运作来看，一般认为大多数制造商的需求通过一个相对简单的优先级排序调度被合理地满足，这个优先级排序一般包括以下原则：

（1）必须是动态的，也就是在作业过程中不断地计算来反映变化的情况。

（2）必须基于松弛时间（即完成一项作业还需要的时间和剩余的交货时间差）。

新的调度方法结合仿真和人工调度完成排序调度工作。

二、服务排队

排队论在制造业和服务业运用都非常广泛，已经成为运营管理领域，如作业计划、配送系统的设计、机器和服务台的调度等方面的一个最基本的标准工具。

在制造业中，当一个零件到达时，遇到机器正在加工其他零件，就产生了排队问题；在服务业中，当一个顾客到达时，却遇到服务台正忙于服务其他顾客，那么也产生了排队问题，如餐馆等待就餐的顾客、宾馆等待预订房间的顾客、机票预订中心等待订票的顾客等。本章主要介绍服务排队系统的特性及典型的排队模型公式。

（一）排队系统特征

调查研究表明，排队系统特征主要由以下几部分组成：顾客源、到达与服务模式、服务机构（通道）以及排队规则（服务顺序）。

图 8-9 描述了一个简单的排队系统。

图 8-9　一个简单的排队系统

1. 顾客源

到达服务系统的顾客源分为有限总体和无限总体两类。有限总体是指排队系统中要求服务的顾客数量是有限的，而且通常情况下排成一队。有限总体的特点是某一位顾客离开其位置，顾客总体就少了一个，同时也减少了顾客对服务需求的概率。无限总体是指对于排队系统来说，顾客数量足够大，因而由于顾客人数增减而引起的顾客总体规模的变化不会对系统的概率分布产生显著影响。因此，解决有限总体问题和无限总体问题的公式是不同的。

2. 服务者数量

在排队系统中，“服务者”与“通道”是同义词。排队系统既可以是单通道的，也可以是多通道的。比如，只有一个收款台的小杂货店、一个外科小组，均可视为单通道；多通道系统如银行、飞机检票处和加油站等。

排队系统的另一个明显特征就是它的步骤或称之为阶段数。图 8-10 展示了最常见的一些排队系统，主要有四种形式：单通道、单阶段；单通道、多阶段；多通道、单阶段；多通道、多阶段。

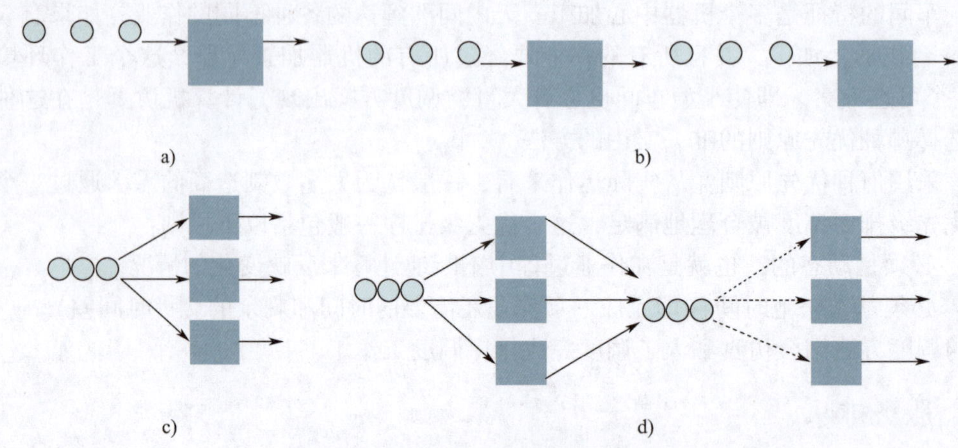

图 8-10　排队系统的四种常见形式

a）单通道、单阶段　b）单通道、多阶段
c）多通道、单阶段　d）多通道、多阶段

（1）单通道、单阶段。这是最简单的队列结构形式，只有一个排队的队列，每个排队的顾客只需要一次服务。这种排队模型在排队论中，通过简单的公式就可以解决到达人数和服务时间的标准分布问题。对于不服从标准分布的问题，可利用计算机仿真很容易地解决。单通道、单阶段的典型例子是单人美发店。

（2）单通道、多阶段。单通道、多阶段服务系统中的一个重要因素是该服务由多个服务程序组成，在各个不同服务程序中又分别形成了队列，也就是多阶段。这种队列结构的典型实例是洗车。洗车一般以一系列非常标准的服务程序——吸尘、打湿、擦洗、冲洗、晾干、洗车窗和停车——进行服务。由于服务时间的波动性，最优状态是一个服务台前可以有无限长的等候队列，最差的状态是不允许有队列，同一时间只允许有一名顾客。

（3）多通道、单阶段。多通道、单阶段服务系统的特点是同样的服务可以由多个服务通道同时进行，但每个通道的服务只需要一步完成。这种队列结构的典型例子如银行的出纳窗口和大型仓储超市的收银台。多通道、单阶段队列结构排队的问题在于：任何一个顾客不均匀的服务时间都会引起队列流动的不均匀，这就导致某些顾客先于相对于他早到的顾客接受服务，同时也在一定程度上影响顾客挪动队列。如果要改变这种结构，以保证到达顾客按到达时间顺序接受服务，则要排列成一个单队，当一个服务台空出来时，队列最前面的顾客就可接受服务。现在机场里的检票台以及银行的叫号柜台使用的就是这种队列结构。

（4）多通道、多阶段。多通道、多阶段队列结构与前面的多通道、单阶段队列结构非常相似，只不过这种结构的每个通道都可由两个或多个服务台组成。医院接待病人的系统就是这种结构，其具体程序一般是：与登记处联系、填表、领取病历卡、安排病房、护送病人住进病房等。由于在服务过程中通常可以有多个服务台，因而可以有多个病人同时接受服务。

另外，在排队系统中有一个很重要的概念，称之为能力利用率（ρ）。这个概念在前面已经提到过。它的含义是一个服务机构忙于提供服务而占用的时间比率，就是服务机构的能力利用率。能力利用率描述了服务机构的繁忙程度；而剩余的时间就是没有顾客，因而可视为空闲的时间。对于单通道服务系统，通常采用到达率与服务率之比来表示能力利用率。例如，如果顾客到达系统的速率是每小时 8 个顾客，而服务率是每小时 12 个顾客，那么能力利用率就是 8/12，即 66.7%，说明该服务机构有 33.3% 的时间是空闲的。需要特别注意的是，在确定服务机构的能力利用率时，到达率与服务率的度量单位必须相同（例如，二者均为每小时顾客数或每分钟顾客数等）。

3. 到达与服务模式

等候队列是到达与服务变化的直接后果。一般而言，它们随机发生，但在许多情况下，变化都可以用分布理论表示。一般最常用的模型是假定顾客到达速度能用泊松分布描述，服务时间则可用负指数分布表示。当到达集中或服务时间特别长时，很可能发生等候队列，如果两个条件都具备则发生的可能性最大。

泊松分布和负指数分布作为表示同一基本信息的不同方法，二者之间有一定的关联性。如果服务时间是指数的，那么服务速度就是泊松的。类似地，如果顾客到达速度是泊松的，那么到达间隔时间（即两次到达之间的时间）就是负指数的。比方说，假如一个服务场所每小时能招待 12 位顾客，平均服务时间是 5min，并且到达率是每小时 10 位，那么平均的到达间隔就是 6min。实践中应用模型时，必须证实假设与事实是否吻合。一般使用 χ^2 分布拟合优度测试来验证假设模型。

4. 排队规则

排队规则是指队列中决定顾客接受服务次序的一个或一系列优先规则，如图 8-11 所示。这些优先规则对整个系统的运行有巨大影响。队列中的顾客人数、平均等待时间、等待时间变化范围以及服务效率都会受排队规则的影响。

最常用的优先规则是先到先服务规则（First Come，First Served，FCFS），也称为先进先出规则（First in，First out，FIFO）。FCFS 规则是指队列中顾客接受服务的次序，以其到达顺序为根据，而与其他特性无关。当然，在实际排队服务中，每种优先规则实际上都各有优劣。

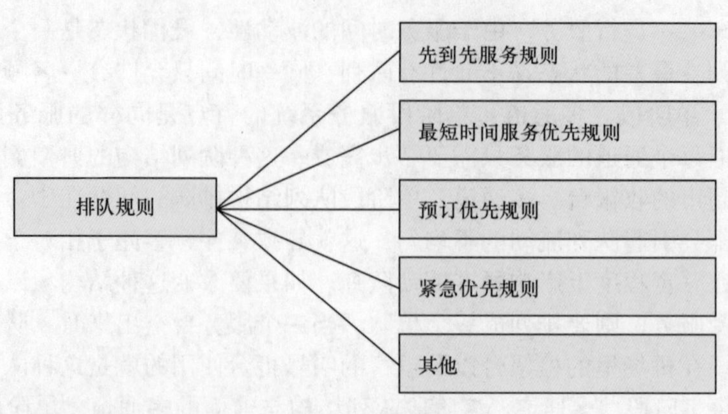

图 8-11　排队规则

（二）排队系统性能的衡量指标

评价排队系统的服务一般有以下几项衡量指标：

（1）平均顾客等待数。

（2）平均顾客等待时间。

（3）系统利用率，即服务能力利用百分比。

（4）指定水平服务能力及其等候队列的暗含成本。

（5）某一项到达必须等候服务的概率。

（三）排队模型

排队模型有很多，本章主要介绍无限来源的排队模型，在此列出三种最基本也是最常用的模型：

（1）单通道，指数分布服务时间。

（2）单通道，均匀分布服务时间。

（3）多通道，指数分布服务时间。

为方便使用排队模型，下面列出了一个用于无限来源模型的符号列表，如表 8-13 所示。

表 8-13　无限来源模型的符号

符　号	代　表
σ	标准差
λ	到达率
μ	服务率
$1/\mu$	平均服务时间
$1/\lambda$	相邻到达平均时间间隔
ρ	单个服务台的总到达率与总服务率的比值（λ/μ）
$\bar{n}_1$，L_q	队列中等待的平均顾客数
$\bar{n}_s$，L_s	系统中的平均顾客数（包括正在服务的）
$\bar{t}_1$，w_q	每个顾客平均等待时间
$\bar{t}_s$，w_s	每个顾客在系统中的平均逗留时间（包括接受服务的时间）
Q	最大队列长度
M	服务通道数
P_n	系统中顾客数为 n 的概率

三种典型排队模型的求解公式如表 8-14 所示。

表 8-14 三种典型排队模型的求解公式

模型	求解公式
模型 1	$\bar{n}_1 = \frac{\lambda^2}{\mu(\mu-\lambda)}, \bar{t}_1 = \frac{\lambda}{\mu(\mu-\lambda)}, P_n = \left(1-\frac{\lambda}{\mu}\right)\left(\frac{\lambda}{\mu}\right)^n$ $\bar{n}_s = \frac{\lambda}{\mu-\lambda}, \bar{t}_s = \frac{1}{\mu-\lambda}, \rho = \frac{\lambda}{\mu}$
模型 2	$\bar{n}_1 = \frac{\lambda^2}{2\mu(\mu-\lambda)}, \bar{t}_1 = \frac{\lambda}{2\mu(\mu-\lambda)}$ $\bar{n}_s = \bar{n}_1 + \frac{\lambda}{\mu}, \bar{t}_s = \bar{t}_1 + \frac{1}{\mu}$
模型 3	$\bar{n}_1 = \frac{\lambda\mu\left(\frac{\lambda}{\mu}\right)^M}{(M-1)!(M\mu-\lambda)^2}P_0, \bar{t}_1 = \frac{P_0}{\mu M M!\left(1-\frac{\lambda}{\mu M}\right)^2}\left(\frac{\lambda}{\mu}\right)^M$ $\bar{n}_s = \bar{n}_1 + \frac{\lambda}{\mu}, \bar{t}_s = \bar{t}_1 + \frac{1}{\mu}$ $P_0 \frac{1}{\sum_{n=0}^{M-1}\frac{\left(\frac{\lambda}{\mu}\right)^n}{n!} + \frac{\left(\frac{\lambda}{\mu}\right)^M}{M!\left(1-\frac{\lambda}{\mu M}\right)}}, \ P_W = \left(\frac{\lambda}{\mu}\right)^M \frac{P_0}{M!\left(1-\frac{\lambda}{\mu M}\right)}$

除了表 8-14 中这些求解公式以外，所有的无限来源都具备一些基本关系。这些基本关系如下：

（1）正在接受服务的顾客平均数

$$\rho = \frac{\lambda}{\mu}$$

（2）在系统中（排队的和接受服务的）的平均顾客数与排队等候服务的平均顾客数的关系

$$\bar{n}_s = \bar{n}_1 + \rho$$

（3）排队中等候服务的平均顾客等候时间

$$\bar{t}_1 = \frac{\bar{n}_1}{\lambda}$$

（4）在系统中平均顾客服务时间

$$\bar{t}_s = \bar{t}_1 + \frac{1}{\mu}$$

（5）系统中平均总顾客数直接与系统中平均总时间相关，即

$$\bar{n}_s = \lambda\bar{t}_s$$

关系（5）就是著名的利特尔法则（Little' s Law）。

（四）排队模型举例：两类典型问题

这两类典型的排队问题，是上述三种常用模型中的前两个排队模型。

问题1：排队系统中的顾客等待

例8-5 某银行正考虑开设一个单笔业务快速服务窗口。管理者估计办理业务的顾客的到达速度为每小时20人，出纳员的窗口服务速度是每小时服务25人。假设到达方式服从泊松分布，服务时间服从指数分布，试求：

（1）出纳员的利用率。

（2）平均等待顾客数。

（3）系统中平均顾客数。

（4）平均等待时间。

（5）顾客在系统中的平均逗留时间，包括服务时间。

解 根据模型1的公式，得到：

（1）出纳员的平均利用率

$$\rho = \frac{\lambda}{\mu} = \frac{20}{25} = 80\%$$

（2）平均等待顾客数

$$\bar{n}_1 = \frac{\lambda^2}{\mu(\mu - \lambda)} = \frac{20^2}{[25 \times (25 - 20)]}\text{个} = 3.2\text{个}$$

（3）系统中平均顾客数

$$\bar{n}_s = \frac{\lambda}{\mu - \lambda} = \frac{20}{25 - 20}\text{个} = 4\text{个}$$

（4）平均等待时间为

$$\bar{t}_1 = \frac{\lambda}{\mu(\mu - \lambda)} = \frac{20}{25 \times (25 - 20)}\text{h} = 0.16\text{h} = 9.6\text{min}$$

（5）顾客在系统中的平均逗留时间为

$$\bar{t}_s = \frac{1}{\mu - \lambda} = \frac{1}{25 - 20}\text{h} = 0.2\text{h} = 12\text{min}$$

例8-6 由于空间的限制及对服务水平的要求，假设银行经理希望能保证以95%的置信度，在任何系统中顾客数不超过4人。那么，在4位顾客的限制下，服务水平应为多高？为保证95%的服务水平，出纳员的服务率应为多少？

解 4位顾客或更少时的服务水平是指系统中顾客数分别为0、1、2、3或4时的概率。根据表8-11中模型1的求解公式 $P_n = \left(1 - \frac{\lambda}{\mu}\right)\left(\frac{\lambda}{\mu}\right)^n$ 可得

$$n = 0\text{时}, P_0 = \left(1 - \frac{20}{25}\right) \times \left(\frac{20}{25}\right)^0 = 0.2$$

$$n = 1\text{时}, P_1 = \left(1 - \frac{20}{25}\right) \times \left(\frac{20}{25}\right)^1 = 0.16$$

$$n = 2\text{时}, P_2 = \left(1 - \frac{20}{25}\right) \times \left(\frac{20}{25}\right)^2 = 0.128$$

$$n = 3\text{时}, P_3 = \left(1 - \frac{20}{25}\right) \times \left(\frac{20}{25}\right)^3 = 0.102$$

$$n = 4\text{时}, P_4 = \left(1 - \frac{20}{25}\right) \times \left(\frac{20}{25}\right)^4 = 0.082$$

$$0.2+0.16+0.128+0.102+0.082=0.672$$

也就是说，在4位顾客的限制下，系统服务水平是67.2%。

要求系统中不多于4位顾客的服务水平为95%，即应使$P_0+P_1+P_2+P_3+P_4=0.95$，即

$$0.95=\left(1-\frac{\lambda}{\mu}\right)\left(\frac{\lambda}{\mu}\right)^0+\left(1-\frac{\lambda}{\mu}\right)\left(\frac{\lambda}{\mu}\right)^1+\left(1-\frac{\lambda}{\mu}\right)\left(\frac{\lambda}{\mu}\right)^2+\left(1-\frac{\lambda}{\mu}\right)\left(\frac{\lambda}{\mu}\right)^3+\left(1-\frac{\lambda}{\mu}\right)\left(\frac{\lambda}{\mu}\right)^4$$

$$0.95=\left(1-\frac{\lambda}{\mu}\right)\left[1+\frac{\lambda}{\mu}+\left(\frac{\lambda}{\mu}\right)^2+\left(\frac{\lambda}{\mu}\right)^3+\left(\frac{\lambda}{\mu}\right)^4\right]$$

可以用试算法来解这个方程：

当$\lambda/\mu=0.60$时，$(1-0.6)\times(1+0.6+0.36+0.216+0.13)=0.922\neq0.95$

当$\lambda/\mu=0.55$时，$(1-0.55)\times(1+0.55+0.303+0.166+0.092)=0.94949\approx0.95$

因此，当利用率$\rho=\lambda/\mu=55\%$时，系统中顾客数不多于4位的概率是0.95。

要求95%的服务水平下的服务率，只需解方程$\lambda/\mu=55\%$，式中λ=每小时到达的顾客数，由此可解得$\mu=36.36$人/h≈36人/h。

这就是说，出纳员必须以95%的置信度，每小时为36位顾客服务，这样才能使系统中的顾客数不超过4位。另外，在95%的置信度下，保证系统中不超过4位顾客，出纳员将有45%的闲暇时间。

问题2：设备选择

例8-7　某汽车冲洗公司（ABC）被特许将加油业务与汽车冲洗业务合并在一起。ABC公司对加满油的车辆提供免费冲洗，对于不加油只冲洗的车辆收费10元。以往的经验表明：加油并且洗车的顾客数和单独洗车的顾客数大致相等。平均加一次油可盈利20元，洗一次车的成本是5元，机器人每天运转14h。

机器人有三档功率和驱动系统，该特许专营店必须先对这三档功率作出选择。选择Ⅰ档功率时，可以6min洗1辆车，每天的成本是100元；Ⅱ档功率高于Ⅰ档，4min洗1辆车，但每天的成本是180元；选择Ⅲ档功率时，每洗1辆车需3min，但每天的成本是200元。

特许专营店估计，每个顾客洗1辆车等待的时间不能超过5min，若等待的时间过长，ABC公司将失去顾客。

若估计每小时有9名顾客前来洗车，那么应该选择哪档功率？

解　选择功率Ⅰ时，根据表8-14中模型2的求解公式，可计算出顾客的平均等待时间。

选择功率Ⅰ，$\mu=10$人/h，可得

$$\bar{t}_1=\frac{\lambda}{2\mu(\mu-\lambda)}=\frac{9}{2\times10\times(10-9)}=0.45\text{h}=27\text{min}$$

对于功率Ⅱ，$\mu=15$人/h，可得

$$\bar{t}_1=\frac{9}{2\times15\times(15-9)}=0.05\text{h}=3\text{min}$$

如果等待时间是唯一标准，则应选择功率Ⅱ。但在作出最后结论之前，我们可以比较一下两者的利润。

对于功率Ⅰ，由于等待时间为27min，部分顾客会放弃接受服务。假设通过增加 t_1 = 5min 或 1/12h（平均等待时间），并从中解得 λ，这将是最有效的顾客到达率。

由 $\bar{t}_1 = \dfrac{\lambda}{2\mu(\mu - \lambda)}$ 得

$$\lambda = \frac{2\bar{t}_1\mu^2}{1 + 2\bar{t}_1\mu} = \frac{2 \times \frac{1}{12} \times 12^2}{1 + 2 \times \frac{1}{12} \times 12} \text{人/h} = 8 \text{人/h}$$

因此，既然 λ 的最初估计值是9人/h，则每小时将失去1名顾客。每小时失去1名顾客的损失 =1×14h×（20元的加油效益 +5元的洗车效益）=350元/天。

选择Ⅱ成本只增加了80元，显然，如若不选择将损失350元，所以选择功率Ⅱ而放弃功率Ⅰ。

功率Ⅱ能满足最初设定的5min等待最大限度，因此，功率Ⅲ可不予考虑，除非到达率有较大的增长。

第四节 生 产 控 制

生产控制也称为车间控制。美国生产与库存控制协会（American Production and Inventory Control Society，APICS）把“生产作业控制系统”定义为：“利用来自车间的数据和数据处理文件，来维护和传递关于车间工单和工作中心状态信息的系统。”生产控制是生产运作管理系统必不可少的重要环节。

一、生产控制的作用和功能

生产控制是生产管理的重要职能，是实现生产计划和生产作业计划的重要手段。生产计划和控制是整个生产活动的中心。计划的功能在于预先安排各项活动的内容，而生产控制的功能则在于实时调度各项与产品生产相关联的作业活动。虽然生产计划和生产作业计划对日常生产活动已作了比较周密而具体的安排，但随着时间的推移，市场需求往往会发生变化；此外，由于各种生产准备工作不周全或生产现场偶然因素的影响，计划产量和实际产量之间也会产生差距。因此，生产控制应根据各种活动过程的反馈信息，通过对生产系统状态的评价，及时监督和检查，发现偏差，进行调节和校正，以确保计划目标的实现。

生产控制的功能主要表现在以下几个方面：

（1）为每个车间的工单指派作业优先级。

（2）维护在制品数量信息。

（3）将车间工单信息传送到办公室。

（4）提供实际产出数据来为能力控制服务。

（5）根据车间工单对机位的要求，为在制品库存管理提供数量信息。

（6）测量人员和设备的效率、利用率和产量。

生产控制过程可以用图8-12来描述。

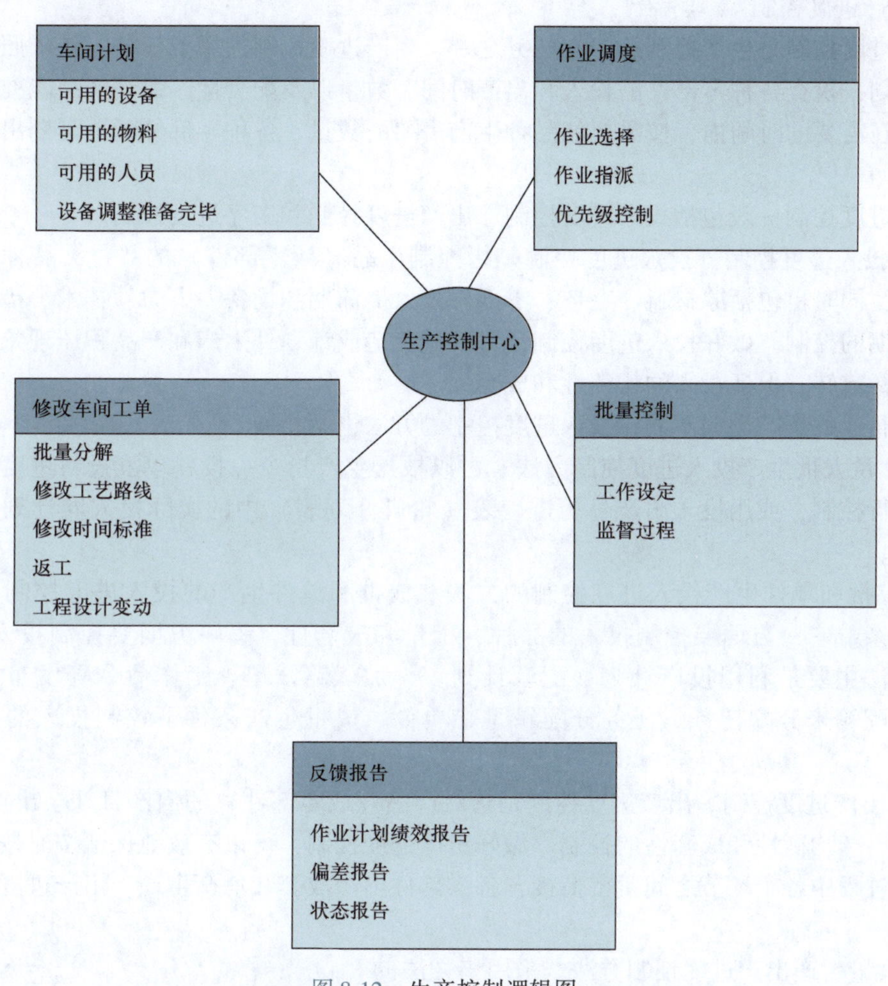

图 8-12　生产控制逻辑图

二、生产作业控制的内容和程序

在生产计划与实施之间，从下达指令安排生产、调整偏差到向计划系统反馈信息的整个过程，都可以视为生产作业控制的内容。它主要包括：生产进度控制、实物控制和信息管理。

从生产作业控制的内容来看，主要包括三方面的要素：①标准，即制订生产作业计划及其依据的各种标准；②信息，即取得实际执行结果同原有标准之间将要产生或已经产生偏差的信息；③措施，即针对将要产生或已经产生的偏差，制定解决偏差的措施。这三个要素是缺一不可的。没有生产作业计划及其依据的各种标准，就不可能有衡量执行生产作业实际结果的依据；没有事先规定和事后检查同标准发生偏差的信息，就无法了解和评价生产作业计划的执行情况，以及可能发展的趋势；不规定纠正偏差的措施，生产作业控制就成为无意义的活动。

生产作业控制的三个要素之间的关系，决定了生产作业控制的程序。生产作业控制的程序为：第一步，作业安排并确定生产作业措施标准；第二步，检测执行结果，并与标准进行比较；第三步，采取纠正偏差的措施；第四步，信息反馈。

1. 生产进度控制

生产进度控制是生产控制的中心任务之一。生产进度控制的主要任务，是依照预先制订的作业计划，检查各种零部件的投入和出产时间、数量以及配套性，保证产品能准时装配出厂，即只在需要的时间内，按需要的品种生产需要的数量，各种零部件既不延期出产，也不提前出产。

生产进度控制一般包括投入进度控制、出产进度控制和工序进度控制。

(1) 投入进度控制。投入进度控制是指控制产品（或零部件）的数量、品种是否符合计划要求，同时也包括原材料、毛坯、零部件投入提前期和设备、人力、技术、措施项目投入使用日期的控制。做好投入进度控制，可以避免造成计划外生产和产品积压现象，保持在制品的正常流转，保证投入的均衡性和成套性。

由于企业的生产类型不同，投入进度控制的方法也不相同。

1) 大量大批生产投入进度控制方法。可以根据生产指令、投料单、投料进度表、投产日报等进行控制，或用投入出产日历进度表（轮班计划表）中的实际投入同计划投入比较进行控制。

2) 成批和单件生产投入进度控制的方法。成批和单件生产的投入进度控制比大量大批生产复杂。它一方面要控制投入的品种、批量和成套性，另一方面要控制投入提前期。控制的方法主要是利用投产计划、配套计划表、加工路线单、工作命令等发布情况和利用任务分配箱来分配任务。任务分配箱是在单件、成批生产条件下控制投入的一种常用方法。

(2) 出产进度控制。出产进度控制是指对产品（或零部件）的出产日期、出产提前期、出产期、出产均衡性和成套性的控制。做好出产进度控制，可以有效地保证按时按量完成计划，生产过程中各个环节之间紧密衔接，各零部件出产成套和均衡生产。出产进度控制方法分以下几种：

1) 大量生产出产进度控制方法。采用该方法的主要目的是实现生产均衡性控制，常用的方法是图表法和均衡系数法。

图表法是生产单位将各时期的计划产量和实际产量绘制成类似于图 8-13 所示的产量动态曲线图，用以反映生产的均衡性。

图 8-13 所示实际产量曲线偏高于计划要求的产量较大，说明生产均衡性较差。对于这种情况，应加强该生产单位的生产均衡性控制。

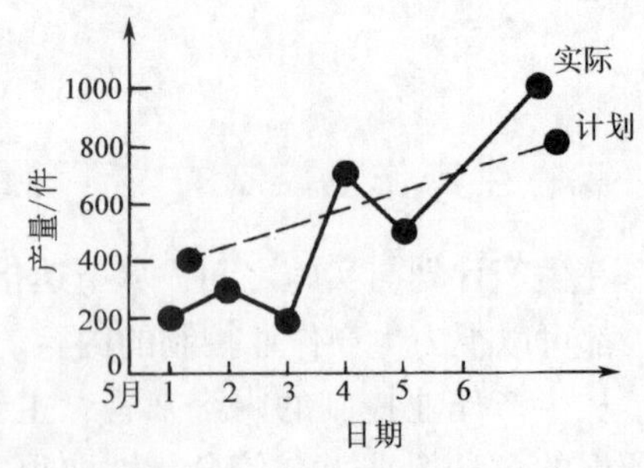

图 8-13　产量动态曲线

均衡系数法通过计算生产均衡率指标，具体说明生产均衡强度。生产均衡率指标，即报告期每日产量计划完成百分数的平均值或实际产量之和与计划产量之和的比率。计算方法如下

$$\text{日均衡率}=\frac{\text{某时期内每日完成计划（超计划仍按 100\%）之和}}{\text{某时期日数}}\times 100\%$$

假如某厂 8 月上旬的生产情况如表 8-15 所示。

表 8-15 某厂 8 月上旬的生产情况

项目 \ 日期	1	2	3	4	5	6	7	8	9	10
计划产量/件	35	35	35	40	40	40	40	45	45	45
实际产量/件	35	30	40	40	45	45	40	40	45	45
计划完成（%）	100	85.7	100	100	100	100	100	88.8	100	100

由表可知，该厂 8 月上旬的日均衡率为

$$\frac{1.0+0.857+1.0+1.0+1.0+1.0+1.0+0.888+1.0+1.0}{10}\times 100\% =97.45\%$$

$$\text{旬均衡率}=\frac{\text{每旬完成计划百分数（超计划按 100\% 计算）之和}}{3}\times 100\%$$

在计算均衡率时，之所以不考虑超出计划部分，是为防止用超出计划的部分掩盖未完成计划的现象。只有每天都完成计划任务，均衡率才能达到 100%。

2）成批生产出产进度控制方法。多品种成批生产的企业，由于产品品种比大批量生产要多，解决的主要问题是各品种的生产搭配，因此，成套性控制是成批生产出产进度控制的重要任务。其方法是利用成套性甘特图。

成套性甘特图实际上就是一种零件生产进度图，它可以清楚地表示各种零件的生产数以及可组装成整机的产品数，以便及早采取措施，改善出产成套性。图 8-14 所示就是成套性甘特图的一个应用实例。图 8-14 中，中间折线表示本月内应当制造的装配需要零件数量；右边折线表示按生产计划应当完成的零件数量，包括装配前需要积存的零件数量；左边线条表示实际完成的零件数量。

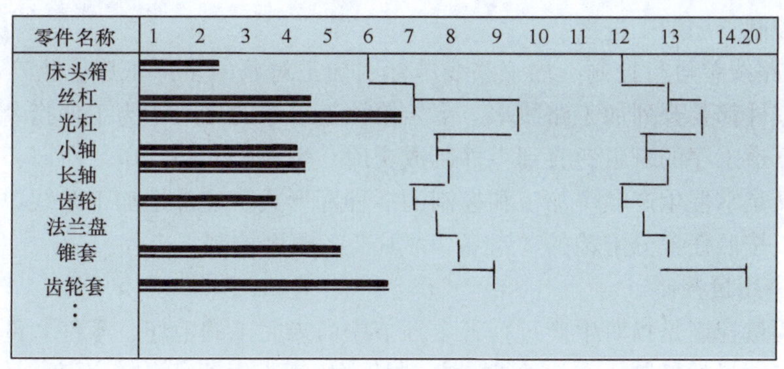

图 8-14 检查零件进度和成套性的甘特图

从图中可以看出，光杠、齿轮套、锥套完成的数量较多，能满足配套需要；而长轴、齿轮、床头箱等与配套差距较大，必须采取措施，以保证零件配套出产。如果不能把短缺的零件产量抓上去，不仅影响成品装配，而且使已出产的零件延长停放时间，造成不必要的损失。

3）单件生产出产进度控制方法。该方法主要是按订货规定的日期，把主要工艺阶段的实际进度同计划进度进行比较，如图 8-15 所示。

（3）工序进度控制。它是指对产品（零部件）在生产过程中经过的每道加工工序的进度进行的控制，主要用于单件和成批生产条件下，对那些加工周期长、工序多的产品（零

定货名称及代号	项目		完成日期及进度								
			一月			二月			三月		
			上旬	中旬	下旬	上旬	中旬	下旬	上旬	中旬	下旬
AT—18 空气压缩机	铸造	计划									
		实际									
	铸造	计划									
		实际									
	机加工	计划									
		实际									
	装配	计划									
		实际									

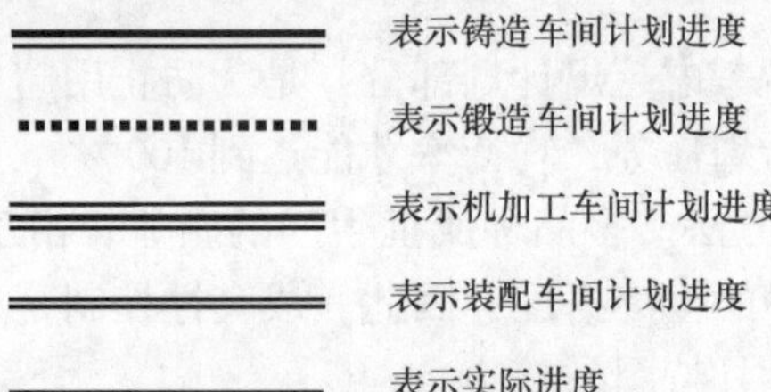

图 8-15　检查主要工艺阶段的实际进度同计划进度甘特图

部件)，除控制投入和出产进度外，还必须控制工序进度。工序进度控制的方法主要有以下几种：

1）按工票进行控制。通常把工票和台账结合起来进行控制，即对加工零件的每一工序开一工票，每完成一道工序，在台账上对该工序进行完工登记，直到最后完成。只要控制工票，就可随时控制工序加工进度。

2）按加工路线单进行控制。加工路线单标明加工对象的全部工序。生产管理部门对投入生产的每批零件都要开列加工路线单，下给第一道工序的班组作为工作指令，并按工艺路线的顺序转入下道工序的班组，直到零件制成交库，然后收回路线单。所以，加工路线单既是计划指令，又是掌握生产顺序加工和控制的一种好形式。通常把加工路线单同任务分配箱结合使用，可以按照任务分配箱的“准备”“加工”顺序控制。

2. 在制品占用量控制

在制品占用量控制是指对生产过程各个环节中尚未完工的毛坯、零件、部件和产品账目及其所在位置和数量的控制。有效地控制在制品占用量，对组织均衡生产、保证产品质量、加速资金周转、降低产品成本、提高经济效益均有重要意义。

在制品占用量控制工作的主要任务是：在整个生产过程中，保持实现均衡和配套生产所必需的在制品数量，严格控制在制品的储备量和在各个生产环节之间的流转状态，以缩短生产周期，加速流动资金的周转。

在制品控制的范围包括形成在制品占用量的实物和信息（账目、凭证等）的全过程。其具体包括：①在制品加工、检验、运送和储存的实物和账目控制；②在制品流转的实物与账目控制；③在制品投入期和出产期控制。控制方法与企业的生产类型和生产组织形式有关。

为了有效地进行在制品占用量控制工作，应当结合企业管理的现状，认真地做好以下几方面的工作：

（1）管好车间在制品、库存在制品的流转和统计。车间在制品是指车间内部正在加工、检验运输和停放而尚未完工入库的在制品。库存半成品是指车间之间待配套装配和加工的在制品，通常存放在毛坯库和零件库（中间库）。这两种类型的在制品也是一种生产能力，是储存起来的能力，具有调节和缓冲的作用，通常通过作业统计进行管理。要管好在制品的流转和统一，必须及时控制在制品的增减，建立严格的交接手续，严格控制投料，及时处理废次品，定期清点盘存，保证账物相符。在大批量生产的情况下，在制品数量比较稳定，并有标准定额，在生产过程中的移动是沿一定的路线有节奏地进行的，因此通常采用轮班表，结合统计台账来控制在制品的数量及其流转。在单件小批生产和成批生产条件下，由于产品品种以及投入和产出批量比较复杂，通常采用加工路线单和工票等凭证以及统计台账来控制在制品的数量及其流转。

（2）确定半成品、在制品的合理储备和进行成套性检查。各种半成品、在制品的合理储备，是组织均衡配套生产的重要条件。合理储备量的确定取决于企业的生产类型和生产组织形式，以及原材料、外配件、生产批量等因素，应根据各道工序需要的情况加以确定。车间和仓库都要建立毛坯、零件成套率的检查制度和对储备量的检查制度，要经常掌握在制品的变化情况，及时进行调节，使在制品数量经常保持在定额水平。

（3）加强存储管理，发挥中间仓库的控制作用。要规定在制品的保管场所和方法，明确保管责任，严格准确地执行车间（工序）之间的收付制度。重点是要求严格掌握库存在制品数量的动态变化，做到账物相符、账账相符。中间仓库要做好在制品的保存、配套和发交工作，并定期组织在制品的盘点，查清数量，调整库存台账的数字。

3. 信息管理

生产控制过程同时也是信息转换与反馈的过程。生产过程中的信息反馈有以下三种：

（1）以生产工人为对象的信息反馈。把生产工人在一个作业班内的生产情况，如完成产品产量、质量、工时和设备利用以及执行计划的结果等信息，采用一定的报表格式，如实记录反馈。

（2）以机械设备为对象的信息反馈。把机械设备加工处理的材料数量和完成的产量、质量、品种、台时利用以及执行计划的结果等信息，采用一定的仪器设备或报表格式，如实记录并反馈。例如，炼钢生产中的平炉熔炼、电炉熔炼，铸铁生产中的化铁炉记录、变电所运转记录、运输车辆作业记录等，都是这一类信息反馈的内容。

（3）以产品（加工对象）为对象的信息反馈。把某一产品从原材料投入到制成产品的全部生产过程的情况，包括投入数量、生产数量、质量、消耗的工（台）时等信息，采用一定的报表格式，如实记录并反馈。

进行信息管理要注意以下两点：

1）信息要靠采集。电子计算机的发展提升了企业信息采集的速度和质量，使信息管理在生产控制中发挥的作用越来越大。图 8-16 是某企业工票的传输路线。

2）做好信息管理工作。通过及时、准确、有效地收集数据、资料，可以为人力资源部门根据劳动力情况发放工资单提供依据；可使质量部门根据车间数据监督废品率提供依据；可以为工程部门通过分析数据改进工艺过程，计划人员根据生产单位作业情况履行自己的职责（是否修改计划）提供第一手资料和数据。

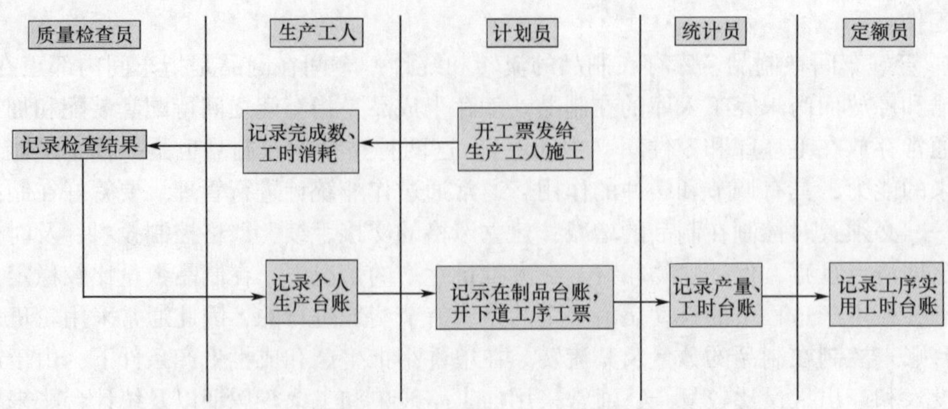

图 8-16　工票的传输路线

三、生产控制工具

有多种工具可以帮助主管来进行生产过程的控制，而且这些控制工具可以通过软件不断地对其进行更新。生产控制工具主要有：

（1）调度单。调度单告诉主管当天哪些作业需要完工，以及这些作业的优先级和作业时间，如表 8-16 所示。

表 8-16　调度单

工作中心 101，日期 3 月 5 日

开始日期	工件号	描述	运行时间/min
3 月 1 日	15121	铆钉	12
3 月 3 日	15122	轴	5
3 月 5 日	15131	锭子	21
3 月 5 日	15136	铆钉	12
3 月 7 日	15612	测量杆	7
3 月 8 日	15618	轴	5

（2）异常报告。异常报告告诉主管需要处理的特殊情况和问题。通常这些报告每周提供 1～2次。车间作业计划负责人通过异常报告检查是否有严重的、会影响主生产计划（MPS）完成的延期作业。

（3）输入/输出控制报告。它是主管用以监控每个工作中心的工作负荷与其最大负荷之间的关系的，如表 8-17 所示。如果出现极度不平衡，主管应立即识别出哪些需要进行调整。

表 8-17　输入/输出控制报告

工作中心 0162

本周完工日期	5 月 5 日	5 月 12 日	5 月 19 日	5 月 26 日
计划输入	210	210	210	210
实际输入	110	150	140	130
累积偏差	−100	−160	−230	−310
计划输出	210	210	210	210
实际输出	140	120	180	150
累积偏差	−70	−160	−190	−250

输入/输出（Input/Output，I/O）控制是生产车间控制系统的一个重要工具。其控制的主要原则是：工作中心的输入永远不能超过工作中心的输出。当输入超过输出时，就会拖欠订单，将导致作业推迟、客户不满、下游作业或相关作业延期。而且，当工作中心产生作业积压以后，就会形成阻塞，作业就会变得没有效率，到下游工作中心的工作流会变得时断时续。

（4）状态报告。状态报告将车间的运营状况总结后告诉主管，通常包括按期完工的作业数量和比例、延期并未完成的作业、产出量等。废品报告和返工报告是两种典型的例子。

在大多数现代化企业中，生产控制系统都由计算机进行控制，工件进出工作中心时，工作状态信息直接进入计算机。许多企业早就使用条形码和扫描仪来加快产生报告的流程，减少数据输入错误。但是，生产控制的一个主要问题仍然是数据不准确和缺乏及时性，当发生了这些问题以后，反馈到主生产计划（MPS）的数据信息就是错误的，结果会导致错误的决策，从而常常会造成库存过量、缺货、延误交货期、工件成本核算不准确等问题。因此，想要维护数据的完整性，就需要有一个可靠的数据采集系统，但更重要的是，要求与之相关的人员都要按照系统的规定去做。在实践中，需要进一步维护车间秩序、数据完整或数据责任等基本工作的规范性。

四、生产控制的方式

根据控制论的基本原理，对生产活动实施控制，主要的生产控制方式有三种：最初出现的是事后控制，而后是事中控制，最后是事前控制。

1. 事后控制方式

它是指根据当时的生产结果与计划目标的分析比较，提出控制措施，在下一轮生产活动中实施控制的方式。其特点是利用反馈信息实施控制，控制的重点是今后的生产活动。有人称之为负债管理，即今天的管理是为昨天欠下的债所做的。这种方式在我国企业中有着广泛的应用，在质量控制与成本控制中随处可见，特别是成本控制，大量沿用这种方式。事后控制的优点是方法简便，控制活动量小，控制费用低；但其缺点也很明显，不良结果一旦发生，损失已经造成，就无法挽回了。它的控制要点是：

（1）以计划执行后的信息为主要依据。

（2）要有较完整的统计资料。

（3）要分析内外部环境的干扰情况。

（4）对计划执行情况的分析要客观，控制措施要可行，确保下一轮计划执行的质量。

2. 事中控制方式

从本质上讲，事后控制起到的是亡羊补牢的作用。质量控制图法的出现，标志着事中控制方式的问世。质量控制图法是一种对进行中的生产系统作日常性控制的控制方式，它也是利用反馈信息实施控制的。通过作业核算和现场观测获取信息，及时把输出量与控制目标进行比较分析，作出纠正偏差的控制措施，不断地消除由干扰产生的不良后果，确保计划目标的实现。事中控制活动是经常性的，每时每刻都在进行之中。显然，它的控制重点是当前的生产过程，要把生产活动置于严密的控制之中，保证计划的顺利执行。事中控制可以避免完不成计划的损失，但是频繁的控制活动本身也需要付出代价。这种控制方式的要点是：

（1）以计划执行过程中获取的信息为依据。

（2）要有完整的、准确的统计资料和完备的现场活动信息。

（3）要有高效的信息处理系统。

（4）决策迅速，执行有力，保证及时控制。

3. 事前控制方式

生产控制出现了事中控制以后，人们自然提出是否可实行事前控制，从而防患于未然。在实践中，人们从目标管理中得到启示，创造了事前控制方式。它是在生产活动之前进行调节控制的一种方式。利用前馈信息实施控制，重心放在事前的计划与决策上，即在生产活动开始以前，根据对影响系统行为的扰动因素作种种预测，制订出控制方案。这种控制方式是十分有效的。例如，在产品设计和工艺设计阶段，对影响质量或成本的因素作出充分的估计，采取必要的措施，可以控制质量或成本要素的60%。它的控制要点是：

（1）以对扰动因素的预测作为控制的依据。

（2）对生产系统的未来行为有充分的认识。

（3）依据前馈信息制订计划和控制方案。

（4）尽可能控制住扰动因素。

企业在实际操作中，一般是将三种方式结合起来使用的。事后控制是最基本、最普遍的一种方式，但效果不如事中控制和事前控制好。在可能的情况下，应该更多地采用事中控制和事前控制。从实际应用过程来看，以事后控制为主的企业，经营效果最差；以事中控制为主的企业，经营效果较好；以事前控制为主的企业，效果最好。

习　题

1. 什么是期量标准？什么是提前期？
2. 累计编号法的基本原理是什么？有什么优点？
3. 服务业的作业计划有什么特点？如何改善服务业作业计划的规范性和标准化？
4. 作业排序的目的是什么？
5. 为什么需要生产控制？生产控制有什么作用？
6. 什么样的作业适宜按照“处理时间最长的作业首先进行”原则进行排序？
7. 生产作业控制的主要内容是________、________、________。
8. 成批生产企业的期量标准有________、________、________、________。
9. 在制品定额法一般作为（　　）企业作业计划的编制方法。

A. 成批生产　　B. 大量流水生产　　C. 单件生产　　D. 多品种生产

10. 服务业作业计划与制造业作业计划有很大的区别，其根本原因是（　　）。

A. 顾客参与　　B. 产品是无形的　　C. 很难标准化　　D. 劳动密集型

11. 生产作业计划的编制方法有（　　）。

A. 提前期法　　B. MRP方法　　C. 两箱法　　D. 图表法

12. 作业计划要确定产品的（　　）。

A. 生产批量　　B. 生产周期　　C. 投产日期和出产日期　　D. 生产品种

13. 作业排序的评价标准有（　　）。

A. 流程时间最短　　B. 成本最小　　C. 在制品量最少　　D. 机器空闲时间最短

14. 已知甲产品及各车间的批量、生产周期的标准资料如表8-18所示。

各车间之间的保险天数均为5天，月产量120台，有效工作日为24天，求各工艺阶段的投入、出产提前期。

表 8-18 甲产品及各车间的批量、生产周期的标准资料

车间	批量/件	生产周期/天	车间	批量/件	生产周期/天
装配	30	10	毛坯	120	15
加工	60	30			

15. 根据上题的资料及表 8-19 表示的 4 月份的累计数，计算 5 月份投入、出产任务累计数及生产任务 $Q_{投}$、$Q_{出}$（5 月份计划出产量 120 件）。

表 8-19 4 月份的累计数

车间 项目	装配	加工	毛坯	车间 项目	装配	加工	毛坯
出产累计数/件	30	525	770	投入累计数/件	475	695	825

16. 有 5 项待加工作业，在某加工中心的作业时间如表 8-20 所示。

表 8-20 5 项待加工作业在某加工中心的作业时间

作业编号	J_1	J_2	J_3	J_4	J_5
作业加工时间 t_i	3	7	1	5	4
交货期 d_i	23	20	8	6	14

请确定满足以下不同要求的加工顺序：

（1）平均流程时间最短。

（2）最大拖期量最小。

（3）最大拖期量为 0 条件下的平均流程时间最短。

17. 如表 8-21 所示，矩阵中是将人员 A、B、C、D 分配给作业 1、2、3、4 所需的成本。作出合理的分配使成本最小。

表 8-21 将人员 A、B、C、D 分配给作业 1、2、3、4 所需的成本

（单位：千万元）

作 业 人 员	1	2	3	4
A	7	9	3	5
B	3	11	7	6
C	4	5	6	2
D	5	9	10	12

18. 为了支持国家心脏健康宣传周的活动，心脏协会计划在学院路建立一个免费血压测量站。以往的经验表明，平均每小时有 10 人要求服务。假设顾客源是无限总体，而且到达顾客服从泊松分布，血压测量的服务率是每 5 分钟一人，假定按先到先服务规则进行服务，并且队长是无限的。请问：

（1）队列中的平均顾客数是多少？

（2）系统中的平均顾客数是多少？

（3）一个顾客在队列中的平均等待时间是多少？

（4）为了测量血压，平均每个顾客得花多少时间（包括等待时间和服务时间）？

（5）周末的到达率可以升至 12 人/h，那么队列等待的顾客数受到什么因素影响？

案例：薪酬规划公司

位于科罗拉多州博尔德市的薪酬规划公司专门为小型企业提供会计服务，这些小型企业要么每周或每两周或者每月一次将工资册交给薪酬规划公司，要么从互联网上通过电子邮件的形式传递工资册，薪酬规划公司根据这些信息编制支付计划，并签发支票。该公司的主要竞争对手是知名的PayChex公司。5月1日是星期五，薪酬规划公司的顾客送来了工资册，如表8-22所示，表中列出了各项作业的处理时间及类型。

表8-22 各项作业的处理时间及类型

顾客	类型	处理时间/min
阿伦皮货公司	每周	33
艺术世界	每两周	63
贝塔计算程序公司	每月	95
科隆诊所	每月	87
达罗制船厂	每周	72
丹佛公司	每周	15
爱登洛克旅馆	每月	26
芬克汽车修理厂	每周	28
金手套公司	每周	47
甘特枪支店	每周	32
哈戈和乔丹公司	每周	24
伊兹曼广告公司	每月	55
杰瑞冰激凌店	每周	31
凯斯通修理店	每周	33
活力公司	每周	25
莉莎面包房	每周	48
幸福生活公司	每两周	42
殉葬用品店	每周	43
新生命维生素	每周	64
欧文斯和马莎公司	每月	42
菲力干酪店	每周	24
跨克加油站	每周	14
罗金和罗宾公司	每周	74
萨姆运动用品店	每月	110
网球用品店	每周	18
特瑞斯公司	每周	13
孪生子商店	每周	22
瓦沃林电器店	每周	23
白色干洗店	每两周	64
威尔逊和琼斯公司	每月	88
文斯公司	每周	8
伍德沃斯汽车店	每月	76
Z. A. G公司	每周	36
苏兹曼体育用品店	每周	42

一般当这些顾客将工资册送到或者通过电子邮件发送给薪酬规划公司后，该公司也会按时完成打印工资支票的工作。但有时该公司也会在完成计划方面遇到一些困难，它觉得通过回顾以前的工作可以使员工在未来更好地处理相似的情况。

薪酬规划公司根据顾客的要求来设定工资支付的时间：对于要求按月付薪的公司，支付时间是上午9点；对于要求每两周付薪的公司，支付时间在中午；对于要求每周付薪的公司，支付时间是下午3点。所有业务都从到期日的深夜（午夜）开始执行。

薪酬规划公司原来使用的是“最早完工期限”法则，这种法则使按月付薪的公司得到优先考虑，而按周付薪的公司则放在最后考虑。如果顾客只是每月一次递交付薪要求，那么延迟的可能性比每周付薪的公司要小。这种方法在薪酬规划公司已经使用了10年，现在该公司希望知道这种排序方法是不是最好的。

（资料来源：Howard J Weiss，Mark E Gershon，Production and Operations Management［M］. Allyn and Bacon，1989.）

问题：

试为该公司制订更好的作业计划。

第九章

库存控制

本章内容要点

- 库存的概念及功能
- 有效库存控制的必要条件
- 单周期库存控制模型
- 多周期库存控制模型

第一节　库存控制的基本问题

一、库存及库存功能

1. 库存及分类

库存（Inventory or Stock）是为将来使用或销售而持有的资源。这些资源可以是在仓库里、生产线上或车间里，也可以是在运输中。库存的存在主要是由于供需双方在时间、空间和数量上的不确定性或者矛盾所引起的。

对库存可以从不同的角度分类：

（1）按物品需求的重复程度划分为单周期库存和多周期库存。单周期需求也称一次性订货，这种需求的特征是偶发性或物品生命周期短，因而很少重复订货。它有两种情况：一种是偶尔发生的某种物品的需求，如某些大型活动的纪念章或节日贺卡等；另一种是易腐物品或时效性很强物品的需求，如鲜鱼、鲜肉、杂志、报纸等。对于单周期需求物品的库存控制称为单周期库存问题。报童问题就是典型的单周期库存问题。

多周期需求的特点是在长时间内需求反复发生，库存需求不断补充。对多周期需求物品的库存控制称为多周期库存问题。与单周期库存相比，多周期库存问题更为普遍。

（2）按库存的作用划分为周转库存、安全库存、调节库存和在途库存。周转库存的产生是基于经济订购批量思想的库存；安全库存是为了应对需求、生产周期或供应周期等可能发生的不测变化而设置的一定数量的库存；调节库存是用于调节需求或供应的不均衡、生产速度与供应速度的不均衡、各个生产阶段的产出不均衡而设置的，如为满足季节需求而设立的库存；在途库存是指正处于运输以及停放在相邻两个工作地之间或相邻两个组织之间的库存，这种库存是一种客观存在，不是有意设置的。

(3) 按在生产过程和配送过程中所处的状态划分为原材料库存、在制品库存、维修库存、产成品库存，如图9-1所示。原材料库存包括原材料和外购零部件；在制品库存包括处在产品生产不同阶段的半成品；维修库存包括用于维修与养护的经常消耗的物品或部件；产成品库存是准备运送给消费者的完整的或最终的产品。

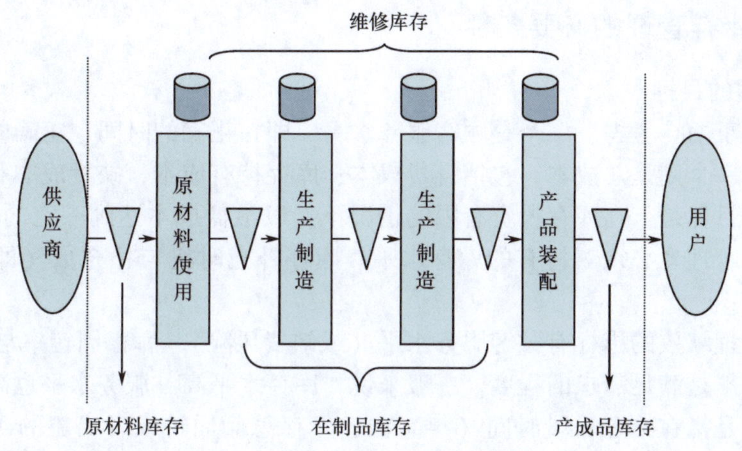

图9-1 生产过程中的库存

(4) 按库存的需求特性划分为独立需求库存与相关需求库存。独立需求库存是指用户对某种库存物品的需求与其他种类的库存无关，表现出对这种库存需求的独立性。从库存管理的角度来说，独立需求库存是指那些随机的、企业自身不能控制的，而是由市场所决定的需求。独立需求库存无论在数量上还是在时间上都有很大的不确定性，但可以通过预测方法粗略地估算。相关需求库存是指与其他需求有内在相关性的需求，根据这种相关性，企业可以精确地计算出它的需求量和需求时间，是一种确定型需求。例如，顾客对某一产品（如汽车）需求，对于生产该产品的企业来说，就是独立需求，因为这种需求与其他种类产品的需求无关，而且是随机的、企业不能控制的。而对于构成该产品的零部件及原材料（如轮胎、车门等）的需求，则是相关需求，因为一旦这种产品需求确定了，生产该产品所需的零部件及原材料的数量是确定的，是可以精确计算的。其计算详见第七章MRP的运算。

2. 库存的功能

一般来说，库存是维持正常生产、保持连续作业、应对不测需求所必需的。

(1) 满足不确定的顾客需求。顾客对产品的需求在时间与空间上均有不确定性，库存可以满足随时发生的顾客需求。

(2) 平滑对生产能力的要求。当需求与生产能力不平衡时，企业可以利用库存来调节需求的变化。如对于季节性需求，可以在淡季建立库存，以供旺季时使用，这样通过预设库存使生产能力保持均衡，更好地利用生产能力。

(3) 分离生产过程中的作业。库存可以使生产过程中密切相关的加工阶段、作业活动相对独立，使生产效率不同的各加工阶段、作业活动更独立和经济地运行，而且不会由于生产过程中某一加工阶段或作业活动的中断导致整个生产过程停止。

(4) 降低单位订购费用与生产准备费用。订购一批物品或生产一批产品，订购费用与生产准备费用与订购或生产的数量无关。如果大量订购或生产，会使单位物品或产品的订购费用或生产准备费用降低；同时，对于生产过程，如果大批量生产，还会使单位产品的生产准备时间减少，提高生产过程能力的利用，尤其对于瓶颈环节更为重要。

（5）利用数量折扣。通常供应商为了刺激销售，会对达到一定采购量的生产者提供价格优惠，采购量越大，优惠幅度越大。

（6）避免价格上涨。存储价格即将上涨的物品。

二、有效库存管理的必要条件

1. 库存管理的目标

库存管理基于两点考虑：一个是顾客服务水平，即在正确的时间、正确的地点供应适量的所需物品；另一个则是总成本，包括订货成本、库存持有成本、缺货成本和物品成本。

库存管理总目标是：在库存投资有限的情况下，以最低成本达到一定的顾客服务水平。为实现该目标，管理者必须对持有的库存水平、库存补充时机与补充量（即订货量）作出科学决策。

评价库存管理绩效的指标有顾客服务水平（或缺货风险）、库存周转率与库存天数。

顾客服务水平是满足需求的程度。一般来说，库存水平高，服务水平也高。

库存周转率是指在给定一段时间（年）内，库存总额周转或者出售的次数。它可以用年销售额（成本）除以库存价值求得。较高的周转次数意味着一定数额的投资所带来的高销售额和相应的较低单位库存成本。用公式可表示为

$$\text{库存周转率}=\frac{\text{销售额（成本）}}{\text{库存价值}}$$

库存天数是库存周转率的倒数。

2. 库存盘存系统

库存盘存系统有两种：定期盘存系统和永续盘存系统。在定期盘存系统中，按一定间隔期盘点库存中各种物品的实际数量，以确定各物品的订货数量。小型零售店经常采用这种方法。这种系统的优点是许多物品可以同时订货，使订货处理成本与运输成本更为经济。其缺点之一是在检查间隔期对物料缺乏控制；另外，为防止在检查间隔期发生缺货，需要保持额外的库存。

永续盘存系统则持续跟踪库存变化，随时掌握各物品的当前库存水平。一般当库存水平达到预先确定的最低水平时，就进行固定数量 Q 的订货，如银行的用户存取款业务。这种系统的优点是持续监控库存，有利于库存控制，及时发现缺货，减少缺货风险；此外，固定批量可以采用经济订货批量。其缺点是连续记录库存水平增加了成本，而且也需要定期对库存实际水平进行盘存。

永续盘存系统可采用双堆法或两仓法进行控制。用两个容器存放库存，取用时，先从第一个容器（堆/仓）进行，直到把它用完，然后就发出订货，第二个容器的库存满足订货期的需求。这种方法的优点是不必记录每笔库存的取用情况。双堆法是一种简单的及时库存记录系统。复杂的可以采用通用产品条形码和读码机自动记录物品的出入库情况，使得库存记录系统能够随时提供现有库存的情况，大大改善了库存管理。

永续盘存系统既可以是批处理，也可以实施实时处理。在批处理系统中，库存记录被定

期收集，进入系统。实时处理系统的优点是，库存信息总是最新的。

3. 信息支持

有效的库存管理必须有准确而充分的信息支持。它具体需要两方面信息：需求信息和费用信息。

库存是用来满足需求的，所以科学准确地预测需求数量与时间对于合理控制库存至关重要。如果需求预测不准或提前期计算不准，采用的控制策略就会失效。需求和提前期都是随机变量，难以做到十分准确，但应该知道它们的变化幅度。变化幅度越大，过量库存越大，缺货的风险也越大。

与库存有关的费用有以下几种：

（1）维持库存费用。它是维持库存所必需的费用，包括利息、折旧、税收、保险、老化和变质损失、损坏和被偷窃损失以及仓库费用（供热、供电、租金、保安）等；此外还有库存占用资金可能投资别处的机会成本。这部分费用与物品价值和平均库存量有关，是可变成本。

（2）订货费用。它是订货与收到货品的成本，包括准备发货单费用、运输费用、检验费用等。它与发生的订货次数有关。

（3）缺货损失费。它反映了由于需求大于持有的库存供应量时，失去的销售损失、信誉损失以及使生产过程中断造成的损失。缺货损失费一般很难度量。

（4）年购买费用。它是所采购物品的价值。

4. 库存的 ABC 管理

库存的 ABC 管理方法就是依据某些重要性度量标准划分物资的库存。通常依据各物资占用资金的多少将物资分为 ABC 三类：A 类物资占用了 70% ~80% 的资金，品种占 10% ~20%；B 类物资占用了 15% ~20% 的资金，品种占 30% ~40%；C 类物资占用了 5% ~10% 的资金，品种占 40% ~50%。然后对每类物资进行不同程度的控制。ABC 管理方法的特点可归纳为表 9-1。

表 9-1 ABC 管理方法的特点

类别	品种数量占总量百分比	金额占总量百分比	控制程度	记录类型	安全库存	订货策略
A	10% ~20%	70% ~80%	紧	完全、精确	低	细心、精确；经常检查
B	30% ~40%	15% ~20%	一般	完全、精确	中等	正常订货
C	40% ~50%	5% ~10%	松	简化	高	周期性订货；1 ~2 年的供应

库存的 ABC 管理方法步骤为：第一步，列出所有产品及其全年使用量。将年使用量乘以单价求得其价值。按价值的高低标出各种物资的大小序号。第二步，按序号大小将物资重新排序，并计算累积年使用金额和累积百分比。如果金额累积百分比为 70% ~80%，那么对应的物资即为 A 类物资；金额累计百分比占 80% ~95% 的物资即为 B 类物资；金额累计百分比占 95% ~100% 的物资即为 C 类物资。对 A 类物资尽可能严加控制，要求有最准确、最完整和详细的记录，要求供应商能够按订单频繁交货，压缩提前期；对 C 类物资可以加大订购量和库存量，减少日常的管理工作；对 B 类物资的管理介于 A、C 类物资管理之间。进一步发展，还有 ABCD 分类法，或将 A 类项目再分为 AAA、AA 和 A 三类的分类方法。

例 9-1　某企业 10 种物料的年使用量与资金占用情况如表 9-2 所示。

表 9-2　10 种物料的年使用量与资金占用情况

物料编号	年使用量/件	单价/元	年使用量的价值额/元
001	1 000	4.8	4 800
002	1 000	1.4	1 400
003	1 400	28	39 200
004	700	8	5 600
005	600	45	27 000
006	1 000	3.4	3 400
007	1 000	1.5	1 500
008	200	4.5	900
009	100	3	300
010	1 000	3.2	3 200
合计			87 300

将 10 种物品进行 ABC 分类，结果如表 9-3 所示。

表 9-3　对 10 种物品进行 ABC 分类的结果

物料编号	年使用量价值额/元	累计价值额/元	累计价值额比重（%）	分　类
003	39 200	39 200	44.9	A
005	27 000	66 200	75.83	A
004	5 600	71 800	82.24	B
001	4 800	76 600	87.74	B
006	3 400	80 000	91.64	B
010	3 200	83 200	95.30	C
007	1 500	84 700	97.02	C
002	1 400	86 100	98.63	C
008	900	87 000	99.66	C
009	300	87 300	100.00	C

三、独立需求下的库存控制

库存控制就是决定和调节库存物品的种类和数量，使之既不过剩又不缺货，目标是保持最佳的库存水平。维持较高的库存水平可以减少缺货风险，减少订货次数，以降低订货费用，但是库存维持费用提高了；保持较低的库存水平要依赖供应商的准时送货，虽然降低了库存维持费用，但是提高了订货次数，库存的管理时间与费用增加了。因此，需要保持合理的库存水平。

库存需求的特性不同，确定这些问题的方法也不同。对于独立需求，由于需求不是由企业本身来控制的，只能采用“补充机制”来控制库存。这种补充机制模型如图 9-2 所示。它就像一个蓄水池，右下端是用户的需求，其流量取决于需求率；左上端是补充库存，其补充量取决于库存补充率。要达到一定的服务水平，就需要保持一定的库存量。所以，对于独立需求库存的控制，关键是确定何时补充库存、每次补充多少。

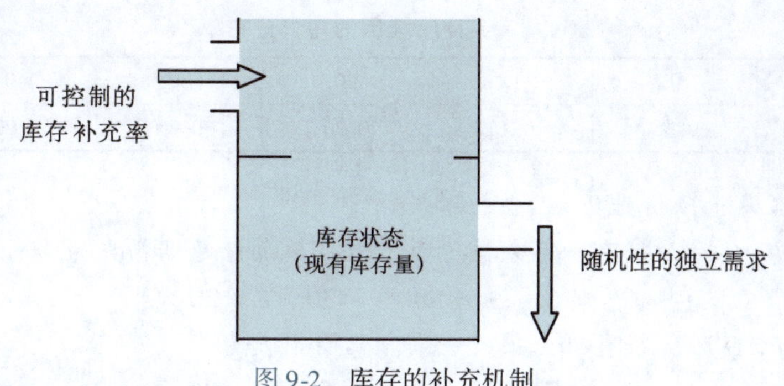

图 9-2　库存的补充机制

第二节　单周期库存控制

单周期库存模型用于容易腐烂的物品（如新鲜水果、蔬菜、海鲜、切花）以及有效期短的物品（如报纸、杂志、专用仪器的备件等）的订货。这些物品如果未出售或未使用，则不能长期持有，至少不能不受损坏地持有。例如，剩余的新鲜水果会降价出售，过期的杂志只能廉价出售给旧书店等。有时处置剩余物品还可能发生费用。

单周期库存模型主要考虑两种成本：缺货成本和过期成本。缺货成本包括对信誉的损害与错过销售的机会成本。一般情况下，缺货成本用未实现的单位利润表示，即

$$C_u = \text{单位销售额} - \text{单位成本}$$

如果短缺物品与生产过程或设备有关，则缺货成本可用延误生产的实际成本。

过期成本属于期末剩余的物品发生的成本，是物品原始成本与残值之差，即

$$C_0 = \text{单位原始成本} - \text{单位残值}$$

如果处置过期物品时发生了费用，则残值为负，这会增加过期成本。

单周期库存模型的作用是确定订货量或库存水平，使过期成本与缺货成本最小。

确定单周期最佳订货量可采用期望损失最小法、期望利润最大法或边际分析法。

一、期望损失最小法

期望损失最小法就是比较不同订货量下的期望损失，取期望损失最小的订货量作为最佳订货量。已知库存物品的单位成本为 C，单位售价为 P，若在预定时间内卖不出去，则单价只能降为 S（$S<C$）卖出。若 S 为负，表示对剩余物品处置需要的费用，单位超储损失为 $C_0 = C - S$；若需求超过存货，则单位缺货损失（机会损失）为 $C_u = P - C$。设订货量为 Q 时的期望损失为 $E_L(Q)$，则取使 $E_L(Q)$ 最小的 Q 作为最佳订货量。$E_L(Q)$ 可通过下式计算

$$E_L(Q) = \sum_{d>Q} C_u(d-Q)P(d) + \sum_{d<Q} C_0(Q-d)P(d)$$

式中，$P(d)$ 为需求量为 d 时的概率。

例 9-2　按过去的记录，新年期间对某商店挂历的需求分布率如表 9-4 所示。已知，每份挂历的进价 $C=50$ 元，售价 $P=80$ 元，若在 1 个月内卖不出去，则每份挂历只能按 $S=30$ 元卖出。该商店应该进多少挂历？

表 9-4 某商店挂历的需求分布率

需求 d/份	0	10	20	30	40	50
概率 $P(d)$	0.05	0.15	0.20	0.25	0.20	0.15

解 设该商店买进 Q 份挂历。

当实际需求 $d<Q$ 时，将有一部分挂历卖不出去。每份超储损失为

$$C_0 = C - S = 50\text{元} - 30\text{元} = 20\text{元}$$

当实际需求 $d>Q$ 时，将有机会损失。每份欠储损失为

$$C_u = P - C = 80\text{元} - 50\text{元} = 30\text{元}$$

当 $Q=30$ 时，则

$$\begin{aligned} E_L(Q) &= [30\times(40-30)\times0.20+30\times(50-30)\times0.15]\text{元} \\ &\quad +[20\times(30-0)\times0.05+20(30-10)\times0.15+20\times(30-20)\times0.20]\text{元} \\ &= 280\text{元} \end{aligned}$$

当 Q 取其他值时，可按同样的方法算出 $E_L(Q)$，结果如表 9-5 所示。

由表 9-5 可以得出，期望损失最小的订货量为 30 份，即为最佳订货量。

表 9-5 期望损失计算表

订货量 Q/份	实际需求 d/份						期望损失 $E_L(Q)$/元
	0	10	20	30	40	50	
	$P(D=d)$						
	0.05	0.15	0.20	0.25	0.20	0.15	
0	0	300	600	900	1 200	1 500	855
10	200	0	300	600	900	1 200	580
20	400	200	0	300	600	900	380
30	600	400	200	0	300	600	280
40	800	600	400	200	0	300	305
50	1 000	800	600	400	200	0	430

二、期望利润最大法

期望利润最大法就是比较不同订货量下的期望利润，取期望利润最大的订货量作为最佳订货量。设订货量为 Q 时的期望利润为 $E_p(Q)$，则

$$E_p(Q)=\sum_{d<Q}[C_u d - C_0(Q-d)]P(d) + \sum_{d>Q} C_u Q P(d)$$

例 9-3 已知数据同例 9-2，求最佳订货量。

解 当 $Q=30$ 时

$$\begin{aligned} E_p(30) &= [30\times(0-20)\times(30-0)]\times0.05\text{元}+[30\times10-20\times(30-10)] \\ &\quad \times0.15\text{元}+[30\times20-20\times(30-20)]\times0.20\text{元}+30\times30\times0.25\text{元} \\ &\quad +30\times30\times0.20\text{元}+30\times30\times0.15\text{元} \\ &= 575\text{元} \end{aligned}$$

当 Q 取其他值时，可按同样的方法算出 $E_p(Q)$，结果如表 9-6 所示。

表 9-6 期望利润计算表

订货量 Q/份	实际需求 d/份						期望利润 $E_p(Q)$ /元
	0	10	20	30	40	50	
	P (D=d)						
	0.05	0.15	0.20	0.25	0.20	0.15	
0	0	0	0	0	0	0	0
10	-200	300	300	300	300	300	275
20	-400	100	600	600	600	600	475
30	-600	-100	400	900	900	900	575
40	-800	-300	200	700	1 200	1 200	550
50	-1 000	-500	0	500	1 000	1 500	425

由表 9-6 可以得出，期望利润最大的订货量为 30 份，即为最佳订货量。这与期望损失最小法得出的结果相同。

三、边际分析法

假定原计划订货量为 Q。考虑追加一个单位订货的情况，由于追加了 1 个单位的订货，使得期望损失的变化为

$$\begin{aligned}\Delta E_L(Q) &= E_L(Q+1) - E_L(Q)\\ &= \left[C_u\sum_{d>Q}(d-Q-1)P(d) + C_0\sum_{d<Q}(Q+1-d)P(d)\right]\\ &\quad - \left[C_u\sum_{d>Q}(d-Q)P(d) + C_0\sum_{d<Q}(Q-d)P(d)\right]\\ &= (C_u + C_0)\sum_{d=0}^{Q}P(d) - C_0 = 0\end{aligned}$$

$\sum_{d=0}^{Q^*}P(d) = 1 - P(D^*) = \dfrac{C_0}{C_u + C_0}$，则

$$P(D^*) = \frac{C_u}{C_0 + C_u}$$

式中，$P(D^*)$ 为概率分布函数，也就是服务水平，即订货水平满足需求的概率。

确定了 $P(D^*)$，然后再根据经验分布就可以找出最佳订货量。

1. 连续储备水平

需求均匀发生时，选择储备水平类似于玩跷跷板，只不过跷跷板的一边是单位过期成本（C_0），另外一边是单位缺货成本（C_u），最佳的订货量就像跷跷板的支点，如图 9-3 所示。

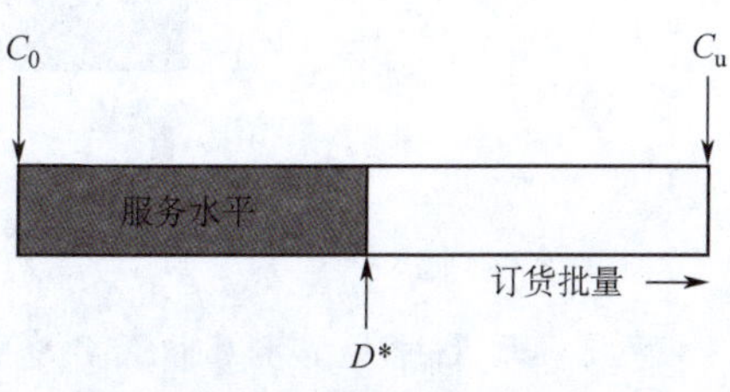

图 9-3 使单位缺货成本与单位过期成本平衡的最佳订货水平

当 $C_0 = C_u$ 时，最佳订货水平 D^* 位于分布的两

个端点的正中间。如果一种成本大于另一种成本，D^*就会靠向成本较大的那一边。

例 9-4 未发酵的苹果酒每周一次送往 Cindy 的苹果酒吧，周需求在 300 ~ 500L 之间均匀变化。Cindy 为每升苹果酒支付 20 美分，同时向顾客索要 80 美分。卖不掉的苹果酒由于变质而没有残值。求解最优储备水平及其缺货风险。

解 C_0 = 单位成本 − 单位残值 = 20 美分/L − 0 = 20 美分/L

C_u = 单位售价 − 单位成本 = 80 美分/L − 20 美分/L = 60 美分/L

$$P(D^*) = \frac{C_u}{C_u + C_0} = \frac{60}{60 + 20} = 0.75$$

因此，最佳订货水平必须满足 75% 的需求。在均匀分布中，这一点应该等于最小需求再加上最大与最小需求之差，即

$$D^* = 300\text{L} + 0.75 \times (500 - 300)\text{L} = 450\text{L}$$

缺货风险为 1.00 − 0.75 = 0.25。

例 9-5 某酒吧卖一种混合饮料，其需求近似于正态分布，均值为每周 200L，标准差为每周 10L。C_u = 60 美分/L，C_0 = 20 美分/L。请找出苹果—樱桃汁的最优储备水平。

解
$$P(D^*) = \frac{C_u}{C_u + C_0} = \frac{60}{60 + 20} = 0.75$$

这表明正态曲线下 75% 的区域都在储备水平左边。从正态分布表中可以查出 z 值介于 +0.67 ~ +0.68 之间，即 +0.675。因此

$$S_0 = 200\text{L} + 0.675 \times 10\text{L} = 206.75\text{L}$$

2. 离散储备水平

需求是离散而非连续的时，用比率$C_u/(C_u + C_0)$解得的服务水平往往与可行储备水平不相符（例如，最优数量可能介于 5 ~ 6 单位之间），此时储备量取较高值（如 6 个单位）。换句话说，应该选取等于或大于期望服务水平的储备水平，如图 9-4 所示。

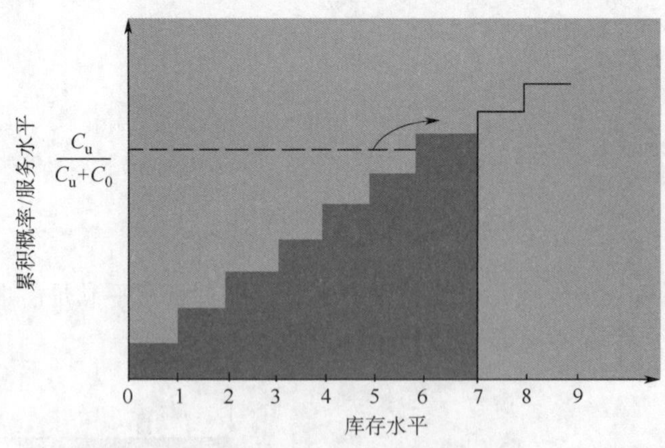

图 9-4 服务水平必须等于或大于$C_u/(C_u + C_0)$

例 9-6 用几种大型水压机使用备件的历史记录（见表 9-7），来评估一台新安装压具的备件使用情况。缺货成本包括停工费用和专用订货成本，平均为 4 200 美元/单位，备件成本为 800 美元/个，未用备件残值为 0。试确定最佳订货水平。

表 9-7 备件使用频率

使用的备件数量	单独发生的频数	累计频数	使用的备件数量	单独发生的频数	累计频数
0	0.20	0.20	3	0.10	1.00
1	0.40	0.60	4	0.00	
2	0.30	0.90		1.00	

解 $C_u = 4\ 200$ 美元，$C_0 = 800$ 美元，则

$$P(D^*) = \frac{C_u}{C_u + C_0} = \frac{4\ 200}{4\ 200 + 800} = 0.84$$

累计频数表示需求不超过（即等于或小于）某一数值的时间百分比。例如，需求不超过 1 个备件的可能性是 60%，不超过 2 个备件的可能性是 90%。因此，为达到至少为 84% 的服务水平，有必要储备 2 个备件（即取较高储备水平）。

例 9-7 一家小花店的红玫瑰需求可以近似地用泊松分布来表示，均值为每天 4doz。红玫瑰利润为每打 3 美元，卖剩的则要在第二天以每打 2 美元的价格亏本处理。假设所有降价红玫瑰都能售出。求最佳订货水平是什么？

解 $C_u = 3$ 美元，$C_0 = 2$ 美元

$$P(D^*) = \frac{C_u}{C_u + C_0} = \frac{3}{3+2} = 0.60$$

查泊松分布表，均值为 4.0 时的累计频数如表 9-8 所示。

表 9-8 泊松分布表

需求/（doz/天）	累 计 频 数	需求/（doz/天）	累 计 频 数
0	0.018	4	0.629
1	0.092	5	0.785
2	0.238	⋮	⋮
3	0.434		

比较各累计频数下的服务水平：为达到至少为 0.60 的服务水平，必须储备 4doz 红玫瑰花。

关于离散型储备水平还有最后一点：如果算出的服务水平确实等于与某个储备水平相关的累计概率，根据最低长期成本——与较高者概率相等的成本，就会存在两个相等的储备水平。在上例中，如果比率等于 0.629，那么把储备定在每天 4doz 或 5doz 都无关紧要。

第三节 多周期库存控制

一、经济订货批量模型

经济订货批量（Economic Order Quantity，EOQ）模型最早是由哈里斯（F. W. Harris）于 1915 年提出的。该模型有如下假设条件：

（1）对库存系统的需求率为常量。

（2）一次订货量无最大最小限制。

（3）采购、运输均无价格折扣。

（4）订货提前期已知，且为常量。

（5）订货费与订货批量无关。

（6）维持库存费是库存量的线性函数。

（7）不允许缺货。

（8）补充率可无限大，全部订货一次交付。

在以上假设条件下，库存量变化如图 9-5 所示。

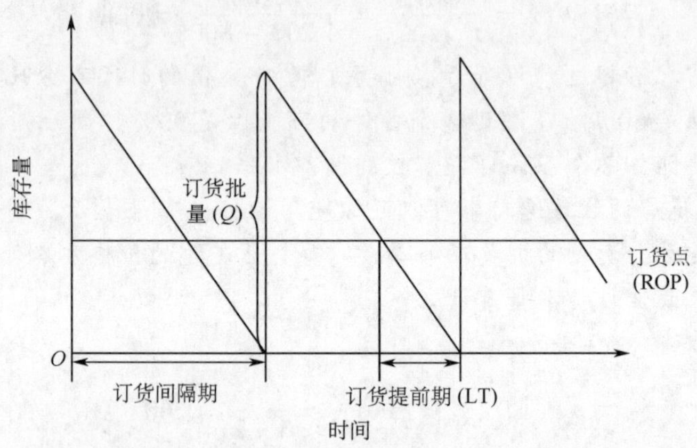

图 9-5　库存量变化

从图 9-5 可以看出，系统的最大库存量为 Q，最小库存量为 0，不存在缺货。库存按固定需求率减少。当库存量降到订货点时，就按固定订货量 Q 发出订货。经过一个固定的订货提前期（Lead Time，LT），刚好在库存变为 0 时，新的一批订货 Q 到达，库存量立即达到 Q。

库存总成本包括年维持库存费、订货费用和购买费用。年维持库存费 C_H 随订货批量 Q 增加而增加，是 Q 的线性函数，可表示为平均库存量 $Q/2$ 与单位库存维持费用 H 之积；年订货费 C_R 与 Q 的变化呈反比，随 Q 增加而下降。若设一次订货费用为 R，年需求量为 D，则年订货费用为 R 和 D/Q 之积；年购买费用 C_P 为物品单位价格 P 与年需求量 D 之积。总费用 C_{T} 为

$$C_{\mathrm{T}} = C_H + C_R + C_P = H\frac{Q}{2} + R\frac{D}{Q} + PD \tag{9-1}$$

用图 9-6 表示各项费用，总成本曲线为 C_H 曲线、C_R 曲线和 C_P 曲线的叠加。C_H 曲线与 C_R 曲线有一个交点，其对应的订货批量就是最佳订货批量。为了求出经济订货批量，将式（9-1）对 Q 求导，并令一阶导数为 0，可得

$$\mathrm{EOQ} = \sqrt{\frac{2RD}{H}}$$

式中，EOQ 为经济订货批量，实际上是订货成本与库存维持成本相等的库存水平。

不考虑物品本身价格，在经济订货批量下的总库存成本为

$$C_{\mathrm{T}} = H\frac{\mathrm{EOQ}}{2} + R\frac{D}{Q^*} + PD$$

若已知订货提前期为 LT（周），则订货点（ROP）为

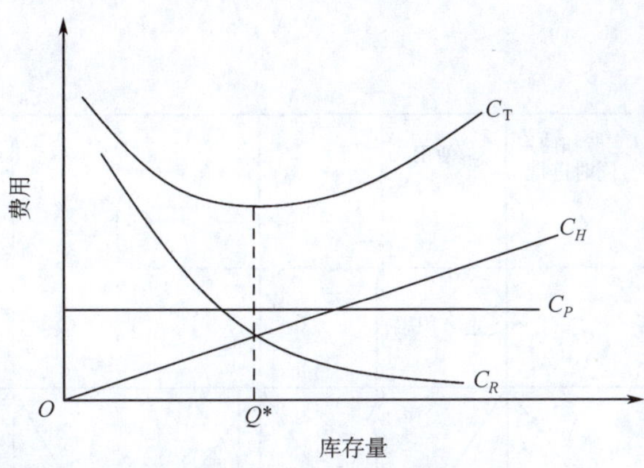

图 9-6 库存成本曲线

$$\mathrm{ROP} = \frac{D}{52}\mathrm{LT}$$

年订货次数（n）为

$$n = \frac{D}{Q^*}$$

例 9-8 某机床厂某种齿轮的年需求量为 15 000 件。每次订货费用为 200 元，单位库存维持费用为 1.5 元，齿轮单价为每件 50 元，则经济订货批量为

$$\mathrm{EOQ} = \sqrt{\frac{2RD}{H}} = \sqrt{\frac{2 \times 200 \times 15\ 000}{1.5}}\text{件} = 2\ 000\text{件}$$

库存总成本为

$$C_{\mathrm{T}} = H\frac{Q^*}{2} + R\frac{D}{Q^*} + PD = \left(1.5 \times \frac{2\ 000}{2} + 200 \times \frac{15\ 000}{2\ 000} + 50 \times 15\ 000\right)\text{元} = 753\ 000\text{元}$$

若已知订货提前期 LT = 3 周，则订货点为

$$\mathrm{ROP} = \frac{D}{52}\mathrm{LT} = \frac{15\ 000}{52} \times 3\text{件} \approx 87\text{件}$$

年订货次数为

$$n = \frac{D}{Q^*} = \frac{15\ 000}{2\ 000}\text{次} = 7.5\text{次}$$

二、经济生产批量模型

在成批生产中，也可以采用经济订货批量的思想确定经济生产批量，即建立经济生产批量模型确定经济生产批量（Economic Production Lot，EPL）。在建立经济生产批量模型时，与经济订货批量模型不同的是：①生产物资是逐渐生产出来的，所以不是瞬时交货而是连续补充库存，即与第 8 条假设不同；②在生产过程中用生产准备费用替代采购中的订货费用。其他假设条件与经济订货批量模型相同。图 9-7 为经济生产批量模型中库存量变化曲线。开始生产时库存量为 0，由于生产率（u）大于需求率（d），故库存量将以 $u-d$ 的速率上升。经过时间 T_p，库存量达到最大 $I_{\max}$。生产停止后，库存量按需求率 d 下

降，当库存量减少到为0时，又开始新一轮生产。在这个周期中，库存量形成速度等于生产率和使用率之差。

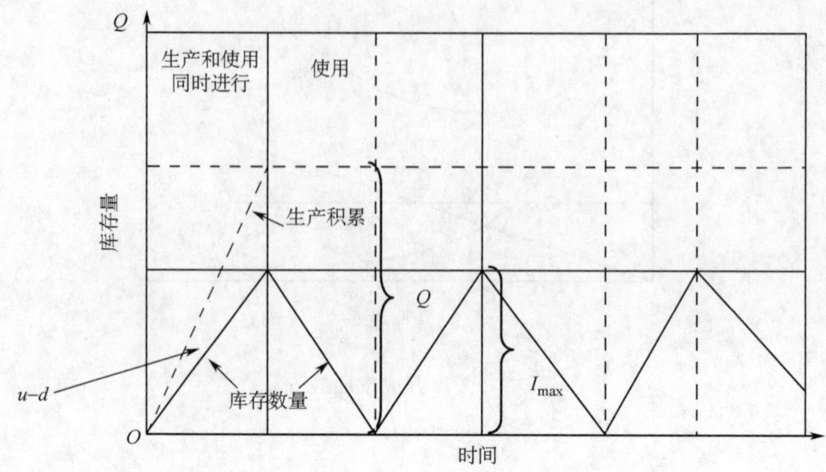

图 9-7　经济生产批量模型中库存量变化曲线

$$C_T = C_H + C_R = H\frac{I_{max}}{2} + R\frac{D}{Q} = HQ\frac{u-d}{2u} + R\frac{D}{Q}$$

则经济生产批量为

$$\text{EPL} = \sqrt{\frac{2RD}{H}}\sqrt{\frac{u-d}{u}}$$

式中，u 为生产率（单位时间产量）；d 为需求率（单位时间出库量）；R 为单位生产准备费用；I_{max} 为最大库存值；EPL 为经济生产批量。

经济生产批量下订货间隔时间 = EPL/d，生产周期 = EPL/u。

当生产率 u 趋于无穷大时，EPL 模型与 EOQ 模型一样，可以将 EOQ 模型看成是 EPL 模型的特例。另外，也可以将该模型应用到以一定速率连续补货与消耗的库存模型。

例 9-9　已知市场对某种产品的年需求为 20 000 件，生产率为每天 90 件，生产准备费用每次 100 元，单位产品的年库存维护费 4 元，全年按 250 天计算，确定经济生产批量。

解

$$每天的需求率 = \frac{20\ 000}{250}件 = 80 件$$

$$\text{EPL} = \sqrt{\frac{2RD}{H}}\sqrt{\frac{u-d}{u}} = \sqrt{\frac{2 \times 100 \times 20\ 000}{4}}\sqrt{\frac{90-80}{90}}件 \approx 333 件$$

经济生产批量为 333 件。

三、EOQ 和 EPL 模型的应用

尽管 EOQ 和 EPL 模型是在近乎理想状态的假设下提出的，但在实际中，它是一个很有用的近似解。我们已经看到总成本曲线在最小值的附近相当平坦，这样可以对 EOQ 和 EPL 进行调整，使它既符合实际而又对成本不造成大的影响。同时，也可以从 EOQ 和 EPL 模型看出：

（1）订购成本（或生产准备成本）与批量之间的关系。一次生产准备费越大，则经济

生产批量越大；单位维持库存费越大，则经济生产批量越小。所以制造业必须不断减少生产准备时间，如JIT生产中换模时间缩减为3min，这样可以减少生产批量。而且在机械行业，通常毛坯的生产批量大于零件的加工批量，也是因为毛坯生产的准备工作比零件加工的准备工作复杂，而零件本身的价值又比毛坯高，从而单位维持库存费较高的缘故。

（2）需求与平均库存之间的关系。当用周转率指标讨论库存与需求之间的关系时，如果周转率为常量，当需求增加一倍时，库存也应增加一倍。但是按EOQ和EPL模型，库存按年需求量增加倍数的平方根的比例增加。这就说明，当需求增加时，维持一个不变的周转率是不经济的，而应该把不变的周转率提高。同时我们也更清楚地认识到，重复高产量产品生产有利于降低成本。也就是说，如果两种不同产品的需求变成一种产品的需求（即改变成通用产品），则其EOQ要小于EOQ_1与EOQ_2之和。

（3）需求预测误差对库存控制的影响。从EOQ和EPL的公式可见，EOQ和EPL是需求D的平方根函数，所以对其误差不敏感。

（4）经济订货批量的稳健性。从图9-6可见，当经济订货批量在一定幅度内左右偏离时，库存总成本曲线的变化十分平稳。理论分析表明，当实际订货量的偏离在$-27\% \leqslant EOQ < +37\%$之间时，库存总成本增加的幅度小于5%。

需要注意的是，这两种模型都适用于单一物品的情况。

四、价格折扣模型

在物资采购与供应过程中，供应商为扩大销量，往往会对大量采购给予一定的优惠，即价格折扣。如某零售商采购某种饮料，其价格如表9-9所示，该饮料的订购价格随订货数量的增加而降低。

表9-9 某饮料订货价格表

订货数量/箱	每箱价格/元	订货数量/箱	每箱价格/元	订货数量/箱	每箱价格/元
1～899	30	900～1 199	25	1 200以上	20

对于购买者，由于价格折扣的存在，需要权衡大量得到价格折扣以及较少订货次数而带来的费用节约，与维持较高库存水平带来的库存成本的增加之间的大小，以便以经济的成本保证企业的正常运营。采用价格折扣的经济订货批量模型可以确定在价格折扣下的最优订货批量。

价格折扣的经济订货批量模型的假设条件仅有第3条与EOQ模型的假设条件不一样，即允许有价格折扣。由于有价格折扣时，物资的单价不再是固定的了，需要考虑物品自身的价格；而在没有价格折扣的情况下，是否考虑物品自身的价格（或物料成本），不会影响经济订货点的变化。

如果维持库存成本不随物品的价格而变化，总成本线如图9-8所示，这时只有一个单一的经济订货批量，对所有成本曲线都相同。若同时考虑维持库存成本也随物品价格而变化，则总成本如图9-9所示，总成本线是一条不连续的折线。在不同价格下都有一个最低成本批量，确定最佳订货批量时需要按照下列方法处理：

（1）从最低的单位价格开始计算经济订货批量（EOQ）。如果计算出来的EOQ在所给出的价格范围内，则为最佳经济订货批量；否则，进行第（2）步计算。

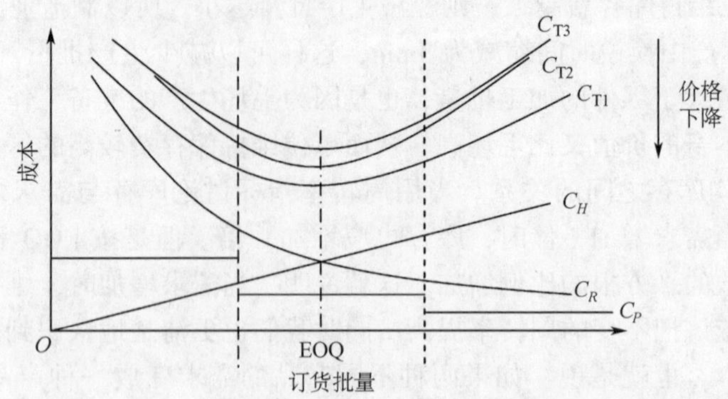

图 9-8 有价格折扣库存维持成本不变的成本曲线

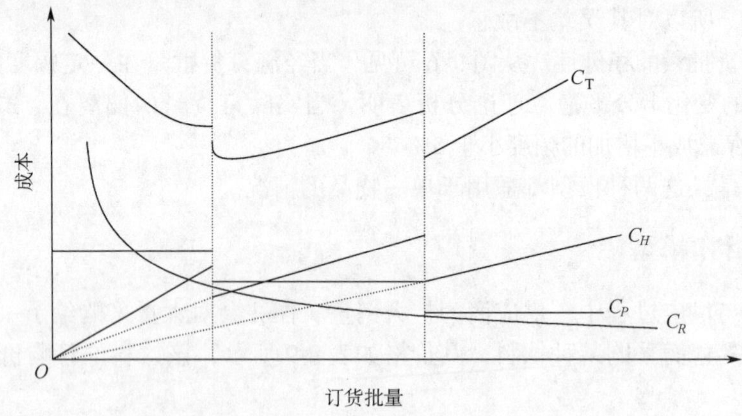

图 9-9 有价格折扣库存维持成本变化的成本曲线

（2）计算次低单位价格的经济订货批量（EOQ）。如果计算出来的 EOQ 在所给的优惠价格范围内，则需要比较可行 EOQ 下总成本与最低价格下最小订货数量的总成本，选择最低成本的订货量为最佳订货批量；如果计算出来的 EOQ 不在所给的优惠价格范围内，则需要进行第（3）步计算。

（3）计算第三个优惠范围的单位价格的经济订货批量（EOQ）。如果计算出来的 EOQ 在所给的优惠价格范围内，则需要比较可行 EOQ 下总成本与各较低价格范围的最小订货数量的总成本，选择最低成本的订货量为最佳订货批量；如果计算出来的 EOQ 不在所给的优惠价格范围内，则需要重复第（3）步计算。

在有价格折扣的经济订货批量模型中，一般以物品价格的百分比，即维持库存费用率（h）来表示维持库存费用与物品占用的资金比率。经济订货批量模型可表示为

$$\mathrm{EOQ} = \sqrt{\frac{2RD}{Ph}}$$

式中，P 为物品单价；h 为单位物品的年库存维持费用率。

$$C_{\mathrm{T}} = H\frac{\mathrm{EOQ}}{2} + R\frac{D}{\mathrm{EOQ}} + PD = Ph\frac{\mathrm{EOQ}}{2} + R\frac{D}{\mathrm{EOQ}} + PD$$

在有价格折扣的情况下，库存总成本应考虑物品本身占用的资金。

例 9-10 某零售商采购某种饮料，其价格如表 9-9 所示，若已知产品单价为 2.5 元，单位订货成本为 100 元，单位产品的库存维持费用为单价的 10%，年需求量为 10 000 箱。试求最优订货批量。

解

(1) 利用经济订货批量公式求出最低价格的经济订货批量 EOQ (20)

$$\text{EOQ（20）}=\sqrt{\frac{2RD}{Ph}}=\sqrt{\frac{2\times100\times10\ 000}{20\times0.1}}\text{箱}=1\ 000\text{箱}$$

该 EOQ (20) 不在所给优惠价格的数量范围内。

(2) 计算次低价格的经济订货批量

$$\text{EOQ（25）}=\sqrt{\frac{2RD}{Ph}}=\sqrt{\frac{2\times100\times10\ 000}{25\times0.1}}\text{箱}=894\text{箱}$$

该 EOQ (25) 也不在所给优惠价格的数量范围内。

(3) 计算下一个优惠价格下的经济订货批量

$$\text{EOQ（30）}=\sqrt{\frac{2RD}{Ph}}=\sqrt{\frac{2\times100\times10\ 000}{30\times0.1}}\text{箱}=816\text{箱}$$

在各种价格下的经济订货批量如表 9-10 所示。

表 9-10 各种价格下的经济订货批量

每箱价格/元	经济订货批量/箱	订货数量/箱	
20	1 000	1 200 以上	不可行
25	894	900 ~ 1 199	不可行
30	816	1 ~ 899	可行

该 EOQ (30) 在所给优惠价格的数量范围，需要比较可行 EOQ (30) 下总成本与各较低价格范围的最小订货数量的总成本，即比较价格 20 元、订货数量为 1 200 箱的总成本，价格 25 元、订货数量为 900 箱的总成本，以及价格 30 元、经济订货批量 816 箱的总成本。

$$C_{\mathrm{T}}\text{（20）}=Ph\frac{Q}{2}+R\frac{D}{Q}+PD$$

$$=\left(20\times0.1\times\frac{1\ 200}{2}+100\times\frac{10\ 000}{1\ 200}+20\times10\ 000\right)\text{元}=202\ 033.3\text{元}$$

$$C_{\mathrm{T}}\text{（25）}=Ph\frac{Q}{2}+R\frac{D}{Q}+PD$$

$$=\left(20\times0.1\times\frac{900}{2}+100\times\frac{10\ 000}{900}+25\times10\ 000\right)\text{元}=252\ 236\text{元}$$

$$C_{\mathrm{T}}\text{（30）}=Ph\frac{\text{EOQ}}{2}+R\frac{D}{\text{EOQ}}+PD$$

$$=\left(20\times0.1\times\frac{816}{2}+100\times\frac{10\ 000}{816}+30\times10\ 000\right)\text{元}=302\ 449.4\text{元}$$

选择一个最低的成本批量，即 1 200 箱为最佳订货批量。

习　题

1. 什么是库存？如何对库存进行分类？

2. 库存的作用是什么？

3. 说明库存的盘存系统。

4. ABC 分类法如何应用？

5. 独立需求库存的控制机制是什么？

6. EOQ 模型有哪些假设条件？如何在生产实际中应用？

7. 库存按物品的需求重复程度划分为________和________。

8. 库存按其作用划分为________、________、________和________。

9. 库存按在生产过程和配送过程中所处的状态划分为________、________、________和________。

10. 库存按其需求特性划分为________和________。

11. 某工厂经理希望采用 ABC 法进行库存控制，以改善库存控制效果。给定的月使用量如表 9-11 所示，请进行 ABC 分类，并提出管理库存建议。

表 9-11　使用量

物品	使用量/件	单位成本/元	物品	使用量/件	单位成本/元
2 000	50	1 400	3 000	80	140
8 000	300	12	6 000	2 000	15
4 000	40	700	7 000	400	20
5 000	150	20	1 000	7 000	5
9 000	10	1 020			

12. 圣诞节前某商场要采购一批圣诞树，每棵圣诞树的购买成本为 15 元，销售单价为 25 元。若在节日期间这些圣诞树卖不出去，则需将圣诞树以每棵 5 元处理。已知圣诞树的需求分布如表 9-12 所示，试求该商场圣诞树的最佳订货批量。

表 9-12　圣诞树的需求分布

需求量 D/棵	40	50	60	70	80	90	100	110	120 以上
分布率	0	0. 1	0. 15	0. 25	0. 20	0. 15	0. 1	0. 05	0

13. 某公司购买了一台设备，为了保证维修工作的正常进行，需要采购备件 A。该备件单价 100 元，持有与处置成本为单价的 145%。一旦缺货，造成停机等损失成本 88 000 元。该备件需求近似于泊松分布，在设备的使用寿命周期中平均使用 3. 2 个备件。试求：

（1）备件的最佳订货批量。

（2）当缺货成本在什么范围时，不储备备件是最佳策略。

14. 某家公司平均每天消耗 40 包复印纸，该公司每年的工作日为 260 天。复印纸的库存持有成本为每年 30 元/包，每次订购费用为 60 元。试求最佳订货批量以及最佳订货批量下的成本。

15. 若在上一题中，该公司购买的复印纸数量不同时，供应商给予数量折扣，如表 9-13 所示，试求最佳订货批量及成本。

表 9-13　价格折扣

订货数量/包	每包价格/元	订货数量/包	每包价格/元	订货数量/包	每包价格/元
1 ~ 999	30	1 000 ~ 1 499	25	1 500 以上	20

16. 一家公司即将生产一种新产品，设备以每天200单位的速度生产该产品所需的部件，每天装配该产品需要80个单位。每周装配5天，每年装配50周。根据经理估计，每次生产运作之前的设备准备时间整整花上一天，发生的成本为300元。库存持有成本为每年10元。试求：

（1）经济生产批量。

（2）每次生产周期。

（3）生产过程中，库存增长速度。

（4）如果管理者想在设备生产该部件的间隙做其他工作，那项工作的生产时间至少为10天，有足够时间完成吗？

17. 某汽车旅馆以每天25块的速率更换破损玻璃。根据历史数据，该数量呈正态分布，标准差为每天3块玻璃。玻璃从供应商ABC订货，提前期呈正态分布，均值10天，标准差为2天。为达到95%的服务水平，订货点为多少？

第十章 设备管理

本章内容要点

- 设备管理的发展
- 设备的合理购置
- 设备使用与维修
- 设备更新与改造

第一节　设备管理概述

一、设备管理的内涵

（一）设备管理的概念

设备管理是指依据企业的生产经营目标，通过一系列的技术、经济和组织措施，对设备在其寿命周期内的所有物质运动形态和价值运动形态进行的综合管理工作。

设备寿命周期是指设备从规划、购置、安装、调试、使用、维修、改造、更新直至报废的全过程所经历的时间。

（二）设备管理的内容

抽象地讲，针对设备运动的两种形态，设备管理的内容除设备管理的基础工作外还包括两个方面：对设备的物质运动形态的管理，称之为技术性管理；对设备的价值运动形态的管理，称之为经济性管理。

具体地讲，设备管理包括以下内容：

（1）建立设备管理的平台，包括建立相应的组织机构和信息处理系统，制定相应的规章制度和标准措施等，以形成管理机制，为设备管理其他内容的实施提供条件和依据。这项内容也可称为设备管理的基础工作。

（2）依据企业战略和生产战略制定设备规划。

（3）组织设备购置中的技术经济评价和选购活动，以及设备购置后的安装与调试活动。

（4）监督与控制设备运行中的使用、保养和维修。

（5）对设备的改造与更新作出决策。

（三）设备管理的意义

工欲善其事，必先利其器。设备是人类生产活动或其他活动的工具，在生产的主体由人力逐渐向设备转移的今天，管理好设备，使设备始终处于最佳状态，对企业竞争力的影响和意义都是极大的。

（1）设备管理直接影响企业管理系统的运行：在现代化的企业里，企业的计划、交货期都要考虑设备的状态，企业经营和生产系统、信息系统的监控活动水平更是与设备的状态紧密相关。提高管理水平，使设备始终处于良好的状态，是企业管理系统正常运行的保证。

（2）设备管理水平的高低不仅直接关系到企业的产品产量目标和质量目标的实现，也直接关系到安全生产和环境保护。

（3）设备管理水平的高低直接影响着企业产品制造成本的高低。

（4）设备管理水平的高低对企业生产资金的合理使用有直接影响。因为在工业企业中，设备及其备品备件所占用的资金一般要占企业全部生产资金的50%以上。在设备管理中，使备品备件保持一个适宜的水平，可以有效减少生产资金的占用。

二、设备管理的发展历程

以泰勒为代表的科学管理取代了传统的经验管理之后，设备管理独立成为一个专门的管理职能。从那时起至今，设备管理在百年的发展历程中，与企业管理的其他职能一样，也经历了一个逐步发展和完善的过程。大体上看，设备管理经历了以下几个发展时期：

1. 设备事后修理时期

20世纪50年代以前，企业的设备管理基本上属于这一时期。这一时期设备管理的显著特点是设备发生故障之后，再进行修理，即以事后修理为主的管理模式。在这种设备管理模式下，往往因事先不知道故障何时发生，缺乏修理前的准备，而使停工修理时间较长，并且常常因修理无计划而使生产计划和交货期受到影响，给企业造成损失。针对这种情况，于1923年和1925年，分别由前苏联和美国提出了计划预修和预防维修等以预防设备故障和事故，将其消灭在发生之前的思想为核心的预防维修的概念。

2. 设备预防维修时期

20世纪50年代初至60年代末，企业的设备管理基本上属于这一时期。在这一时期，为了减少设备修理对生产计划和交货期的影响，减少停工修理时间和由此引起的损失，一些工业发达国家的设备依据美国和前苏联在20世纪20年代提出的预防维修的概念，开始由事后修理向定期预防维修转变。定期预防维修模式强调设备管理以预防为主，采用适当的方法和组织措施，注重设备使用过程中的维护、保养和检查，并依据设备磨损规律和检查结果，在设备发生故障之前进行有计划的修理，保证设备正常运行，提高了设备的利用率。预防维修时期的主要代表是前苏联的计划预修制和美国的生产维修体制。

计划预修制是前苏联1923—1955年经过30多年的不断实践和完善才逐渐形成的设备管理模式。计划预修制是以保障设备正常运转，减少和避免设备因不正常磨损、老化和腐蚀而造成的损坏，防止设备的意外事故，延长设备的使用寿命，充分发挥设备的潜力为目的，以设备磨损规律为基本理论，以计划为基本手段，对设备进行定期检查和调整，并按一定的修理周期和修理周期结构对设备进行预防性的保养和修理的一种设备管理模式。计划预修制可以把设备故障隐患消灭在萌芽状态，避免大量严重事故或故障的发生，也减少了因事后修理而造成的停机损失。但计划预修制强调一切以计划为准，易出现维修过剩的现象，对设备维修的经济性考虑较少。

预防维修制度是美国在1925年提出的，它以避免事后维修，实现防患于未然，减少故障和事故，减少停机损失，提高生产效益为目的，以设备的实际状况为依据来安排维修计划，是比较注意维修经济性的一种设备管理模式。但由于当时的检查手段和诊断仪器比较落后，有些故障，尤其是深层次的故障，难以及时发现，因而很难避免故障停机和事后维修。以后在预防维修体制的基础上，于1954年，美国进一步提出了生产维修体制。在生产维修体制中，不仅提出了应以生产为中心，视设备在生产中的重要程度而采取不同的维护保养和维修方法，注重设备管理的经济性的设备管理思想，更重要的是，提出了维修预防的思想，即提倡在设计制造阶段就考虑设备的可靠性和维修性，从设计制造上提高设备的素质，从根本上防止故障和事故的发生，从而减少和避免维修。维修预防思想的提出是设备管理在观念上的突破，为以后出现的设备综合管理奠定了一定的思想基础。

3. 设备综合管理时期

20世纪70年代初，在维修预防思想的基础上，吸收了系统论、控制论、信息论的基本原理和行为科学等现代管理理论，形成了设备综合管理理论——设备综合工程学（Terotechnology）。设备综合工程学由英国首创，继而流传于工业发达地区。日本在引进和学习的过程中，结合生产维修的实践经验，提出了全面生产维修（Total Productive Maintenance，TPM）。

设备综合工程学的主要内容如下：

（1）以寻求设备寿命周期费用最经济为管理目标，强调对设备一生的管理，体现了全过程的系统管理思想。

（2）综合了与设备相关的工程技术、组织管理、财务经济等各方面的内容，体现了全方位的综合管理思想。

（3）特别注重设备的可靠性和维修性设计，体现了以预防为主的现代管理思想。

（4）特别强调设备设计、使用和费用等各阶段、各方面的信息反馈在设备管理中的重要性，注重建立相应的信息交流和反馈系统。

全面生产维修是以设备的综合效率为目标，以设备一生的时间、空间全系统为载体，全体成员参与为基础的设备保养、维修体制。

设备综合管理与以往的设备管理相比，具有系统性强、综合性强、群众性强的特点。

随着计算机技术在企业中应用的日益广泛，设备管理模式也在不断变革，计算机信息系统的引入、设备管理的集成化将成为发展趋势。

第二节　设备购置的选择与评价

设备购置是设备管理工作的起点，是指根据生产经营和管理系统的需要而购买、设计制造和配置设备的活动。它的活动过程和结果直接影响着企业的管理效率、生产效率、产品质量和生产成本等。因此，必须认真作好分析评价和决策。

一、企业设备的种类

了解设备的种类是设备购置活动的第一步。根据用途不同，企业的设备可以分为以下几种：

(1) 管理用设备。它一般是指办公设备、通信设备和监控设备，如各职能部门使用的计算机、传真机、电话机等。

(2) 生产用设备。它一般是指直接改变原材料属性和形状的工作机器和设备，如机床、高炉、蒸馏塔等。

(3) 动力设备。它是指用于生产电力、热力和其他动力的设备，如发电机、蒸汽锅炉、空压机等。

(4) 传导设备。它是指用于传送固体、液体、气体和动力的各种设备，如各种管道、传送带、电力网、输电线路等。

(5) 交通运输设备。它是指用于运送货物和载人的各种运输工具，如各类汽车、铲车、吊车、电瓶车等。

(6) 仪器仪表。它是指用于检测、检验和监视生产过程的各种仪器、仪表和工具等。

不同种类的设备在技术要求上的侧重点不同，在设备购置活动中应予以充分关注。

二、设备购置的目的

在设备购置活动中，首先要确定购置目的，以避免盲目购置。设备购置的目的主要有以下几种：

(1) 更新型设备购置。它也称替换购置，即以先进的、高效率、高精度、高性能的新设备替换同类的旧设备。其目的是实现企业的技术进步，提高生产效率和产品质量，降低产品成本。更新型设备购置一般需筹集较多资金，应慎重选择更新时机，并在选择设备中详细地进行技术经济分析。只有这样，才有可能取得更好的经济效益，实现更新购置的目的。

(2) 产品开发型设备购置。它是指为了发展新产品或改进老产品而购置设备。其目的是通过设备购置实现企业的产品战略，使企业具有更强的竞争力并在发展产品的带动下实现企业的技术进步。

(3) 扩张型设备购置。它是指以扩大同类产品的规模为目的的设备购置。扩张型设备购置可以使企业迅速扩大产品产量，使企业能够在产品竞争中占有更大的市场份额，获取更高的收益。扩张型设备购置一般不会使企业获得技术进步。这类购置应在充分的市场调查与预测的基础上进行决策分析，以保证扩大的产品产量有好的市场前景，实现购置目的。

三、设备购置的技术经济分析评价

设备购置活动中的一项关键工作是设备的技术经济分析。这项工作的水平高低会直接影响企业经营运作的经济效益。

(一) 设备购置的技术性分析评价

设备购置的技术分析评价是指从设备的实物形态上对设备的选择进行分析评价。其分析评价水平的高低，直接影响设备购置的质量。通常应该作好以下方面的分析评价：

(1) 设备生产性分析评价。设备生产性指设备的生产效率。一般以设备在单位时间内的产品产出量来表示。其表现多为功率、速率等一系列技术参数。企业在进行设备生产性分析时，一定要考虑设备的生产效率与企业的生产规模或生产任务相适应。

（2）设备可靠性分析评价。可靠性是指设备精度、准确度的保持性以及零件的耐用性等。

（3）设备维修性分析评价。维修性是指设备维修的难易程度。维修性好的设备往往结构简单，零部件组合合理，并且通用化和标准化程度高，互换性好，易拆卸，易检查。维修性的好坏会影响设备使用中的维护修理费用的高低。

（4）设备安全性分析评价。安全性是指设备对生产安全的保障性，尤其对人身安全的保障性。

（5）设备耐用性分析评价。耐用性是指设备的物质寿命。一般来说，物质寿命长则耐用性好，但考虑到技术更新周期越来越短，物质寿命并非越长越好。

（6）设备节能性分析评价。节能性是指设备对能源消耗和原材料消耗的程度。设备的能源消耗一般以设备的单位开动时间所耗能源量来表示，如小时耗电量或耗油量。

（7）设备环保性分析评价。环保性是指设备对环境的危害程度。要考查设备噪声和有害物质的排放能否控制在环保标准之内，并考虑相应的有害物质处理的配套设施的性能等。

（8）设备成套性分析评价。成套性即设备的配套水平。单机购置，要考查设备的各种配套工具、附件、部件是否适宜；机组购置，要考查成套机组的主辅机和控制设备的配置；项目购置，则要考查项目配套中的工艺设备、动力设备、辅助生产设备的配置。

（9）设备适宜性分析评价。适宜性是指设备适应不同的工作条件、加工不同的制品的性能。

以上是设备购置的技术性分析评价中应考虑的主要因素，但是并非所有设备都要对以上全部因素进行详细评价。不同种类、不同重要程度的设备，应有不同侧重。

（二）设备购置的经济性分析评价

设备购置的经济性分析评价，是从设备的价值形态上对设备的评价选择。其分析评价水平的高低会对设备一生的经济效益产生影响。对设备的经济性分析评价，一般都是从投资和收益两个角度来分析的。分析方法主要有：

1. 投资回收期分析评价

投资回收期限分析是从设备的投资费用与设备采用后带来的生产效率提高、能源消耗降低、产品质量提高而产生的效益这样两个角度来分析的。其分析公式如下

$$\text{投资回收期（率）}=\frac{\text{设备投资额}}{\text{采用新设备后年节约额}}$$

在其他条件相同的情况下，投资回收期短的设备应优先考虑。

2. 设备寿命周期费用分析评价

设备寿命周期费用是指企业为设备一生投入的费用。它包括两大部分：一是设备的一次性投资，即设备购买及运输、安装调试费或自制设备的研制、设计和制造费用；二是设备的使用费又称维持费，即设备在投入运行之后，在设备使用年限内，为了保证设备的正常运行而定期支付的费用，包括能源消耗费用、维修费用、保险费用及其他相应的费用。这是设备运行一生中需要年年支出的费用。考虑到资金的时间价值，在进行设备寿命周期费用分析时，要把不同时间的费用支出换算成同一时间的费用相加来分析。其换算方法有以下三种：

（1）年费法。其思路是把设备寿命周期费用换算成每年的平均费用来评价。其分析公

式如下

设备平均年总费用 = (购置费 - 残值) × 资本回收系数 + 残值 × 利息率 + 每年使用费

式中的资本回收系数可用 $\frac{i(1+i)^n}{(1+i)^n-1}$ 求得，也可以直接查表得到。其中 i 为银行利息率，n 为设备使用年限。

例 10-1 假定现有 A 和 B 两个方案，设备的购置投资 A 方案为 40 万元，B 方案为 35 万元，每年使用费支出 A 为 3 万元，B 为 4 万元；A、B 使用年限均为 10 年，使用年限到期后，A 方案的残值为 8 万元，B 方案的残值为 6 万元；利息率为 10%。比较 A、B 两方案的年平均总费用。

解

$$资本回收系数 = \frac{10\% \times (1+10\%)^{10}}{(1+10\%)^{10}-1} = 0.16275$$

A 方案年平均总费用 = [(40 - 8) × 0.162 75 + 8 × 10% + 3] 万元 = 9.008 万元

B 方案年平均总费用 = [(35 - 6) × 0.162 75 + 6 × 10% + 4] 万元 = 9.320 万元

在其他条件相近时，两方案比较，A 方案的年总费用低于 B 方案，因而 A 方案较优。

(2) 现值法。其思路是把每年支出的使用费换算成现值，再与设备购置费综合起来进行评价。其公式为

设备寿命周期费用现值 = 设备购置费 + 年使用费 × 年金现值系数 - 残值 × 现值系数

式中，年金现值系数为 $\frac{(1+i)^n-1}{i(1+i)^n}$；现值系数为 $\frac{1}{(1+i)^n}$。

以例 10-1 为例：

A 设备寿命周期费用现值为

$$\left[40 + 3 \times \frac{(1+0.1)^{10}-1}{0.1 \times (1+0.1)^{10}} - 8 \times \frac{1}{(1+0.1)^{10}}\right]万元 = 55.350\ 万元$$

B 设备寿命周期费用现值为

$$\left[35 + 4 \times \frac{(1+0.1)^{n}-1}{0.1 \times (1+0.1)^{10}} - 6 \times \frac{1}{(1+0.1)^{10}}\right]万元 = 57.265\ 万元$$

A 与 B 比较，在其他条件差异不大时，A 方案的寿命周期费用较低，因而在不考虑其他因素时，A 方案较优。

(3) 终值法。这种方法是将设备购置费和设备运行中每年支出的使用费按复利全部换算成设备寿命终结时的价值进行比较。因这种方法的计算量较大，而效果又与上述两种方法相同，所以很少被使用。

第三节 设备的使用与维修

设备使用寿命的长短和生产效率的高低，固然取决于设备本身的结构、材质和性能的好坏，但在很大程度上也取决于设备使用与维修的状况。因此，在购置设备之后，发挥设备使用价值的关键就是合理使用、精心维护和修理。这就需要掌握设备运行中的规律和维护与修理的管理方法。

一、设备运行中的磨损及故障规律

（一）设备磨损及其规律

1. 设备磨损的形式

设备在使用和闲置过程中会逐渐降低和失去原有的功能而贬值，这就是设备磨损。设备磨损有以下两种形式：

（1）设备的物质磨损。它也称为设备的有形磨损，是指设备在运动中因摩擦、振动而使设备技术状态劣化的现象，或设备在闲置中因自然力的风化、锈蚀等作用，或因使用不合理、管理不善和缺乏必要的维护保养而使设备失去精度和工作能力的现象。

（2）设备的精神磨损。它也称为设备的无形磨损，是指因科技的发展或劳动生产率的提高，而使企业现有设备相对于市场上性能更好、结构更新或价格更低的设备而言所发生的价值上的损耗。

设备的合理使用与维护保养主要是针对设备的物质磨损。

2. 设备物质磨损的规律

设备及其零件从投入使用到磨损报废，根据其磨损程度可形成一条有规律的磨损曲线，如图 10-1 所示。根据磨损量的大小，设备磨损一般可分为三个阶段。

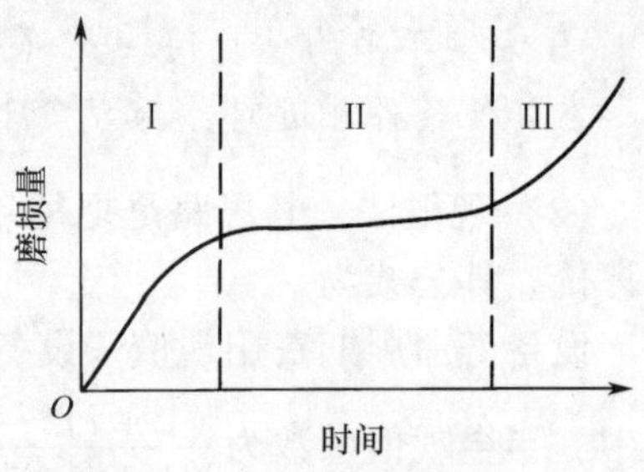

图 10-1　设备磨损规律示意图

图 10-1 中，横坐标为设备的使用时间，纵坐标为设备的累计磨损量。

第Ⅰ阶段为初期磨损阶段。它是因相对运动的设备零部件表面的微观几何形状在受力情况下而产生的磨损。这一阶段的时间比较短，磨损量大、磨损速度快，曲线呈较陡峭状态，但对设备没什么危害，是设备进入正常运转的必经阶段，有时也称“跑合”或“磨合”。

第Ⅱ阶段为正常磨损阶段。经跑合磨损后，设备进入了正常运转状态，设备零部件的磨损趋于缓慢，磨损量增加不大，曲线比较平滑。这一阶段延续的时间比较长，是设备零部件的真正使用寿命期间。

第Ⅲ阶段为剧烈磨损阶段。设备零部件是有一定寿命的，当设备零部件磨损到一定程度时，正常的磨损关系被破坏，接触情况恶化，磨损速度加快，磨损量大大增加，曲线又呈陡峭状态。这一阶段，设备的精度和工作性能快速降低，如果不进行维修，设备将不能正常工作，甚至会出现重大事故，致使设备报废。

设备磨损规律提示人们：一是如果对设备能够合理使用、精心维护和保养、正确润滑，就可以延长它的正常使用时间；二是依据磨损规律，有计划地适时修理和更换设备及其零部件，就可以避免或减少设备故障。

（二）设备故障及其规律

1. 设备故障

设备故障是指设备或其零部件在运行过程中发生的丧失其规定功能的不正常现象。设备故障对生产的正常进行影响很大，因此，正确掌握和分析设备故障的规律，以减少或避免故障的发生，是设备管理的重要内容之一。

根据发生的原因不同，设备故障，一般可分为两类：一类是因设备使用过程中的不断磨损而使设备零部件性能逐渐劣化而形成的故障，称老化性故障或渐发故障。这类故障可以在对其规律进行研究的基础上，通过合理使用和维护来减少或减轻。另一类是因偶然性、意外性的管理不善或操作失误而形成的故障，称事故性故障或突发故障。这类事故是非正常的，无规律可循，应通过提高管理水平来减少或避免。

2. 设备老化性故障的规律

设备老化性故障的发生有一定的统计规律，其规律也形成一条曲线，通常称为浴盆曲线，如图 10-2 所示。

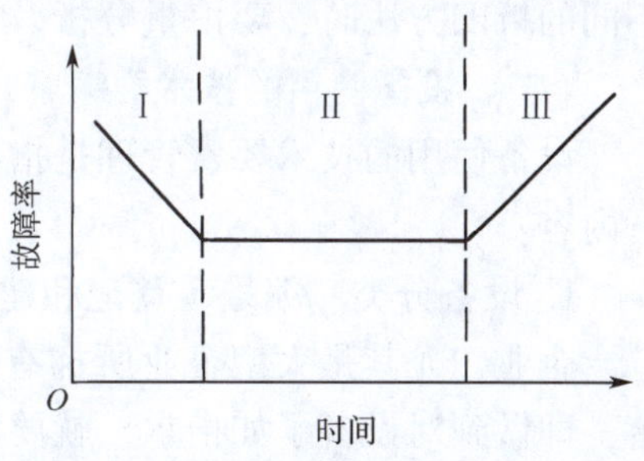

图 10-2 设备老化性故障规律示意图

从图中的浴盆式曲线可以看出，设备故障率的变化呈现三个不同阶段：

第Ⅰ阶段为初期故障期。这一时期设备刚投入使用，由于设计、制造、安装调试中的缺陷或操作不熟练，往往会出现较多的故障。随着设备的不断调整和操作不断熟练，故障率会越来越低。

第Ⅱ阶段为偶发故障期。这一时期设备进入正常运行阶段，故障较少，故障率维持较低水平。多因操作失误或维护保养不当而引起突发的事故。

第Ⅲ阶段为磨损故障期。这一时期与设备磨损的相应阶段对应，因设备及其零部件到了剧烈磨损阶段，设备劣化，性能很快下降，导致故障率急剧上升。为防止故障率大幅提高，设备管理者一般要在这一时期到来之前进行预防维修，修复或更换将要损坏的零部件。

设备的磨损规律和故障规律是设备管理的科学依据，更是设备使用过程中进行保养、检查、维修、更新等设备管理工作的基础。

二、设备的合理使用

同样的设备，不同的使用，其结果是不一样的。合理使用设备可以提高设备的利用率，减少设备的故障，延长设备的使用寿命；反之，则不仅会使设备的使用价值降低，引起设备故障或设备不正常损坏，甚至会使新设备报废，直接给生产经营造成损失。所以，以合理使用设备和减少或避免设备故障为任务的设备使用中的管理是设备管理中非常关键的环节。合理使用设备涉及技术与经济两个方面的管理。

（一）设备使用中的经济要素管理

设备使用中的经济要素管理，是指在设备使用中对设备价值运动形态的管理。它主要包括以下两个方面：

1. 设备的使用费用

设备投入使用后，企业要不断地投入运行费用、保养维护费用、监测维修费用和技术改造费用等。企业在这些费用投入之前，要从经济角度对各种设备运行方案及各种保养维护、监测维修、及时改造等方案进行分析评价。因为不同的方案其效果与费用是不同的，应选择效果与费用比值较高，即经济上更合理的方案，并在方案执行中严格控制费用支出，在方案执行后认真核算，以求得以较低的设备使用费用来保障设备的有效运行。

2. 设备的折旧方法

设备投入使用后的折旧方法选择直接影响企业的成本费用、利润和纳税，也会影响企业的技术进步。目前，我国企业常用的折旧方法主要有两类：一类是平均折旧法，即将设备的价值平均分摊到设备使用期限内的各期；另一类是加速折旧法，即在设备使用期限的前几期内以较高的折旧率快速折旧，在较短的时间内收回设备投资。这两类方法各有利弊，前者可以使企业的成本费用较稳定，但不利于企业的技术进步；后者有利于企业的技术进步，可以促使企业不断采用新技术，但会提高企业的成本费用，减少企业的收入和纳税。企业在选择不同的折旧方法时，要慎重分析。

（二）设备使用的技术要素管理

设备使用的技术要素管理是指在设备使用中对设备物质运动形态的管理。它主要包括以下内容：

1. 设备分类、编号、登记和建档

企业，尤其是大型企业所拥有的设备大多种类繁多，要做到便于把握、有效使用和挖潜，即做到对设备了如指掌，就要对企业的各种设备进行分类、编号、登记和建档。

2. 建立设备使用的规章制度

设备使用的规章制度是使用设备的依据，也是管理的依据，因此建立设备使用的规章制度，是设备管理的基础工作。它主要包括设备使用规程、岗位责任制、检查维护规程、交接班制度、润滑制度、操作合格制度等。在设备使用的规章制度的建立过程中，一定要认真地进行技术分析，使每台设备，尤其是重要设备，都有依据其技术特性而确定的规章制度。

3. 确定合理的设备配备

为了有效地使用设备，企业需根据所生产产品的工艺特点和要求，配置各种适宜的设备，使各工艺阶段的设备在性能、效率上互相协调，并且随着所生产产品的变化，及时调整和补充设备。当企业采用生产线生产时，除了要合理配置生产线上的各种设备之外，还需进行生产线的优化决策。

4. 确定合理的生产任务

合理有效地使用设备，还必须在安排设备的生产任务时进行正确的决策。一般要以设备的性能、生产能力、技术特性、使用范围、工作条件、设备精度等技术资料为依据，既不能超负荷、超范围、超精度、超条件，又要尽可能避免“大机小用”或“精机粗用”，以免造成设备效率低下或设备功能浪费。

5. 合理利用设备

设备的合理使用还在于提高设备的利用率，即充分有效地利用设备，减少设备的浪费。要做到这一点，就要对设备利用情况进行深入的分析，才能找到提高设备利用率的措施和方法。设备利用情况可以从数量、时间和能力三方面进行分析：

（1）设备数量利用情况分析。企业拥有的设备，由于各种原因，在一定时期内总是有一定数量的设备处于没有被利用的状态。比如：企业已购入，但是尚未安装使用的设备；已安装，但是处于备用状态的设备；已在使用，但是因原料供应不上而处于停工待料或处于维修改造中的设备等。为此，应了解设备数量的实际利用情况，从而找出影响设备实际利用水平的因素，以便有针对性地制订改进方案。设备数量的利用情况常用现有设备实际利用率和现有设备计划利用率进行差异分析。其中

$$\text{现有设备实际利用率} = \frac{\text{实际使用设备数量}}{\text{企业拥有设备数量}} \times 100\%$$

$$现有设备计划利用率=\frac{计划使用设备数量}{企业拥有设备数量}\times 100\%$$

在现代企业，尤其是在流程式生产的企业中，备用设备的数量是影响设备利用水平的重要因素。一般来说，备用设备多，生产装置的运行保障系数就高，停机损失就少，但设备利用率水平会较低，备用设备的维持费用会提高；反之，减少备用设备的数量，可以提高设备利用水平，减少备用设备的维持费用，然而可能因备用设备不足，一旦出现设备事故，就会使整个生产系统或装置停工，造成较大的停机损失。因此，企业应从生产系统或装置的停机损失与备用设备所需维持费用两个方面综合分析，寻求一个最佳的，即令二者费用之和最低的备用设备数量。一般来说，停机损失与备用设备所需维持费用之间的关系如图 10-3 所示。

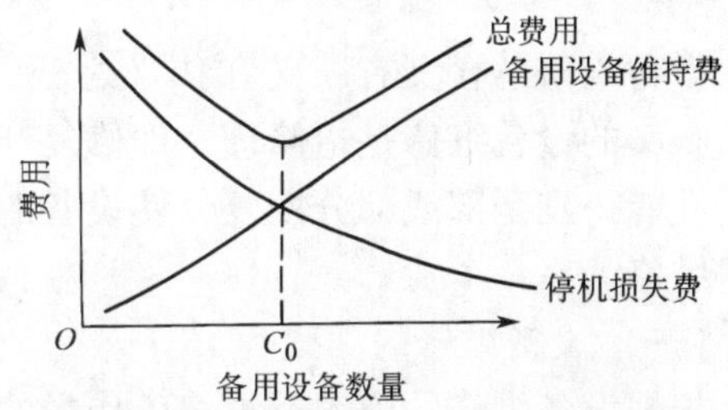

图 10-3 备用设备数量与费用关系图

从图 10-3 可以看到，备用设备维持费和停机损失费随着备用设备的数量变化而反方向变化，当二者之和总费用线达到最低点（C_0）时的备用设备数量，从经济上看是最合理的。

（2）设备时间利用分析。设备运行的最大可能时间是一天 24h 运转，但实际上是做不到的。因此，企业应采取有针对性的措施，减少意外事故的发生，合理安排设备的检修，增加设备的实际工作时间，提高设备的时间利用率。衡量设备时间利用水平的指标有

$$设备计划时间利用率=\frac{设备实际工作时间}{设备计划工作时间}\times 100\%$$

$$设备制度时间利用率=\frac{设备实际工作时间}{设备制度工作时间}\times 100\%$$

（3）设备能力利用分析。设备能力的利用分析，从理论上说，应是将设备的实际生产能力与理论生产能力或设计生产能力进行对比分析；但在实际工作中，则多采用设备实际生产能力与计划生产能力或与该设备的历史最高生产能力进行对比分析，从中发现设备能力利用中的差距，找出影响设备生产能力利用的因素。其中，设备实际生产能力的计算公式为

$$设备实际生产能力=\frac{合格产品产量}{设备工作时间}\times 100\%$$

三、设备的检查

设备检查是对设备的运行情况、工作精度、磨损或腐蚀程度进行检查和校验并进行记录。其目的是及时了解设备技术性能和变化，查明设备的隐患，以便有针对性地提出维护保养措施，并有针对性地做好维修前的准备工作，提高维修质量，缩短维修时间。设备检查的种类一般有以下几种：

（1）日常检查。日常检查又称巡回检查，是操作人员和专职保全人员在设备运行中，按设备管理方案规定的巡查频率和巡查项目进行的常规检查。

（2）定期检查。定期检查是由设备技术人员、维修人员和操作人员按设备运行的规律和有关计划方案定期进行的检查。

（3）重点检查。重点检查是设备管理部门依据设备运行规律以及日常检查、定期检查

的统计资料，或依据同行业同类设备发生问题的规律，研究确定一定的检查项目，然后进行检查。比如对高温高压设备的探伤检查，目的是了解设备中的关键的、易损坏的设备或零部件的状况。

设备检查活动的依据为相应的制度或计划方案。

四、设备的维修

设备维修的含义有广义和狭义之分。广义的设备维修包括设备的维护保养、检查和修理；狭义的设备维修是指修理，即修复和更换已经磨损严重或腐蚀老化的零部件，使设备劣化的性能得到全部或部分恢复，使设备的有形磨损得到局部补偿。这里从狭义的含义上讨论设备维修。

（一）设备维修的类型

根据设备维修的内容及维修工作量的大小，企业把设备维修分为三类：

（1）小修。小修是指对少量易损零件的修复更换、调整以及设备的清洗，消除一些小缺陷，以保证设备能正常使用到计划中的下一次修理。小修是设备修理中工作量最小的一种修理。

（2）中修。中修是指对设备的主要零部件进行局部修复和调整，校正基准，并更换一些经鉴定不能继续使用至下次中修时的主要零部件，使设备达到规定的精度、性能和生产能力。中修的工作量介于小修和大修之间。

（3）大修。大修是指对设备的整体进行拆卸，修复或更换全部磨损零件，修复基准件，基本恢复设备原有的精度和性能。大修的同时往往还按照计划进行改造，以求改变设备在技术上趋于落后的状况。大修是工作量最大的一种修理。

上述三个种类的维修，在维修完成后都必须进行试运转，并按规定分别由使用单位、操作人员和有关部门验收，重点设备还应有设备主管部门派员参加验收。

（二）设备维修决策

设备维修决策是指设备管理人员以设备的磨损规律和故障规律为依据，结合设备运行的各种条件，对设备的状况进行预测，在预测的基础上，从人力、物质、资金上全面衡量，制订设备状态检测、设备维修计划的方案，并从中选出较优方案后组织实施的过程。

设备维修决策要遵守的基本原则是检测和修理费用少，对正常的生产保障程度高，即既要保证生产的正常进行，又要节省费用。这就要求企业加强对设备磨损规律和故障规律的研究，加强对设备的分类分级管理，根据设备的状况来合理确定维修种类、维修时机，尽可能减少设备的过量维修，使设备维修后产生的效益不仅能弥补，而且大大高于因维修而产生的费用。企业的设备维修决策主要有：

1. 设备状态监测决策

为了有效贯彻上述原则，必须采取一些预防性措施，设备状态检测技术就是贯彻上述原则的有效措施之一。它是在设备检查的基础上，伴随着“预防维修制度”而发展起来的技术，是一种把医学诊断技术向设备管理引进的专门技术。它可以随时掌握生产流程各个环节的运动状态，根据设备状态的老化、劣化、磨损、腐蚀的程度，在设备故障出现之前实施维修。这样，既能避免设备的过度维修以及因此而引起的设备精度下降和额外的停机损失，又减少了设备故障，提高了设备时间利用率，保证了产品的正常生产，使设备的经济效益显著提高。设备状态监测决策主要考虑以下几个问题：

（1）设备状态监测的类型选择。设备状态监测可以按两种不同标志分成不同的类型：一是按监测时对设备的要求，分为不停机监测和停机监测。前者不影响设备的正常运转，适用于流程式生产；后者适用于经常停机的设备。二是按监测采用的手段分为主观监测和客观监测。前者是指由监测人员以自身的各种感官的感觉为依据对设备状态作出判断，它只适合于一般设备和次要设备的监测；后者是指使用仪器、仪表、器械测得数据，如压力变化、磨损量变化、温度变化、振动强度等数据，将测得的数据与设备故障机理结合起来对设备状态作出判断。这种方式比较科学、准确、客观，但需要的投资较大，只有对主要设备和重要环节才会采用这种方式。企业的设备管理决策者要根据设备的具体情况决定设备状态监测的类型。

（2）设备状态监测的经济性分析。从经济效益的角度考虑，不是在任何情况下、任何设备都采用状态监测。一些发达国家的经验认为，建立检测系统所投资金，应能在6个月内收回。另有一项调查表明：对于一般对象的监测系统，企业初次投资额为设备产值的1%左右比较合理；对于危险性较大的特殊对象，可提高到5%左右。这两个经验数据并非是绝对科学的标准，但原则上表明，只有当设备监测系统建立的投资费用，包括初始投资费、使用费和人工费等低于维修费用的节约额和减少停机的节约额之和时，采用和建立设备状态监测系统才是可行的。由此可见，建立设备状态监测系统是需要认真分析、决策和选择的。

（3）设备状态监测的决策过程。首先要确定企业重要设备的清单；其次要选择客观状态监测的对象，一般要从重点设备中选定故障率高、故障停机损失大、磨损或腐蚀发展速度快的设备作为监测对象；最后要确定监测的类型和方式。此外，还应对监测人员培训及岗位设定等相关问题进行决策。

2. 设备维修计划的决策

最早的设备维修思想是事后维修思想。此后，随着生产的发展，设备故障严重影响了生产，因而出现了设备预防维修的思想。这种维修思想强调预防为主，在设备使用时就按计划做好维护保养工作，加强检查，以求在设备发生故障之前进行修理。

预防维修虽有利于生产的顺利进行，但不能准确预计故障出现的时间，易造成因过度维修而多支出维修费用。为此，1954年，美国首先提出了生产维修思想，即对重要的设备实行预防维修，次要的设备实行事后维修，以集中人、财、物，做好重要设备的维修，同时又节省维修费用。再以后又出现了改革维修思想，即在维修时将设备结构加以改进，使设备结构更合理、故障更少。此外还出现了维修预防思想，即将系统思想引入设备维修中来，从设备设计开始就注意设备的可靠性和维修性，使设备不易损坏，在使用中不需修理或极易修理。

虽然设备维修的指导思想有了很大的发展，但企业的设备维修仍以预防维修和事后维修为基础。在实施预防维修中，设备维修计划的决策与制定是十分重要的环节。设备维修计划决策的内容主要有：

（1）修理定额标准的确定。修理定额标准是计划的基础，直接影响计划的水平。它包括：

1）确定修理周期和修理周期结构。修理周期是指相邻两次大修之间的间隔时间，对新设备而言，就是从投产到第一次大修理之间的时间间隔。修理周期结构是指两次大修理之间，即一个修理周期内，大、中、小修和检查的次数与排列顺序。

2）确定修理复杂系数。修理复杂系数用来表示不同机器设备的修理复杂程度和计算修理工作量的假定单位。机器设备越复杂，修理复杂系数就越高。

3）确定修理劳动量定额。修理劳动量定额是指为完成设备的修理工作所规定的劳动量标准，与修理复杂系数相关，通常以完成一个修理复杂系数所需的劳动时间来表示。

4）确定修理费用定额。修理费用定额是指为完成设备的各种修理工作所规定的费用支出标准。它实质上是修理的劳动量定额和材料定额的货币表现，表现为一个修理复杂系数的费用数量。

5）确定停机时间定额。停机时间定额是指从设备停机修理开始至修理终结，并经质量检查验收合格可投入运转所经过的时间间隔标准。这一标准的确定也与修理复杂系数相关。

在合理确定了这一系列定额标准的基础上，企业就可以根据对一定时期内设备状况的预测编制出设备维修计划。

（2）部件更换时机决策。在生产装置系统和设备运行中，各组成部件的磨损程度是不一样的，一些易损部件在设备使用过程中需要更换一次或几次，因而就出现了部件更换时机的决策问题。如果过早地用新部件替换旧部件，会造成部件寿命利用不充分，增加了更换费用；反之，如果过迟更换旧部件，则因部件磨损严重、修复困难而加大修复费用，也会增加停机损失，即运行维持费用会增加。设备维修总费用可以看成是更换费用与运行维持费用之和，其费用变化趋势如图 10-4 所示。

从图 10-4 可以看到，更换部件费用曲线与运行维持费用曲线随着时间的变化呈相反方向变化，二曲线相交时，修理总费用曲线达到最低点。一般认为，这一点的时间便是部件更换的最佳时机，即部件最佳更换周期。

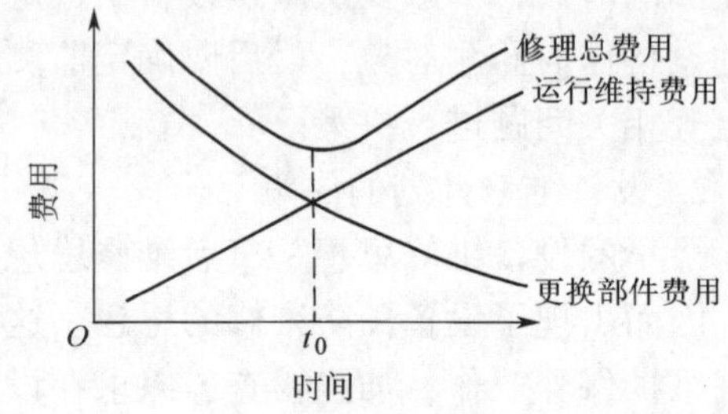

图 10-4　设备维修费用变化趋势示意图

部件更换时机决策是设备维修计划的重要依据，其决策水平直接影响设备计划的水平。它建立在对一系列统计资料的分阶段、批处理基础上，因此，它在很大程度上取决于企业设备管理基础工作的好坏。

（三）维修方式的选择

企业的设备种类很多，数量也很多，但在管理或生产系统中，不同设备对生产运营活动的重要程度和安全保障程度不同，其自身结构的复杂程度也不同，因而，对不同的设备应采取不同的维修方式，以实现设备管理的经济性。一般来说，维修方式有以下几种：

（1）预知维修。预知维修是指利用检测、状态监测和诊断技术，根据检测和状态监测获得的数据，对设备状态进行预测，再依据预测，有针对性地安排设备维修，事先排除设备将要出现的问题，从而避免和减少故障停机损失的维修方式。这种维修方式针对性强、有效性强，但因在监测上投入较大，故多用于故障率高、故障停机损失大、易磨损或易腐蚀且对管理和生产运营活动非常重要的设备维修。

（2）标准维修。标准维修也称强制维修，是指对设备维修的日期、类型、内容和工作量都预先制订计划标准，严格按照计划标准进行维修，而不管设备运转情况及其零部件的实际磨损情况的维修方式。标准维修计划性强，可以使维修前的准备工作有条不紊、十分充分，从而缩短维修时间。但这种方式容易脱离实际，形成过剩维修，使维修费用过高。故其多用于设备安全运行保障程度要求高、设备结构比较复杂、比较重要的设备维修。

（3）定期维修。定期维修是指根据设备的基本情况，并参考设备修理的相关定额资料，对设备维修的时间、类型、内容和工作量都预先制订一个大致的计划，而确切的维修日期和修理类型、修理内容及工作量，则根据每次修理前的检查再作详细规定的一种维修方式。定期维修既有一定的计划性，又有一定的针对性；既有利于作好维修的准备工作，缩短维修时间，又可以减少和避免过剩维修。定期维修多用于一般设备的维修。

（4）检查后维修。检查后维修是指事先只规定设备的检查计划，每次维修的时间、内容和类型都根据检查的结果和过去的维修资料来确定的一种维修方式。这种方式可以充分利用设备的物质寿命，维修费用较低。但检查的结果可能因主观判断有误而不准确，从而作出不完全正确的维修决定。同时也难以做好维修前的准备工作，容易延长维修时间。检查后维修一般用于简单的、不重要的设备维修。

（5）事后维修。事后维修是指出了故障再维修、不坏不维修的维修方式。这种方式是最早期的维修方式，许多现代企业之所以仍保留它，一方面是因为设备的检查监测和诊断不可能发现所有的故障隐患，另一方面是因为这种方式是比较经济的维修方式。它适用于简单的或不重要的设备维修。

设备管理的一个重要思想就是对设备进行 ABC 分类管理，根据设备的重要程度采取不同的维修方式，以实现设备管理的经济性。

五、全面生产维修制度

全面生产维修（Total Productive Maintenance，TPM）制度是日本前设备管理协会在美国生产维修制度的基础上，根据英国人创立的设备工程学，于 1971 年正式提出并不断完善的一种管理模式。TPM 也可以称为全员生产维修，这一管理模式既有对美国生产维修体制的继承，又吸收了英国综合工程学的思想，还吸取了中国《鞍钢宪法》中工人参加、群众路线、合理化建议及劳动竞赛的做法，是一种非常有效的管理模式。这里作简单介绍：

（一）TPM 的基本思想

（1）以提高设备综合效率为目标。

（2）建立以设备一生为对象的预防维修系统。

（3）与设备相关的计划、使用、维修等所有部门都要参加。

（4）从最高管理者到一线工人全体参加。

（5）加强生产维修和保养的思想教育，强调动机管理，通过开展小组自主活动来推进生产维修。

（二）TPM 的特点

全面生产维修与其他维修制度相比，其特点可以用一个“全”字来概括。“全”在这里有三个含义，即全效率、全系统和全员。

（1）全效率是指设备寿命周期全部时间内的输出与输入的比值最大，即对设备的综合效率的评价，追求设备的综合效率最高。

（2）全系统是指对设备整个寿命周期——从设计、制造、使用、维修、改造到更新的全过程进行管理。

(3) 全员是指这一管理模式的群众性特征，即凡是与设备整个寿命周期各个阶段有关的人员全部要参加。

(三) TPM 的主要内容

TPM 的内容并不复杂，主要有以下几点：

(1) 日常点检和定期检查。这类似于人的健康检查，目的在于早期发现隐患，早期诊断，预防修理。

1) 日常点检制度是首先由技术人员、维修人员等专业人员制定出点检卡，并向操作人员讲解点检方法，然后由操作人员定期在上班后的 5～10min 里，根据点检卡上的内容，包括检查方法、检查部位和检查标准等，逐项进行检查。15min 后，再由维修人员检查点检记录卡，卡上若标记有设备运转不良的符号，应立即进行诊断和处理。据日本丰田公司的统计，约有 80% 早期发现的故障，都是由操作人员在日常点检时发现的。

2) 定期检查是对设备进行分类管理，由维修人员按计划对重点设备进行定期检查，测定设备劣化程度，判断设备性能状况，调整设备。

日常点检和定期检查实行定人（即设立设备操作人员兼职和专职的点检员）、定点（即确定的设备故障点和点检部位）、定量（即设备劣化趋势的量化标准）、定周期（即确定不同设备和不同设备故障点的点检周期）、定标准（即确定判断每个部位是否正常的标准）、定点检计划表（即确定点检员的作业路线）、定记录（即格式化的作业记录，异常记录、故障记录和倾向记录）、定点检业务流程（即明确点检作业和点检结果处理的程序）等一系列管理方式和工作方法，突出体现了全员参与、预防为主的管理思想。

(2) 计划修理和改善性修理。这类似于对人的疾病或亚健康状态的治疗，其目的在于恢复或改善设备的性能，使设备不出现故障，避免停机损失。

计划修理是根据检查结果和相关记录资料编制修理计划，并按计划定期修理。这种修理属于恢复性修理。

改善性修理是对设备的某些结构进行改进修理，多用于经常发生故障的设备。

(3) 修理记录分析。这类似于人的就医病历分析，其目的在于发现变化趋势和规律。

修理记录分析把各项修理作业的发生时间、现象、原因和修理所需工时、停机时间等全部记录下来，作出分析表，进行分析，从中找出故障次数多、间隔时间短、修理工作量大、对生产影响大的主要设备和部件，作为设备管理的重点对象。

(4) 开展“5S”活动。这类似于人为了保持身体健康而进行的体育锻炼，其目的是提高员工技能，改进精神面貌，改善工作环境，使企业整体素质得到提高。

5S 活动，从根本上说就是要建立全体员工良好的工作作风。因为任何先进的方法都要靠人去掌握、去落实、去执行，只有重视经常性的教育，培养员工的敬业精神，提高人的素养，TPM 才能取得更好的效果。

实践证明，TPM 的实施不仅可以使设备管理取得很好的效果，使企业获得可观的经济效益，还有利于企业文化的建立，使企业获得难以计量的无形资产。

第四节　设备的更新

对设备的合理使用和精心维护可以延长其使用寿命，但并不能从根本上解决设备的有形磨损和无形磨损。因此，在适当时候必须对设备进行更新。设备更新是指用经济上更合理或技术上更先进的新设备替代技术上落后、物质上不能继续使用或经济上不宜继续使用的设备。它是对设备有形磨损和无形磨损的全面补偿。

一、设备更新的基本理论

设备更新的基本理论是设备磨损理论和设备的寿命理论。设备磨损理论前面已作介绍，这里只介绍设备的寿命理论。

设备的寿命理论是指设备从投入生产开始，经过有形磨损和无形磨损，直至在物质上、技术上或经济上不能或不宜继续使用，必须更新为止所经历的时间。从不同角度看，设备寿命有三方面的含义：

（1）物质寿命。物质寿命又称物理寿命、自然寿命，它是指设备从全新状态投入运行开始，直至因有形磨损而基本丧失原有技术性能，不能继续使用为止所经历的时间。设备的物质寿命可以通过有计划地维护保养、检查修理来延长。

（2）技术寿命。由于科学技术的迅速发展，在设备使用过程中出现了技术上更先进、经济上更合理的新型设备，因而使现有设备在物质寿命尚未结束之前就被淘汰。从开始使用到因技术落后而被淘汰为止所经历的时间，就是设备的技术寿命。设备的技术寿命可以通过设备的技术改造来延长。

（3）经济寿命。经济寿命的提出，是因在设备的物质寿命后期，由于设备的磨损老化，必须支出高额的使用费用来维持设备的寿命，这时若再继续使用设备，从经济上看就不合算了。这种由使用费用的高低决定的设备使用寿命，称为经济寿命。经济寿命的长短取决于使用费用的增长速度。

由上述设备的磨损理论与寿命理论可以看到，设备的更新改造是设备本身自然磨损所决定的，也是科学技术发展的客观要求，更是企业提高经济效益的需要。

二、设备更新期的决策

如前所述，设备更新的时间不仅取决于设备自身的磨损，也取决于科学技术的发展，还取决于经济上的考虑。因此，设备更新期的确定应从这三个因素进行分析评价。这里介绍两种从经济角度确定更新期的定量分析方法：

1. 追踪测算法

这种方法是通过追踪测算每次大修理的实际费用和当时的设备残值，并与新设备价值进行比较，来确定更新周期。其思路是将测算出的一次大修理费用与设备残值相加，得出的数值等于或超过新设备价值时，便可认为设备的更新时间到了，即可作出更新决策。测算公式如下

$$Q + L \geqslant K$$

式中，Q 为一次大修理费用；L 为设备残值；K 为新设备价值。

2. 经济寿命法

这种方法是通过计算设备的经济寿命来确定设备的更新期。设备经济寿命计算的依据是设备的年运行费用。设备的年运行费用由两部分组成：一部分是设备的一次购置费均摊到使用期限内每年的费用，即平均折旧费；另一部分是设备的年均使用费用，包括运行费用和维

修费用。当设备残值不为零时，设备的年费用公式为

$$C = \frac{K - L}{T} + Q$$

式中，C 为年均运行费用；K 为设备购置费；Q 为年均使用费用；T 为设备使用年限；L 为设备残值。

由以上公式可知，随着设备使用年限 T 的增长，年均投资费用逐渐减少，而年均使用费用 Q 则因设备使用年限的增长、设备低劣化程度的增加而增大。设备年均运行费用曲线如图 10-5 所示。从图中可以看到，年均运行费用 C 随着设备投入使用后逐年下降，到 T_E 年时费用最低，超过 T_E 时之后，年均运行费用又逐年上升。设备的经济寿命就是指从设备开始使用到设备年均运行费用最低时的年限。

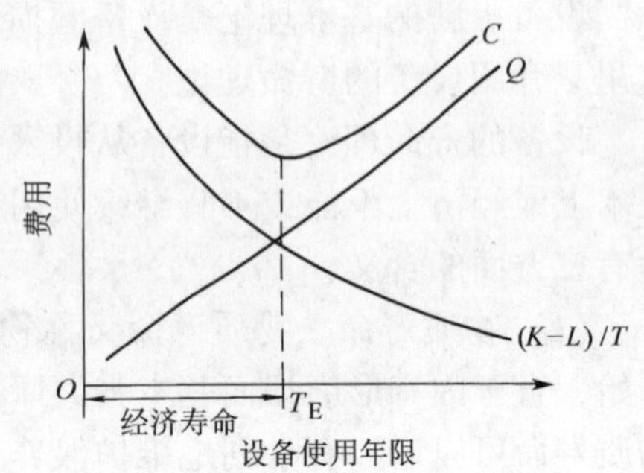

图 10-5　设备年均运行费用曲线

计算设备经济寿命有两种方法：一种是公式法；另一种是列表法。

（1）公式法。公式法假定设备使用费用是以匀速每年递增的，即设备低劣化值为固定值 λ，且设备折旧按直线折旧法（平均折旧法）计算，这时年均总运行费用为：$C = K/T + \lambda T/2$。根据库存控制模型的推导可知，年均运行费用最低的设备使用年限（经济寿命）的计算公式为

$$T_E = \sqrt{\frac{2K}{\lambda}}$$

式中，T_E 为设备经济寿命（最佳服役期）；K 为设备购置费（设备原始价值）；λ 为设备年均使用费增长值（年低劣化值）。

年低劣化值是根据历史资料或其他相关资料测算而得的。

例 10-2　某企业某设备购置原值（K）为 15 000 元，年低劣化值为 800 元，求出该设备的经济寿命，即最佳更新周期。

解　设备的经济寿命的计算公式为

$$T_E = \sqrt{\frac{2K}{\lambda}}$$

将 $K = 15\ 000$ 元、$\lambda = 800$ 元代入上式，得到 $T_E = \sqrt{\frac{2 \times 15\ 000\text{ 元}}{800\text{ 元}}} = 6$，即在不考虑其他因素的情况下，该设备的最佳更新周期为 6 年。

（2）列表法。列表法是通过列表计算每年的年均使用总费用，其中年均运行费用最低的那一年就是设备的最佳更新周期。年均运行费用的计算公式为

$$\text{年均总费用} = \frac{\text{累计年使用费用} + \text{折旧费用}}{\text{使用年限}}$$

例如，企业购入新设备一台，其原值为 30 000 元，同类设备使用情况的经济统计资料如表 10-1 所示。

表 10-1 设备使用情况的经济统计资料

年 份	1	2	3	4	5	6	7
残值/元	20 000	13 333	10 000	7 500	5 000	3 000	3 000
使用费用/元	6 000	7 000	8 000	9 000	10 000	12 000	15 000

根据以上资料计算的各年平均总费用如表 10-2 所示。

表 10-2 各年平均总费用

使用年限（1）	1	2	3	4	5	6	7
累计年均使用费用/元（2）	6 000	13 000	21 000	30 000	40 000	52 000	67 000
折旧费/元（3）	10 000	16 677	20 000	22 500	25 000	27 000	27 000
年均总运行费用/元（4）＝（2）＋（3）	16 000	29 677	41 000	52 500	65 000	79 000	94 000
年均运行费用/元（5）＝（4）÷（1）	16 000	14 839	13 667	13 125	13 000	13 167	13 429

通过列表可以清楚地看到，该设备的最小年均运行费用为 13 000 元，发生在第 5 年。故该设备的最佳更新年限为 5 年。

列表法一般用于年均使用费用以每年不等额增加或设备不采用平均折旧法的设备经济寿命的计算。

三、设备更新方案的分析决策

设备更新，尤其是大型流程式生产企业的主要生产装置系统的设备更新需要较多的资金，而且更新方案的确定对企业以后的生产和经营、对企业的业绩都有很大的影响。所以企业应对设备更新作详尽分析，才可作出决策。对设备更新方案的分析评价一般要从市场、技术和经济三方面进行。

1. 市场分析

设备更新一般会使企业的产品生产发生变化，如产品产量增加、产品质量提高、产品升级换代等。所以企业在设备更新之前，应对产品的市场前景进行分析，以确保更新设备的可行性。

2. 技术分析

技术分析首先要对设备的先进性进行分析。先进性分析一般要从设计、结构、材料和工艺上进行。其次要进行适用性分析。应根据企业设备更新的具体目标，结合企业现有资源的情况进行，以确保设备更新后的各方面因素协调配合。再次要进行安全性分析，即要分析每一个设备更新方案的负影响、负效果。一般来说，要分析设备更新所采用的技术对人员健康、安全有无影响；对自然环境和生态平衡有无影响；对资源消耗有无不利影响；对产业、职业、文化、风俗及人们的心理有无影响等。通过安全性分析，可以避开有技术缺陷的设备更新方案，即使无法避开，也可以事先考虑防范措施，使更新方案更完善。

3. 经济分析

企业进行设备更新的另一个直接目的就是希望通过设备更新，降低生产成本，提高劳动生产率，提高产品质量，增加企业的收入，实现更大的利润。所以，应对设备更新方案的经济性进行分析。

4. 设备购置与租赁的分析

其实质是对获得设备的方式的选择。设备购置是指企业用自筹的资金购置设备，在设备购置后同时获得设备的所有权与使用权。设备租赁是指企业通过合同契约并以缴纳租金的方式获得设备的使用权。应该说，企业的收益、利润来自于设备的使用而非设备的占有，企业中的生产经营活动只要拥有设备的使用权就可以进行。所以，当企业资金不足，或企业不具备贷款能力而又急需更新设备时，完全可以采用租赁的方式得到设备。

设备租赁的优点是：①能迅速获得所需设备，使企业尽快形成生产能力。②可以先使用，以收益缴纳租金。企业在资金困难时，只要租金低于收益，租赁就是可行的。③减少企业筹资的难度。租赁不增加企业的负债，比债券、长期借款等筹资方式的限制要少。④可以减少设备无形磨损的损失。随着科学技术的发展，设备的更新周期日趋缩短，企业设备的无形磨损加大，租赁则可以向出租人转嫁一部分无形磨损。

设备租赁的主要缺点是租金较高，并且不能享有设备残值。但租金可以进成本，在税前扣除，因而可以少交所得税。

从以上介绍可以得出结论，企业在更新设备时，也应对不同的获得设备的方式加以分析研究，以求得效益更好的更新方案。

第五节　现 场 管 理

日文“现场”指的是“实地”——实际发生行动的场地。对企业来说，企业现场是指企业进行生产经营作业活动的特定场所，包括生产现场、经营现场、办公现场、生活现场等，即能满足顾客要求的活动场所。在日常生活中，这种现场随处可见，如宾馆的大厅、饭店的餐厅、银行的柜台以及各种办公室，都是工作现。因此，现场涵盖了多种层面的管理部门。在我国的工业企业里，习惯于把生产现场称为车间、工场或生产第一线。现场管理就是运用科学的管理制度、标准、方法和手段，对现场的各种生产要素进行合理、有效的计划、组织、协调和控制，使它们处于良好的结合状态，以达到优质、低耗、高效、均衡、安全、文明生产的目的。

一、现场管理的要素与基本内容

1. 现场管理的要素

现场管理的要素或对象一般包括以下内容：

(1)“人”，包括现场管理的组织领导者、技术人员、管理人员以及操作工人、辅助工人。“人”是现场管理中最关键的因素。

(2)“机”，即生产现场的工具、设备，包括工夹、量、模、刃具及机械设备、电器设备、运输设备和检测装置等。这是组成现场生产力的重要因素。

(3)“料”，即生产现场需用的各种原材料、辅料、配套件、在制品、半成品等。它们是组成现场生产力的重要因素，也是现场管理中数量大、变化多、难度最大的关键因素。

(4)“物”，即生产现场需用的其他辅助性物品和生活设施，如工具箱、更衣箱、饮料箱、消防器材、电风扇等。这是现场管理中比较繁杂，但又不可忽视的内容之一。

(5)“法”，即组织现场生产所必需的各种制度、法规、标准和技术工艺等，也就是现场管理必须具备的各种工艺规范和检测方法及其实施。

(6)“环”，即现场作业环境，包括厂房、场地、通道、作业区域的划分以及通风照明，也包括尘毒、噪声等安全和劳动卫生方面的管理。

(7)“资”，即投入生产现场的固定资金和流动资金的总和。现场管理要求加强成本控制，减少资金占用，降低生产成本，提高生产现场的经济效果。

(8)“能”，即生产现场所需要的油、电、水、气等动力资源，节约各类能源消耗、降低能耗成本也是现场管理的重要内容。

(9)“信”，即生产现场经常进行的信息交流与信息反馈。现场管理要求信息渠道畅通，信息反馈迅速，如实反映生产现场的实际状态。

现场管理是对以上生产要素在一定空间范围内的综合管理。

2. 现场管理的基本内容

从系统管理的角度出发，现场管理应包括以下几个方面：

(1) 现场的生产组织管理，包括生产作业计划的编制、现场生产调度、生产进度的统计分析等，即现场生产组织形式的确定及改善。

(2) 现场的技术工艺管理，包括技术图样、工艺文件及工艺规程执行情况的检查、考核，工艺流程的确定，工艺的改革以及技术改革等管理。

(3) 现场的质量管理，包括现场质量把关、检测控制及质量保证体系的运行、现场文明生产的组织实施等。

(4) 现场的设备管理，包括设备的维护、保养、修理和设备的合理利用、安全操作等。

(5) 现场的物资管理，包括一切生产用物料及其他非生产用的物品的管理。

(6) 现场的劳动管理，包括劳动力的调度和安排，劳动定额的修订、实施，劳动技能的训练和提高，劳动纪律的执行等管理。

(7) 现场的安全管理，包括安全纪律、安全设施、防尘防毒、防火防汛以及防暑降温等管理。

(8) 现场的环境管理，包括厂房、场地、通道、作业区域、作业环境、厂容厂貌、通风、照明、色标等管理。

(9) 现场的成本管理，包括生产批量的确定，生产周转速度的加快，材料定额和工时定额的执行、控制、统计与分析，原材料的合理利用，节约节能工作的开展等管理。

二、现场管理的特点

现场管理在本质上是生产作业系统管理，或者说是一种综合性管理。它在理论和实践上具有鲜明的特点。其主要特点表现在以下几个方面：

(1) 综合性。生产现场是人、机、料、法、环等诸生产要素的结合点，也是生产、技术、质量、成本、物资、设备、安全、劳动、环境等各项专业管理的落脚点。因此，企业的现场管理具有十分鲜明的综合性，是一项综合管理，而且是一项纵横交叉的立体式的综合性管理。

(2) 基础性。现场管理属于作业性质的基层管理，是企业管理的基础。它是以管理基础工作为依据，其管理过程所要求的标准、定额、计量、信息、原始记录、规章制度等内容，充分体现了现场管理的基础性。所以，加强现场管理可以进一步完善管理的基础工作。

(3) 动态性。现场各生产要素的配置是在一定的生产技术组织条件下，在投入与产出的转换过程中实现的，是一个不断变化的动态过程。现场管理应根据变化了的现状，不断提高生产现场对环境变化的适应能力，从而不断提高企业的市场竞争能力。

(4) 直观性。由于现场是企业各项专业管理的集结点，是从事生产活动的主要场所，因而它是一个开放性的系统，能够综合反映企业的素质。正所谓“百闻不如一见”，企业各方面素质的优劣在现场均处于“曝光”状态。

(5) 全员性。现场管理的核心是人，现场的一切活动都要由人去掌握、操作和完成。这就要求与生产现场有关的所有员工参与管理，积极开展各项民主管理活动，实行自我管理、自我控制，不断提高员工的素质，发挥广大员工的积极性和创造性。

关于“现场”在组织结构中的位置，则有两种不同的观点：一种认为现场位于管理结构的顶层，管理阶层的角色在于给现场提供支持；另一种观点认为现场置于管理结构的底层，管理阶层的角色在于提供政策和资源给现场。不论哪种观点，现场都是提供顾客满意的产品或服务的直接场所，因此，现场管理的重要性是不容置疑的。

三、现场管理的基本方法

现场管理的基本方法是“目视管理”，即全体员工能够用眼睛看出工作进展状况是否正常，并迅速作出判断、想出对策。

为了保证“目视管理”的顺利进行，有一些常用的方法必须实施，即开展生产现场管理诊断、“5S”活动及持续改进。

(一) 生产现场管理诊断

生产现场管理诊断即针对生产管理现场中存在的问题，通过调查分析，找出原因，提出解决问题的可行方案，经企业领导人员批准后立即组织实现。实际上，生产管理诊断主要侧重于生产现场的诊断。因为在生产管理中问题产生的原因，只有通过对生产现场进行观测才可能搞清楚，解决什么问题才能抓准，采用什么办法解决才切实可行。另外，生产管理过程虽然解决的是大问题，是要提高经济效益，但是解决的办法却非常具体，是一点一滴的，而且要边诊断、边试验、边改善；凡是能改的要立即改善，马上见效。比如，在生产过程中使用的工位器具不合理，工件容易散落，那就要设计一个合适的工位器具，当场试验。所以，重视现场管理诊断是生产管理诊断的一个突出特点。

现场管理诊断的程序如下：

1. 准备工作阶段

(1) 介绍情况，提出问题。企业的主要领导干部和现场管理人员要向诊断人员介绍企业的总体情况和生产管理情况，并提出希望诊断解决的问题。诊断人员也可就不清楚的问题向企业人员提出询问。

(2) 提供资料。企业要负责向诊断人员提供生产管理方面的有关资料，如计划文件、统计资料、各种原始数据、厂区平面布置图、车间工艺流程图、定额资料等。另外，还应有同行业资料。

(3) 参观现场。诊断人员要到生产现场，按产品的工艺流程顺序进行参观。

(4) 确定课题。诊断人员根据初步了解的情况，围绕企业提出的问题进行讨论，并在此基础上确定课题，课题要少而精。

（5）制订计划。诊断人员根据确定的课题，具体拟订诊断计划，安排诊断日程表。诊断时间一般为两周左右。

2. 正式诊断阶段

（1）现场调查。诊断人员要深入生产现场调查，除看、听、问外，还要运用一些管理方法进行分析。通常把应用于诊断的管理方法称为诊断技法。由于诊断的课题不同，诊断技法也不完全一样。从对生产过程组织的诊断来说，一般要运用产品结构分析（又称 P－Q 分析，即产品—数量分析）、工序分析、流程分析、搬运分析、工时利用分析等方法。

（2）提出改善设想。诊断人员在调查分析的过程中要提出改善设想，并就这些设想与企业的有关人员商量，听取他们的意见。诊断人员提出的改善意见要尽可能与企业人员的意见一致。

3. 诊断报告阶段

（1）写诊断报告。在调查后，诊断人员要和企业人员一起，对问题的分析和改善意见进行反复讨论。在意见比较成熟的基础上，诊断人员着手写诊断报告。诊断报告包括的内容一般有四个方面：①现状分析；②问题要点；③改善方向；④具体方案。诊断报告文字要简练，主要用图表和数据说明，使人一目了然。

（2）召开诊断成果报告会（又称发表会）。会上要请企业的领导干部、科室干部、车间干部以及上级主管单位的干部参加，由诊断人员推选的代表按诊断课题用数据和图表说明问题，语言要精练，并要负责回答到会人员提出的问题。

（二）“5S”活动

1. “5S”活动的含义

“5S”活动是指对生产现场各生产要素所处状态，不断地进行整理、整顿、清扫、清洁，以达到提高素质（素养）的活动。由于这五个词在日语中罗马拼音的第一个字母都是“S”，所以把这一系列活动简称为“5S”活动。

“5S”活动对应于工序或作业单元的管理，是生产要素投入产出过程的缩影，着重于具体事务的管理。它是从制造业中发展起来的，但在服务业中也有巨大的应用空间，是现场改善的三大支柱之一（另两个支柱是标准化和消除浪费）。“5S”活动在日本企业中已广泛实行，被视为“日本现代文明的基石”。近年来我国许多企业为了提高企业管理的水平，也学习和推行了“5S”活动。

2. “5S”活动的内容和要求

（1）整理（Seiri）。整理是把要与不要的人、事、物分开，再将不需要的人、事、物加以处理。这是开始改善生产现场的第一步。其要点首先是对生产现场摆放和停滞的各种物品进行分类，区别什么是现场需要的，什么是现场不需要的；其次，对于现场不需要的物品，诸如用剩的材料、多余的半成品、切下的料头、切削、垃圾、废品、多余的工具、报废的设备、工人个人的生活用品（下班后穿戴的衣帽鞋袜、化妆用品）等，要坚决清理出现场。

（2）整顿（Seiton）。整顿把需要的人、事、物加以定量、定位。通过上一步整理后，对生产现场需要留下的物品进行科学合理的布置和摆放，以便在最快速的情况下取得所要之物，在最简捷、有效的规章、制度、流程下完成事务。

（3）清扫（Seiso）。清扫是指把工作场所打扫干净；设备异常时立即修理，使之恢复正常。现场在生产过程中会产生灰尘、油污、铁屑、垃圾等，从而使现场变脏。脏的现场会使设备丧失精度、故障多发，影响产品质量，使安全事故防不胜防；脏的现场更会影响人的工作情绪，使人不愿久留。因此，必须通过清扫活动来清除那些脏物，创建一个明快、舒适的工作环境，以保证安全、优质、高效率地工作。

(4) 清洁（Seikeetsu）。整理、整顿、清扫之后要认真维护，保持完美和最佳状态。"清洁"不只是单纯地从字面上来理解，而是对前三项活动的坚持与深入，从而消除发生事故的根源，创造一个良好的工作环境，使职工能愉快地工作。

(5) 素养（Shitsuke）。素养是指养成良好的工作习惯，遵守纪律。素养即教养，其目的是努力提高人员的素质，养成严格遵守规章制度的习惯。它是"5S"活动的核心。没有人员素质的提高，各项活动就不能顺利开展，开展了也坚持不下去。所以，抓"5S"活动，要始终着眼于提高人员的素质。"5S"活动始于素质，也终于素质。

在开展"5S"活动的过程中，要贯彻自我管理的原则。创造良好的工作环境是不能单靠添置设备来改善的，也不要指望别人来代为办理，而让现场人员坐享其成。应当充分依靠现场人员，由现场的当事人员自己动手为自己创建一个整齐、清洁、方便、安全的工作环境，养成现代大生产所要求的遵章守纪、严格要求的风气和习惯。

实践表明，"5S"活动开展起来比较容易，可以搞得轰轰烈烈，在短时间内取得明显的效果，但要坚持下去，持之以恒、不断优化则不太容易。不少企业发生过一紧、二松、三垮台、四重来和"回生"现象。因此，开展"5S"活动，必须领导重视，加强组织和管理。这方面的主要工作是：①将"5S"活动纳入岗位责任制；②严格执行检查、评比和考核制度；③不断改善现场，通过检查，不断发现问题、解决问题，在不断提高中去坚持。

3. "5S"活动的发展

"5S"普及之后，欧美公司经常使用的是与日文"5S"意思相近的英文"5S"或"5C"。这时的"5S"基本含义为：

(1) 分类（Sort）。区分出不需要之物，并且消除之。

(2) 定位（Straighten）。将需要的东西排列有序，以利于容易取用。

(3) 刷洗（Scrub）。清洁工具及工作场所的每一物品，排除污渍、污点、碎片，根除脏污的来源。

(4) 制度化（Systematize）。使清扫及检查例行化。

(5) 标准化（Standardize）。将上述四个步骤标准化，促使改善活动永无止境地进行下去。

"5C"的含义与上述内容基本相同，即：

(1) 清除（Clear out）。决定需要及不需要之物，并将后者处置掉。

(2) 安置（Configure）。提供一个方便、安全、有秩序的地方供所需之物的使用和保存。

(3) 清洁及检查（Clean & Check）。在清扫时，检查及重新定位好工作的区域。

(4) 遵守（Conform）。设定标准、训练及维持。

(5) 习惯及实践（Custom & Practice）。养成例行维持的习惯及追求更进一步的改善。

进入21世纪后，日本松下公司鉴于全球化网络社会正在迅速形成，企业必须把简洁明快的运作和明确的经营战略作为根本，以一个敏锐而诚实的企业形象去面对顾客，又对"5S"赋予了新的内涵。

(1) 速度（Speed）。速度和敏锐性，即要尽快达成目标，敏捷适应情况变化。

(2) 简洁(Simplicity)。无论对什么事情,都要将其简单明了地公之于众。

(3) 战略(Strategy)。作预见性的将来变化的战略性思考,时刻以明确的战略指导工作。

(4) 真诚(Sincerity)。无论对顾客、家庭、工作和自己,都要诚心诚意。

(5) 微笑(Smile)。无论何时何地,要常带微笑。

如果说原来的"5S"偏重于企业内部管理,旨在造就一种和谐向上、文明有序的企业文化,那么新的"5S"则是原来思想的升华,旨在推进企业的改革和发展,建立一种新型的企业文化。

(三) 持续改进

按照日本企业的经验,"改善"是现场管理的基本原理。它是一种持续不断地改进工作方法和人员效率的企业经营理念。日文里的"改善"意指持续不断地改进。因此,"改善"是以改进现有标准为目标的活动,持续改进是现场管理的基本准则,它要求每一位管理人员及作业人员,要以相对较少的费用来改进工作方法。

持续改进着重于以过程为导向,是以"PDCA"循环理论为指导的思考模式。其中:"计划"(Plan)是指建立改善的目标(对象);"执行"(Do)是指依计划推行;"检查"(Check)是指确认是否按计划的进度在实行,以及是否达成了预定的计划;"处理"(Action)是指新作业程序的实施及标准化,以防止原来的问题再次发生。一旦达成改善的目标,改善后的现状便随即成为下一个改善的目标(对象)。PDCA 的意义就是永远不满足现状,因为员工通常较喜欢停留在现状,而不会主动去改善,所以管理人员必须持续不断地设定新的挑战目标,以带动 PDCA 的循环。

另外,由于与现场保持密切的接触和了解是改善的前提,因此,现场管理持续改进的基本程序是:

(1) 当问题(异常)发生时,要先去现场。

(2) 检查现场的有关物件。

(3) 当场采取暂行处置措施。

(4) 发掘真正原因并将之排除。

(5) 将有关工作标准化以防止再次发生。

这五项工作被日本人奉为现场管理的金科玉律。

习 题

1. 设备管理是如何发展的?
2. 设备购置为什么要进行技术经济评价?
3. 设备维修决策的基本原则是什么?
4. 为什么要进行设备状态监测决策和设备维修计划决策?
5. 设备更新的理论依据是什么?设备更新决策主要包括哪些内容?
6. 设备寿命周期反映了什么思想?
7. 你是如何理解 TPM 基本思想的?
8. 设备技术性无形磨损产生的根本原因是________。

A. 设备长期闲置导致的精度下降　　B. 设备长期使用导致的精度下降

C. 科学技术的进步　　D. 设备原始价值的贬值

9. 设备的偶发故障期与设备的磨损规律相对应，出现于________阶段。

A. 初始磨损　　B. 正常磨损　　C. 急剧磨损　　D. 无形磨损

10. 设备根据用途不同可分为________、________、________、________、________、________。

11. 设备的维修方式有________、________、________、________、________。

12. 根据设备维修内容及维修工作量的大小，企业把设备维修分为________、________、________三类。

13. 设备磨损规律可分为三个阶段________、________、________。

14. 设备的寿命有________、________、________。

15. 某台设备的原值（K）为15 000元，其同类设备9年内的设备残值和年均使用费用资料如表10-3所列。

表10-3　9年内的设备残值和年均使用费用

年　限	1	2	3	4	5	6	7	8	9
残值/元	10 000	8 000	7 000	6 500	6 000	5 500	5 000	4 500	4 000
年均使用费用/元	800	1 600	2 400	3 000	3 600	4 000	5 000	6 000	7 000

请列表计算该设备的最佳更新期（经济寿命）。

案例：某食品公司生产线

某食品公司有两条糕点生产线，其生产效率比本地区同类生产线高10%。但是生产线上的一个主要部件——泵机的维修总费用比其他企业高出许多。公司生产主管收集了六个月的泵机维修记录，这样就有了估计维修费用的足够数据。表10-4为他所列的泵机维修费用统计表。

表10-4　泵机维修费用统计

维修时工作次数合计/百万次	平均维持（使用）费用/美元	维修时工作次数合计/百万次	平均维持（使用）费用/美元
0.0～0.2	80.60	0.8～1.0	112.90
0.2～0.4	92.70	1.0～1.2	150.60
0.4～0.6	91.80	1.2～1.4	180.90
0.6～0.8	95.90	1.4～1.6	210.30

这一统计总结了泵机工作各个期间的维持费用。比如，在泵机工作了0.6～0.8百万次时期，平均维持费用是95.90美元。公司规定，所有泵机都要在工作1.6百万次后才能替换。

生产主管决定用这些数据来重新进行泵机的替换决策。经查询得知，一台泵机的售价和替换费用是240美元，替换下来之后没有残值。根据这些资料，生产主管又总结出表10-5所列数据。

表10-5的第一行表明如果在泵机工作0.2百万次时就替换新的，则工作一百万次的平均替换费用是1 200美元（240/0.2），这期间的维持费用是80.60美元，折合成工作一百万次的平均维持费用为403美元（80.60/0.2），此时每工作一百万次的平均总费用为1 603美元。

如果在泵机工作0.4百万次时就替换新的，则每百万次工作时的替换费用下降为600美元，平均维持费用上升到433.30美元，而此时工作一百万次的平均总费用下降到1 033.30美元。

表 10-5 泵机总维修费用统计

替换时机（百万次时）	平均替换费用/（美元/百万次）	累计维持费用/美元	平均维持费用/（美元/百万次）	平均总费用/（美元/百万次）
0.2	1 200	80.60	403.00	1 603.00
0.4	600	173.30	433.30	1 033.30
0.6	400	265.10	441.80	841.80
0.8	300	361.00	451.30	751.30
1.0	240	473.90	473.90	713.90
1.2	200	624.50	520.40	720.40
1.4	171	805.40	575.30	746.30
1.6	150	1 050.70	634.80	784.80

（资料来源：小杰克·伯特，L特德·穆尔．管理决策模型［M］．陈尚霖，译．北京：商务印书馆，1992.）

问题：

1. 公司关于泵机替换的规定是否正确？为什么？
2. 何时替换泵机较合理？为什么？
3. 你能从本案例中领悟到哪些管理思想？

第十一章

质 量 管 理

本章内容要点

- 质量与质量管理的基本概念
- 质量管理专家提出的质量管理原理
- 常用的质量控制工具
- 质量检验
- 统计质量控制
- 工序能力分析
- ISO 9000：2008 族标准
- 卓越绩效模式

第一节　质量与质量管理

一、质量

（一）质量的概念

质量是指一组固有特性满足要求的程度。

特性是用于识别与区分一个对象的、可描述或度量的属性。特性可以是固有的或赋予的，定性的或定量的。有以下类别的特性：

（1）物理的，如机械的或电的等。

（2）感官的，如嗅觉、触觉、味觉、视觉或听觉等。

（3）行为的，如礼貌、诚实或正直等。

（4）人体工效的，如生理的或有关人身安全的特性等。

（5）功能的，如飞机的最大负荷或最高时速等。

固有特性是指存在于某事或某物中本来就有的，而非赋予的，尤其是那种永久的特性。

要求是指通常隐含的或必须履行的需求或期望。

“通常隐含”是指组织、顾客和其他相关方的惯例或一般做法，所考虑的需求或期望是不言而喻的。对质量定义中的“要求”加以不同的限定，可适合不同场合的需要，如产品要求、质量管理要求或顾客要求。

质量术语中的要求除考虑满足顾客需要外，还应考虑组织自身利益、供方利益和社会利益等多种需求，如安全性、环境保护、节约能源等外部的强制要求。

质量术语反映了质量管理原则的要求，尤其反映了以顾客为关注焦点或称集中关注顾客原则的要求。其内核是满足要求的程度，强调在固有特性与要求之间，要求是主导的，处于第一的位置。

（二）产品质量

1. 过程及其产品

过程是一组将输入转化为输出的相互关联或相互作用的活动。一个过程的输入通常是其他过程的输出。组织为了增值，通常对过程进行策划并使其在受控条件下运行。

产品即过程的结果。有下述三种通用的产品类别：

（1）硬件，如发动机、机械零件、燃料。

（2）软件，如计算机程序、字典。

（3）服务，如运输。

硬件、软件和服务的区分取决于其主导成分。例如，外供产品“汽车”是由硬件，如轮胎和燃料所组成的以及软件，如发动机控制软件、驾驶员手册以及服务、销售人员所做的操作说明所组成的。

硬件是有形产品，通常包括可计数的物品和流程性材料。

软件由信息组成，通常是无形产品，并以方法、论文或程序的形式存在。

服务是无形的，并且是在供方和顾客接触面上需要完成至少一项活动的结果。提供服务一般涉及以下几个方面的内容：

（1）在顾客提供的有形产品，如维修的汽车上所完成的活动。

（2）在顾客提供的无形产品，如为准备诉讼所需的在资产负债表上所完成的活动。

（3）无形产品的交付，如知识、信息的传授。

（4）为顾客创造氛围，如提供食宿条件。

2. 产品质量的含义

产品质量是指产品的一组固有特性满足要求的程度。

产品的固有特性一般要转化为有指标的“特征或特性”，也即用户评价产品满足要求程度的质量特性、质量参数或质量指标系列。产品质量的特性表现出的参数、指标依产品不同而异。当考虑硬件时，质量特性有性能、寿命、可靠性、安全性及经济性；当考虑软件时，质量特性有安全性、界面友好性、可扩充性及开放性；当考虑服务时，质量特性有接近时间、等待时间、服务时间、服务态度、可靠与安全及用户满意度。

二、质量管理

质量管理是组织为使产品质量能够满足不断更新的质量要求、达到顾客满意而开展的策划、组织、实施、控制、检查、审核和改进等所有相关管理活动的总和。概括起来，质量管理主要包括质量方针和质量目标的制定、质量策划、质量控制、质量保证和质量改进五个方面的内容。质量管理的所有内容要纳入组织的质量管理体系之中。

（一）质量方针和质量目标的制定

质量方针是由组织的最高管理者正式发布的该组织的总的质量宗旨和方向。质量方针是组织全体成员开展质量活动的准则，为质量目标的制定提供了框架和方向。质量方针应符合组织的中长期规划，切合本组织的实际情况，必须内容充实，切忌空洞无物。质量目标即组织在质量方面所追求的目的，依据组织的质量方针而制定。通常对组织的相关职能和层次分别制定相应的质量目标。

（二）质量策划

质量策划致力于制定质量目标，并规定必要的运行过程和相关资源，以实现质量目标。其内容之一是编制质量计划。质量计划是质量策划的结果之一，是质量策划活动所产生的一种书面文件。

（三）质量控制

质量控制是指为满足质量要求而对产品质量形成全过程中上述两方面的诸因素进行控制。其实质是致力于满足质量要求。

质量控制的工作内容包括专业技术和管理技术两个方面。具体通过以下四个环节来实现：

（1）确定控制计划和标准。

（2）实施控制计划和标准，并在实施过程中进行监视、评价和验证。

（3）纠正不符合计划和程序的现象。

（4）排除质量形成过程中的不良因素与偏离规范的现象，恢复其正常状态。

质量控制的具体方式或方法既取决于组织的产品的性质，也取决于对产品质量要求的改变。同时，在实际中，应明确具体的控制对象，如工序质量控制、外协件质量控制等。

（四）质量保证

质量保证是指组织针对顾客和其他相关方要求，对自身在产品质量形成全过程中某些环节的质量控制活动提供必要的证据，以取得信任。

质量保证分为外部质量保证和内部质量保证。前者向组织外部提供保证，以取得用户和第三方（质量监督管理部门、行业协会、消费者协会）的信任；后者是使组织的管理者确信组织内各职能部门和人员对质量控制的有效性。

为取得信任，确认顾客和其他相关方的要求得以满足，组织必须：

（1）对设计和安装规范进行审核。

（2）对生产和检验工作进行连续的评价和验证。

（3）提供足够的证据（包括质量手册、质量计划、质量记录和各种操作规程等）。

（4）接受包括质量审核、质量监督和质量认证在内的评价。

（5）最终，在上述所有活动的基础上形成一个有效的质量管理体系。

（五）质量改进

质量改进是指组织不断增强在满足质量要求方面的能力。

就质量改进而言，要求可以是多个方面的，如有效性、效率或可追溯性。其中，有效性是指完成策划的活动和达到策划结果的程度；效率是指达到结果与所使用的资源之间的关系；可追溯性是指追溯所考虑对象的历史、应用情况或所处场所的能力。

（六）质量管理体系

质量管理体系即在质量方面指挥和控制组织的管理体系。质量管理体系是组织管理体系的一部分，致力于使与质量目标有关的结果适当地满足相关方的需求、期望和要求。

组织的质量目标与其他目标，如增长、资金、利润、环境及职业卫生与安全等目标应相辅相成。

一个组织的管理体系的各个部分连同质量管理体系形成一个整体，以利于策划、资源配置，确定互补的目标，并评价组织的整体有效性。

三、质量管理基本原理

（一）朱兰“螺旋曲线”

产品质量有其产生、形成和实现的过程。美国质量管理大师朱兰（J. M. Juran）率先采用一条螺旋上升的曲线来表达这一过程，被称为朱兰“螺旋曲线”，如图 11-1 所示。

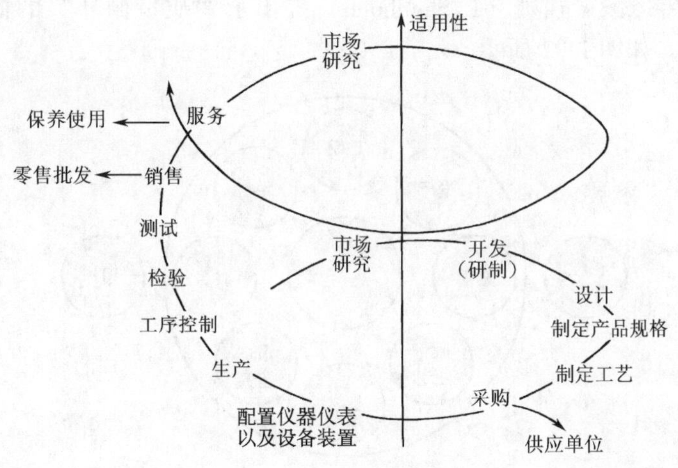

图 11-1 朱兰“螺旋曲线”

朱兰“螺旋曲线”反映了产品质量产生、形成和发展的客观规律。归纳起来包括以下几个方面：

（1）产品质量形成的全过程包括：市场研究、开发（研制）、设计、制定产品规格、制定工艺、采购、配置仪器仪表及设备装置、生产、工序控制、检验、测试、销售、服务共 13 个环节。这是一个循序渐进的工作过程，一环扣一环，互相依存，互相促进，不断循环，周而复始。

（2）产品质量的形成过程是一个不断上升、不断提高的过程，每一次循环到达服务环节之后，又以更高的水平进入下一次循环的起点——市场研究。

（3）产品质量的形成过程是各环节质量管理活动落实到各部门及其有关人员的过程，因而产生了产品质量全过程管理的概念。

（4）在螺旋曲线中，有三个箭头分别指向供应商、零售商和用户，说明完成产品质量的形成过程还要涉及组织以外的单位、部门和个人。所以，质量管理也是一项社会系统工程。

朱兰“螺旋曲线”是针对产品质量而提出的，其原理和方法同样适用于服务质量。

除具有代表性的“螺旋曲线”外，朱兰还提出了质量管理的三元论，即质量计划、质量控制和质量改进。质量管理三元论的核心是不断改进质量。为此，朱兰提出了质量改进的十个步骤：

（1）阐明改进的必要性和可能性。

(2) 明确改进目标。

(3) 组织人员实现确定的目标。

(4) 进行全员培训。

(5) 实施改进措施。

(6) 改进总结。

(7) 评价改进成效。

(8) 交流成果。

(9) 资料归档。

(10) 改善公司管理体系和业务流程，以使质量水平每年都能不断地提高。

(二) 桑德霍姆“质量循环”

瑞典质量管理专家桑德霍姆（L. Sandholm）提出了“质量循环”的概念，用来表述产品质量的形成过程，如图 11-2 所示。

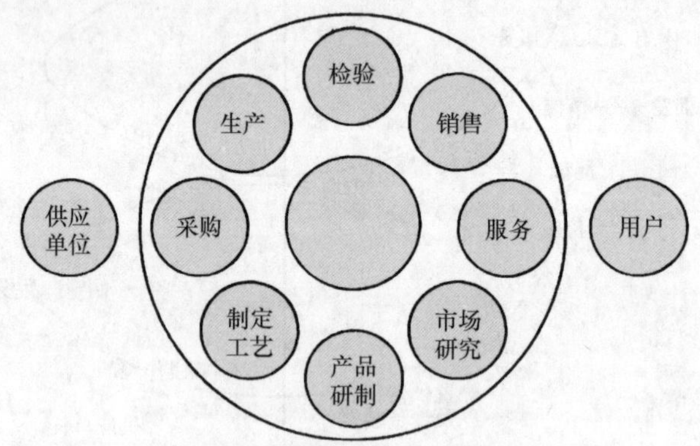

图 11-2　桑德霍姆“质量循环”

桑德霍姆“质量循环”和朱兰“螺旋曲线”异曲同工，都是用来说明产品质量形成过程的。可以把质量循环看成是螺旋曲线的俯视图，只是它从 13 个环节中选择 8 个主要环节来构图，也称为八大质量职能。

(三) 费根堡姆“全面质量管理”

20 世纪 60 年代初，全面质量管理（TQC）理论形成，首创者是美国学者费根堡姆（A. V. Feigenbaum）博士。费根堡姆把全面质量管理定义为：“在充分满足顾客要求的条件下，在最经济的水平上，进行市场调研、产品制造、产品销售和售后服务等活动，并把企业各部门有关质量管理的活动构成一种有效的体系。”

全面质量管理有两个核心：其一是永无止境地推进质量改进，即持续不断地改进质量；其二是追求用户满意的目标，要不断地满足或超出用户的期望。其特点体现在“全面”二字，即全面质量的管理、全过程的管理、全员参加的管理。

概括起来，全面质量管理有以下内涵：

(1) 持续改进。持续改进就是追求投入产出过程中的所有因素都持续不断地得到改善。投入产出过程中的因素包括人员（Man）、机器设备（Machine）、原辅材料（Material）、方法（Method）、环境（Environment）和测量（Measurement），即 5M1E。

(2) 树立榜样。树立榜样就是把在某一方面做得最好的组织作为本组织的榜样，学习其经验以提高自己的经营管理水平。

(3) 授权给职员。让一线员工承担一定的质量改进责任，并赋予其为完成改进任务采取必要行动的权力。

(4) 发扬团队精神。在组织内部，不仅要倡导全员质量管理，而且要最大限度地实现目标和行动的一致，即发挥团队精神。

(5) 基于事实的决策。管理的任务之一就是收集和分析数据与资料，并依此作出决策。这里要强调指出的是，为了实现有效的质量管理，在作出决策时，需要依据事实而不是个人的主观判断。

(6) 活学活用质量管理工具。对组织的成员，尤其是管理人员进行质量管理技术培训；在质量管理实践中，运用科学的质量管理技术；进一步，结合本组织的实际，对已有质量管理工具加以改进。

(7) 供应商的质量保证。质量管理必须向前延伸到供应商，即选择那些实行了质量保证制度，并努力实现质量改进的组织作为本组织的供应商，以确保其生产过程能够及时制造出满足本组织要求的零部件或原材料。

(8) 强化“源头质量”观念。要让组织的每一位成员都忠于职守：一方面把工作做好；另一方面，如果出现偏差能够及时发现并主动纠正。事实上，组织的每个成员都是自己工作的质量检查员。当所完成的工作成果传递到下一个环节，或者作为整个过程的最后一步传递到最终用户时，必须保证其达到质量标准。

（四）戴明“PDCA循环”

“PDCA 循环”最早由美国资深质量管理专家戴明提出，所以又称“戴明环”。“PDCA 循环”贯彻了费根堡姆全面质量管理的思想。同时，“PDCA 循环”给出了质量管理的工作步骤。戴明认为质量管理同生产活动、科学研究以及人们日常生活、工作和学习等所有过程的活动一样，应该分为四个阶段。这四个阶段是计划（Plan）、实施（Do）、检查（Check）和处理（Action）。四个阶段构成一次完整的循环过程，即“PDCA 循环”。在“PDCA 循环”的四个阶段中，共有八个步骤。

属于计划阶段的步骤有四个：

(1) 找出所存在的问题。

(2) 寻找问题存在的原因。

(3) 找出其中的主要原因。

(4) 针对主要原因，研究、制定措施。措施包括 5W1H：

Why：为什么要制订这个计划。

What：达到什么目标。

Where：在哪里执行。

Who：由谁来执行。

When：什么时间完成。

How：如何实施。

属于实施阶段的步骤是：

(5) 贯彻和执行措施，即按规定的目标和方法实实在在地去做。

属于检查阶段的步骤为：

(6) 调查执行效果，即检查计划实施的结果是否与计划阶段所制定的目标相一致。

属于处理阶段的步骤有两个：

(7) 巩固措施，即把成功的经验和失败的教训加以总结，形成标准（即制度化和规格化），指出应该怎样做和不应该怎样做。

(8) 对遗留问题，提交到下一个循环解决。

“PDCA 循环”可以使人们的工作更加条理化、形象化和科学化。

“PDCA 循环”的四个阶段不是孤立的，而是紧密联系在一起的。它像一个车轮，不断地转动，而且转动一次提高一步，如图 11-3a 所示。“PDCA 循环”是综合性的循环，它不仅反映了四个阶段并不是截然分开的，而且反映了各部门、车间、工段直到小组都参与到循环中去，从而形成大循环套小循环，互相推动、互相促进，使组织不断向前发展，如图 11-3b 所示。

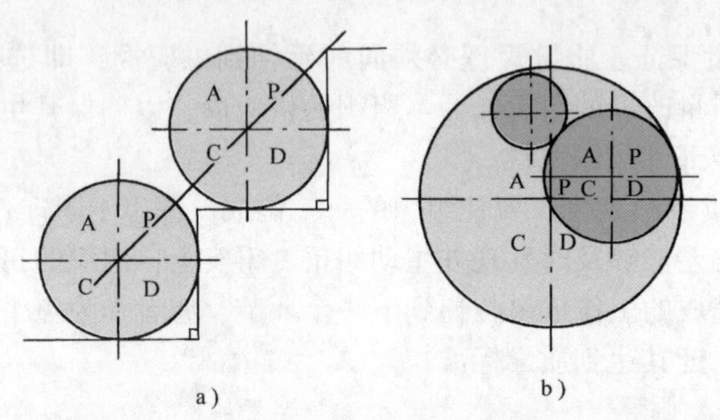

图 11-3 戴明“PDCA 循环”

第二节 工序质量控制的工具与方法

本节包括四个方面的内容：QC 七种工具、质量检验、统计质量控制和工序能力分析。质量检验就是检查生产过程中的产品，以判断其能否被接受。统计质量控制着眼于根据统计数据判断生产过程的非随机性差异，并分析造成差异的原因。工序能力分析就是判断工序的固有差异是否落在设计标准以内。

一、QC 七种工具

在实际质量管理活动中，常用的质量管理方法有七种，即“QC 七种工具”。这七种工具分别是核查表、分层法、帕累托图、因果分析图、直方图、散布图和控制图。

（一）核查表

核查表又称统计分析表或调查表，是用表格形式来进行数据整理和粗略分析的一种方法。有两种常用的核查表，即缺陷位置核查表和不合格品分项核查表。

缺陷位置核查表是将所发生的缺陷标记在产品或零件简图的相应位置上，并附以缺陷的种类和数量记录，因此能直观地反映缺陷的情况，如图 11-4 所示。

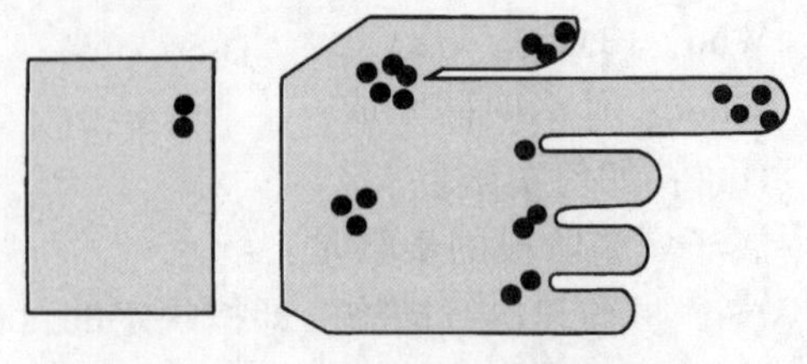

图 11-4 手套缺陷位置核查表

不合格品分项核查表是将不合格品按其种类、原因、工序、部位或内容等情况进行分类记录，能简便、直观地反映出不合格品的分布情况，如图 11-5 所示。

时　间	缺陷类型					各类缺陷总计次数
	遗漏标签	贴偏标签	油墨污迹	脱落和卷曲	其他	
星期一 8:00 ~ 9:00	丨丨丨丨	丨丨				6
9:00 ~ 10:00		丨丨丨				3
10:00 ~ 11:00	丨	丨丨丨	丨			5
11:00 ~ 12:00		丨		丨	丨（撕裂）	3
13:00 ~ 14:00		丨				1
14:00 ~ 15:00		丨丨	丨丨丨	丨		6
15:00 ~ 16:00		丨丨	卌丨			8
同类缺陷总计次数	5	14	10	2	1	32

图 11-5　不合格品分项核查表

（二）分层法

在实际生产中，影响质量变动的因素很多，如果不把这些因素区别开来，就难以得出变化的规律。分层法就是把性质相同、在同一条件下收集的数据归纳在一起，以便进行比较分析。依实际情况，可作出以下分层：

（1）对操作人员，可按工人的技术级别、工龄、性别、班次等进行分层。

（2）对使用的设备，可按不同型号、不同工具、不同使用时间等进行分层。

（3）对工作时间，可按不同班次、不同日期等进行分层。

（4）对使用的原材料，可按不同材料规格、不同供料单位等进行分层。

（5）对工艺方法，可按不同工艺、不同加工规程等进行分层。

（6）对工作环境，可按不同工作环境、使用条件等进行分层。

（三）帕累托图

任何事物都遵循“少数关键，多数次要”的客观规律。这一规律是由 19 世纪意大利经济学家帕累托最早发现的。帕累托根据这一规律设计出著名的帕累托图。帕累托图又称为排列图。帕累托最早用排列图分析社会财富的分布状况，后来美国质量管理大师朱兰将其用于质量管理。事实上，同其他活动一样，质量管理活动也遵循客观规律。例如，大多数废品由少数人员造成，大部分设备停顿时间由少数故障造成等。

根据图 11-5 可以作出如图 11-6 所示的不合格品的帕累托图。

（四）因果分析图

因果分析图也称为鱼刺图或石川图，是日本质量管理学者石川馨于 1943 年提出的。因果分析图以质量特性作为结果，以影响质量的因素作为原因，在它们之间用箭头联系表示因果关系。下面结合实例说明因果分析图的应用。

某打字复印社得到顾客的反映：“复印不清楚，复印质量不如别的地方好。”为找出问题发生的原因，可按以下步骤进行：

第一步，把复印不清楚作为最终结果，在它的左侧画一个自左向右的粗箭头，参见图 11-7。

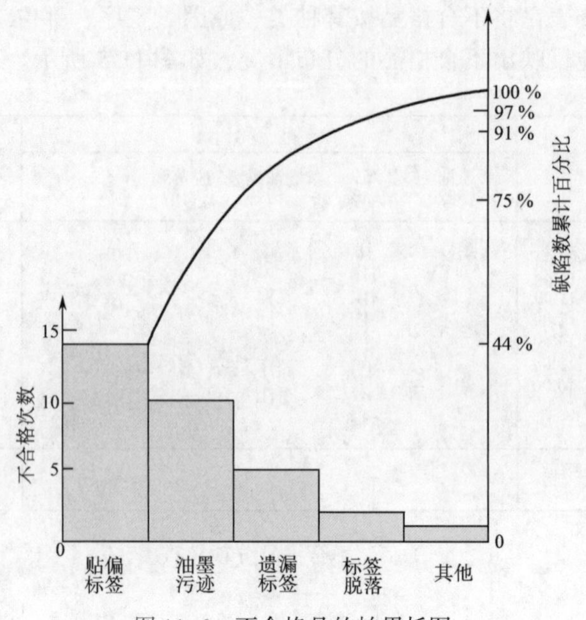

图 11-6　不合格品的帕累托图

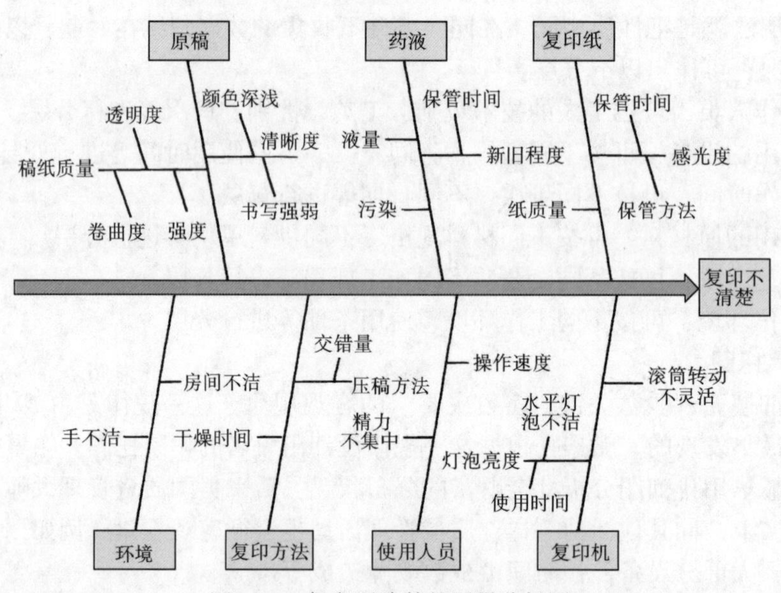

图 11-7　复印不清楚的因果分析图

第二步，把复印不清楚的原因分成人员、机器设备、原辅材料、方法、环境和测量六类，即 5M1E，框以方框，并用线段与第一步画出的箭线连接起来，参见图 11-7。

第三步，对每一类原因做进一步深入细致的调查分析，每一类原因由若干个因素造成，而某一因素可能又受到更细微因素的影响，逐层细分，直至能采取具体可行的措施为止，参见图 11-7。

第四步，必要时，应用帕累托图找出主要原因，重点解决。

（五）直方图

直方图的形式如图 11-8 所示，它是描述数据变化的一种主要工具。在制作直方图时，首先要对数据进行分组，因此，如何合理分组是其中的关键问题。分组通常是按组距相等的原则进行的，确定组距是制作直方图的又一个关键。就图 11-8 而言，分组数为 9，组距为 3。

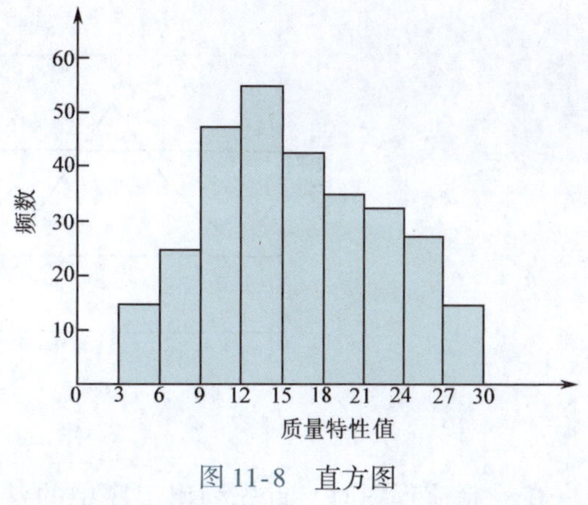

图 11-8　直方图

通过直方图可以比较直观地看出产品质量特性的分布状态以及工序是否处于受控状态，还可进一步对总体质量情况进行判断。对直方图的分析主要侧重于其分布是否对称、数值的变化范围是多少以及有无异常的数值。图 11-9 所示是一个机器修理直方图，图中有两个峰值，这表明研究对象中存在两个中心值不同的分布。导致这种情况的原因可能有两个：不同的员工参与操作或所从事的是两种不同类型的工作。

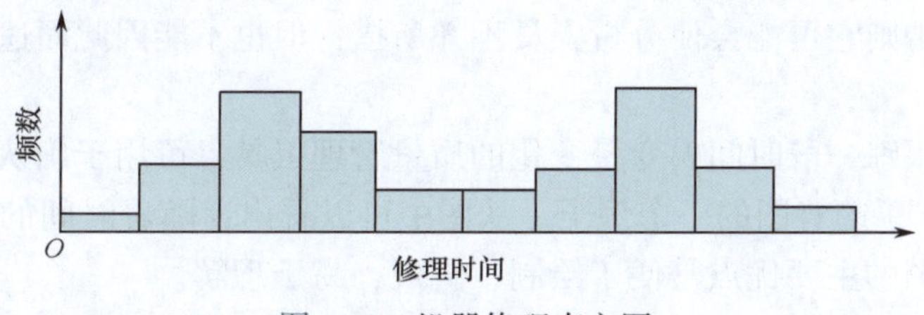

图 11-9　机器修理直方图

（六）散布图

散布图是对两个变量之间关联性的一种描述。图 11-10 所示是一个散布图的例子。该散布图表明空气湿度和每小时所出现的差错之间存在着正的关系，湿度大与差错多相对应；反之亦然。相反，负的关系则意味着当一种变量减小时，另一种变量增大；反之亦然。

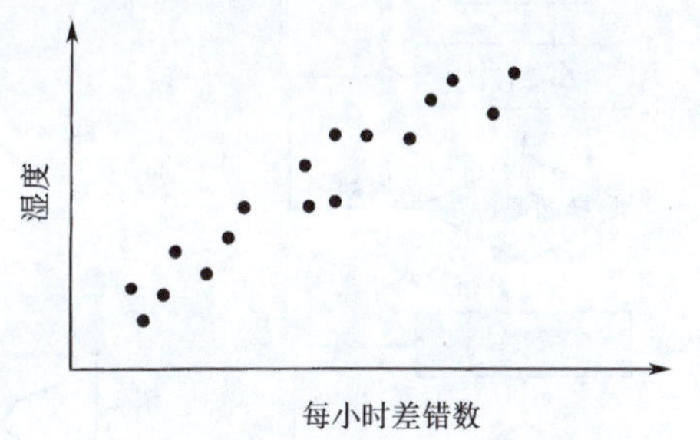

图 11-10　散布图

两种变量间的相互关联性（正的或负的）越强，图中的点越趋于集中在一条直线附近；相反，如果两种变量间很少或没有相关性，那么点将完全散布开来。在图 11-10 所示的例子中，湿度和差错间的关联性很强，因为点都分布在一条直线附近。

（七）控制图

控制图可被用来检验某一工序，以判断该工序的产品特性值分布是否是随机的。控制图还能被用来确定质量问题发生的时间以及引起质量差异的原因。图 11-11 是一控制图示例。

除了上面七种常用工具外，流程图和趋势图也是现在经常被采用的质量管理和控制方法。

流程图是一个工序的直观描述。作为一种质量管理工具，流程图能够帮助调查人员确定工序中的哪些点可能出现问题。图 11-12 是一种流程图，图中的菱形代表工序中的决策点，而矩形代表操作，箭头表明工序中各步骤发生的先后顺序。

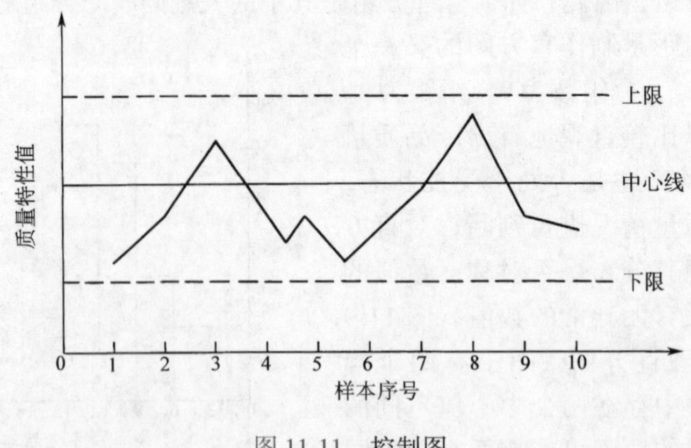

图 11-11　控制图

在绘制流程图时，首先列出工序中的各个步骤；然后把这些步骤按操作或决策（检查）点进行分类；最后按发生的先后顺序把各步骤用箭头连接起来。值得注意的是：不要把流程图画得过于详细，否则它可能会使分析人员不知所措；但也不能因此而遗漏工序中的任意一个关键步骤。

趋势图是用来跟踪一段时间内变量变化的质量管理工具，可用于确认可能发生的趋势或分布。图 11-13 给出了趋势图的一个例子。从图中可以看出，随着时间的推移，事故发生率呈下降趋势。趋势图的主要优点是便于绘制，直观，易于理解。

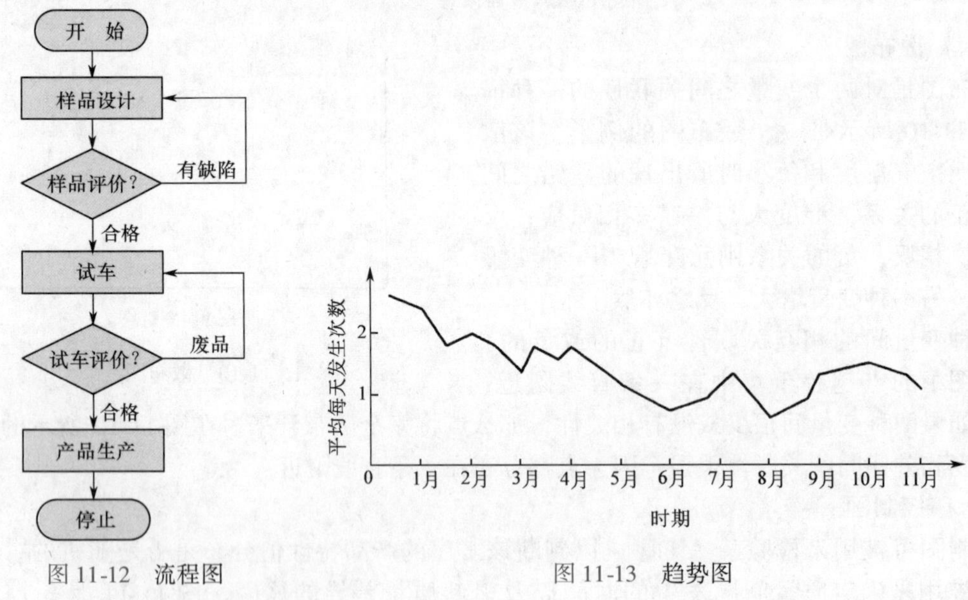

图 11-12　流程图

图 11-13　趋势图

二、质量检验

（一）检验数量和检验频度

1. 产品检验数量的确定

检验数量依产品的不同而异。对量大成本低的产品，如回形针、爪钉和木杆铅笔等，因漏掉不合格品所造成的损失非常低，同时生产这些产品的过程通常相当可靠以致废品很少，所以一般只需进行小量检验。对量小价值高的产品，如飞机、大型舰船和运载火箭等，因某一部件的问题可能不但导致产品功能的失效和惊人的财产损失，而且还会给人类带来灾难性的危害，所以对这类产品要进行大量检验，甚至是逐件检验。除了上述两种情况，对自动生产线上的产品，可选择自动检验。

在实际质量控制中，检验数量根据检验费用和预期的漏检不合格品所发生的费用来决定。显然，随着检验数量的增加，检验费用会随之增加，而因漏检不合格品所发生的费用就会减少。检验数量与总费用的关系如图 11-14 所示。传统的观点是总费用最低时所对应的检验数量就是最优检验数量，即图中的 A 点。目前的观点则是只要减少不合格品，就会降低成本，所以检验数量越多越好。

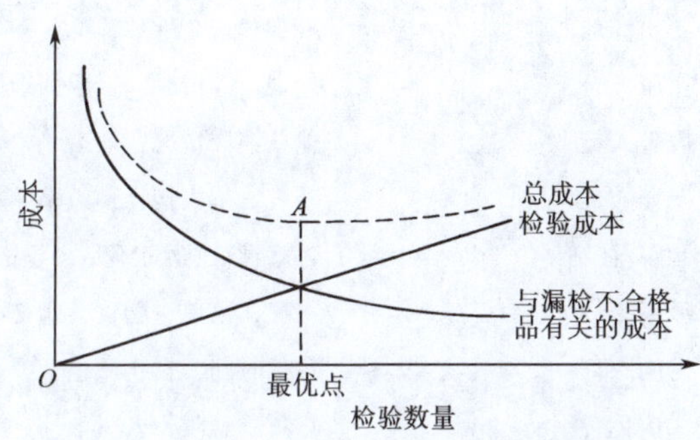

图 11-14 检验数量与总费用的关系示意图

2. 检验频度的确定

检验频度主要依赖于生产过程是否处于非受控状态的比例或拟检查批量的大小。对一个稳定的生产过程，就不需要重复进行检验；而对一个非稳定的或近期有质量问题的生产过程，就要加大检验频度。对小批量生产过程。需要抽取大量样本；而对大批量生产过程，抽取的样本可相应少些。

（二）检验点的确定

因为每一项检验都会增加产品或服务的成本，所以检验点的确定至关重要。就制造业而言，典型的检验点有：

（1）原料或外购件入库前。要控制源头质量。

（2）成品出厂前。就发生的费用来说，在工厂内部处理不合格品比在顾客那里处理要低得多。

（3）高附加值操作之前。最不合算的是使用高精尖的机器设备，由高技能的工人去加工不合格的半成品。

（4）在不可逆工序之前。如陶器在烧制之前可返工，一旦烧结，不合格品只能被弃掉或作为次品降价处理。

（5）在一道覆盖性工序之前。油漆、电镀和安装往往会掩盖产品的某些缺陷，所以必须在这些工序开始之前对产品进行一次检验。

在服务领域，检验点是采购的原材料和物资的入库点，服务窗口和已经完成的服务项目（如已修理好设备、汽车等）。表 11-1 给出了服务行业质量检验点的一些实例。

表 11-1　服务行业质量检验点实例

业务类型	检验点	检验项目或标准
快餐	出纳员	准确
	服务区	外观，效率
	就餐区	清洁，不杂乱
	建筑和地面	外观，安全无危险
	厨房	清洁，食物富含营养，食物储存，健康条例
	停车场	安全性，采光好
旅馆/汽车旅馆	会计/开票	准确、快捷
	建筑和地面	外观和安全性
	主服务台	外观，等待时间，票据准确
	服务人员	业务完成情况，效率
	工作人员	外表，待人接物，效率
	预订/住宿	过度预订/预订不足，住宿率
	饭店	厨房，菜单，膳食，账单
	房间服务	等待时间，食物质量
	供应免费用品	订货，验收，入库
超级市场	出纳员	准确，礼貌，效率
	提货	质量，数量
	商品	新鲜，货物充足
	走廊和仓库	安排不杂乱
	库存控制	不缺货
	储存架	供应充足，易腐货物的周转
	展示架	外观
	付款检出	等待时间
	购物小车	运行良好，数量充足，偷窃/损坏
	停车场	安全，采光好
	工作人员	外表，工作效率

（三）检验地点的确定

在某些情况下，需要进行现场检验。例如，当检查船身的裂纹情况时，就要求检查人员到船上检查。而当进行药品试验、食物样品分析、金属强度测试、润滑剂的流动黏性测试时，在实验室里进行效果更好。

下面是集中（通常为实验室）检验和现场检验各自的特点，检验人员可以参考这些特点，并根据具体要检验的产品来确定检验地点。

集中检验的特点有：

（1）可进行一些特殊项目的检验，如进行药品的毒理和药理分析。

（2）设备精良。

（3）检验环境良好，噪声低，无振动，无粉尘。

(4) 按事先制定好的检验规程进行操作，结果更为准确。

(5) 由训练有素的检验人员进行检验。

(6) 等待检验结果的时间较长，有时为了等待检验结果可能会使生产中断一段时间。

现场检验的特点有：

(1) 可避免外来因素对检验结果的影响，如样品的损坏或样品在带到实验室的过程中所发生的理化性质的变化。

(2) 可以很快得到检验结果，以便迅速作出决策。

(3) 检验设备、试剂、操作规程或人员等有一定的限制。

三、统计质量控制

1924 年，来自贝尔实验室的美国数理统计专家休哈特（W. A. Shewhart）制定了第一张控制图。1930 年，同样来自贝尔实验室的数学家道奇（H. F. Dodge）与罗密克（H. G. Romig）编制了第一批抽样数表。1931 年，休哈特的《工业产品质量的经济检验》一书问世，统计质量控制理论逐步形成。统计质量控制就是应用统计抽样原理，抽取一部分产品（零件），对这些产品的主要质量特性给予数量测定，并经过统计分析来判断产品质量的情况和趋向，借以预防和控制不合格品的产生。它的主要特点是：从质量管理的指导思想上看，由事后把关变为事前预防；从质量管理的方法论上看，广泛深入地应用了数理统计的原理和方法。

（一）产品质量散差的原因

按一定标准制造出来的大量同类产品的质量数据总存在差异，就整体来说，称为存在散差。

产品质量散差有下列几个来源：原材料、设计、制造方法、操作人员、生产环境及测量等。这几个来源归结为 5M1E，即 Material（材料）、Machine（设备）、Method（方法）、Man（操作者）、Environment（环境）和 Measurement（测量）。要求上述条件绝对保持不变是不可能的，因此产品质量散差就必然存在。对于这几个来源的散差原因还可以分为两大类：偶然性原因和系统性原因。

偶然性原因又称随机性原因或不可避免的原因。这种原因所造成的质量散差比较小，如机床的微小振动、原材料性质的微小差异、刀具的正常磨损、夹具的微小松动、工人操作技术的微小变化等。这些因素的出现是带有随机性的，一般不易识别且难以消除，即使能够消除，往往在经济上也是不合算的。

系统性原因又称异常原因或可以避免的原因。这种原因往往突然发生，对产品质量影响较大，且前后是一致的，如机床、刀具严重磨损，设备调整不准，夹具严重松动，或者材料中混入了不同材质、规格的原材料等。这类原因一般容易识别和查找，并且易于采取措施进行消除。

一般说来，偶然性原因引起的误差往往表现为产品质量特征值分布的离散性（即 σ 与 R 的变化），而系统性原因引起的误差则反映在质量特征值分布的离散性与集中性（即 μ 的变化），且更多地表现在分布的集中性上。

假如生产过程中影响产品质量发生变化的原因全部属于偶然性原因，就称生产过程处于统计控制状态。在这种情况下，不仅已在这个稳定过程中制造出来的产品，而且正在制造和将要制造的产品的质量都有可靠的保证；反之，若有非偶然性原因即系统性原因在起作用，影响着产品质量的变异，那么就表示生产过程脱离了统计控制状态，应该及时发出警报，分析原因，采取措施，确保生产过程重新回到统计控制下的稳定状态。

划分偶然性原因与系统性原因是相对的。随着科学技术的进步，某些偶然性原因的机理或规律一旦被人们准确地掌握，就变为系统性原因了。

（二）控制图及其原理

1. 控制图

统计质量控制的主要工具是质量控制图。质量控制图是按时间顺序描点作出的有关产品质量的样本统计量图形。在图上有中心线及上、下两条控制界限。中心线是产品质量特性的分布中心，即均值；上、下控制界限是允许产品的质量特性在此之间的变动范围，如果要求产品的合格率为99.7%，那么就可以选择平均数加减 3σ 作为上、下控制界限。图11-15是质量控制图的一个示例。按数据性质，控制图可分为计量特性值控制图和计数特性值控制图。

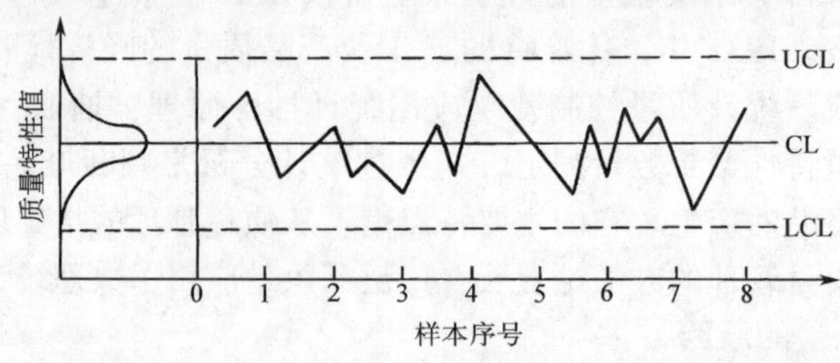

图11-15　质量控制图

2. 控制状态判别

由于两类错误的存在，通过控制图上的点推测生产过程的状态总有一定的局限性。不过，当满足下述条件时，可以认为生产过程大体处于控制状态：

（1）没有出现在界外的点。

（2）界内的点没有排列、分布方面的缺陷。

所谓点的排列缺陷，主要是指有以下一种或几种情况出现：

（1）7个以上的点连续出现在中心线一侧，如图11-16a所示。

（2）7个以上的点连续上升或下降，如图11-16b所示。

（3）点呈现出周期性变动，如图11-16c所示。

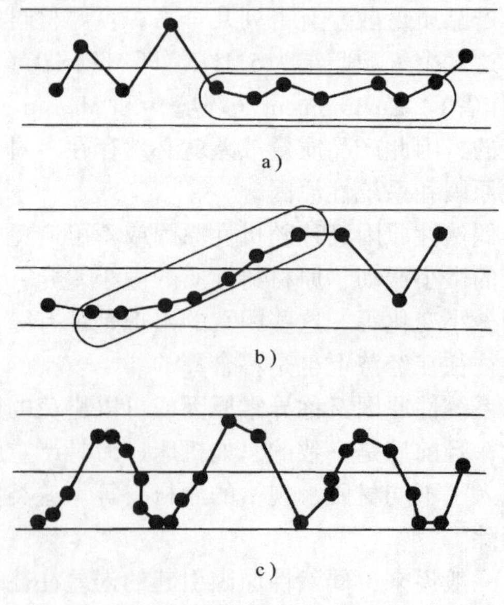

图11-16　控制状态判别

（三）计量特性值控制图

计量特性值控制图的管理和控制对象为长度、重量、时间、强度、成分及收缩率等连续量。这里介绍两种计量特性值控制，即均值控制图和极差控制图。

1. 均值控制图

均值控制图也称 $\bar{x}$ 控制图，用于检查生产过程的中心变动趋势。$\bar{x}$ 控制图的控制界限由以下公式确定：

中心线

$$CL_{\bar{x}} = \bar{\bar{x}} = \frac{\sum_{i=1}^{k} \bar{x}_i}{k}$$

上下界限

$$UCL_{\bar{x}} = \bar{\bar{x}} + A_2\bar{R}$$
$$LCL_{\bar{x}} = \bar{\bar{x}} - A_2\bar{R}$$

式中，$\bar{x}_i$ 为各样本组的平均值（$i=1$，2，…，k）；k 为组数；A_2 为控制界限参数，可根据每组的样本大小查表 11-2 得到；$\bar{R}$ 为样本极差的平均值。

表 11-2　控制界限参数表

n	2	3	4	5	6	7	8	9	10	11	12	13	14	15
A_2	1.880	1.023	0.729	0.577	0.483	0.419	0.373	0.337	0.308	0.285	0.266	0.249	0.235	0.223
D_4	3.267	2.575	2.282	2.115	2.004	1.924	1.864	1.816	1.777	1.744	1.716	1.692	1.671	1.652
D_3	0	0	0	0	0	0.076	0.136	0.184	0.223	0.256	0.284	0.308	0.329	0.348

2. 极差控制图

极差控制图也称 R 控制图，用于检查生产过程的散差。R 控制图的控制界限由以下公式确定：

中心线

$$CL_R = \bar{\bar{x}}$$

上下界限

$$UCL_R = D_4\bar{R}$$
$$LCL_R = D_3\bar{R}$$

式中，D_3、D_4 为控制界限参数，可查表 11-2 得到；其他符号同均值控制图。

（四）计数特性值控制图

计数特性值控制图主要以不合格品数量、不合格品率、缺陷数等质量特性来控制产品质量。这里介绍 p 控制图。

p 控制图用于检测生产过程中产生的不合格品所占百分数。p 控制图的控制界限由以下公式确定：

中心线

$$CL_p = \bar{p}$$

上下界限

$$UCL_p = \bar{p} + 3\sqrt{\frac{\bar{p}(1-\bar{p})}{n}}$$

$$LCL_p = \bar{p} - 3\sqrt{\frac{\bar{p}(1-\bar{p})}{n}}$$

式中，$\bar{p}$ 为总体不合格率平均值；n 为样本大小（这里只讨论了每组样本数均相同的情形）。

四、工序能力分析

（一）工序能力

工序能力是指工序的加工质量满足技术标准的能力，是衡量工序加工内在一致性的标准。工序能力决定于质量因素5M1E，而与公差无关。

当工序处于稳定状态时，产品的计量质量特性值有99.73%落在$\mu \pm 3\sigma$的范围内，即至少有99.73%的产品落在6σ范围内，这几乎包括了全部产品。因此，通常用6倍标准差，即6σ表示工序。

工序能力的测定十分重要，这不仅对于加强质量管理，而且对于产品设计、工艺制定、计划安排、生产调度和经济核算等方面的作用都很大。只有在设计、工艺及计划等工作中，一方面考虑用户要求，另一方面考虑加工过程的工序能力，改善工艺水平，合理组织生产，才能提高企业的生产经营效果。例如，分析工序能力后，合理使用设备，可以尽可能少地减少废品和返修品的产生，又不至于让高精尖的设备生产质量要求不高的产品，即可以减少两种不同类型的浪费和损失。就质量管理本身而言，工序能力的测定是一项质量管理的基础性工作。通过测定，掌握薄弱环节，开展革新与改造活动，可以提高工序能力。

（二）工序能力指数

工序能力指数表示工序能力满足产品技术标准（产品规格、公差）的程度，以C_p表示。其数学表达式为

$$C_p = \frac{T}{6\sigma}$$

式中，T为公差幅度；σ为总体标准差（实际中用样本标准差S来估计）。

C_p的计算根据是否为双向公差要求以及质量特性值分布中心μ与标准规格中心（公差中心）M是否重合而分为下列三种情况：

1. 双向公差要求，μ与M重合的情况

工序能力指数计算公式为

$$C_p = \frac{T}{6\sigma} = \frac{T_{\mathrm{U}} - T_{\mathrm{L}}}{6S}$$

式中，T_{U}为公差上限；T_{L}为公差下限；T为公差幅度；S为样本标准差。

2. 双向公差要求，μ与M不重合的情况

工序能力指数计算公式为

$$C_{pk} = C_p(1 - k)$$

式中，k为修正系数，且$k = \frac{|M-\mu|}{T/2} = \frac{|M-\bar{x}|}{T/2} = \frac{|E|}{T/2}$，其中，$E$为偏移量，$k$为偏移系数。

3. 单向公差要求的情况

在某些情况下，对产品质量只有上限要求。例如，机械工业产品的表面粗糙度、噪声、形位公差（同心度、平行度、垂直度、径向圆跳动等）、原材料所含杂质等，只要规定一个上限就可以了。而在另外一些情况下，对产品质量只有下限要求。例如，机电产品的机械强度、耐电压强度、寿命、可靠性等，要求不低于某个下限值。

单向公差要求 C_p 的计算公式由双向公差要求 C_p 的计算公式推导而来，即

$$C_p = \frac{T}{6\sigma} = \frac{T_U - T_L}{6\sigma} = \frac{T_U - \mu}{6\sigma} + \frac{\mu - T_L}{6\sigma}$$

因为正态分布是对称分布，所以

$$T_U - \mu = \mu - T_L$$

因此，只有上偏差要求时，C_p 值为

$$C_{pU} = 2\frac{T_U - \mu}{6\sigma} = \frac{T_U - \mu}{3\sigma}$$

同理得

$$C_{pL} = 2\frac{\mu - T_L}{6\sigma} = \frac{\mu - T_L}{3\sigma}$$

（三）工序质量等级及工序能力评价

利用工序能力指数，可把工序质量划分为五个等级，如表 11-3 所示。

表 11-3 工序质量等级表

工序能力指数范围	工序质量等级	工序能力评价
$C_p > 1.67$	Ⅰ	工序能力过高，应视具体情况而定
$1.67 \geqslant C_p > 1.33$	Ⅱ	工序能力充分
$1.33 \geqslant C_p > 1.00$	Ⅲ	工序能力尚可，但接近 1.0 时要注意
$1.00 \geqslant C_p > 0.67$	Ⅳ	工序能力不足，需要采取措施
$0.67 \geqslant C_p$	Ⅴ	工序能力严重不足

根据工序质量等级，可以对现在和将要生产的产品有所了解，进而有重点、有主次地采取不同措施加以管理。当发现工序能力过高，例如工序质量等级为Ⅰ级，即 $C_p > 1.67$ 时，意味着粗活细做，或用一般工艺方法可以加工的产品，采用了特别精密的工艺进行加工。这势必影响工作效率，增加产品成本，应该考虑改用精度较低但效率高、成本低、技术要求低的设备和工艺。当工序能力不足，例如工序质量等级为Ⅳ级，即 $1.00 \geqslant C_p > 0.67$ 时，意味着所采用的设备、工艺精度不够，产品质量无保证，一部分产品不合格。这时要制订计划，采取措施，努力提高设备精度，并使工艺更为合理有效，使工序能力得到提高。必须指出，当发现工序能力不足时，为保证出厂产品质量，一般要对产品进行全数检验。

应当指出，表 11-3 中给出的工序能力指数范围及相应的评价不是一个统一的模式。通常，所谓工序能力不足或过高，都是指特定生产制造过程、特定产品的特定工序而言的。例如，化工、电子、机械等工业生产过程都具有自身的特点。同时需要说明的是，随着时代发展及科技进步，摩托罗拉公司率先采用了高质量、高可靠性的 6σ 质量标准。这一标准是以质量特性平均值加减 6σ 作为质量的上、下控制界限，依此标准，工序能力指数等于 2。因此，表 11-3 所列当 $C_p > 1.67$ 时，工序能力过高是相对的。从不断满足用户的需求及持续不断地改善质量水平这一出发点，组织应当不断地提高生产过程的工序能力。

第三节 ISO 9000：2008 族标准

一、ISO 9000：2008 族标准概况

（一）ISO 9000：2008 族标准的产生背景

20 世纪 90 年代初，ISO/TC 176 在制定和修订 ISO 9000 族标准时，就提出应遵循四个战略目标：全世界通用性、当前一致性、未来一致性以及未来适用性。在这四个目标中，最主要的是全世界通用性，即在世界范围内，在各种类型和规模的组织中可普遍适用，否则就将失去管理标准的生命力。同时，ISO/TC 176 还在《90 年代国际质量标准的实施策略》报告中，提出了 ISO 9000 族标准的远景修订规划，将对 1987 年版标准的修订分为“有限修改”和“彻底修改”两个阶段。第一阶段的任务已在 1994 年版 ISO 9000 族标准修订中完成，第二阶段是在 1994 年版标准的基础上进行总体结构与局部技术的全面修改，使之能够适应各种组织的使用需要，更加体现质量管理发展的状况，实现标准制定的四个战略目标。

除 ISO 9000 族质量管理标准外，目前已制定发布的还有 ISO 14000 环境管理系列标准，同时还存在着有关安全、卫生健康和劳动保护等方面的国际和地区性管理标准。对组织而言，其实际运作包括质量管理、环境管理、财务管理、卫生管理和劳动保护管理等诸方面，质量管理标准与其他标准体系之间缺乏相容性，直接导致了组织应用标准的困难，降低了管理效率。

为实现 ISO 的战略目标，同时强化 ISO 9000 系列标准与其他同类标准的相容性，ISO/TC 176 充分研究了 1987 年版和 1994 年版两个标准以及环境管理体系标准等现有同类管理体系标准的使用经验，针对 1994 年版标准的不足，并在总结用户对新版标准的要求和期望基础上，制定了 2000 版 ISO 9000 族标准。2004 年，各成员方对 ISO 9000：2000 族标准进行了系统评审，确定对 ISO 9000：2000 族标准进行修订或修正，发布了 ISO 9000：2008 族标准。ISO 9000：2008 是对 ISO 9000：2000 的有限修改，实现了以下设想：

（1）新版标准重视管理体系的协调和结合，至少做到使质量管理体系和环境管理体系两个标准的共用要素互相兼容，并力求把质量管理体系、环境管理体系、财务管理体系、职业健康和劳动安全管理体系结合在一个综合的管理体系之中。

（2）对标准应用删减的规定更加明确细致，作出指南，以适应不同的使用要求。

（3）新版标准采用过程方法模式，从过程的观点来描述和规定质量管理体系要求，体现生产过程的连续性和持续改进的要求，从而摒弃用相关但不密切的独立要素来说明质量管理体系的方法。

（4）新版标准重视持续改进的内容，并将对持续改进的证实作为标准中的明确要求。

（5）新版标准（ISO 9000：2008 标准）内容相互协调、结构一致，强调质量管理体系的有效性（ISO 9001：2008 标准）和提高效率（ISO 9004：2009 标准）。

（6）新版标准使用易于理解的语言和术语，并便于使用者据之进行自我评价。

（7）新版标准更加强调顾客满意，并为测量顾客满意提供指南。

（8）新版标准适用于各种类型、规模和行业的组织，通用性更强。

（二）ISO 9000：2008 族标准的结构和特点

ISO/TC 176 主持的 ISO 9000 族标准改版修订工作严格遵循国际标准制定的有关程序和步骤，经过建议阶段、编写阶段、委员会阶段、申报阶段、批准阶段和颁布阶段共五个阶段的大量细致工作，才确定并发布了 ISO 9000：2008 族标准。

新版标准对 1994 年版 ISO 9000 族标准的总体结构进行了全面调整，将 1994 版标准的 27 项标准文件作出了重新安排，并以下列四种方式进行处理：

（1）并入新的标准。

（2）以技术报告或技术规范的形式发布。

（3）以小册子的形式出版发布。

（4）转入其他技术委员会。

ISO 9000：2008 族标准在其整体结构上较 1994 年版发生了较大的变化，标准的数量在合并、调整的基础上也大幅度减少。从整体结构上看，ISO 9000：2008 族标准及其文件由核心标准、其他标准、技术报告和小册子四个部分组成。

ISO 9000：2008 族核心标准有四项：

（1）ISO 9000 质量管理体系——基础和术语。

（2）ISO 9001 质量管理体系——要求。

（3）ISO 9004 质量管理体系——组织持续成功的管理：一种质量管理方法。

（4）ISO 19011 质量和（或）环境管理体系审核指南。

ISO 9000：2008 族标准以朱兰、戴明、费根堡姆等质量管理大师的质量理念和经营管理思想为自身注入了新的内涵。针对 1994 年版标准的不足，在充分考虑用户需求的前提下，新版标准总结了质量管理的实践经验，吸收了管理学科发展的新观点、新思想，从整体上看较 1994 年版标准有了较大的提高，归纳起来有以下明显的特点：

（1）面向所有组织，通用性更高。ISO 9000：2008 族标准消除了 1994 年版对硬件产品制造企业的偏重，为各特定行业附加要求奠定了共同的基础。新标准采用过程方法模式，既明确规定了“允许删减”的范围和内容，又考虑到小型企业的适用性，弱化了文件化要求，使标准具有更强的通用性。

（2）结构简化，更利于使用。ISO 9000：2008 族标准以 ISO 9001 标准为进行认证的唯一依据，其他标准如 ISO 9004 则用于指导组织改进业绩，提高质量管理效率，或为质量管理提供技术工具和方法指导，结构简化，作用清楚，更有利于用户使用。

（3）采用过程方法模式，可操作性强。ISO 9000：2008 族标准采用了过程方法模式。由于过程方法符合质量活动的规律，更适合于所有行业的实际操作。

（4）减少了对程序文件的数量要求。ISO 9000：2008 族标准中仅明确规定了六种程序要形成文件，其他程序是否形成文件可由组织视需要自行确定，提高了组织自行决定文件化程序的自由度。

（5）强调顾客满意是质量管理体系的动力，尤其重视顾客满意信息的测量。ISO 9000：2008 族标准明确了顾客满意的概念，指出达到顾客满意是质量管理体系的基本目标，明确组织应定期测量其顾客满意程度。这些都是企业经营实践经验和管理科学新进展在标准中的具体体现和反映。

（6）突出持续改进，并要求加以证实。突出改进是 ISO 9000：2008 族标准的重要特点。

ISO 9000：2008 族标准将 ISO 9001 和 ISO 9004 设计成一对协调的标准，ISO 9001 规定了质量管理体系的最低要求，ISO 9004 为组织在此基础上提高质量管理效率、改进产品和过程提供了指导，并以附录形式提供了“自我评定指南”，鼓励和指导组织进行持续改进。

（7）质量管理体系和环境管理体系相互兼容。ISO 9000：2008 族标准与 ISO 14000 系列标准采用相同的文件化管理体系原理，都遵循 PDCA 的管理体系模式，存在许多共同的过程和方法，并且发布 ISO 19011 质量和（或）环境管理体系审核指南，为质量管理体系与环境管理体系的一体化审核提供依据。这些都增强了两类标准的兼容性，更利于组织建立和实施综合管理体系。

二、ISO 9000：2005 质量管理体系——基础和术语

ISO 9000：2005 由引言（阐明了质量管理原则）、范围、质量管理体系基础、术语和定义四个主要部分组成。为方便和帮助使用者正确理解术语的定义和术语之间的相互关系，该标准给出了提示性的附录，在附录中首次利用概念图来说明术语之间的相互关系。

1. 八项质量管理原则

为了成功地领导和运作一个组织，需要采用一种系统和透明的方式进行管理。针对所有相关方的需求，实施并保持持续改进其业绩的管理，可使组织获得成功。质量管理是组织各项管理的内容之一。八项质量管理原则已得到确认，最高管理者可运用这些原则，领导组织进行业绩改进。

（1）以顾客为关注焦点（Customer Focus）。组织依存于顾客。因此，组织应当理解顾客当前和未来的需求，满足顾客要求并争取超越顾客期望。

（2）领导作用（Leadership）。领导者确立组织统一的宗旨及方向，他们应当创造并保持使员工能充分参与实现组织目标的内部环境。

（3）全员参与（Involvement of People）。各级人员都是组织之本，只有他们充分参与，才能使他们的知识和技能为组织带来收益。

（4）过程方法（Process Approach）。将活动和相关的资源作为过程进行管理，可以更高效地得到期望的结果。

（5）管理的系统方法（System Approach Management）。将相互关联的过程作为系统加以识别、理解和管理，有助于组织提高实现目标的有效性和效率。

（6）持续改进（Continual Improvement）。持续改进总体业绩应当是组织的一个永恒目标。

（7）基于事实的决策方法（Factual Approach to Decision Making）。有效决策是建立在数据和信息分析基础上的。

（8）与供方互利的关系（Mutually Beneficial Supplier Relationships）。组织与供方是相互依存的，互利的关系可增强双方创造价值的能力。

2. 标准的范围

ISO 9000：2005 标准是 ISO 9000：2008 族标准的基本标准。它阐明了质量管理体系的基础，并确定了相关的术语。它不仅帮助生产不同种类产品和不同规模的组织为建立、实施、保持和改进质量管理体系提供理论基础，也适用于其他相关方。具体包括：

（1）通过实施质量管理体系寻求竞争优势的组织。

（2）对能满足其产品要求的供方寻求信任的组织。

（3）产品的使用者。

（4）就质量管理方面所使用的术语需要达成共识的人们。

（5）评价组织的质量管理体系或依据 ISO 9001 的要求审核其符合性的内部或外部人员和机构。

（6）对组织质量管理体系提出建议或提供培训的内部或外部人员。

（7）制定相关标准的人员。

3. 质量管理体系基础

ISO 9000：2005 标准阐述了质量管理体系的基础。这一标准把八项质量管理原则应用于质量管理体系的要求，着眼于指导组织如何以正确的指导思想和方法来建立、实施和持续改进质量管理体系，确保质量管理体系运行的有效性和效率。

第 1 项基础：质量管理体系的理论说明

本条目是质量管理体系基础的总纲，阐明了以下三个问题：

（1）质量管理体系的目的是要帮助组织增强顾客满意。

（2）在任何情况下，顾客最终确定产品的接受性。由于顾客的需求和期望是不断变化的，以及竞争的压力和技术的发展，这些都促使组织持续地改进产品和过程。

（3）质量管理体系方法鼓励组织分析顾客和其他相关方的需求，规定相关过程，并使其持续受控，以实现顾客和其他相关方满意。

第 2 项基础：质量管理体系要求与产品要求

2008 版 ISO 9000 族标准把质量管理体系要求和产品要求区别开来。ISO 9001：2005 规定了质量管理体系要求。质量管理体系要求是通用的，适用于所有行业或经济领域，不论其提供何种类别的产品。ISO 9001：2005 本身并不规定产品要求。

产品要求可由顾客规定，或由组织通过预测顾客的要求规定，或由法规规定。在某些情况下，产品要求和有关过程的要求可包含在诸如技术规范、产品标准、过程标准、合同协议和法规要求中。

第 3 项基础：质量管理体系方法

ISO 9000：2005 标准为帮助组织采取合适的方法，有计划、有步骤地建立和实施质量管理体系并取得预期效果，特提出八个工作步骤：

（1）确定顾客和其他相关方的需求和期望。

（2）建立组织的质量方针和质量目标。

（3）确定实现质量目标所必需的过程和职责。

（4）确定和提供实现质量目标所所必需的资源。

（5）规定测量每个过程的有效性和效率的方法。

（6）应用这些测量方法确定每个过程的有效性和效率。

（7）确定防止不合格并消除产生原因的措施。

（8）建立和应用持续改进质量管理体系的过程。

第 4 项基础：过程方法

任何使用资源将输入转化为输出的活动或一组活动可视为一个过程。

为使组织有效运行，必须识别和管理许多相互关联和相互作用的过程。通常，一个过程的输出将直接成为下一个过程的输入。系统的识别和管理组织所使用的过程，特别是这些过程之间的相互作用，称为“过程方法”。

ISO 9000：2005 鼓励采用过程方法来管理组织，并提出以过程为基础的质量管理体系模式，明确了质量管理体系的组成，以及与顾客和其他相关方之间的关系，如图 11-17 所示。

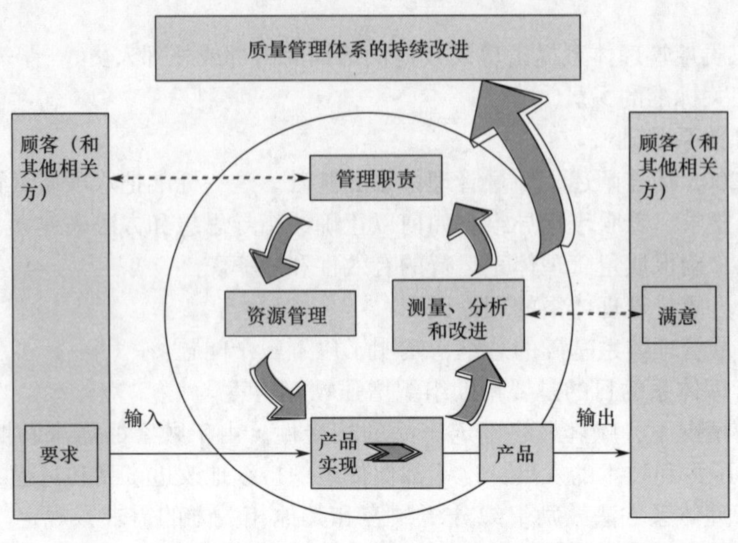

图 11-17　以过程为基础的质量管理体系模式

从图 11-17 中可以看出，把顾客的要求作为输入，经过生产过程，输出产品，并达到顾客满意，是组织的主过程。这一主过程又分为四个子过程，即落实管理职责、资源管理、产品实现以及测量、分析和改进。这四个子过程之间存在相互联系。其中，产品实现是实际生产运作过程，落实管理职责是管理过程，资源管理是资源保证过程，测量、分析和改进是支持过程。四个子过程又由更为详细的过程组成。

当组织建立了有关质量的方针和目标，并通过管理上述过程致力于实现所制定的目标时，就构成了质量管理体系。为使质量管理体系得到持续改进，组织可采取 PDCA 循环模式。

第 5 项基础：质量方针和质量目标

建立质量方针和质量目标为组织提供了关注的焦点。前者确定了组织总的质量宗旨和方向，后者确定了组织在质量方面所追求的目标。质量方针和质量目标的确定有助于组织有效地使用其资源来实现在质量方面的预期效果。

质量方针为建立和评审质量目标提供了框架。质量目标需要与质量方针和持续改进的承诺相一致，并且是可测量的。质量目标应既切实可行又具有挑战性。质量目标的实现对产品质量、作业有效性和财务业绩都有积极的影响，因此对相关方的满意和信任也产生积极影响。

第 6 项基础：最高管理者在质量管理体系中的作用

最高管理者应通过其领导作用创造一个员工充分参与质量活动的环境，以使质量管理体系得以有效运行。基于质量管理原则，最高管理者可发挥以下作用：

（1）制定并保持组织的质量方针和质量目标。

（2）在整个组织内促进质量方针和质量目标的实现，以增强员工的意识、积极性和参与程度。

（3）确保整个组织关注顾客要求。

（4）确保实施适宜的过程以满足顾客和其他相关方要求并实现质量目标。

（5）确保建立、实施和保持一个有效的质量管理体系以实现这些质量目标。

（6）确保获得必要的资源。

（7）定期评价质量管理体系。

（8）决定有关质量方针和质量目标的活动。

（9）决定质量管理体系的改进活动。

第 7 项基础：文件

文件是“信息及其承载媒体”。信息是文件的实质性内容，信息不同，文件的性质也不同。承载媒体可以是纸张，计算机磁盘、光盘或其他电子媒体，照片或样件，或它们的组合。文件的形成应是一项增值活动。

文件的具体作用在于：

（1）满足顾客要求和质量改进。

（2）提供适宜的培训。

（3）重复性和可追溯性。

（4）提供客观证据。

（5）评价质量管理体系的有效性和持续适宜性。

在质量管理体系中通常使用六种类型的文件，即质量手册、质量计划、规范、指南、文件形成流程与指导书以及记录等。

组织的类型和规模、过程的复杂性和相互作用、产品的复杂性、顾客要求、适用的法规要求、经证实的人员能力以及满足质量管理体系要求所需证实的程度都会不同。每个组织应根据上述企业特征来确定其所需文件的详略程度和所使用的媒体。

第 8 项基础：质量管理体系评价

质量管理体系评价包括：质量管理体系过程评价、质量管理体系审核、质量管理体系评审和自我评定。

质量管理体系过程评价是针对组织中每一个被评价的过程，确认其有效性。为得到综合评价结果，应确认以下四个基本问题：是否识别并确认了过程？是否分配了职责？是否实施和保持了程序？在实现所要求的结果方面，过程是否有效？

质量管理体系审核有别于质量管理体系过程的评价，审核用于确定符合质量管理体系要求的程度，有助于发现用于评价质量管理体系的有效性和识别改进的机会。审核有第一方审核、第二方审核和第三方审核三种类型。第一方审核用于内部目的，由组织自己或以组织的名义进行，可作为组织自我合格声明的基础；第二方审核由组织的顾客或由其他人以顾客的名义进行；第三方审核由外部独立的审核服务组织进行。

质量管理体系评审是最高管理者的任务之一。最高管理者要对质量管理体系关于质量方针和质量目标的适宜性、充分性、有效性和效率进行定期的、系统的评价。质量管理体系评审还包括：为响应相关方需求和期望的变化而修改质量方针和目标，确定采取措施的需求等。审核报告与其他信息源一道用于质量管理体系的评审。

自我评定是一种参照质量管理体系或优秀模式对组织的活动和结果所进行的全面的、系统的自我评审。自我评定可提供一种对组织业绩和质量管理体系的成熟程度的总的看法，它还能有助于识别组织中需要改进的领域，并确定优先开展的事项。

第 9 项基础：持续改进

持续改进质量管理体系的目的在于增强顾客和其他相关方的满意程度。必要时，对结果进行评审，以确定进一步改进的机会。从这种意义上说，改进是一种持续的活动。顾客和其他相关方的反馈、质量管理体系的审核和评审，也能用于识别改进的机会。持续改进包括下述活动：

（1）分析和评价现状，以识别改进范围。

（2）设定改进目标。

（3）寻找可能的解决办法以实现这些目标。

（4）评价这些解决办法并作出选择。

（5）实施选定的解决办法。

（6）测量、验证、分析和评价实施的结果，以确定这些目标已经满足。

（7）将更改纳入文件。

第 10 项基础：统计技术的作用

在许多活动的状态和结果中，甚至是在明显的稳定条件下，通过产品和过程的可测量特征观察到变异。并且，在产品的整个寿命周期（从市场调研到顾客服务和最终处置）的各个阶段均有变异存在。

统计技术可帮助测量、表述、分析、说明这类变异并将其建立模型，甚至在数据相对有限的情况下也可实现。这种数据的统计分析有助于更好地理解变异的性质、程度和原因，从而有助于解决，甚至防止由变异引起的问题，并促进持续改进。

第 11 项基础：质量管理体系与其他管理体系的关注点

任何组织都存在多个管理体系，如质量管理体系，环境管理体系、职业安全与卫生管理体系、财务管理体系等。每个管理体系都有其目标并致力于实现这些目标。各个管理体系的目标虽然不同，如质量目标关注顾客要求的满足，环境目标关注环境影响，财务目标关注成本与效益，但是，这些目标之间是相互联系、相辅相成的，都是组织总目标的组成部分。

ISO 9000：2008 族标准正是考虑了各个管理体系目标的一致性和管理活动的共同点，提出了各个管理体系可以通用的原则、要素以及规范的管理模式，致力于把一个组织的各个管理体系整合为一体。通过统一的管理体系的策划、资源配置、互补目标的确定，来评价组织的整体有效性。

第 12 项基础：质量管理体系与优秀模式之间的关系

质量管理体系与优秀模式之间的不同在于，其应用范围和要求程度不同。ISO 9000：2008 族标准为质量管理体系提出了要求，并为业绩改进提供了指南。质量管理体系评价确定这些要求是否满足。优秀模式包含能够对组织业绩比较评价的准则，并能适用于组织的全部活动和所有相关方。优秀模式评价准则提供了一个组织与其他组织的业绩相比较的基础。

4. 术语和定义

ISO 9000：2005 标准共提出 80 个术语，分为 10 个方面，即有关质量的术语、有关管理的术语、有关组织的术语、有关过程和产品的术语、有关特性的术语、有关合格（符合）的术语、有关文件的术语、有关检查的术语、有关审核的术语以及有关测量过程质量保证的术语。表 11-4 给出了全部 80 个术语的名称。

表 11-4 ISO 9000：2005 标准的 80 个术语

所属类别	术语数量	术语名称
质量	5	质量、要求、等级、顾客满意、能力
管理	15	体系、管理体系、质量管理体系、质量方针、质量目标、管理、最高管理者、质量管理、质量策划、质量控制、质量保证、质量改进、持续改进、有效性、效率
组织	7	组织、组织结构、基础设施、工作环境、顾客、供方、相关方
过程和产品	5	过程、产品、项目、设计和开发、程序
特性	4	特性、质量特性、可信性、可追溯性
合格（符合）	13	合格（符合）、不合格（不符合）、缺陷、预防措施、纠正措施、纠正、返工、降级、返修、报废、让步、偏离许可、放行
文件	6	信息、文件、规范、质量手册、质量计划、记录
检查	7	客观证据、检验、试验、验证、确认、鉴定过程、评审
审核	12	审核、审核方案、审核准则、审核证据、审核发现、审核结论、审核委托方、受审核方、审核员、审核组、审核专家、能力
测量过程质量保证	6	测量控制体系、测量过程、计量确认、测量设备、计量特性、计量职能

ISO 9000：2008 族标准使用术语概念图描述术语之间的逻辑关系，并以此作为术语分组的基础和依据。

概念之间的关系有三种主要形式：属种关系、从属关系和关联关系。属种关系用一个没有箭头的树形图表示，例如“管理体系”“质量管理体系”与“体系”的关系，它们均是一种“体系”；从属关系用一个没有箭头的耙形图绘出，例如“相关方”由“供方”和“顾客”等组成。关联关系用一条在两端带有箭头的线表示，例如“质量保证”与“等效性”的关系，“质量保证”是要求提供质量活动“有效性”的证据。

有关 80 个术语的具体定义可参阅 ISO 9000：2005 标准条文的第 3 章“术语和定义”。

三、ISO 9001：2008 质量管理体系——要求

1. ISO 9001：2008 标准概述

ISO 9001：2008 标准是规定质量管理体系要求的标准。本标准的名称发生了变化，不再采用“质量保证”一词。这反映了本标准规定的质量管理体系要求除了产品质量保证之外，还旨在增强顾客满意，从而成了名副其实的质量管理标准。

本标准为有下列需求的组织规定了质量管理体系要求：

（1）需要证实其有能力稳定地提供满足顾客和适用的法律法规要求的产品。

（2）通过体系的有效应用，包括体系持续改进的过程以及保证符合顾客与适用的法律法规要求，旨在增强顾客满意。

与 ISO 9004：2008 相比，ISO 9001：2008 规定了质量管理体系要求，既可供组织内部使用，也可用于认证或合同目的。在满足顾客要求方面，ISO 9001：2008 关注的是质量管理体系的有效性。

本标准的制定已经考虑了 ISO 9000：2008 和 ISO 9004：2009 中所阐明的质量管理原则，

并鼓励在建立、实施质量管理体系以及改进其有效性时采用过程方法，通过满足顾客要求，增强顾客满意。

ISO 9001：2008 和 ISO 9004：2009 已制定为一对协调一致的质量管理体系标准，它们相互补充，但也可单独使用。虽然这两个标准具有不同的范围，但却具有相似的结构，以有助于它们作为协调一致的一对标准的应用。

为了使用者的利益，本标准与 ISO 14001：2002 相互趋近，以增强两类标准的相容性。

本标准不包括针对其他管理体系的要求，如环境管理、职业卫生与安全管理、财务管理或风险管理的特定要求。然而本标准使组织能够将自身的质量管理体系与相关的管理体系要求结合或整合。组织为了建立符合本标准要求的质量管理体系，可能会改变现行的管理体系。

2. ISO 9001：2008 标准的主要内容

除前言和引言外，ISO 9001：2008 标准条文共分为第 1 章“范围”、第 2 章“规范性引用文件”、第 3 章“术语和定义”、第 4 章“质量管理体系”、第 5 章“管理职责”、第 6 章“资源管理”、第 7 章“产品实现”以及第 8 章“测量、分析和改进” 8 章内容。其中，主体内容为第 4 章 ~ 第 8 章。

标准条文第 4 章“质量管理体系”就质量管理体系及其实施方法提出了总要求。其主要内容包括：总要求；文件要求。总要求为组织提出了从质量管理体系的产生、实施、保持到持续改进全过程质量管理体系的总体思路；文件要求规定了质量管理体系所需文件的类型及控制要求。组织所建立的质量管理体系应是一个文件化的管理体系，通过成套的质量管理体系文件来明确组成质量管理体系的过程、运行程序、方法以及与其他管理体系之间的关系。

标准条文第 5 章“管理职责”规定了管理的基本职能。其主要内容包括：管理承诺；以顾客为关注焦点；质量方针；策划；职责、权限和沟通；管理评审。

标准条文第 6 章“资源管理”为实施质量管理体系确定并提供适当的资源。其主要内容包括：资源的提供；人力资源；基础设施；工作环境。资源是质量管理体系及过程的重要组成部分，包括人员、资金、设施设备、技术和方法、软硬件、信息和工作环境等有形资源和无形资源。组织应识别实施质量管理体系的资源需求，并及时进行科学合理的配置。

标准条文第 7 章“产品实现”明确了产品实现过程。其主要内容包括：产品实现的策划；与顾客有关的过程；设计和开发；采购；生产和服务提供。“产品实现”是质量管理体系中过程管理的重要内容。组织所提供的产品是通过一系列有序的、相互关联的过程和子过程来实现的。首先，组织要识别并确定这些过程；其次，组织要对产品实现过程加以策划，运用管理和控制手段对这些过程进行筹划和安排。这样才能有效地开展过程活动，最终达到顾客满意。

标准条文第 8 章“测量、分析和改进”规定了策划和实施所需的监视、测量、分析和改进过程。其主要内容包括：总则；监视和测量；不合格品的控制；数据分析；改进。组织的测量和监控活动是质量管理体系自我检查、自我监督和自我完善机制的重要组成部分。通过测量和监控，组织能够及时发现产品、过程和体系运行中存在的问题和缺陷，识别改进机会，并采取有效措施加以解决。

3. ISO 9001：2008 标准条文

关于标准条文，读者可参阅 ISO 9001：2008 质量管理体系——要求。

四、ISO 9004：2009 质量管理体系——组织持续成功的管理：一种质量管理方法

1. ISO 9004：2009 标准概述

与 ISO 9001：2008 相比，ISO 9004：2009 为质量管理体系更宽范围的目标提供了指南。除了有效性，本标准还特别关注持续改进组织的总体业绩与效率。对于最高管理者希望通过追求业绩持续改进进而超越 ISO 9001：2008 要求的那些组织，ISO 9004：2009 推荐了指南。

与 ISO 9001：2008 相比，本标准将顾客满意和产品质量的目标扩展为包括相关方满意和组织的业绩。本标准强调持续改进，这可通过顾客和相关方的满意程度来测量。

本标准鼓励在建立、实施质量管理体系以及改进其有效性和效率时采用过程方法，通过满足相关方的要求，增强相关方满意。

本标准包括指南和建议，既不拟用于认证、法规或合同目的，也不是 ISO 9001：2008 的实施指南。

ISO 9004：2009 与 ISO 9001：2008 设计成为一对结构相似但范围不同，既可以互相补充也可以单独使用的标准。

ISO 9004：2009 提供了实现质量管理体系广泛目标的指南，但并不包括环境管理、职业卫生与安全管理、财务管理或风险管理的指南。然而本标准可使组织将其质量管理体系与相关的管理体系进行协调或整合，反映了本标准建立的质量管理体系具有与其他管理体系的相容性。

2. ISO 9004：2009 标准的主要内容

与 ISO 9001：2008 体例内容相似，除前言和引言外，ISO 9004：2009 标准条文共分为第 1 章“范围”、第 2 章“引用标准”、第 3 章“术语和定义”、第 4 章“组织的持续成功管理”、第 5 章“战略和方针”、第 6 章“资源”、第 7 章“过程管理”以及第 8 章“监视、测量、分析和评审”、第 9 章“改进创新和学习”9 章内容。其中，主体内容为第 4 章至第 8 章。

ISO 9004：2009 的主体内容为标准条文第 4 章至第 8 章。分别就组织的持续成功管理、战略和方针、资源，过程管理，以及监测、测量、分析和评审提供了指南。标准条文第 4 章“组织的持续成功管理”包括总则，持续成功，组织的环境，以及利益相关方，需求和期望。标准条文第 5 章“战略和方针”包括总则，战略和方针的制定，战略和方针部署，以及战略和方针沟通。标准条文第 6 章“资源”包括总则，财务资源，组织的人员，供方和伙伴，基础设施，工作环境，知识、信息和技术，以及自然资源。标准条文第 7 章“过程管理”包括总则，过程的策划和控制，以及过程的职责和授权。标准条文第 8 章“监测、测量、分析和评审”包括总则，监视，测量，分析，以及对来自监视、测量和分析所获得信息的评审。

3. ISO 9004：2009 标准条文

关于标准条文，读者可以参阅 ISO 9004：2009 质量管理体系——组织持续成功的管理：一种质量管理方法。

五、ISO 19011：2011 质量管理体系——管理体系审核指南

1. ISO 19011：2011 标准概述

管理体系认证已在全球形成了一种重要的评价手段。影响认证注册价值的主要因素体现在以下三个方面：

(1) 审核活动的特性。其通过管理体系的标准体现出来。

(2) 审核制度的完整性和诚信。其表现为规范化、程序化的制度。

(3) 审核员的素质。审核员的素质和能力是影响审核活动的关键因素。

ISO 19011：2011 反映了世界各国对审核理论与实践的最新认识和提高，保证了审核程序的公正，规范了审核员的行为规划，规定了审核员应具有的能力，为管理审核方案、实施内部审核和外部审核以及序列化审核员的能力提供了指南。

在管理思路和方法上，ISO 19011：2011 着眼于持续改进和预防为主的思想，遵循策划、实施、验证和改进的 PDCA 循环管理模式。通过设立内审和管理评审的监督机制，使组织的管理体系螺旋上升、自我完善、自我改进。质量管理体系审核的 PDCA 循环管理模式如图 11-18 所示。

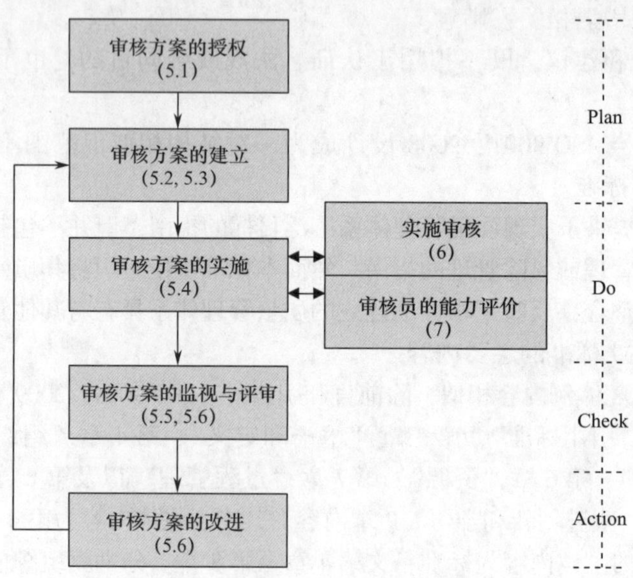

注：括号中的数字为ISO 19011：2011标准条文中的章节号

图 11-18　质量管理体系审核的 PDCA 循环管理模式

2. ISO 19011：2011 标准的主要内容

除标准概述和引言外，ISO 19011：2011 还包括标准条文第 3 章“范围、规范性引用文件”、定义”、第 4 章“审核原则”、第 5 章“审核方案的管理”、第 6 章“实施审核”和第 7 章“审核员的能力评价”等内容。

3. ISO 19011：2011 标准条文

关于标准条文，读者可以参阅 ISO 19011：2011 质量管理体系——管理体系审核指南。

第四节　6 σ 质量管理

一、6σ 的兴起及在世界级公司的实践

20 世纪 80 年代，当一家日本公司从摩托罗拉公司手中买走摩托罗拉在美国的一家电视机制造厂后，在很短的时间内，摩托罗拉的这个电视机厂在日本人手里像变戏法一样，电视

机的缺陷率降到原来摩托罗拉公司管理下的1/20。正是在这一时期，摩托罗拉和通用电气（GE）先后放弃了电视机的生产，甚至整个美国都放弃了电视机的生产。今天GE仍然有电冰箱生产线，但与中国海尔相比，已显得微不足道了。电视机、电冰箱真的无利可图，成为鸡肋了吗？显然不是。直至今天，日本的电视机仍为多个国家的顾客所青睐，中国的冰箱也畅销欧美。美国可以放弃电视机的生产，但不敢放弃电冰箱、轿车的生产。

正是在这种背景下，1987年，时任摩托罗拉通信部门经理的乔治·费希尔（George Fischer），即后来柯达的CEO，创立了一种质量管理新方法，这种革新性的改进方法就是6σ方法。就在同时，美国政府为了提高国内产品的质量，于1987年设立了马科姆·波多里奇国家质量奖。

在随后的几年里，摩托罗拉在全公司范围内推行6σ方法，鲍伯·高尔文（Bob Galvin）提出初始目标：未来5年中，使质量提高10倍。当然，摩托罗拉公司的绝对目标是产品质量达到6σ。1989年，摩托罗拉公司赢得了马科姆·波多里奇国家质量奖。它取得了以下成就：所带来的节约额累计达到140亿元；股票价格平均每年上涨21.3%；销售额增长5倍；利润每年增加20%。

1996年年初，杰克·韦尔奇（Jack Welch）领导的GE实施三大战略举措：6σ、全球化和服务。GE认识到：GE的生存有赖于顾客满意，顾客满意度决定于产品或流程的质量、价格和交付期。6σ是解决质量问题既治标又治本的方法。

事实上，正是GE真正把6σ这一高度有效的质量管理战略变成了管理哲学和实践，从而形成了一种企业文化，首创并培养了“冠军”“黑带大师”“黑带”“绿带”等不同层次的骨干。

除摩托罗拉、GE等先行者，其他世界级公司也前后推行了6σ项目。这些公司有：德州仪器（Texas Instruments），1986年；ABB（Asea Brown Boveri），1993年；霍尼韦尔（Honeywell），1994年；柯达（Kodak），1995年；西屋（Westinghouse），1996年；西门子（Siemens），1997年；诺基亚（Nokia），1997年；亚马逊（Amazon.com），1999年；索尼（Sony），1997年。

二、6σ质量管理的理念

6σ追求的是最完美的质量水准：百万分之三点四，即3.4DPMO。根据可靠性理论，由可靠性是99.99%的1 000个零件组成的一台笔记本电脑的可靠性至多达到90%，更何况任何一台笔记本也不会仅由1 000个零件组成。所以，追求6σ就是追求最完美的质量水准。

世界级公司的经验表明，6σ是一种回报丰厚的投资。依照6σ配置资源，企业将获得如下成就：质量水准每提高1σ，产量提高12%~18%，资产增加10%~36%，利润提高20%左右。

6σ是一种商业战略和哲学：顾客的实际效用意味着产品或服务必须具有相应的价值；企业的实际效用意味着在交易过程中必须为公司创造价值。6σ管理“以顾客为中心，超越顾客期望”的理念使顾客满意度大为提高，提升了客户关系价值。6σ使商家与顾客的利益达到高度统一。

三、6σ质量水平的测算与度量

根据统计学的常识，在3σ范围内，包括了99.73%的质量特性值，而在6σ范围内，包括了99.999 999 98%的质量特性值，即达到6σ质量标准时，将只有十亿分之二的不合格品发生。

由于种种原因，任何流程在实际运行中都会产生偏离目标值或者期望值的情况，此即漂移。美国学者本德（Bender）和吉尔森（Gilson）经过近30年的独立研究得出结果：漂移量为1.49σ，通常取为1.5σ。考虑漂移后，3σ与6σ下的不合格品率分别为66 807ppm和3.4ppm。

单位缺陷数（DPU）是测算6σ的一个重要指标，其计算公式为

$$\text{DPU}=\frac{\text{缺陷数（在所有检查点发现的缺陷数）}}{\text{单位数（通过该检查的单位数）}}$$

测量DPU的意义在于：

（1）分析目前的业绩情况，DPU越小，工序能力越强。

（2）为计算和转换6σ水平作好准备。

（3）由DPU可预见批量产品或服务的质量状况。

（4）为生产工序或交易流程的质量水准定出目标。

（5）可制订出较少缺陷的计划。

（6）为开展6σ质量管理奠定基础。

在进行6σ测算时，另一个重要指标是百万机会缺陷数（DPMO），其计算公式为

$$\text{DPMO}=\frac{\text{DPU}\times 1\,000\,000}{\text{每单位出错机会}}$$

该指标使比较不同业务的质量水平提供了可能，排除了性质、复杂程度等不同因素对评价带来的影响，因此，是对具有不同复杂程度的产出进行公平试题的通用尺度。其中，出错机会是在每一个单位工作中可能发生的且最终导致客户不满意的最大错误个数。对一项业务，确定其出错机会并不是一件容易的事，而这又是6σ测量中的一个重点。也许6σ质量项目的内涵正在于此：准确把握每一项关键业务，其本身就是对业务流程的改进。

有了百万机会缺陷数，就可以对任一业务进行评价。当某项业务每百万出错机会中有不多于3.4次缺陷时，可以认为这项业务达到了6σ质量水平；而当某一公司所有关键业务都达到了6σ质量水平时，可以认为该公司的总体质量水平达到了6σ。虽然直到今天，尚没有哪一家公司的总体质量水平达到了6σ，但世界级公司正在朝着这一目标前进，致力于达到顾客满意，实现持续改进。

四、实施6σ项目的DMAIC模式

GE总结了众多公司实施6σ的经验，系统地提出了实施6σ的DMAIC模式。DMAIC模式即定义（Define）、测量（Measure）、分析（Analyze）、改进（Improve）与控制（Control）。DMAIC基于对业务流程的深刻理解，被认为是实施6σ项目更具操作性的模式。

（1）定义（Define）。界定核心业务流程和关键顾客，从顾客角度出发，识别出关键业务流程。

（2）测量（Measure）。确定关键业务流程的出错机会，分析测算关键业务流程的质量水平，特别是百万机会缺陷数。

（3）分析（Analyze）。综合应用质量管理方法和工具，特别是统计分析工具，包括相关回归分析、方差分析、假设检验、各种图形分析工具等，分析造成质量欠缺的原因，特别是少数的关键原因。

（4）改进（Improve）。针对质量问题，特别是关键问题，找出最佳解决方案，拟定行

动计划，实施行动计划。

（5）控制（Control）。逆水行舟，不进则退。需采取控制措施，确保所作的改进能够持续下去。

第五节 卓越绩效模式

日本戴明质量奖、美国波多里奇国家质量奖以及欧洲质量管理基金会卓越奖（原欧洲质量奖）是当今世界上最有影响的三大质量奖。这些奖项的设立与实施在全球刮起了卓越绩效模式旋风。量化评分的方法使得卓越绩效模式更直观、更具有可操作性。

卓越的结果来自于卓越的过程，而通过结果又让人们反思过程中存在的不足。结果不仅在于组织的经济效益，更在于为员工创造发展的空间，为顾客创造价值，为社会作出贡献。

一、卓越绩效模式及框架

卓越绩效模式是当今国际上广泛认同的一种组织综合绩效管理的有效方法。这种系统的绩效管理方法通过领导作用、战略规划、对顾客与市场的关注、测量、分析和知识管理、对人力资源的关注、过程管理和经营结果七个方面的集成来改变组织的形象。这七个方面之间的关系如图 11-19 所示。其中，领导作用、战略规划和对顾客与市场的关注构成了“领导、战略、市场循环”；对人力资源的关注、过程管理和经营结果构成了“资源、过程、业绩循环”。两个循环以测量、分析和知识管理为基础和纽带相互促进，最终实现组织整体绩效和竞争力的大幅度提升。

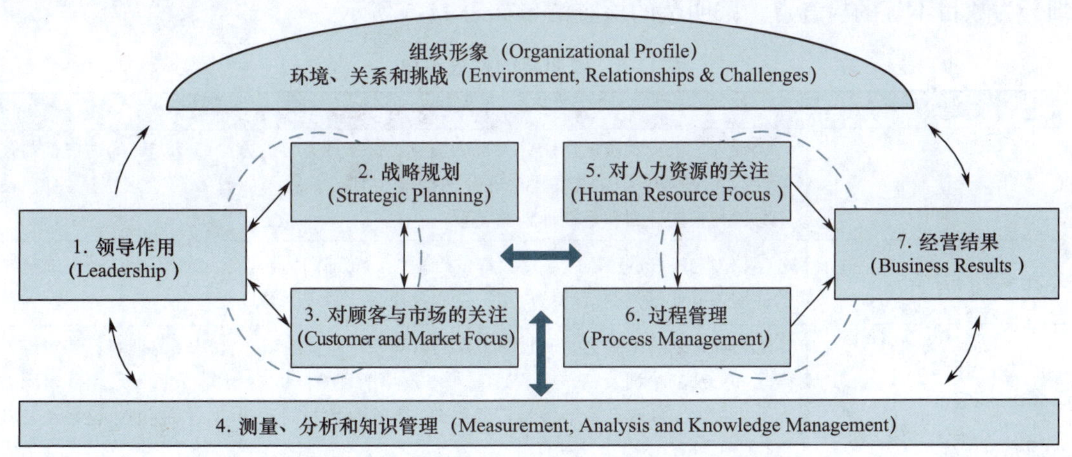

图 11-19 卓越绩效模式框架

卓越绩效模式的核心是引导企业满足甚至超越顾客需求，达到顾客满意，实现卓越经营绩效。朱兰认为，卓越绩效模式的本质是对全面质量管理的标准化、规范化和具体化。对于任何一个致力于追求卓越的企业。卓越绩效模式提供了评价准则，企业可以采用评价准则所集成的现代质量管理的理念和方法，不断评价自己的管理业绩，从而走向卓越。

因此，卓越绩效模式是手段，提升市场竞争力和卓越绩效是目的。实现目的的途径是利用卓越绩效评价准则定期对组织进行系统的诊断，识别存在的不足，实施持续改进，取得预期的绩效水平。

卓越绩效模式是世界级成功企业公认的提升企业竞争力的有效方法，也是我国企业在竞争日益激烈的环境下不断提高管理水平、实现卓越经营的努力方向。

二、三大著名质量奖

在全世界所有国家质量奖中，最为著名、影响最大的当属日本戴明质量奖（Edward Deming Prize）、美国波多里奇国家质量奖（Malcolm Baldrige Award）和欧洲质量管理基金会卓越奖（European Excellence Award，EAA），这三大质量奖被称为卓越绩效模式的创造者和经济奇迹的助推器。

1. 日本戴明质量奖

为了纪念戴明博士与日本人民的友谊和对当时正处于幼年期的日本工业的持续发展所作出的重要贡献，1951 年，日本设立国家质量最高奖——戴明奖。

（1）戴明奖的种类。戴明奖分为以下三类：

1）戴明奖。戴明奖授予在质量管理的研究、统计方法在质量控制中的应用以及全面质量管理（TQM）推广等方面作出突出贡献的个人。

2）戴明应用奖。戴明应用奖授予在规定年限内通过应用 TQM 而取得与众不同的改进的组织或部门。自 1984 年开始，其他国家的组织或部门也可以申请戴明应用奖。

3）戴明控制奖。戴明控制奖授予在规定的年限内通过应用 TQM 中的质量控制和质量管理方法而取得了与众不同的改进效果的组织的某一个部门。

（2）戴明奖的评审标准。戴明奖（应用奖）包括 10 个考察项目，每个考察项目又进一步细分为数目不等的检查点。戴明奖的检查清单如表 11-5 所示。

表 11-5　戴明奖的检查清单

考察项目	检查点
1. 方针	①管理、质量及质量控制（管理）方针；②形成方针的方法；③方针的适应性与连续性；④统计方法的应用；⑤方针的沟通与宣传；⑥对方针及其实现程度的检查；⑦方针与长期计划和短期计划的关系
2. 组织及其运营	①权力与责任的清晰度；②授权的合适性；③部门内协调；④委员会活动；⑤员工的使用；⑥质量控制活动的应用；⑦质量控制（管理）诊断
3. 培训和推行	①培训计划与结果；②质量意识及其管理和对质量控制（管理）的理解；③对统计概念和方法的培训及其普及程度；④对效果的理解；⑤对相关企业（尤其是集团公司、供应商、承包商及销售商）的培训；⑥质量控制循环活动；⑦改进建议系统及其地位
4. 信息收集、沟通及利用	①外部信息收集；②部门内沟通；③沟通速度（计算机使用）；④信息处理（统计）分析与信息应用
5. 分析	①重要问题与改进主题的选择；②分析方法的正确性；③统计方法的应用；④与产业专有技术的联系；⑤质量分析与过程分析；⑥分析结果的利用；⑦就改进建议所采取的行动
6. 标准化	①标准系统；②建立、修改和废除标准的方法；③建立、修改和废除标准的实际绩效；④标准的内容；⑤统计方法的应用；⑥技术积累；⑦标准的运用

（续）

考察项目	检查点
7. 控制（管理）	①质量与其他相关因素的管理系统，诸如成本与运输；②控制点与控制项目；③统计方法与概念的运用；④质量控制循环的贡献；⑤控制（管理）活动的地位；⑥控制中的情境
8. 质量保证	①新产品和服务的开发方法；②产品安全与可靠性的预防性活动；③顾客满意的程度；④流程设计、流程分析、流程控制与改进；⑤过程能力；⑥设备化与检查；⑦设施、销售商、采购和服务的管理；⑧质量保证系统及其诊断；⑨统计方法的运用；⑩质量评估与审计；⑪质量保证的地位
9. 效果	①效果的测评；②诸如质量、服务、运输、成本、利润、安全与环境的有形效果；③无形效果；④实际绩效与计划的一致性
10. 远期计划	①对当前情况的具体理解；②解决缺陷的方法；③远期的推动计划；④远期计划与长期计划的关系

2. 美国波多里奇国家质量奖

1987 年 8 月 20 日，美国总统里根签署了国会通过的美国 100 - 107 号公共法案《马尔科姆·波多里奇国家质量改进法》。依据该法案，设立波多里奇奖，用以表彰美国在 TQM 和提高竞争力方面作出杰出贡献的企业。美国国家质量奖以波多里奇的名字命名，是为了表彰波多里奇在促进美国国家质量管理的改进和提高上所作出的突出贡献。

（1）波多里奇奖的评审标准。波多里奇奖从七个方面对组织进行评审，即领导作用、战略规划、对顾客和市场的关注、测量分析和知识管理、对人力资源的关注、过程管理和经营结果。这七个方面相互联系形成了一个框架。这一框架就是后来被广泛应用的卓越绩效模式框架，如图 11-19 所示。

对上述七个方面，评价的具体内容如下：

1）领导作用（Leadership）。检查高层管理的各项能力以及组织社会责任的定位及履行措施。

2）战略规划（Strategic Planning）。检查组织战略的定位以及重大决策的实施。

3）对顾客与市场的关注（Customer and Market Focus）。检查组织对顾客需求的定义以及与顾客建立关系的方式。

4）测量、分析和知识管理（Measurement，Analysis，and Knowledge Management）。检查组织为了对关键的组织流程和组织绩效提供支持而管理、有效利用、分析和改进数据和信息的方式。

5）对人力资源的关注（Human Resource Focus）。检查组织促进其成员充分拓展其潜能并激励他们调整到与组织目标相一致的轨道上的方式。

6）过程管理（Process Management）。检查组织的运营和支持等各个关键流程的设计、管理和改进。

7）经营结果（Business Results）。检查组织的各关键业务领域的绩效和改进措施以及顾客满意程度、财务和市场表现、人力资源表现、供应商和合作伙伴表现、运营表现、公共和社会责任。此外，还检查组织与其竞争对手关系的处理。

（2）波多里奇奖的实施。波多里奇奖的评审和奖励由美国商务部负责，具体管理机构是美国国家标准和技术研究院（National Institute of Standards and Technology，NIST）。美国质量协会（American Society of Quality，ASQ）协助 NIST 从事对申请者的评审、准备相关文件和具体政策以及各类信息的发布等工作。

波多里奇奖评奖过程包括：自我评审与申请、专家评审、信息反馈以及奖励与经验推广四大阶段。

1）自我评审与申请。各类组织可以根据公开发布的标准进行自评。完成自评工作后，如果组织希望获得该奖项，可以向 NIST 提出申请，接受评审委员会的严格审查。在提交的申报材料中应着重说明所取得的卓越绩效。

2）专家评审。所提交的申报材料由波多里奇奖评审部门的专家进行审查和评定。评审分为四个步骤：

第 1 步，由评审部门至少 5 位专家对申报材料进行独立的审查和评定。

第 2 步，对第 1 步出现的高评分申请单位进行一致性审查和评定。

第 3 步，对第 2 步评分高的申请单位进行现场考察。

第 4 步，由仲裁委员会最终评审，推荐获奖者名单。

3）信息反馈。在评审结束后，每一个申报单位都会收到评审部门的反馈报告。报告由评审部门的美国高级专家签署评定意见。反馈报告根据评定准则逐项列出申请者的强项和需要改进的薄弱环节。反馈报告是申请单位改进业绩的指南，也是未能获得奖励者继续申请该奖项的一个重要指南。

4）奖励与经验推广。获奖单位可以公开发布获奖信息或通过媒体宣传所获得的奖项。获奖者要与其他美国机构分享其取得成功业绩的经验，但不要求分享其专利信息。分享经验的主要途径是美国一年一度的追求卓越（Quest for Excellence）大会。

3. 欧洲质量管理基金会卓越奖

日本戴明质量奖和美国波多里奇国家质量奖在推动和改进制造业和服务业方面所取得的质量成效使欧洲企业有所感悟，他们认为欧洲有必要建立一个能与之相媲美的欧洲质量改进的框架。当时任欧盟委员会主席的雅克·戴勒指出："为了企业的成功，为了企业竞争的成功，我们必须为质量而战。"1990 年，在欧洲质量组织和欧盟委员会的支持下，欧洲质量管理基金会（EFQM）开始策划欧洲质量奖。1991 年 10 月在法国巴黎召开的 EFQM 年度论坛上，由欧盟委员会副主席马丁·本格曼正式提出设立欧洲质量奖（European Quality Award，EQA），以表彰卓越的企业，并帮助所有申请者追求卓越。1992 年，由西班牙国王首次向获奖者颁发了欧洲质量奖，自此，每年颁发一次。欧洲质量奖现更名为欧洲质量管理基金会卓越奖（EEA）。

（1）欧洲质量管理基金会卓越奖的奖励范围及颁奖类别。申请欧洲质量管理基金会卓越奖的组织可以分为四类：大企业、公司运营部门、公共组织和中小型企业。前三类申请者要具备以下四个基本条件：

1）雇员不少于 250 人。

2）至少有 50% 的活动已经在欧洲运营了 5 年以上。

3）前 3 年内申请者没有获得欧洲质量奖。

4）同年同一母公司，其独立运营分部申请者不得超过 3 家。

（2）欧洲质量管理基金会卓越奖的评审标准。欧洲质量管理基金会卓越奖从手段和结果两大方面对组织进行评审。其总分为 1 000 分，手段和结果各占 500 分。

1）手段标准。欧洲质量管理基金会卓越奖从五个要素来评审组织手段的有效性，即领导作用（100 分）、人员（90 分）、方针与战略（80 分）、资源（90 分）和过程（140 分）。从手段上可以评审组织做了什么。

领导作用要素考察领导者如何促成任务和远景目标的实现，如何制定长期成功所需要的战略，并通过适当的行动和行为予以实施。

人员要素考察组织如何在个人、团体和组织高层上管理、开发和释放员工的知识和潜能，如何制订活动计划来支持方针与策略和过程的有效运行。

方针与战略要素考察组织如何通过明确的战略，并由相关的方针、计划、目的和过程支持，来实现组织的使命和远景目标。

资源要素考察组织如何计划和管理其外部合作关系和资源来支持其方针与战略以及过程的有效运行。

过程要素考察组织如何设计、管理和改进其过程来支持方针与战略，使顾客和其他受益者满意。

2）结果标准。欧洲质量管理基金会卓越奖从四个要素来评审组织结果的有效性，即人员结果（90 分）、顾客满意（200 分）、社会结果（60 分）和经营绩效（150 分）。从结果上可以评审组织获得了什么。

人员结果要素考察就员工而言，组织取得了什么成果。

顾客满意要素考察就外在顾客而言，组织取得了什么成果。

社会结果要素考察就地区、国家和国际社会而言，组织取得了什么成果。

经营绩效要素考察就企业经营而言，组织取得了什么成果。

两大方面九个要素之间的关系如图 11-20 所示。

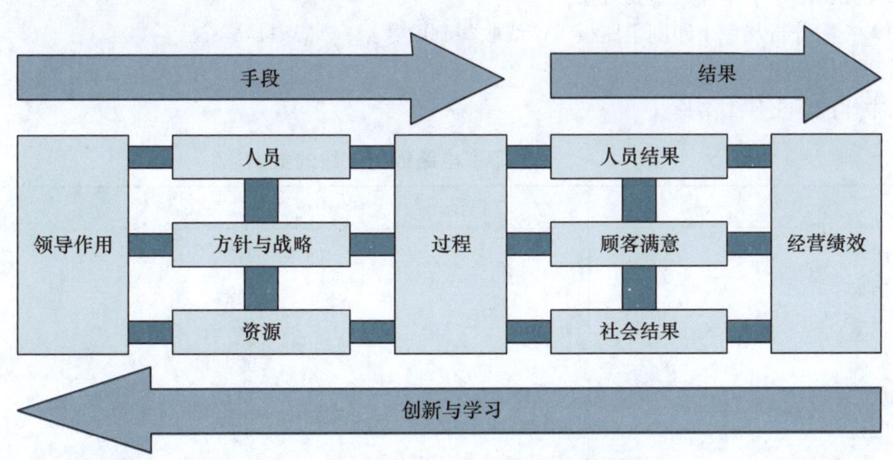

图 11-20 欧洲质量管理基金会卓越奖模式

从图中可以看出，结果来自手段，手段通过结果的反馈而得到改进。图中箭头强调了欧洲质量管理基金会卓越奖模式的动态性，表明创新与学习能够改变手段，进而改进结果。

（3）欧洲质量管理基金会卓越奖的评审过程。主要包括以下内容：

1）自我评估并提交申请。申请者首先根据评审标准自我评估，然后在每年的 2 月或 3

月以申请文件的形式将评估结果提交给欧洲质量管理基金会。

2）专家评审并选出入围者。评审委员会的评审小组对申请者的申请文件进行审查，然后评分，选出入围者。

3）现场考核。被选出的入围者将接受现场考核。现场考核由以前获奖者的代表和欧盟委员会、欧洲质量管理基金会以及欧洲质量管理组织的代表执行。他们将对申请文件内容和不确切的地方进行现场验证。现场考核对申请者是学习卓越模式的好机会。

4）选定欧洲质量管理基金会卓越奖单项奖获得者。现场考核结束后，基于评审小组的最终报告，评审委员会选定单项奖获得者。获得单项奖意味着组织已经在卓越绩效经营中取得了明显的成绩。

5）产生欧洲质量管理基金会卓越奖获得者。欧洲质量管理基金会卓越奖获得者产生于单项奖获得者。获奖者都将参加声望很高的欧洲质量论坛，媒体将对此进行广泛深入的报道，在整个欧洲他们都将得到认可，成为其他组织的典范。获奖当年，将举行一系列的会议邀请获奖者与其他组织分享他们达到优秀的历程与经验。

习　　题

1. 你是如何理解“质量”这一概念的？
2. 简述产品质量的含义。
3. 质量管理包括哪五个方面的内容？
4. 谈谈你对朱兰“螺旋曲线”的理解。
5. 试述如何把费根堡姆“全面质量管理”应用到企业质量管理实践。
6. 简述戴明“PDCA 循环”。
7. 质量管理的七种常用工具是什么？
8. 帕累托图揭示了一个什么重要现象？
9. 用帕累托图分析从一个印刷电路板生产线收集到的数据，如表 11-6 所示。

（1）绘制帕累托图。

（2）从中你能得出什么结论？

表 11-6　一个印刷电路板生产线的数据

缺　陷	缺陷发生数
部件有问题	217
部件未插牢	146
粘接剂过量	64
装错半导体	600
线路板尺寸不当	143
标错固定孔	14
最后测试中电路问题	92

10. 控制图的作用有哪些？
11. 产生质量散差的原因有哪些？
12. 某工序加工一产品，其计量数据如表 11-7 所示。试作 $\bar{x}$ 控制图，并判断该工序是否处于稳定状态。

表 11-7 $\bar{x}$ 控制图数据表

样本序号	x_1	x_2	x_3	x_4	样本序号	x_1	x_2	x_3	x_4
1	6	9	10	15	16	15	10	11	14
2	10	4	6	11	17	9	8	12	10
3	7	8	10	5	18	15	7	10	11
4	8	9	7	13	19	8	6	9	12
5	9	10	6	14	20	14	15	12	16
6	12	11	10	10	21	9	8	13	12
7	16	10	8	9	22	5	7	10	14
8	7	5	9	4	23	6	10	15	11
9	9	7	10	2	24	8	12	11	10
10	15	16	8	13	25	10	13	9	7
11	8	12	14	16	26	7	14	10	8
12	6	13	9	11	27	5	13	9	12
13	7	13	10	12	28	12	11	10	9
14	7	13	10	12	29	7	13	8	6
15	11	7	10	16	30	4	10	13	9

13. 何谓工序能力？

14. 华乐联公司为杰普特公司生产一种高档乐器上用的螺丝。杰普特公司对华乐联公司近来的交验批进行了检验。统计结果表明，螺丝的平均外径为 1.251mm，标准差为 0.001mm。杰普特公司要求螺丝的外径规格为：1.25mm ± 0.005 5mm。试分析华乐联公司的生产工序满足杰普特公司需求的能力。

15. 简述 ISO 9000：2008 标准确定的八项质量管理原则。

16. “ISO 19011：2011 管理体系审核指南”的基本构想是什么？

17. 简述 6σ 管理的体系架构。

18. 简述实施 6σ 的 DMAIC 模式。

19. 谈谈你对卓越绩效模式框架的理解。

20. 简述三大质量奖的评奖标准。

案例：润通管件有限公司走上质量管理的快车道

润通公司生产一种房屋装饰用高档管件，其作为供应商同东方家园签署了一项合同。东方家园是一家大型建材批发零售商，服务定位于北京地区的写字楼和高档住宅区。

近期，在润通公司向东方家园配送这种管件不久后，陆续接到了一些关于内丝公差太大的投诉。这让润通公司有点震惊，因为正是由于它作为优质管件生产商的良好信誉，才被选为东方家园的 A 级供应商。由于拥有训练有素、尽职尽责的优秀员工，润通公司对其制造能力一向很有自信。

在总经理的建议下，王林聘请了一名质量顾问来培训轮班主管，并选择切内螺纹加工工序的工人进行有关统计过程控制的培训。切割操作的理想指标是 30.000mm，公差是 0.125mm。因此，规范上限是 $T_U = 29.875$mm，规范下限是 $T_L = 30.125$mm。顾问建议在 7 天内，检查每班中间的 5 个产品，并记录实际尺寸。表 11-8 汇总了采集到的 7 天中的数据。

表 11-8 润通公司某管件统计数据表

轮班	样本	观测值/mm				
		1	2	3	4	5
1	1	29.970	30.017	29.898	29.937	29.992
2	2	29.947	30.013	29.993	29.997	30.079
3	3	30.050	30.031	29.999	29.963	30.045
1	4	30.064	30.061	30.016	30.041	30.006
2	5	29.948	30.009	29.962	29.990	29.979
3	6	30.016	29.989	29.939	29.981	30.017
1	7	29.946	30.057	29.992	29.973	29.955
2	8	29.981	30.023	29.992	29.992	29.941
3	9	30.043	29.985	30.014	29.986	30.000
1	10	30.013	30.046	30.096	29.975	30.019
2	11	30.043	30.003	30.062	30.025	30.023
3	12	29.994	30.056	30.033	30.011	29.948
1	13	29.995	30.014	30.018	29.966	30.000
2	14	30.018	29.982	30.028	30.029	30.044
3	15	30.018	29.994	29.995	30.029	30.034
1	16	30.025	29.951	30.038	30.009	30.003
2	17	30.048	30.046	29.995	30.053	30.043
3	18	30.030	30.054	29.997	29.993	30.010
1	19	29.991	30.001	30.041	30.036	29.992
2	20	30.022	30.021	30.022	30.008	30.019

问题：

1. 根据表 11-8 中的数据，绘制质量控制图。生产过程是否受控？如果工序失控，可能的原因是什么？

2. 工序能力如何？润通公司如何从根本上解决从东方家园反馈来的质量问题？

第十二章

新型生产运作方式

本章内容要点

- 精益生产的基本思想和体系
- 实现精益生产的条件
- 敏捷制造的基本内容
- 大规模定制生产方式的理念和基本内容
- 约束理论的基本原理与约束管理的步骤
- 新兴服务运营模式的特征及应用实例

第一节 精益生产

一、精益生产的概念与目标

(一) 精益生产的概念

精益生产（Lean Production）的概念是美国麻省理工学院詹姆斯·沃麦克（James P. Womack）等在研究了以丰田汽车公司为代表的日本汽车工业的生产方式之后提出的。其含义是在生产的各个层面上，采用能完成多种作业的工人和通用性强、自动化程度高的机器，以持续改进为基础，通过实施准时化生产，不断减少库存，消除一切浪费，降低成本的一种生产方式。丰田生产方式是精益生产的核心。丰田生产方式又称为准时生产方式，是丰田汽车公司的丰田英二和大野耐一按照提高生产全过程的各个环节、工序出产的准时性，减少库存，消除一切浪费，提高效率和产品质量，降低成本，增强企业竞争力的理念，经过约20年的努力开发的生产方式。丰田汽车公司以其独特的生产方式获得了良好的经营业绩，成长为世界著名的汽车制造商。准时生产的理念及其运作方式在日本的汽车制造业等企业中得到了应用，取得了显著的效果。詹姆斯·沃麦克等把丰田生产方式命名为“精益生产”，准确地反映了其本质，有利于正确认识、研究与应用这一先进的生产方式。

(二) 精益生产的目标

精益生产的基本目标是消除生产过程中的一切浪费，提高效率，降低成本。此处所说的成本不仅包括生产活动本身的支出，如制造费、管理费等，还包括资本费（利息）。精益生产把只增加成本、不创造价值的一切要素和活动定义为浪费，主要包括：①过量生产带来的浪费；②窝工造成的浪费；③搬运的浪费；④库存的浪费；⑤加工过程中的浪费；⑥动作的浪费；⑦不合格品的浪费。浪费之间的内在联系及其消除过程如图 12-1 所示。精益生产采取有效的措施从消除超过最低需要量的人、设备和原材料库存开始，逐步消除浪费。追求的目标是废品量最低（零废品）、库存量最低（零库存）、更换作业时间最短（时间为零）、搬运量最低、生产提前期最短和批量最小。精益生产的最终目标是增强企业的竞争力，提高盈利水平。

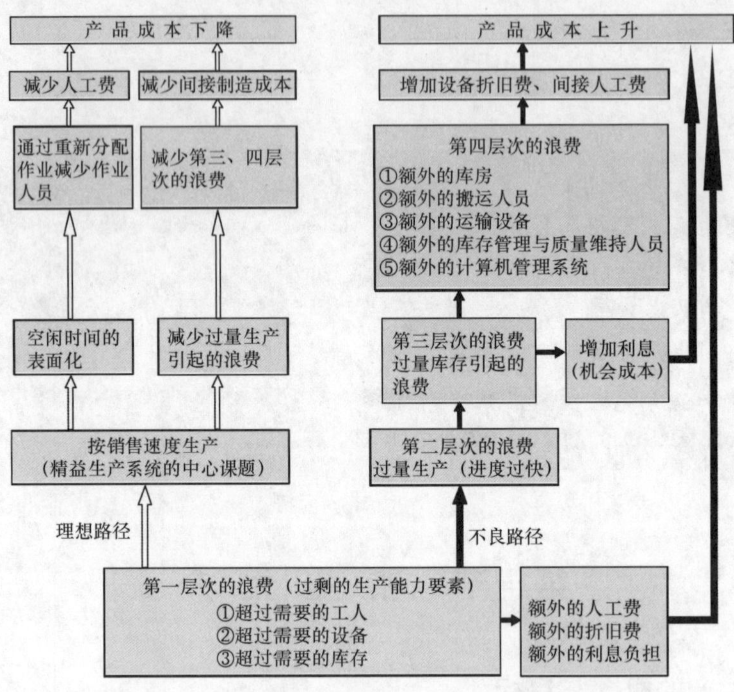

图 12-1　浪费之间的内在联系及其消除过程

二、精益生产的体系

并行工程的产品开发、准时化生产和稳定快捷的供应链是精益生产的三大支柱，多功能团队的持续改进活动是精益生产的基础（见图 12-2）。

（一）并行工程的产品开发

精益生产采用并行工程（Concurrent Engineering）的方式开发新产品，以缩短开发周期，减少开发成本。与传统的串行产品开发方式不同，并行工程以设计人员、工艺人员、生产人员、市场销售人员和检测人员等组成的跨部门、多学科的开发团队为主体，集成地、并行地设计产品及其相关的各种过程（包括制造过程和支持过程）。开发团队按照并行工程的做法，同时考虑产品设计、工艺、制造等上下游各种因素的要求，进行平行交叉设计。通过实时的信息交换，及早发现

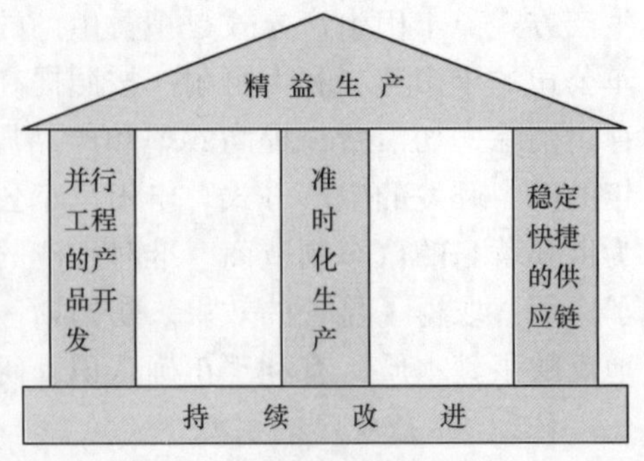

图 12-2　精益生产的体系

并协同解决设计阶段的错误，使产品具有良好的可制造性、可装配性、可检测性、可生产性（按需要进行批量生产产品时，企业的设备、人力资源能否满足要求）、可使用性、可维修性和可报废性，实现设计一次成功，达到缩短开发周期、降低产品成本和提高产品质量的目的。日本的汽车制造业采用并行工程开发新产品取得了良好效果（见表12-1）。

表 12-1　并行工程的效果

项　　目	日本汽车企业	美国汽车企业
每种新车型平均设计工时/百万 h	1.7	3.1
每种新车型平均开发时间/月	46.2	60.4
项目团队人员数/人	485	903
样车制造先导时间/月	6.2	12.4
模具开发时间/月	13.8	25.0
投产至第一辆销售时间/月	1.0	4.0
新车型投产后恢复到正常生产率的时间/月	4.0	5.0
新车型投产后恢复到正常品质的时间/月	1.4	11.0

（二）准时化生产

1. 准时化生产的含义

准时化生产是指企业生产系统的各个环节、工序只在需要的时候，按需要的量生产出所需要的产品。精益生产认为生产系统中的库存本身就是一种浪费，同时还掩盖了各种管理不善的问题，使之长期得不到解决，引发了一系列的浪费和不良后果。因此，必须采取技术的、管理的措施彻底消除库存。准时化生产能够适时适量地生产出所需的产品，通过减少库存——暴露问题——解决问题——减少库存的循环过程不断地消除各种浪费。

2. 看板控制系统

看板控制系统是实现准时化生产的重要技术手段。这种控制系统利用一种称之为“看板”的卡片传递生产信息，对生产全过程进行控制，实现适时适量的生产。看板控制下的生产系统与传统的推动式生产系统（见图12-3）不同，是一种拉动式生产系统（见图12-4）。它变工序间的“送货”为“取货”，即一改传统生产过程中上游车间、工序把加工完的零件送到下游车间、工序的做法，采取下游车间、工序在需要的时候，按需要的量到上游车间、工序取零件的方式组织生产。上游车间、工序根据需要（通常是被取走的量）进行生产。整个生产过程是以需求为牵引力的拉动过程，实施按需生产，能够真正实现准时化生产。

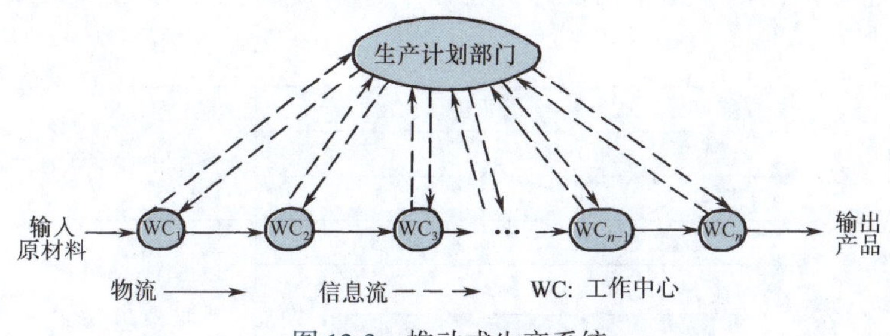

图 12-3　推动式生产系统

（1）看板及其分类。看板是一种传递生产信息的卡片，根据其在生产控制中的作用分为生产指示看板、取货看板和其他看板三类。

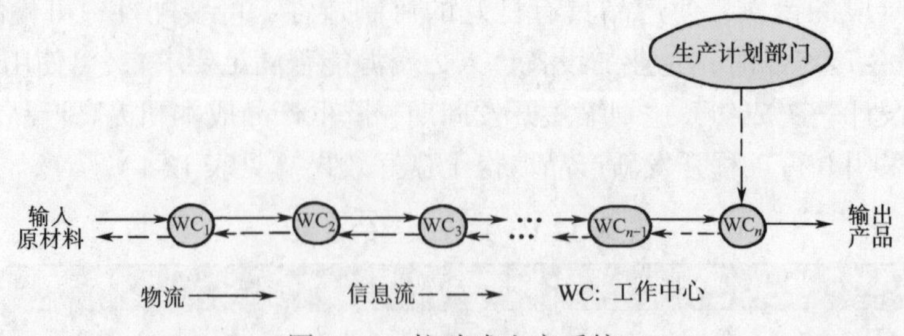

图 12-4 拉动式生产系统

1）生产指示看板。生产指示看板是用来传递生产指示信息的。生产指示看板上载有详细的生产指示，是各个工序进行生产的依据。生产指示看板又分为一般生产指示看板（通称生产看板，见图 12-5）和三角看板（见图 12-6）。后者用于批量生产的制品。

加　工　看　板		加工设备
存放货架号 F14-26	工件背面号 A3-252	机加工
工件号 56790-321		LD-6
工件名称 曲轴		
产品型号 SX50BM-170	容器容量 16	

图 12-5 一般生产指示看板

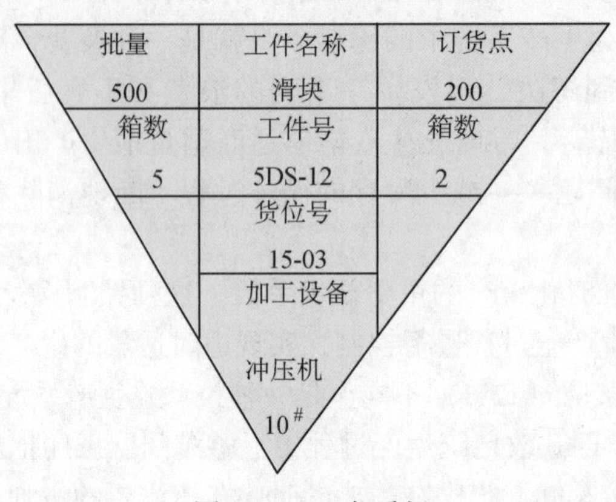

图 12-6 三角看板

2）取货看板。取货看板分为企业内取货看板和外协取货看板，二者都标有详细的取货信息。前者用于企业的内部，是下游工序到上游工序取货的凭证（见图 12-7）；后者用于到外协企业取货。

存货点号 5E215 背面号 A2-5			前工序
工件号 34510S06			锻 造
工件名 主轴			B-2
产品类型 SXDSC			后工序
容器容量	容器形状	发行张数	机加工
20	B	4/8	M-6

图 12-7 取货看板

3）其他看板。这一类看板主要包括紧急看板和临时看板两种。紧急看板只有当出现缺件等紧急情况时才投入使用；临时看板用于满足临时增产等需要。这两种看板用后立即收回。

（2）看板的使用方法。以生产指示看板与取货看板为例说明看板的使用方法。如图 12-8 所示，取货看板按①—②—③—④的路径移动。当紧后工序需要补充零件时，取货人带着相应数量的取货看板和容器到紧前工序的零件存放处 A，把带来的空容器放到指定的地点。A 处每个装有零件的容器内，都有一张生产指示看板系于零件上。取货人解下系在所取容器内零件上的看板，并按顺序放入看板箱 B 内，然后把取货看板系到所取的零件上，连同零件一起运回存放处 E。当取回的零件投入使用时，解下取货看板按顺序放入看板箱 D 内。生产指示看板按②—⑤—⑥—⑦—⑧的路径移动。紧前工序每隔一定时间，把看板箱 B 内的生产指示看板按先后顺序放入生产指示看板箱 C 内，按看板的顺序和要求进行生产。在加工过程中，生产指示看板与零件同步移动。零件生产出来后装入规定的容器，并把生产指示看板系到某个零件上。然后，生产指示看板连同零件一起被放置于存放处 A。按同样的做法逐步向前推进，整个生产过程就实现了适时适量的生产（见图 12-9）。

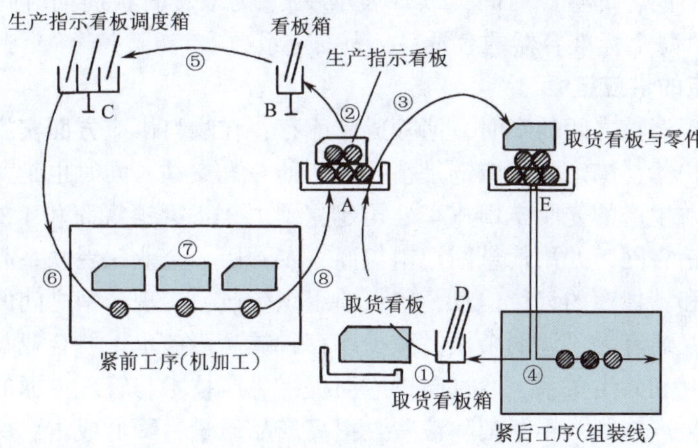

图 12-8 看板移动方式

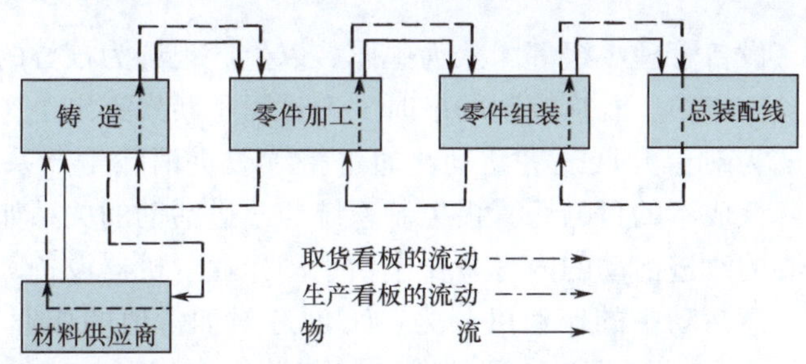

图 12-9 生产过程的看板控制

（3）看板的使用规则。具体包括以下规则：

1）紧后工序在需要的时候到紧前工序取零件时，不带看板不能取零件，数量不能超过所带看板规定的量。取货看板必须系在容器内的零件上，防止丢失和混淆。

2）每道工序按被取走的量生产，必须做到按看板出现的顺序及其规定的数量生产。

3）不合格品绝对不能流入下一道工序。

4）应使看板数量最小，以降低生产系统的库存水平。

5）利用看板的微调功能，通过增减看板的数量适应产量的小幅度变化。

（4）看板数量的确定。在看板控制的生产系统中，各加工中心的在制品的数量是由投放的看板数量决定的。当容器的容量一定时，在制品的库存量与投入的看板数量同步增减。因此，看板的数量应保证不出现缺货现象，且使生产系统的库存水平最低。可用下列公式计算看板的数量：

生产指示看板的数量

$$N_{P}=\frac{DT_{D}\ (1+\alpha)}{A}$$

取货看板的数量

$$N_{T}=\frac{DT_{W}\ (1+\alpha)}{A}$$

式中，N_P 为生产指示看板的数量；N_T 为取货看板的数量；D 为每日所需零件的数量；T_D 为生产指示看板周期时间，即生产时间，以日表示；T_W 为取货看板周期时间，即取货等待时间，以日表示；A 为每个标准容器的容量；α 为安全系数。

（三）快捷稳定的供应链

精益生产要实现产销之间的准时，消除成品库存；在物料供应方面实施准时采购，消除物料库存。因此，快捷、稳定的供应链是精益生产的一大支柱，同时也是实现准时化生产不可缺少的条件。精益生产的先驱丰田汽车公司建立了由 314 家销售商和 4 333 个专营店组成的覆盖整个日本的销售网，并用信息网把销售商、专营店、企业三者联系起来，及时获得汽车市场的各种信息和销售商的订货信息，按订单组织生产，实现产销之间的准时。销售商和专营店利用信息网互通有无，调剂余缺，减少库存，提高服务水平。企业与供应商建立长期合作、共同发展的互利共生关系，通过向供应商提供生产技术与管理方面的援助和指导，帮助供应商建立准时生产体制，不断消除浪费，提高产品质量，降低成本，保证适时适量地获得所需的物料，并使供应商受益。

（四）持续改进

以质量管理小组、设备管理小组等团队为主体，以生产现场为核心的持续改进是实现精益生产的基础。在精益生产中，看板控制的准时生产过程不断暴露出生产系统中存在的各种问题。团队以这些问题为对象开展改进活动，通过持续改进消除生产系统中任何形式的浪费，达到提高效率、降低成本的目的。看板控制系统与改进活动的关系如图 12-10 所示。

以生产现场为核心的改进活动的内容主要包括手动作业、机器设备、材料和易耗品的利用方法等。人在从事生产活动中的作业可分为：①创造附加价值的作业（如装配作业等）；②不创造附加价值的作业（如打开和处理外购件的包装等在现有技术、作业条件下无法排除的作业）；③纯属浪费的作业（等待、整理在制品的堆放作业等不必要的多余的作业）三类（见图 12-11）。改进手动作业就是要彻底消除第③类作业，尽可能减少第②类作业，增加第①类作业在总作业时间中的比例。如图 12-12 所示，手动作业的改进是不断简化、优化作业，消除人力资源浪费的过程。采取技术措施对机器设备进行改进，减少、简化辅助作业，使设备更易于操作，更安全；改进材料和易消耗品的利用方法；通过改进消除生产过程中的跑、冒、滴、漏现象；改进下料方法、加工方法和模具夹具，减少材料消耗。

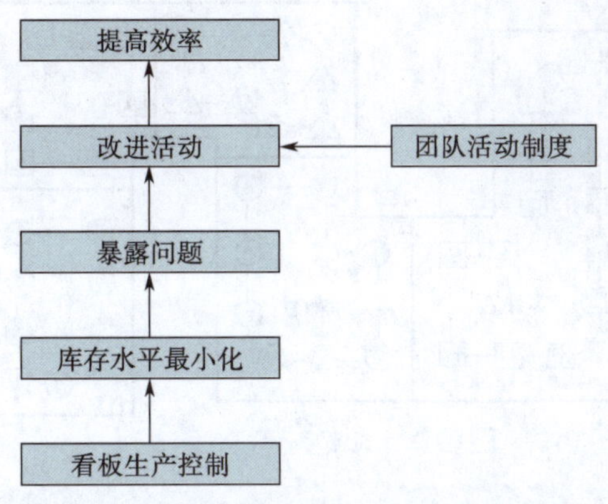

图 12-10　看板控制系统与改进活动的关系

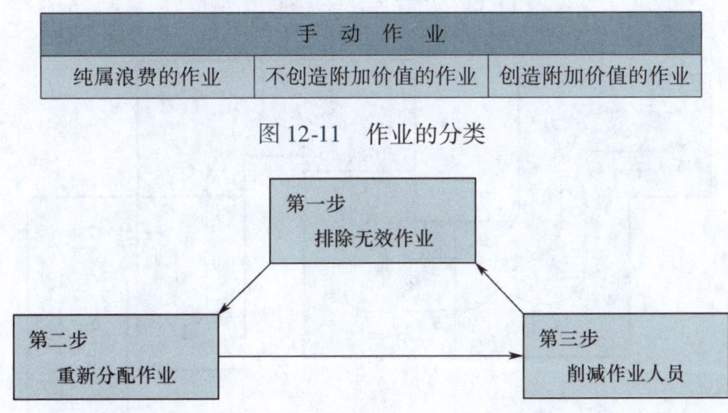

手　动　作　业		
纯属浪费的作业	不创造附加价值的作业	创造附加价值的作业

图 12-11　作业的分类

图 12-12　消除浪费减少作业人员的循环

三、实现精益生产的条件

1. 生产线的 U 形布置

生产线采用 U 形布置（见图 12-13），以多能工（能够熟练操作多种机器、生产出合格产品的工人）为基础的 U 形生产线能够根据产量的变化灵活地分配作业任务，增减作业者，达到充分利用人力资源的目的。如图 12-14 所示，如果把多个 U 形生产线连接起来则会收到更好的效果。图 12-15 所示为丰田汽车公司把 U 形生产线与多能工相结合，根据产量的变化调整每个人的作业范围，有效地消除了生产过程中人力资源浪费的实例。培养多能工是采用 U 形生产线、实行一人多机作业不可缺少的条件。

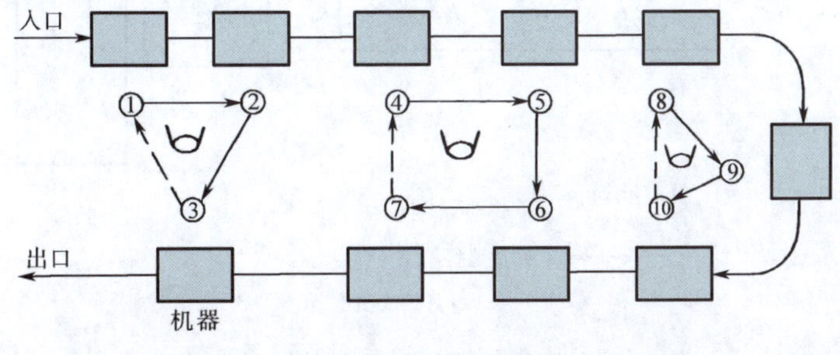

图 12-13　U 形生产线

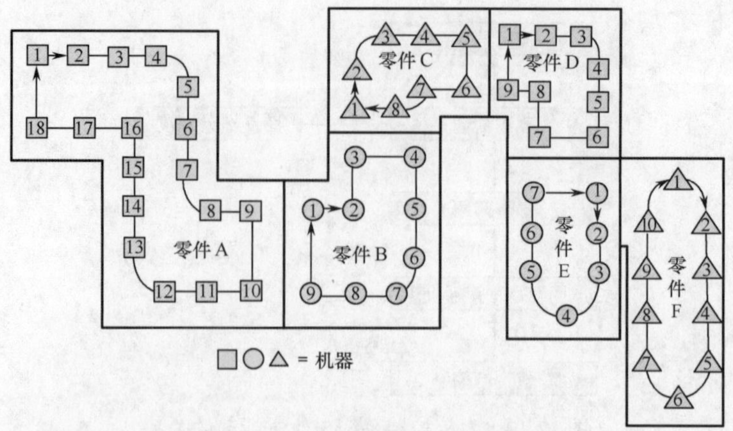

图 12-14　相互连接的 U 形生产线

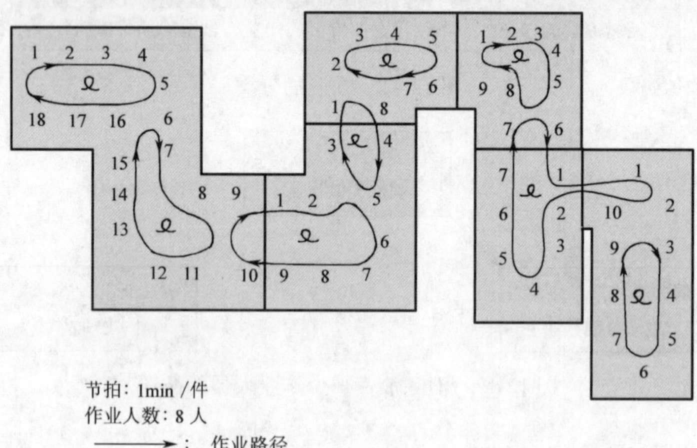

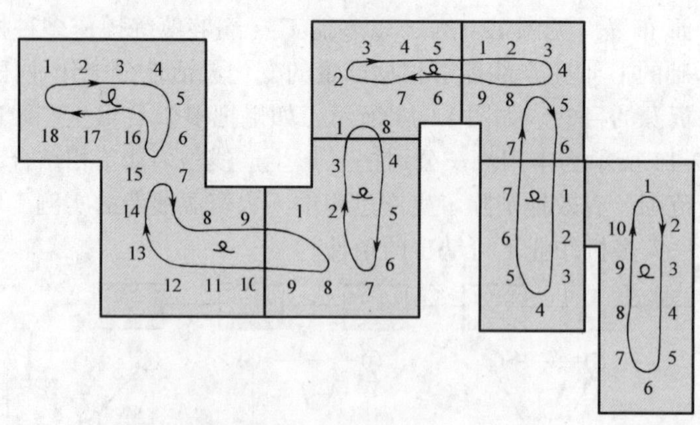

图 12-15　调整作业范围减少作业者的图示

2. 以作业标准化为基础组织多机看管作业

通过作业标准化合理确定每个作业者所看管的设备和作业程序，并实现各作业者间的作业同期化。作业标准化的步骤是：

（1）确定生产节拍。

（2）确定每项作业的标准时间。

（3）确定各作业者所承担的作业及完成作业的程序。

（4）确定在制品占用标准。

（5）绘制标准作业图表，组织实施。

图 12-16 为多机看管作业标准化示例，每个作业者在规定的时间内按标准作业程序完成规定的作业内容，最大限度地消除动作和时间方面的浪费，并把在制品控制在最低水平。

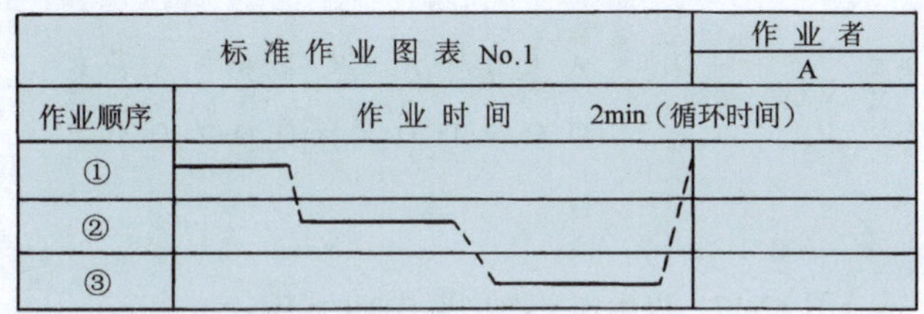

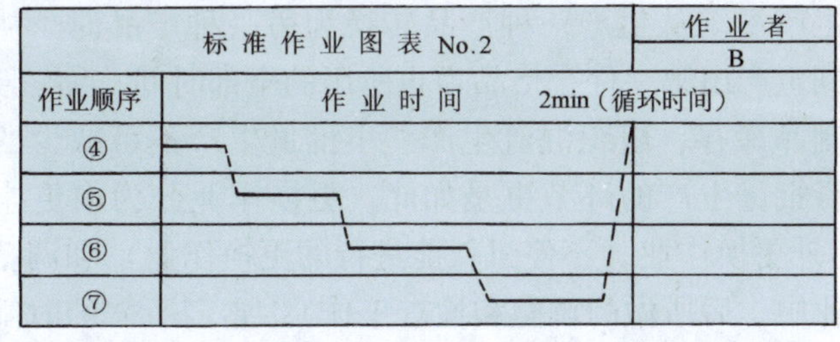

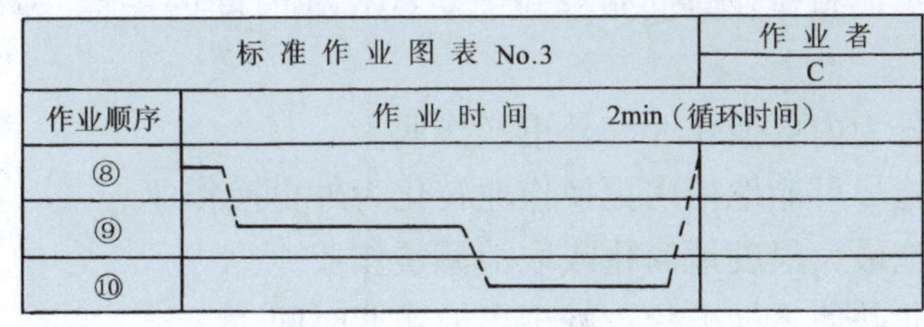

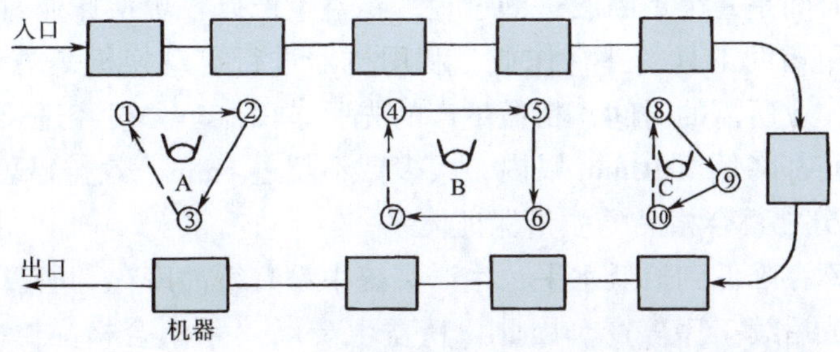

图 12-16　多机看管作业标准化示例

3. 组织混流生产

在生产平准化的基础上组织多品种混流生产。所谓生产平准化，是指在同一生产线上，按照一定的投入顺序，相间地生产多种产品，并实现产量、工时的均衡，如图12-17所示。生产平准化通过确定和优化产品的投入顺序平抑负荷，是组织多品种混流生产的关键环节。以生产平准化为基础的混流生产可使产量变化降低到最低水平，有效地减少因产量大幅度变化带来的生产能力等方面的各种浪费；能够实现按销售的速度（品种、数量、交货期）组织生产，对市场需求的变化迅速作出反应。

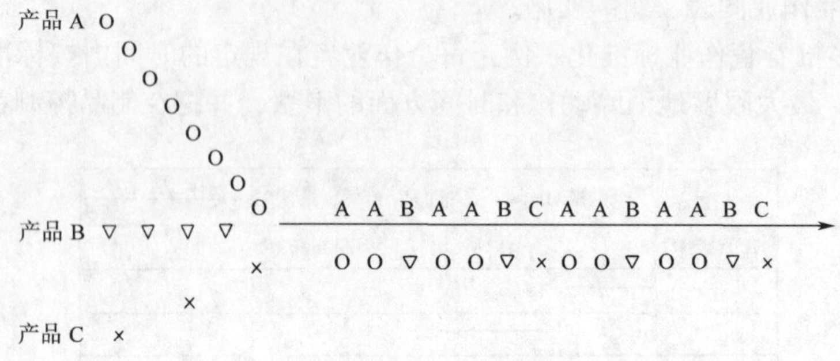

图12-17　以生产平准化为基础的混流生产图示

4. 缩短更换作业时间

更换作业时间是生产系统从生产一种产品转换为另一种产品时，从模具、工夹具的准备、卸装、调整等直到生产出第一件合格品为止所用的全部时间。缩短更换作业时间是缩短生产提前期，减少在制品库存，组织混流生产、小批量生产不可缺少的条件，尤其对于铸造、冲压等不得不进行批量生产的环节更是如此。更换作业分为内更换作业（只有停机才能进行的更换作业）、外更换作业（不停机就能进行的更换作业）和调整作业（为了生产出合格产品，在更换作业中、后所做的调整和检查工作），它们所需的时间分别称为内更换作业时间、外更换作业时间和调整作业时间。在一般情况下，调整作业时间约占总更换作业时间的50%～70%。缩短调整作业时间是缩短总更换作业时间的关键一环。缩短更换作业时间的步骤是：

（1）把更换作业分为内更换作业和外更换作业。

（2）采取技术措施尽可能地把内更换作业转化为外更换作业。

（3）采取技术措施最大限度地简化或取消调整作业。

（4）改进更换作业并使之标准化，减少更换作业时间。

缩短更换作业时间是一个不断改进的过程。精益生产以零更换作业时间为目标，通过更换作业标准化、采用辅助工具、并行作业、利用机器进行自动换模等方法不断改进更换作业，减少各项更换作业所需的时间。精益生产的先驱丰田汽车公司经过长期的努力，使所有工序的更换作业时间都降低至10min以内，大多数不超过1min，效益显著。

5. 建立生产百分之百合格品的质量保证体系

准时化生产使库存降低到最低水平，生产系统中没有缓冲库存。所以，当某一工序出现不合格品时，会造成后续工序停产。因此，精益生产以“零不合格品”为管理目标，建立以质量保证为核心的质量管理体系，综合利用各种质量管理方法，确保生产系统的各工序都能生产出百分之百的合格品，以满足准时化生产对产品质量的要求。作业人员发现产品出现质量问题或机器出现异常时，有权自行停止生产，立即追查，排除其原因，预防再次出现类似的质量问题。

6. 智能自动化

精益生产中智能自动化的目标是提供质量保证，降低成本，实现按需生产，如图 12-18 所示。所谓智能自动化，不是单纯地用机器代替人的作业，而是要求在机器上安装各种加工状态检测装置和自动停机装置，给机器赋予智能，具有人一样的判断能力，当生产出的产品质量不符合要求、机器自身出现异常及工人出现误操作时，机器会自动停止运行。这样的自动化生产系统或机器能够避免大量不合格品的产生，防止不合格品流入下一道工序。因此，出现不合格品等异常情况时，要及时追查其原因，采取有效措施，防止再次出现同类问题，杜绝再次出现类似的不合格品。智能自动化生产线或机器生产出规定数量的产品后自动停止运行，能够在人机分离的状态下实现适时适量的生产。

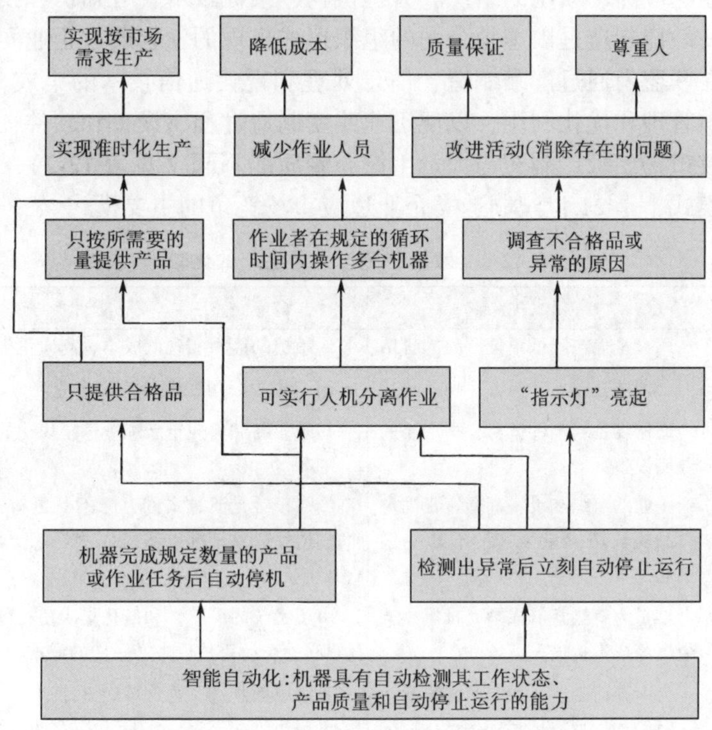

图 12-18　智能自动化的目标与实现途径

第二节　敏 捷 制 造

一、敏捷制造的概念

敏捷制造（Agile Manufacturing）的概念是美国利哈伊大学雅柯卡研究所等专家在其撰写的《21 世纪制造业战略》报告中提出的。20 世纪 70—80 年代，美国制造业的竞争力下降，原因是大量生产模式不能对快速的市场变化作出灵活快捷的响应。美国提出敏捷制造的目的是通过建立一种市场竞争力强的制造组织，对用户需求的产品和服务作出快速的响应，满足各种顾客的个性化要求，恢复在制造业中失去的优势。

敏捷制造是一种哲理，蕴涵着新的思想和新的方法，备受企业界的关注。由于敏捷制造是为了适应“无法预测的持续、快速变化的竞争环境”而提出的一种新概念和制造模式，正处于发展过程中，因此至今还没有一个公认的定义。例如，把敏捷与产品的生产过程联系起来表示快速；与大规模定制（Mass Customization）联系起来表示适应性；与动态联盟（Virtual Organization）联系起来表示畅通的供应链和各种方式的联合；与重构（Reengineering）联系起来表示生产过程的持续改进；与精益生产（lean Production）联系起来则表示更高的资源利用率。可见敏捷是一个企业生存和发展的最基本要素。敏捷制造是企业在无法预测的持续、快速变化的竞争环境中生存、发展并扩大竞争优势的一种新的经营管理和生产组织模式，其最基本的特征是智能和快速。智能是指利用员工的智慧、知识、经验及技艺的能力；快速是指对市场需求变化的快速响应。革新了的组织和管理机构、柔性技术、有知识和技艺的员工是敏捷制造的三大基石。敏捷制造是以虚拟公司的组织形式出现的，它通过企业间优势互补的动态联盟参与竞争，在联盟内通过产品制造、信息处理和现代通信技术的集成，实现人、知识、资金和设备的集中管理和优化利用，以便迅速改变制造过程、设备和软件，快速生产变批量的多种新产品投放市场。敏捷制造与大量生产有着质的不同（见表12-2），是替代大量生产的一种新型制造模式，是21世纪制造类企业适应市场竞争的主要模式。

表12-2　敏捷制造与大量生产的比较

项　目	大量生产	敏捷制造
企业目标	用大量生产降低单位产品的价格	用敏捷的能力实现低成本、高质量
企业范围	公司越办越大，包办一切	用“虚拟公司”或“广义企业”发挥各单位的特长
设备特点	通用设备及某些针对公司产品的专用设备	易于重新编程或重新配置的模块化的生产装置
产品更换	企业的组织和设备都适宜于固定产品的长期大量生产，不易变换产品	产品设计是演进式的，能不断更新，又重视革新和员工的创造性，易于推出新产品
批量	批量大就能降低成本，批量小就会提高成本，丧失竞争力	由于系统的可变性和信息集成使一种产品生产1 000件与1 000种产品每种只生产一件的成本相差无几
生产类型	为库存而制造，为订单而装配	为订单而制造，为订单而设计
质量观念	以可靠、寿命长为高质量的标志	以用户满意、喜欢为标志。产品被用户买走后，一直提供可演进的产品服务和有附加价值的信息
经营目标	较多集中于短期金钱效益	较多集中于长期全面效益
组织机构	固定的专业化的梯阶结构	着眼于任务的交叉学科的项目群体，形成一种动态结构
解决问题靠什么	技术	人
生产活动顺序	串行	并行
协作关系	明确分工，有一般的分工协作	共同负责，分工界线不必很严格，供应商、用户等都在协作大集体中，也可与非本企业的其他公司成员有很好的协作

（续）

项　目	大 量 生 产	敏 捷 制 造
设计部门	设计处负责	产品生命周期各个阶段的人都参与团队工作
生产过程中人际关系	上下级监督、检查、防范	互相信任，互相负责，权力分散
单位间协作	本单位不能解决的问题找其他单位协作	为引入新产品，综合不同公司的特长，很快形成一个虚拟公司，它们互相之间各种人力、物力的资源都可以像“插头兼容”那样互相配合好
通信	一般电子通信设施	全国（最好是全球）工厂通信网
对知识分子的利用	作为专业技术人员	不仅参与操作活动，而且参与决策活动
企业通用性	作为专用目的的工具	作为通用目的的工具，敏捷企业的能力仅受限于工作人员的想象力、创造性和技能，而不是设备
继续教育	一般技术教育	教育工程人员，使其具有能不断革新、不断改进人员组织的新技术、新思想

二、敏捷制造的技术基础

1. 敏捷化信息系统

敏捷化的信息系统是敏捷制造运行的基础平台。敏捷制造系统信息的采集、处理与分析，以及传递、集成的敏捷化是实现敏捷制造不可缺少的条件。敏捷化信息系统具有开放性、系统可重构性、软件可重用性和规模可扩展性，可以通过添加新的要素，改变要素之间的连接方式，使系统动态地改变为新的系统，以适应新的要求。其体系结构如图 12-19 所示。

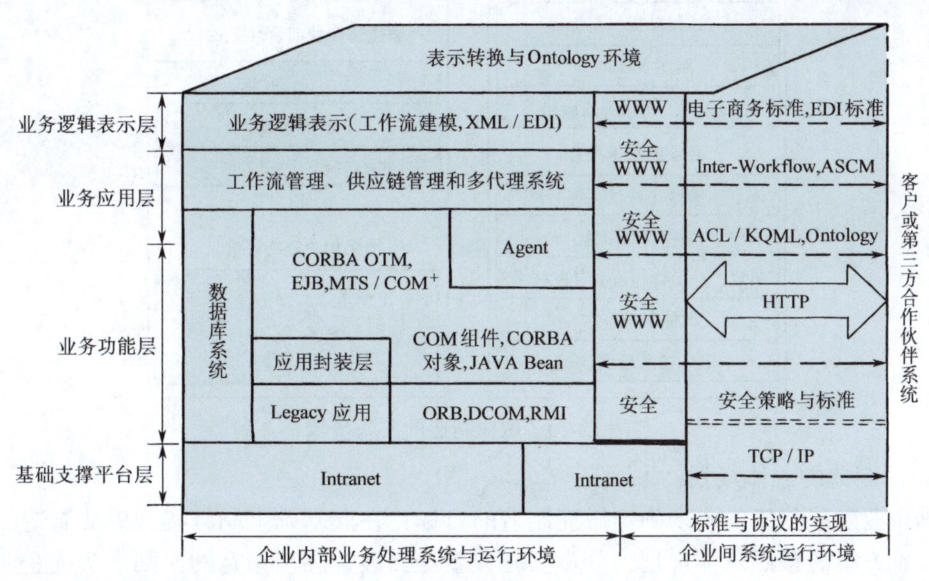

图 12-19　敏捷化信息系统体系结构

2. 敏捷化工具集

在敏捷化信息系统上提供敏捷化工具集，为企业活动提供使能服务。工具集主要包括：①决策支持系统；②多媒体协同工作环境；③工作流程管理系统；④产品数据管理系统；⑤质量保证体系；⑥计算机仿真技术；⑦MRP/ERP；⑧供应链管理系统等。这些工具集构成的软环境从不同的侧面支持敏捷化企业的运行。

3. 敏捷化制造技术

敏捷制造系统采用企业间协同制造、可重组加工单元、动态生产调度、企业间协同设计、动态加工仿真、实时工艺规划、实时工程分析、产品并行设计、集成产品建模、先进制造技术及设备等提高产品设计、制造的速度和效率，降低制造成本。

三、敏捷制造的实施

敏捷制造作为一种先进的制造模式，其实施一般包括总体规划、企业敏捷化建设、敏捷化企业构建和敏捷化企业管理与运行四个步骤，如图 12-20 所示。

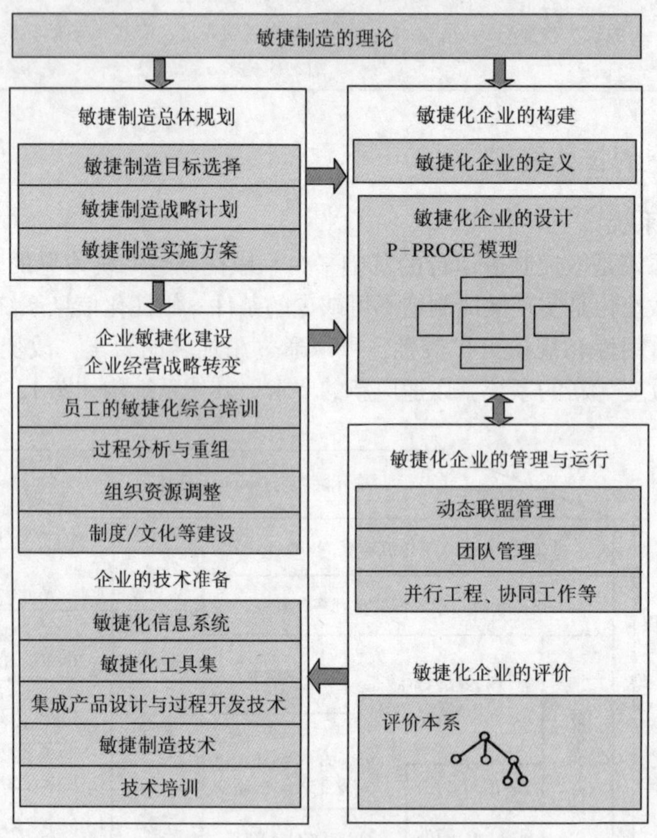

图 12-20　敏捷制造的实施步骤

1. 敏捷制造的总体规划

根据企业发展战略的要求确定敏捷制造的目标，在此基础上制订实现敏捷制造的中长期计划和实施方案。按照总体规划、分步实施、重点突破、逐步拓宽的原则来实施企业的敏捷化工程。

2. 企业敏捷化建设

企业的敏捷化建设包括经营战略的相应转变和相关的技术准备两个方面的内容。前者主要包括员工的敏捷化综合培训、企业运作过程的分析与重组、组织/资源调整、制度/文化建

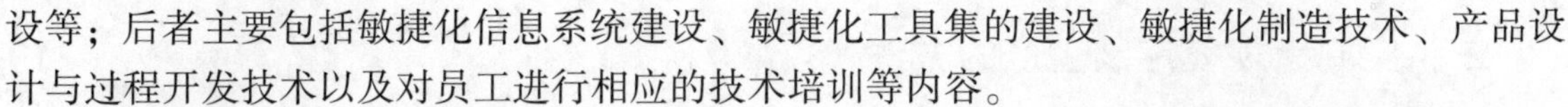

设等；后者主要包括敏捷化信息系统建设、敏捷化工具集的建设、敏捷化制造技术、产品设计与过程开发技术以及对员工进行相应的技术培训等内容。

3. 敏捷化企业的构建

按照具有敏捷性及快速反应能力、充分利用制造资源、整体的协调一致性和个体独立自主性高度统一的要求，根据企业自身的类型（产品型企业/加工型企业）和特点、敏捷化目标等，设计敏捷化企业，选择设备、人员、技术、运行与控制方法等，构建敏捷化企业。

4. 敏捷化企业的管理与运行

在企业内部，面向运作过程建立多功能的工作团队，实施并行工程和协同工作。动态联盟（虚拟公司）是实现敏捷制造的主要形式。因此，应做好联盟企业之间在运作上的组织协调、过程协调、资源协调和能力协调，确保联盟具有敏捷性，实现敏捷制造。建立敏捷性的评价指标体系和方法，对运作过程进行评价，确认企业的敏捷性及其变化情况，确定制约企业敏捷性的因素，有针对性地采取措施，从而提高企业的敏捷性。

第三节　大规模定制

一、大规模定制的概念

大规模定制是斯坦·戴维斯（Stan Davis）在他所著的《未来理想》一书中首先提出的。约瑟夫·派恩二世（Joseph Pine Ⅱ）对大规模定制进行了系统的阐述，他认为大规模定制是以满足顾客个性化需求为目标，以顾客愿意支付的价格，并以能够获得一定利润的成本高效率地进行定制，从而提高企业适应市场需求变化的灵活性和快速响应能力的先进生产方式。大规模定制不同于大规模生产，它兼有二者的优点，能够在不牺牲企业经济效益的前提下满足顾客对产品或服务的个性化需求，使企业获得新的竞争优势和发展机会。随着技术进步速度的加快、经济的发展和生活水平的提高，人们对产品多样性的要求越来越突出。顾客需求个性化将成为一种趋势，通过为顾客提供个性化的产品和服务来提高顾客的满意度是现代企业获得竞争优势的有效途径。因此，大规模定制将成为21世纪的主流生产方式。丰田汽车公司、松下自行车公司、摩托罗拉公司、戴尔公司等先行者已经通过实施大规模定制获得了巨大的竞争优势，起到了良好的示范作用。

二、大规模定制的类型

（1）合作型定制。合作型定制是指企业通过与顾客交流，使顾客明确表达出对产品的具体要求，依此设计并制造出满足顾客个性化需求的产品。

（2）透明型定制。透明型定制是指顾客不参与产品的设计过程，企业根据预测或推断不同顾客的需求，为其提供个性化的产品。

（3）装饰性定制。装饰性定制是指企业以不同的包装，把产品提供给不同的顾客。这种方式适用于顾客对产品本身无特殊要求，但对包装有个性化要求的情况。

（4）适应性定制。适应性定制是指企业提供可客户化的标准化产品，顾客根据要求对产品进行调整，以满足其个性化的需求。

三、实施大规模定制生产的方法

在大规模定制生产方式中，对顾客而言，每一种产品都是定制的、个性化的。但对生产企业而言，该产品却是主要采用大批量生产方式制造出来的。组织大规模定制生产的基本思想是通过产品维和过程维的优化，采用先进的制造技术和管理方法，把产品的定制生产全部或部分地转化为批量生产，以大批量的生产成本和效率生产出个性化的产品。具体可以采取定制点后移和产品模块化设计的方法实现大规模定制生产。在产品设计中，通过采用标准化的模块和零件来减少定制的模块和零件数量。在生产过程中，采取定制点后移的策略，尽可能把产品的定制活动推迟到生产过程的下游环节。面向顾客的定制过程是从定制点开始的，在定制点前的生产环节通常采用大量生产方式，从定制点开始的生产环节采取定制生产方式，如图12-21所示。因此，采取措施推迟定制点有助于提高生产效率，降低成本，缩短生产周期。产品的模块化设计与推迟定制点策略的有机结合能够充分体现出大规模定制的优势。

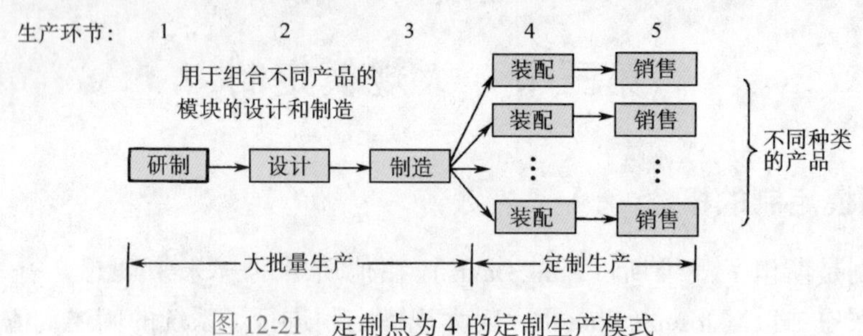

图12-21　定制点为4的定制生产模式

第四节　约束理论

一、约束理论的基本原理

约束理论（Theory of Constraint，TOC）是以色列学者高德拉特博士提出的，他把制约企业实现其目标的因素称为约束或瓶颈。任何企业都是在有限资源条件下开展经营活动的，因此，约束理论认为，企业存在着限制其实现目标的约束。约束可能是物理的，也可能是思想上的；可能在企业内部，也可能在企业外部。约束理论的基本原理是明确企业的目标，找出影响目标实现的制约因素，采取措施充分利用或消除企业运作过程中的制约因素，实现企业的目标，即通过提高产销率、减少库存、降低运行费用来实现利润最大化。约束理论源于对生产系统的研究，随着不断地发展完善，应用于企业经营活动的产品设计、市场营销、运作管理和资金运用等领域，为企业在运营过程中识别、克服约束提供了有效的方法体系。

二、OPT的管理原则

约束理论是以最优化生产技术（Optimized Production Technology，OPT）为基础发展起来的管理理论。在生产过程中，资源的供给与需求之间会出现不平衡的情况。当某种资源的供给（工序的生产能力）小于或等于需求（生产负荷）时，称之为瓶颈资源；反之则为非瓶颈资源。瓶颈资源限制了生产系统的产出。为了充分利用瓶颈资源，提高系统的生产能力，高德拉特博士在 OPT 中提出了指导运作管理的九条原则。

1. 追求物流的平衡，而不是生产能力的平衡

对于新建企业而言，自然会追求生产系统各个环节生产能力的平衡；但对于已投产的企业，OPT 主张追求生产系统的物流平衡，使各工序与瓶颈工序实现同步生产，从而实现生产周期最短、在制品最少。

2. 非瓶颈资源的利用程度不是由它们自己的潜力决定的，而是由系统的约束决定的

生产系统的能力取决于瓶颈工序的生产能力。非瓶颈工序的充分利用不能提高系统的产量，只会增加库存和生产成本（见图 12-22）。

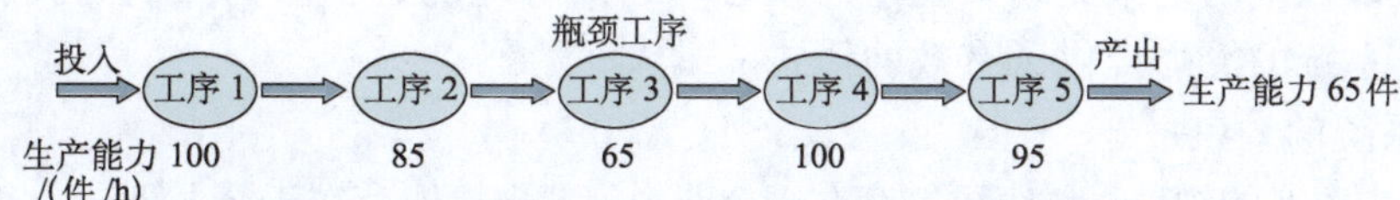

图 12-22　瓶颈工序与系统生产能力

3. 资源的“利用”（Utilization）和“活力”（Activation）不是同义词

“利用”是指资源应该利用的程度，“活力”是指资源能够利用的程度。OPT 的理念认为，做所需要的工作（应该做的，即“利用”）与做某一时间不需要的工作（能够做的，即“活力”）之间是不同的，“利用”注重的是有效性，而“活力”注重的则是能行性。在生产系统中，应根据瓶颈资源的要求安排非瓶颈资源的生产负荷，允许非关键资源具有适当的闲置。

4. 在瓶颈资源上损失 1h 则使整个系统损失 1h

瓶颈是生产系统的薄弱环节，其工作每一分钟都对系统的产量有直接的贡献。因此，瓶颈资源损失 1h 则使整个系统损失 1h。采取措施减少瓶颈资源的时间损失，使其满负荷运行，对于提高系统的生产能力具有重要的意义。

5. 在非瓶颈资源上节约时间是无意义的

在生产系统中，非瓶颈资源的生产时间是有富裕的。非瓶颈资源的节约并不能增加系统的产出，而只能带来更多的闲置时间。

6. 瓶颈控制了库存和产销率

库存和产销率受企业的生产能力和市场需求量的制约。如果生产能力 > 市场需求量，则瓶颈存在于企业外部。但由于市场需求不足，产销率也不能增加。如果市场需求量 > 生产能力，则瓶颈存在于企业内部。由于企业的生产能力不足，因受瓶颈能力的制约，产销率也受到相应的限制；由于瓶颈控制了产销率，企业的非瓶颈应与瓶颈保持同步。非瓶颈的库存水平能够满足瓶颈的需要即可。因此，瓶颈也就相应地控制了库存。

7. 运送批量可以不等于加工批量

OPT 在瓶颈资源和非瓶颈资源上采用不同的加工批量和运送批量。瓶颈资源通常采用较大的加工批量，以便充分利用瓶颈资源；非瓶颈资源采用小批量生产与运送，以减少在制品的库存。

8. 生产批量不是固定的

应根据实际情况动态地确定生产批量。为实现物流的平衡，批量的大小视瓶颈资源和非

瓶颈资源的实际需求而定。

9. 编制作业计划时不采用固定的提前期

OPT 统筹考虑系统的约束，采用有限能力计划法编制作业计划。首先安排关键资源上的加工工件，对瓶颈资源之前的工序按拉动方式编制作业计划，对瓶颈资源之间的工序按工艺顺序编制作业计划，对瓶颈资源之后的工序按推动方式编制作业计划。因此，提前期是编制作业计划的结果，而不是预定值。

三、约束管理的五步法

找出并突破系统的约束是约束理论的核心。约束管理的五步法为人们寻找、突破约束，实现持续提升系统的能力提供了有效的模式。

1. 识别系统的约束

找出系统中存在的约束。约束可能存在于企业内部，也可能存在于企业外部。通过对生产能力、原材料投入、市场需求和企业政策等方面的分析，能够发现制约企业实现其目标的约束。

2. 充分利用瓶颈资源

针对第一步确定的瓶颈采取对策，最大限度地利用瓶颈资源。对于生产过程中的瓶颈资源（工序、工作中心或环节），可以通过减少辅助作业时间、加强设备维护减少设备的故障时间、设置缓冲库存等措施，充分利用瓶颈资源的生产能力。

3. 系统的其他部分按照约束的要求运行

非瓶颈资源按照瓶颈资源的要求同步运行，在充分利用瓶颈资源的同时，减少不必要的库存。

4. 提高瓶颈资源的能力，突破约束的制约

对生产过程中的瓶颈（工序、工作中心或环节）进行改造，提高其生产能力，打破瓶颈资源的限制。

5. 克服组织的惰性，返回到第一步

系统是动态的，一个瓶颈被克服了，还会有新的瓶颈出现。因此，当现有的瓶颈被突破以后，应返回到第一步，寻找新的瓶颈，防止组织的惰性成为系统的瓶颈。

约束管理的五步法是持续的改进过程，已成为企业不断提升竞争力的一种有效途径（见图 12-23）。

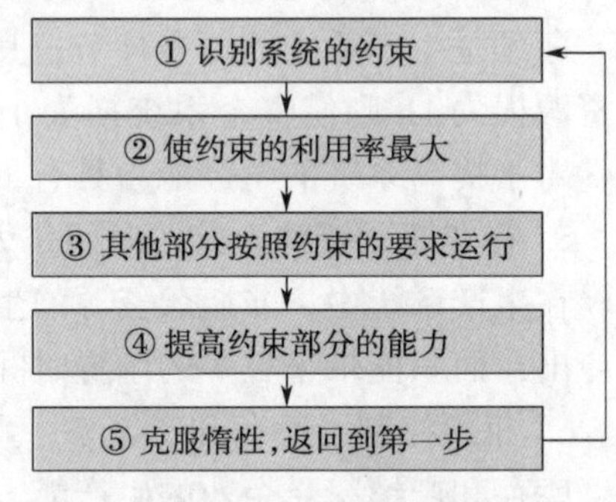

图 12-23　约束管理循环

四、DBR 系统

约束理论的计划与控制是通过 DBR 系统，即“鼓（Drum）—缓冲器（Buffer）—绳子（Rope）”系统实现的。DBR 系统是约束理论充分利用生产系统中瓶颈资源的管理方法。其基本思想是企业的产量绝对不会超过瓶颈资源的生产能力，要提高生产效率，其他非瓶颈工序和物料供应等都必须与瓶颈资源的生产节奏同步。在“鼓—缓冲器—绳子”系统中，“鼓”是生产系统的瓶颈，“鼓点”（瓶颈的产出节奏）控制着整个生产系统的节奏；“缓冲器”是为防止意外事件影响瓶颈资源生产而设置的保险库存或时间缓冲；“绳子”是控制瓶颈资源的上游工序与非瓶颈资源物料投入的详细作业计划，控制着非瓶颈资源按照“鼓”的节奏进行生产（见图 12-24）。DBR 计划与控制流程如图 12-25 所示。

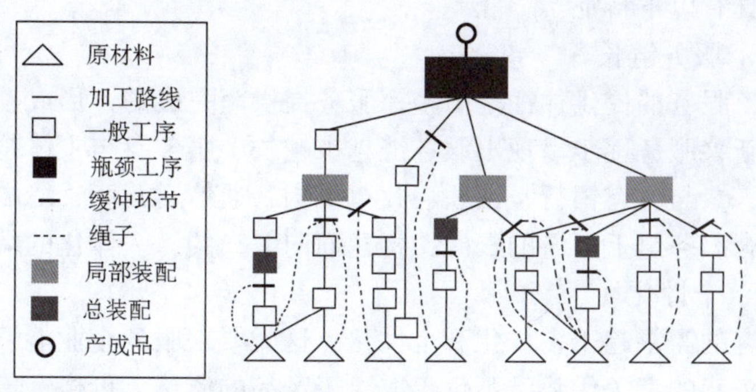

图 12-24　DBR 系统

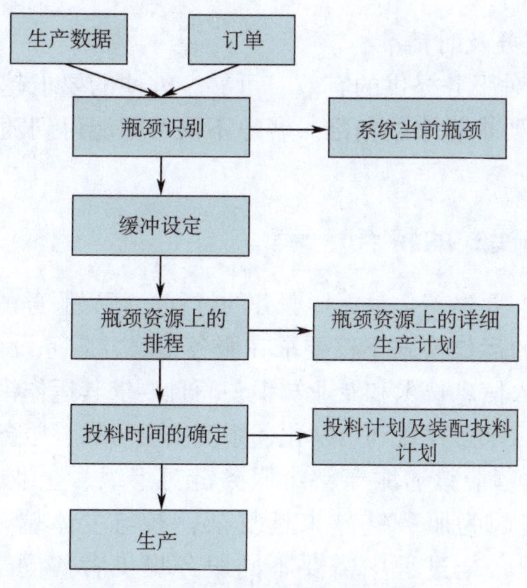

图 12-25　DBR 计划与控制流程

第五节　新兴服务运营模式

一、新兴服务的概念和特征

（一）新兴服务的概念

所谓新兴服务，是区别于传统服务的一个概念，主要是指依托信息技术和现代化理念发展起来的信息和知识相对密集的服务。传统服务产品被认为是非实物的、不可存储的、不可运输或不可传递的。信息服务作为新兴服务的一种，它的快速发展改变了人们的认识，人们发现信息产品虽然是非实物的，但却是可以积累、传输甚至是可以贸易的。因此，新兴服务的运作模式也将区别于传统服务的运作模式。

（二）新兴服务的特征

新兴服务主要是指依托信息技术和技能发展起来的，信息、知识和技能相对密集的服务。其发展形态、业务模式、竞争要素对信息技术高度依赖，其投入和产出都是信息和知识的服务。新兴服务具有以下特征：

1. 参与主体多，服务链长

在新兴服务中，服务的提供往往是由多家服务提供商完成的，形成一个服务链为客户提供服务。近年来，新兴服务逐步呈现出服务链越来越长、服务参与主体越来越多的现象。例如，移动支付服务，参与方有银行、银联、收单机构、通信运营商、终端制造商等，这就要求服务企业能够整合服务链上下游的资源，构建面向客户的、一体化的端到端的解决方案。

2. 需求多样化、个性化

社会发展使顾客的需求趋于多样化和个性化，这就要求服务企业能够满足客户不断变化的个性化需求。服务商的竞争优势已不仅仅取决于产品的质量、价格、售后服务等因素，而在很大程度上取决于企业本身是否具有较强的市场应变能力，这种应变能力体现在开发、生产、营销、交付等多个方面。

3. 系统安全可靠，服务及时精准

在新兴服务中，客户对服务提供的有效、可靠、方便的要求越来越高，对服务提供在时间、地点、方式等方面的要求越来越精准。客户不仅希望能得到随时随地的服务，而且要求服务更为精准、经济。

二、新兴服务运作模式的特点

服务运营是将各种生产要素转化为无形服务的过程，新兴服务的特征决定了它的转化将有别于传统服务。新兴服务的运作模式不仅要求在服务策略、服务设计、服务转换、服务运营、服务优化等各个环节都融入信息技术和专业知识，而且要求其运作模式要能适应新兴服务参与主体多、服务链长、客户需求多样化和个性化、系统安全可靠、服务及时精准等特征。

首先，新兴服务的运营应该着眼于整个服务链对组织、企业及其内部和外部使用者提供的端到端的服务。这是因为服务链越来越复杂，参与主体越来越多，往往一个服务商无法提供的服务的全过程，全过程中需要不同服务提供者协同工作。在这种情况下，如果像以前那样各自为政，不利于提高用户使用的满意度，也不利于企业内部对自身服务的了解和有效管理。其次，新兴服务的运作过程中要特别关注对客户不断变化的个性化需求的满足，即实现服务的定制化，要通过柔性和快速的反应使服务多样化和定制化，实现服务产品的开发、生产、营销、交付的定制化。最后，在新兴服务运作中，服务持续运作的能力，在很大程度上决定了服务竞争成败，服务持续运作的能力将成为决定服务商竞争优势的直接因素。

三、新兴服务运作模式实例——ITIL

信息技术基础架构库（Information Technology Infrastructure Library，ITIL）是一套主要研究有关 IT 服务管理的方法，被业界称为 IT 运营管理的最佳实践，由英国商务部（Office Government Commerce，OGC）在 20 世纪 80 年代末期发布，目前已经更新至第 3 版，即 ITIL v3。

ITIL 为企业的 IT 服务管理实践提供了一个客观、严谨、可量化的标准和规范，企业的 IT 服务提供者和最终用户可以根据自己的能力和需求定义自己所要求的不同服务水平，参考 ITIL 来规划和制定其 IT 基础架构及服务管理，从而确保 IT 服务管理能为企业的业务运作提供更好的支持。对企业来说，实施 ITIL 的最大意义在于把 IT 与业务紧密地结合起来了，从而让企业的 IT 投资回报最大化。图 12-26 为 ITIL 业界参考模型。

服务管理规划与实施
业务
业务视角
服务管理
服务支持
服务提供
安全管理
ICT 基础设施管理
技术
应用管理

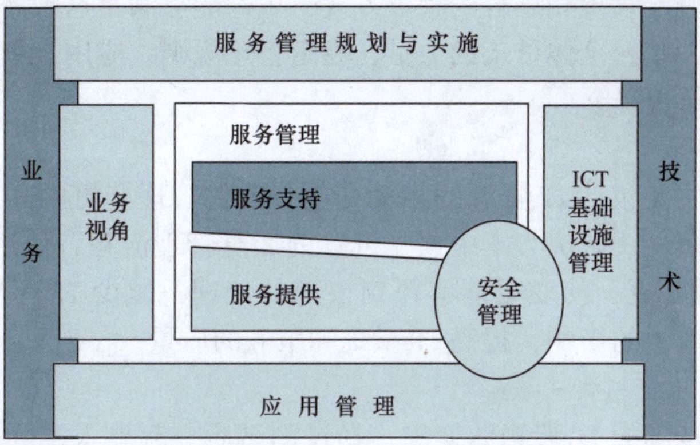

图 12-26　ITIL 业界参考模型

(一) 功能模块简介

1. 服务台

服务台作为 IT 服务中心与客户的主要联络点，负责接收客户电话、邮件、自助提交和监控系统的所有 IT 报障请求，并对所有事件进行记录、分类匹配、快速处理、处理过程调控和监控事件 SLA（服务级别协议）达成情况。所有客户还可通过专属的自助服务台进行自助服务，包括查看 IT 服务公告、自学 IT 知识、根据 IT 向导自助完成 IT 操作、申报 IT 故障，查看 IT 请求工作进度，与 IT 人员在线沟通等。

2. 事件管理

事件管理主要是解决 IT 服务中的突发事件、服务请求，尽快地恢复被中断或受到影响的 IT 服务，以满足预定的 SLA（服务级别协议）的要求。服务台与事件管理相结合，就构成了从事件发生到得到解决的整体流程，包括事件的发起、分类、分配、处理、调控、升级、完成提交和关闭。

企业中的事件管理，在定义上通常与 ITIL 的定义稍有不同，它包括了突发事件、日常非突发事件、服务请求等。事件管理是 IT 服务的基础，可以认为另外的支持流程（问题、配置、变更、发布）是为了做好事件管理的辅助和支持流程，而服务提供流程（服务级别、财务、容量、可用性、持续性管理）则是事件流程的规则、规范和约束流程（状况管理流程）。

3. 问题管理

问题管理是事件管理的主要出口，在事件管理中无法根本解决的事件、不断重复的事件、典型或影响范围过大的事件等，通常由事件管理的负责人在问题管理项目中发起问题，交给问题管理处理。

问题管理的根本目的是消除或减少同类事件的发生，通过分析所发生的事件或事件的趋势，找出根本原因，然后提出解决办法、解决方案、变通方法或建议的预防性措施等，来消除或减少事件的再次发生。问题管理还可包括主动问题管理和被动问题管理两个部分。问题管理的活动包括问题的发起、确认和分配、问题调查、已知错误确立、提供解决方案、评审、关闭。

4. IT 资产管理和配置管理

资产管理是严谨而重要的工作。IT 资产类型多样、数量庞大，主要有出入库管理、报增报减管理、盘亏和盘盈处理等工作。保障资产的真实性和可靠性，需要建立一套合规的工作流程。配置管理和资产管理相结合的管理方式，正好能够满足这种需求。资产的使用都是到人的，抓住这条线，结合全体员工的力量，设定管理规则，应用有效的管理方式，来保障资产和配置信息的持续更新。

5. 变更管理

变更管理的范围主要包括 IT 资源的相关变更，旨在管理变更的过程，以及相应地减少错误和与变更有关的事件。解决方案中预先设置的变更管理流程，使用标准的方法和步骤，有效地控制 IT 环境的变更，使变更能够得到快速的处理，减少 IT 环境变更引发的突发事件，且最小化对服务质量的影响，提高 IT 系统和服务的质量。

6. 发布管理

发布通常是指大范围的 IT 架构的变更，经过测试后一起导入实际运营环境的过程。比如，企业 ERP 软件、财务软件的升级等。发布管理过程与变更管理流程、配置管理流程一起计划、监视、确保软件和相关硬件成功、安全地导入生产环境，避免发布过程引起大量的事件，减小发布对其他业务系统的影响，提供 IT 服务的可用性。发布也包括单个变更的实施，将导致多个 CI（配置项）被变更的活动。

7. 服务级别管理

服务级别管理流程的用途是确定 IT 部门能够支撑企业运营管理的 IT 服务级别需求，通过对服务级别 SLA 的管理来确保实现承诺的服务级别。一般支撑高级别的 IT 服务需要投入高成本，因此，服务级别管理需要和业务支撑成本达到平衡。

8. 服务能力管理（容量管理、可用性和持续性管理）

IT 服务体系的容量与可用性直接相关，可用性与持续性直接相关，总之，容量、可用性和持续性表现的都是 IT 服务体系的服务能力状况。对于小一些的服务团队，可以将其合并起来作为 IT 服务能力统一管理。

既然是服务能力的状况管理，其特点就是预见性和前瞻性。它需要管理者通过对配置资源状况的监察、对 IT 服务事件的统计分析，发现趋势性变化和风险，及时提出预警。其管理者有责任根据预警，提出或协调问题专家共同提出解决办法和方案，并提交给企业管理层，促进 IT 服务体系的建设和改进。

9. 知识库和文档管理

知识库是 IT 服务管理的纽带，构建了 IT 部门与客户之间的知识共享平台、流程间相互支持的知识平台、各部门协同工作的知识平台。知识库能够集中管理所有知识文档，包括合同、项目流程、用户手册、安装说明、问题处理案例、网络发布公告以及其他重要的文档。

知识库的前端是文档管理流程，即管理文档的编写、审核、修改、审批、发布的整个过程。文档具有责任人、密级和版本控制，文档发布后处于“受控使用”的状态，所有具有权限的人员获得的文档是统一的，不可修改。公开性的文档可发布至知识库或客户的 IT 自助门户中。

（二）ITIL 在企业中的应用

以某非银行金融企业的运营为例，采用 ITIL 框架，为客户提供不间断的 IT 服务。

事件管理的目的是鉴别、记录并解决突发事件。事件管理的目标是确保影响到用户服务的事件能够快速得到解决。事件管理关注于快速确定解决方案或变通方法。对于那些无法立即解决的事件，事件管理同时也是问题管理流程的关键驱动者。如果没有快速解决的方法，事件管理流程将引入问题管理流程以找出解决方案，并且监控解决的过程。

问题管理的目的是通过优化时间和资源的安排，寻找变通方法或者解决问题，减少问题对业务的影响，并且防止该问题重复发生。其目标是尽快解决问题、优化 IT 服务的可用性。问题管理关注于找出解决问题的变通方法、确定问题的根本原因，以及实施问题解决方案。技术人员通过团队合作的模式来解决问题。最后，该流程通过既定的步骤确保问题根源得到更新，防止该问题再次发生。

变更管理提供了变更管理流程中相关的规则和步骤的基本框架，用于管理和控制一体化运营相关环境中发生的变更。变更管理流程通过规范的控制和管理，减少或者消除在执行非日常工作任务时对关键生产服务带来的风险和影响。

该企业稳定地运行着事件管理、问题管理、变更管理、配置管理、发布管理等各大 ITIL 模块，同时，各模块之间的紧密联系保证了企业提供服务的不间断性。以图 12-27 为例，同类事件频繁发生关联问题管理，通过分析所发生的事件或事件的趋势，找出根本原因，然后提出解决办法、解决方案、变通方法或建议的预防性措施等，来消除或减少事件的再次发生。事件管理关联变更管理，找出事件发生的原因，通过变更一次性解决，避免同类事件的再次发生。问题管理关联变更管理，通过问题管理流程分析出问题发生的原因，由变更管理流程解决问题产生的原因。而变更管理流程中可能产生事件和问题，转入事件管理和问题管理。通过各模块间的联系来减小单个模块运作过程中发生中断和错误的次数。

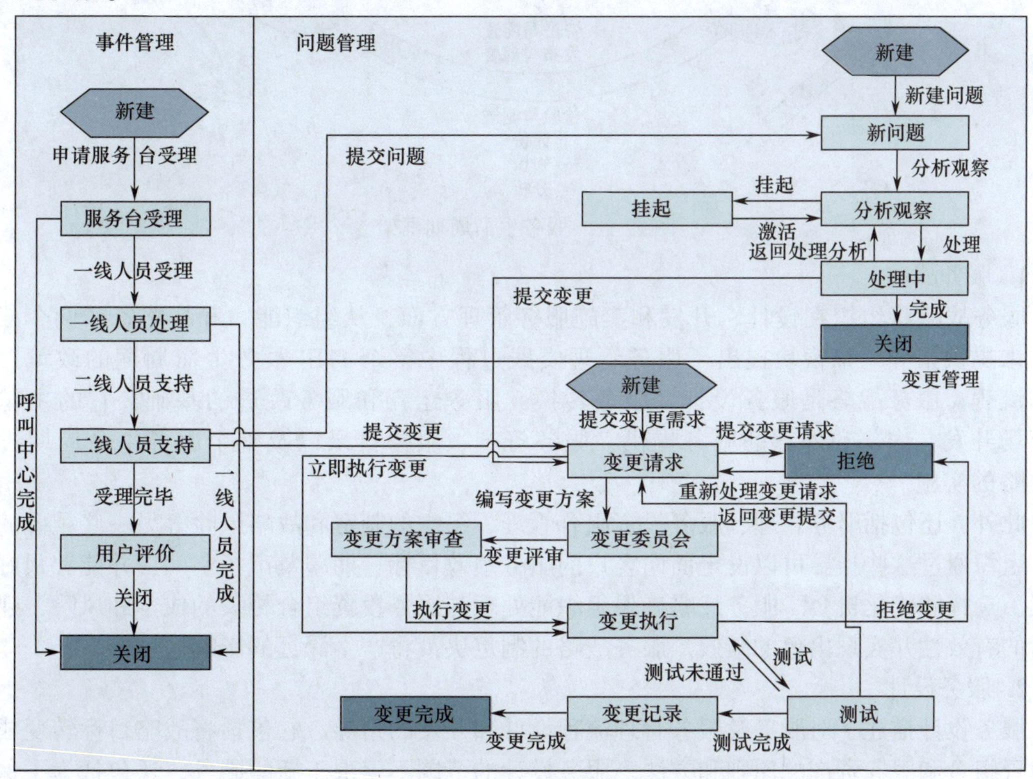

图 12-27　跨模块的协作工作图

（三）服务生命周期框架

ITIL v3 的核心架构是基于服务生命周期的，服务生命周期框架如图 12-28 所示。服务战略是生命周期运转的轴心；服务设计、服务转换和服务运营是实施阶段；服务改进则在于对服务的定位和基于战略目标对有关的进程和项目的优化改进。

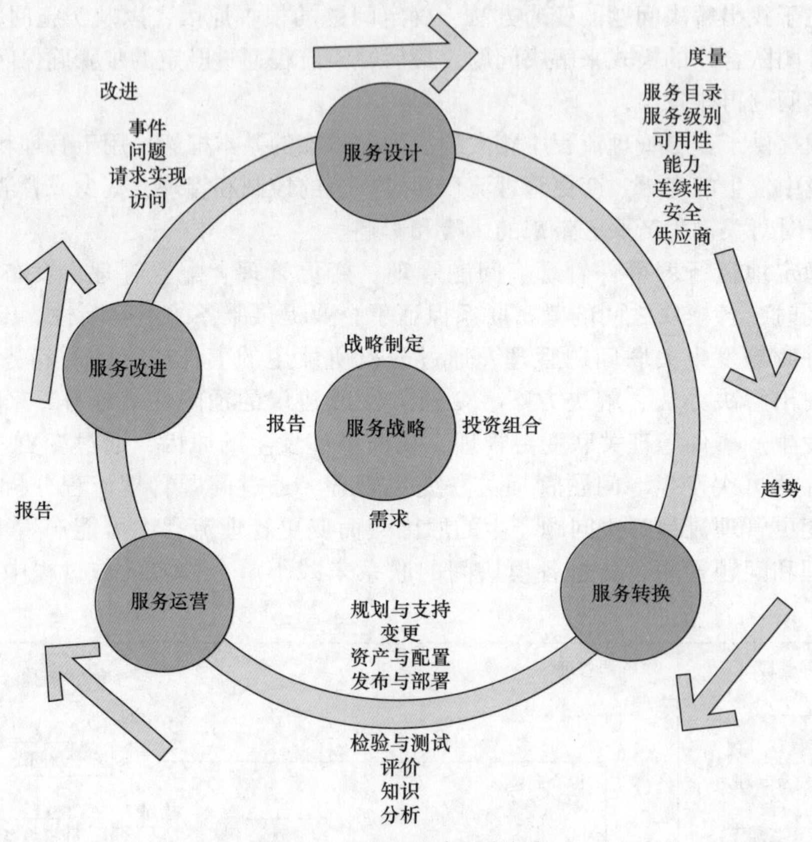

图 12-28　服务生命周期框架

1. 服务战略

服务战略将组织在设计、开发和实施服务管理方面，从组织能力和战略资产两个战略角度来提供指导。该模块提出了服务管理实践过程中整个 ITIL 服务生命周期的政策、指南和流程。服务战略是服务设计、服务转换、服务运营和服务改进的基础，它的主题包括市场开发、内部和外部的服务提供、服务资产、服务目录以及整个服务生命周期过程中战略的实施。

此外，还包括财务管理、服务投资组合管理、组织的制定和战略风险等另一些重要的主题。组织通过这些指导可以设定面向客户的服务绩效目标、期望及市场空间，并能够很好地识别、选择和优化机会。服务战略确保组织能处理与服务投资组合相关的成本和风险，建立运营的有效性并实现出色的绩效。服务战略的制定决策将产生深远的影响。

2. 服务设计

服务设计描述了对服务及服务管理流程设计和开发的指导。它包括将战略目标转变成服务投资组合和服务资产的原则和方法。服务设计的范围不仅限于新的服务，还包括为了保持和增加客户价值，而实行服务生命周期过程中必要的变更和改进、服务的连续性、服务水平的满足，以及对标准、规则的遵从性。它指导组织如何开发设计服务管理的能力。

3. 服务转换

服务转换为如何将新的或变更的服务转换到运营过程中有关能力的开发和改进提供指导。服务战略需求通过服务设计进行编码，而服务转换则是探讨如何将这种编码有效地导入服务运营的体系中，与此同时，还应控制失败的风险和服务中断。

服务转换还指导如何将变更转换成服务和服务管理流程，并在此革新的过程中避免出现不良结果。此外，它还提供客户与服务提供商之间转换过程中对服务控制的指导。

4. 服务运营

服务运营包含在服务运营管理方面的实践。它对如何达到服务支持和交付的效果和效率，以确保客户与服务供应商的价值提供指导。战略目标最终需要通过服务运营来实现，因此，它是一种非常重要的能力。它对在设计、规模和服务水平变化的情况下，如何保持服务运营稳定性提供指导。服务运营有两种主要的控制：被动的和主动的。ITIL v3 中，《服务运营》卷从组织详细的流程指南、方法和工具使用上描述了这两种控制。

此外，服务运营还为经理和实践者如何利用知识管理在对服务可用性、控制需求、优化使用能力、操作安排和问题修复等方面作出更优的决策提供指导，还通过对诸如共享服务、效用计算、网络服务和移动商务等新模型和架构的应用为支持运营提供指导。

5. 服务改进

服务改进为创造和保持客户价值，而用更优化的服务设计、导入和运营提供指导。它结合了质量管理、变更管理和能力改进方面的原则、实践和方法。组织要有在服务质量、运营效率和业务连续性方面不断提高和改进的意识。此外，还为改进所取得的成就与服务战略、服务设计和服务转换之间如何建立关联提供指导。ITIL v3 中，《服务改进》卷还对建立基于 PDCA 模型，从而形成计划性变更的接受闭环反馈系统的建立提供指导。

习　题

1. 简述精益生产的基本含义及实现精益生产的条件。
2. 简要说明如何利用生产指示看板和取货看板控制生产过程。
3. 企业的敏捷化建设主要包括哪些内容？
4. 试述大规模定制的基本思想及其类型。
5. 试对大量生产、敏捷制造和大规模定制生产方式进行比较分析。
6. 什么是瓶颈资源？如何寻找瓶颈资源？
7. 简述 DBR 系统。
8. 对 ERP、JIT 和 TOC 进行比较分析。
9. 简述新兴服务的概念与特征。
10. 简述新兴服务运营模式的特点。
11. 结合实例说明 ITIL 模型及其应用。

第十三章 供应链及其管理

本章内容要点

- 供应链的概念和内容
- 供应链管理的概念和内容
- 供应链中不确定性的管理
- 供应链管理的发展

第一节 供 应 链

一、供应链的概念及特征

企业的管理实际上是对其物流、资金流、人流、信息流的控制。这些“流”的显著特征是按照一定的顺序，由一个阶段向另一个阶段变换，这些变换构成了业务过程。业务过程在形式上是业务活动的锁链，在本质上是创造顾客价值的机制。在为顾客创造价值的过程中，单一的企业是不可能完成所有业务活动的。为了满足顾客的需求，零售商、分销商、制造商以及供应商之间必须紧密配合、降低成本，建立高效的、无缝衔接的业务过程。这种面向消费者的、完整的业务过程就是供应链。目前，对供应链尚未形成统一的定义。为了对供应链作一个较为完整的描述，下面分别从供应链的过程、价值链以及供应链中三种“流”（物流、资金流、信息流）的角度介绍供应链的概念。

（一）从过程的角度看供应链

国外学者甘尼香（Ganeshan）和哈里逊（Harrison）认为，供应链是一种物流分布选择的网络工具，它发挥着获取原料，把原料转化成中间产品或最终产品，以及把产品分销给消费者的功能。最简单地说，供应链是为消费者提供商品的整个过程。

如图 13-1 所示，在供应链中有客户、零售商、分销商、制造商和供应商五个主要成员。根据这五个主要成员之间的关系，可以把为消费者提供商品的整个供应链过程划分为以下四个阶段：

（1）发生在客户和零售商之间的订货过程。

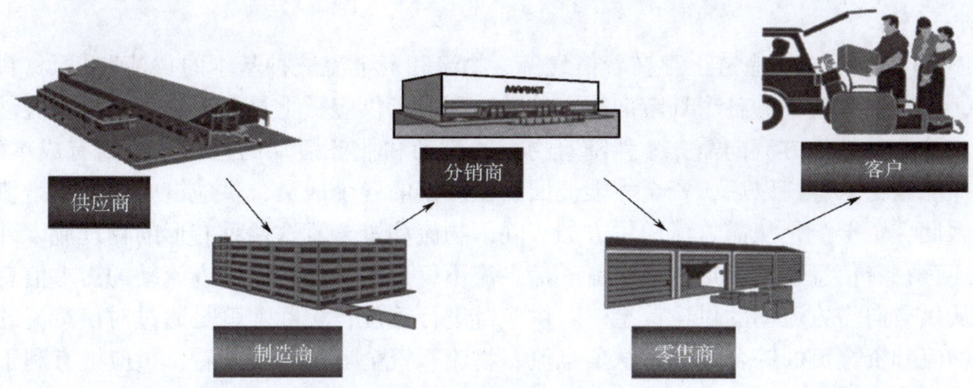

图 13-1　供应链中的成员

（2）发生在零售商和分销商之间的供货过程。

（3）发生在分销商和制造商之间的制造过程。

（4）发生在制造商和供应商之间的采购过程。

从过程的角度看供应链，有利于界定和理解供应链中每个成员的职责、目标和所承担的业务活动。

（二）从价值链的角度看供应链

我国学者马士华认为：供应链是围绕核心企业，通过对信息流、物流、资金流的控制，从采购原材料开始，形成中间产品以及最终产品，最后由销售网络把产品送到客户手中的，将供应商、制造商、分销商、零售商直到客户连成一个整体的功能网链结构模式。它是一个范围更广的企业结构模式，包含所有加盟的节点企业，从原材料的供应开始，经过链中不同企业的制造加工、组装、分销等过程直到客户。

如图 13-2 所示，供应链是一个从供应商的供应商到客户的客户的供需网络。在这个网络上，不仅有连接供应商到客户的物料链、信息链、资金链，而且存在着增值链。物料在供应链上因加工、包装、运输等过程而增加其价值，给相关企业都带来收益。从价值链的角度来看供应链，有利于理解供应链中供需伙伴之间的相互关系。

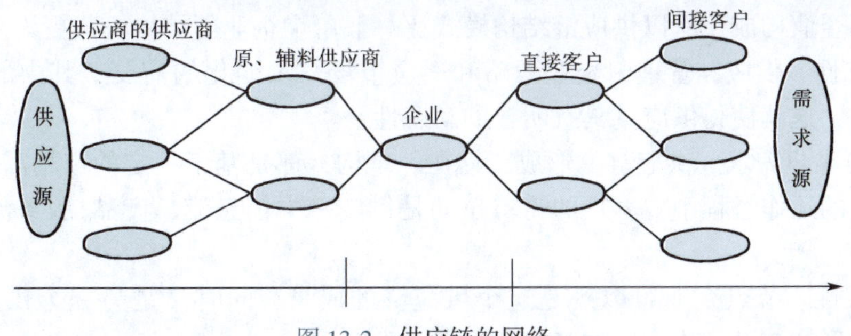

图 13-2　供应链的网络

（三）从“流”的角度看供应链

美国生产与库存管理协会（APICS）认为：供应链是一种全球性的网络，通过精心设计的信息流、物流和资金流，从原材料开始直到把产品和服务交到客户手中。它包括了所有的合作伙伴，以及通过物流、信息流和资金流的形式，连接合作伙伴的各种方法。这些合作伙伴包括了客户、制造商、其他相关制造商、分销商、零售商、运输公司、软件公司和通信公司。

如图 13-3 所示，供应链上存在着信息流、物流和资金流三种基本的“流”。原材料从供方开始，沿着供应链中的各个环节向需方移动，形成了供应链上最显而易见的物资流动。总体上讲，物流是从供方流向需方。伴随着物料的流动和业务活动的进行，不断有成本发生。只有当产品销售给客户以后，资金才能流回到供应链的各个成员，供应链中的价值增值才能兑现。因此，资金流是从需方流向供方的。除了物流和资金流这两种有形的物理流以外，供应链中还存在着信息这种无形的概念流。信息流不仅包含从需方向供方流动的需求信息，而且包含从供方向需方流动的供应信息。对供应链进行管理，实际上就是通过对信息流的管理实现对物流和资金流的综合管理。从信息流、物流、资金流的角度来看，供应链有利于优化供应链中的业务过程、理解供应链管理的思想。

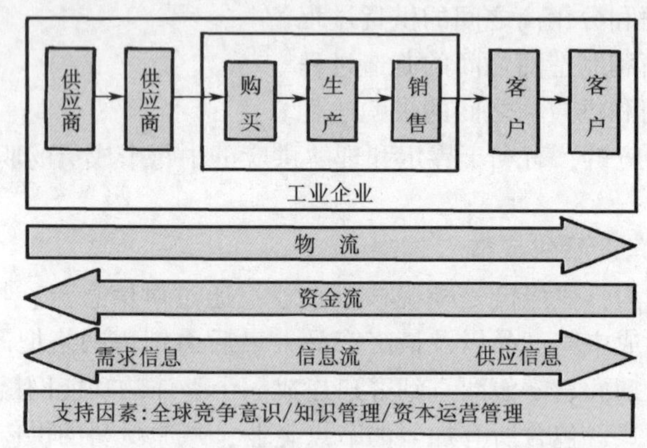

图 13-3　供应链中的三种“流”

供应链是一个网络结构，由围绕核心企业的供应商、供应商的供应商和客户、客户的客户组成，每一个企业都是供应链网络上的一个节点，节点企业和节点企业之间是一种需求与供应的关系。一般来说，供应链主要具有以下特征：

（1）复杂性。因为供应链节点企业组成的跨度（层次）问题，供应链往往由多个、多类型甚至多国企业构成，所以供应链结构模式比一般单个企业的结构模式更为复杂。

（2）动态性。供应链管理因企业战略和适应市场需求变化的需要，其中的节点企业需要动态地更新，这就使得供应链具有明显的动态性。

（3）面向客户需求。供应链的形成、存在、重构，都是基于一定的市场需求而发生的，并且在供应链的运作过程中，客户的需求拉动是供应链中信息流、产品/服务流、资金流运作的驱动源。

（4）交叉性。节点企业可以既是这个供应链的成员，同时又是另一个供应链的成员，众多的供应链形成交叉结构，增加了协调管理的难度。

二、供应链的核心内容

供应链是一个非常复杂的大系统。面对如此复杂的系统，必须认清不同情况下的供应链系统的特征，这样才能有目的地选择适合本企业的运作模式。其中，供应链的过程、价值链以及供应链中的三种“流”是理解和把握供应链的关键。下面将分别从这三个角度介绍供应链的核心内容。

（一）供应链的过程

供应链是一系列过程和流，这些过程和流发生在供应链的不同成员之间，共同满足客户的产品需求。如图 13-4 所示，在大多数情况下可以认为供应链中有客户、零售商、分销商、制造商、供应商五个成员，整个供应链可以划分成以下四个过程：①订货过程；②供货过程；③制造过程；④采购过程。

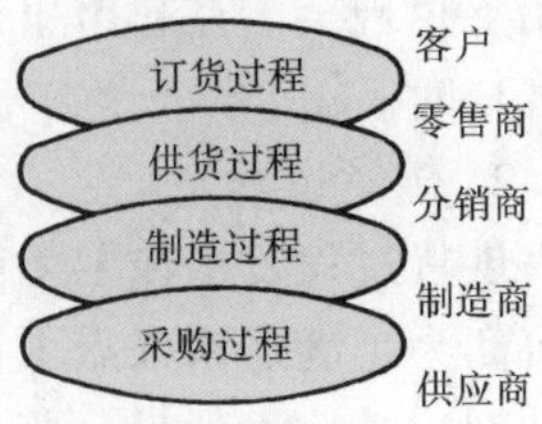

图 13-4　供应链的过程

供应链中的每一过程发生在前后相邻的两个成员之间，供应链的五个成员依次对应于四个供应链过程。当然，并不是所有的供应链都有四个过程，例如，戴尔公司直接面向客户销售，从而越过了分销商和供应商。供应链过程的划分对运作决策是非常有用的，因为它清晰地定义了供应链中每个成员的职责。同时，它对过程的所有者及其目标也有清晰的定义，有助于建立支持供应链运作的信息系统。下面将详细讨论供应链的每个过程。

1. 订货过程

订货过程发生于客户与零售商之间，包括接收及满足客户订单的全部活动。通常，这个过程主要是满足客户需求。它从客户与零售商接触开始，到客户得到订单所购产品截止，包括以下步骤（见图 13-5）：

（1）客户到达。客户到达是指客户到达某地，并开始选择购买产品。所有供应链都从客户的到达过程开始。客户到达可能发生于如下情况：

1）客户进入超市购买。

2）客户通过电话销售中心邮购。

3）客户通过互联网访问电子商务网站。

客户到达
客户验收订单
客户订单产生
客户订单完成

图 13-5　订货过程

从供应链的观点来看，这一过程的主要目标是建立客户与产品间的联系，尽量把客户到达转化成客户订单。在超市里，可以通过客户管理和合理的商品摆放来实现这一目标；对于电话销售中心来讲，可以通过减少客户等待时间、提供顾客咨询等方法来实现这一目标；对于网站而言，关键是提供有效的搜索工具以便使客户能很快地找到他们感兴趣的产品并查看其信息。

（2）客户订单产生。客户订单产生是指客户告诉零售商他想购买的产品，零售商把产品分配给客户。在超市里，订单产生以客户把所有想购买的产品放入购物车的形式完成；对于邮购公司的电话销售中心或网站，订单产生的形式则是客户向零售商提供他们所选择的产品和数量信息，零售商按客户订单分配产品，向客户承诺交付日期。客户订单产生阶段的目标是将订单信息快速、准确地传送到它所涉及的供应链中的其他成员。

（3）客户订单完成。订单完成阶段是指零售商满足客户的订单需求并将产品交付给客户。在超市里，客户直接完成这一过程；在邮购公司，这个过程通常包括邮购公司从未完成订单的清单中选取特定的订单，将货物打包并运送给客户。在这个过程中，未完成订单的清单将被更新，并导致供货过程的开始。通常，客户订单完成阶段通过零售商库存将产品交付给客户。在面向订单生产的情况下，由制造商的生产线直接将产品交付给客户。客户订单完成的目标是以最低的成本、在许诺的时间内将客户订购的全部产品运送给客户。

（4）客户验收订单。在客户验收订单阶段，客户验收订单所购货物并取得所有权，并开始支付现金。在超市里，验收活动发生在收款台；邮购公司的验收活动则发生在产品交付给客户时。

2. 供货过程

供货过程发生在零售商和分销商之间，包括为补充零售商库存而产生的所有活动。它由零售商为了满足未来需求而发出的订单引起。在超市里，供货过程可能由某种商品（例如清洁剂）卖完而触发；邮购公司里，可能由某种商品（例如衬衫）库存低于最低库存量而触发。供货过程可以从分销商处开始，也可以直接从制造商的生产线处开始。

供货过程类似于订货过程，仅仅是零售商的角色转变成分销商的客户。供货过程的目标是以最低的成本补充零售商的库存，以保证向客户提供必要的产品。这个过程包括以下四个阶段（见图 13-6）：

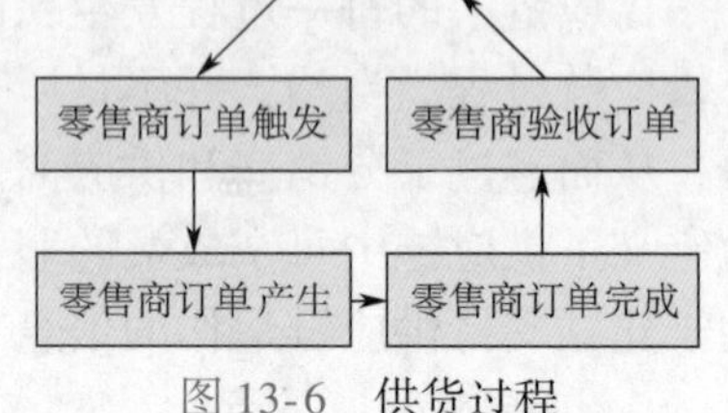

图 13-6　供货过程

（1）零售商订单触发。零售商在满足客户需求时，其库存量在不断下降，为了满足未来的需求，必须补充库存。零售商在供货过程的关键活动是制定补充或订购策略，向供应链中上游的成员（分销商或制造商）递交采购订单。这个过程的目标是合理地确定产品数量，降低成本，以便使利益最大化。零售商订单触发的结果是零售商订单产生。

（2）零售商订单产生。零售商订单产生的过程类似于客户订单产生，唯一的不同是零售商的角色变成客户，向分销商或制造商下订单。零售商订单产生的目标是准确地生成订单，并将订单信息快速地传递给可能受到订单影响的供应链中的其他成员。

（3）零售商订单完成。零售商订单完成阶段非常类似于客户订单完成，不同之处在于它在分销商或制造商处完成，关键的区别是订单量的大小，客户订单比零售商订单要小得多。零售商订单完成的目标是以最小的成本准时地将订单中的产品交付给零售商。

（4）零售商验收订单。在零售商供货订单中的货物到达后，零售商需要验收货物、更新库存记录、支付货款。这个过程涉及从分销商到零售商的产品流、信息流和资金流。

3. 制造过程

制造过程发生在分销商和制造商（或零售商与制造商）之间，包括补充分销商（零售商）库存的所有活动。制造过程在直销（如戴尔）模式下由客户订单触发，在渠道销售（如沃尔玛）模式下由供货订单触发，也可能由客户需求预测以及制造商当前产品的库存量触发。

制造商可以生产不同种类的产品，以满足不同客户需求的多品种少量生产，针对某一领域集中单一品种（或少数品种）订单的大批量订货生产，以及给予客户需预测的生产等不同的生产方式。这里假设来自供应链中下游阶段（例如分销商）的供货订单是制造的依据，那么制造过程有如图 13-7 所示的四个方面：

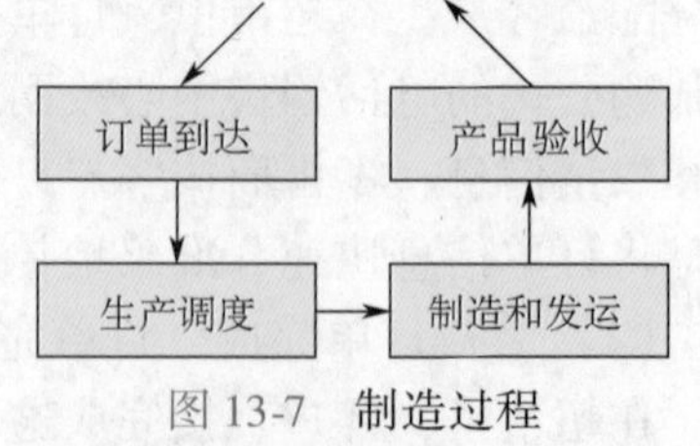

图 13-7　制造过程

（1）订单到达。在订单到达阶段，分销商根据对需求的预测和当前产品的库存生成供货订单，然后将其提交给制造商。在一些情况下，客户或零售商可以直接向制造商订货。这个过程类似于供货过程的零售商订单到达。

（2）生产调度。生产调度阶段类似于供货过程中零售商订单生成阶段。在生产调度阶段包括收集订单和编制生产计划以及调度计划。在满足产品质量的前提下，制造商必须决定最优的生产序列。如果有多条生产线，制造商还必须决策哪些产品应该在哪条生产线上生产。生产调度阶段的目标是在确保准时交付产品的前提下，降低生产成本。

（3）制造和发运。制造和发运类似于供货过程的订单完成阶段。在制造环节，制造商生产出满足质量要求的产品。在发运环节，产品被发运给客户、零售商、分销商或者成品库。制造和发运过程的目标是在满足客户需要和保持低成本的同时，按许诺的交货期发运产品。

（4）产品验收。这一阶段是指从制造商处得到产品的下游阶段的分销商、零售商、客户对得到的产品进行验收，更新库存产品记录，并触发其他与存货、资金流动相关的过程。

4. 采购过程

采购过程发生在制造商和供应商之间，包括所有确保制造商的原材料对生产调度是可用的活动。在采购过程中，制造商从供应商处订购原料以弥补原料库存。这种关系非常类似于分销商和制造商。但一个明显的不同之处是，分销商或零售商的订单来源于不确定的客户需求，而制造商一旦制定了生产调度，其原料订单是确定的。

在实际中，可能有几层供应商，每个供应商为其下游供应商生产原料。这些阶段延伸了供应链过程，但过程都是类似的。采购过程所包含的阶段如图 13-8 所示。每个阶段的细节和制造过程类似，不再详述。

（二）价值链

供应链（Supply Chain）由波特的价值链理论（Value Chain）发展而来。波特指出，任何一个组织均可看成是由一系列相关的基本活动组成，所有这些活动都可以用价值链表示出来，如图 13-9 所示。这些活动对应于从供应商到客户的物流、信息流和资金流的流动。

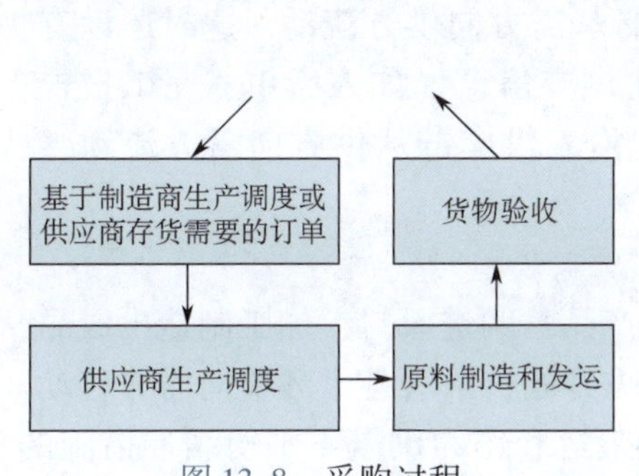

图 13-8　采购过程

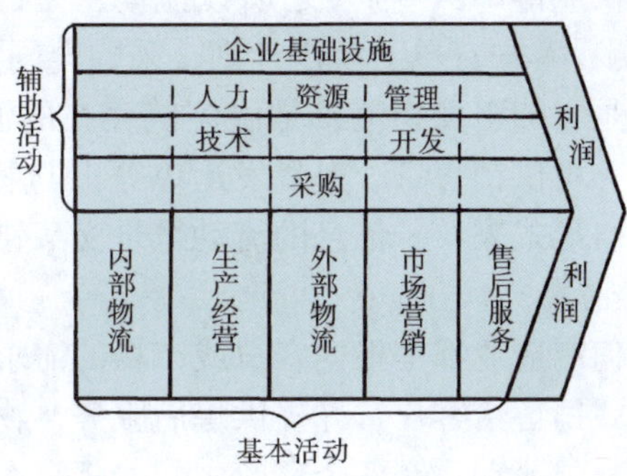

图 13-9　价值链

价值链列示了总价值，并且包括价值活动和利润。价值活动是企业所从事的物质上和技术上的界限分明的各项活动，它们是企业创造对买方有价值的产品的基石。利润是总价值与从事各种价值活动的总成本之差，这一差额可以用很多方法来度量。每一种价值活动都使用外购投入、人力资源和某种形式的技术来发挥其功效，每一种价值活动都使用和创造信息。价值活动可以分成两大类：基本活动和辅助活动。基本活动是涉及产品的物质创造及其销售、转移给买方和售后服务的各种活动。在任何企业中，基本活动都可以划分为如图 13-9 所示的五种基本活动。辅助活动是辅助基本活动并通过提供外购投入、技术、人力资源以及各种公司范围的职能以相互支持。虚线反映了这样的事实：采购、技术开发和人力资源管理都与各种具体的基本活动相联系，并支持整个价值链；企业基础设施虽不与各种特别的基本活动相联系，但也支持整个价值链。

波特的企业价值链是面向职能部门的，资源在企业流动的过程就是企业的各个部门不断对其增加价值的过程。但随着全球性竞争的日益剧烈、顾客需求的快速变化，采用劳动分工、专业化协作作为基础的、面向职能的管理模式正面临着严峻的挑战。它将企业业务流程割裂成相互独立的环节，关注的焦点是单个任务或工作，但单个任务并没有给客户创造价值，只有整个过程，即当所有活动有序地集合在一起时，才能给客户创造价值。哈佛大学的哈默博士于1990年提出企业流程再造（Business Process Reengineering，BPR）时指出：企业的使命是为客户创造价值，能够为客户带来价值的是企业流程；企业的成功来自于优异的过程业绩，优异的过程业绩需要有优异的过程管理。BPR的提出与实践引发了企业内部价值链的变革。

最近，电子商务模式的出现进一步促使企业价值链的变革。电子商务模式采用了以客户为中心、面向过程的管理方法，提高了对客户、市场的响应速度，注重整个流程最优的系统思想，消除了企业内部环节的重复、无效的劳动，让资源在每一个过程中流动时都实现增值，以达到成本最低、效率最高。

（三）供应链中的三种“流”

为了做到迅速掌握需求、组织供应，为客户创造价值，首先要理解供应链上各种“流”的性质和流动。供应链上有三种基本“流”在流动，即信息流、物流、资金流。这些“流”相互关联、相互影响，形成了一个完整的系统。供应链管理实质上是为了加强企业的竞争优势，对几种“流”进行不断优化的管理。

1. 信息流

在供应链中，“物”之所以流动，是因为有来自“需求信息”的需求存在。需求信息（如预测、客户订单、生产计划、采购合同等）不必从需方向供方流动，这时还没有物料流动，但是它却引发物流，是供应链存在的源头。而供应信息（如入库单、完工报告单、库存记录、可供销售量、提货发运单等）与物料一起沿着供应链从供方向需方流动。从供应链的网络形式来看，信息的流动也是交叉错综的。

2. 物流

任何制造业都是根据客户或市场的需求，开发产品，购进原料，加工制造出成品，以商品的形式销售给客户，并提供售后服务。物料从供方开始，沿着各个环节向需方移动。为了保持物料的流动，在各个环节之间，都存在运输、搬运和作为供需不平衡缓冲措施的仓储。物流是供应链上最显而易见的物资流动。总体上讲，作为主流，物料是从供方向需方流动的。对诸如产品包装材料的回收复用，应当看成是供需双方的错位，这时生产厂是回收包装材料的需方；对不合格产品的退货、返修等现象，可以看成是物流的一种局部短暂的“负”流动，因为最终产品还是要流向需方的。

3. 资金流

物料是有价值的，物料的流动引发资金的流动。企业的各项业务活动都会消耗一定的资源，会发生成本。消耗资源会导致资金流出，只有当消耗资源生产出的产品出售给客户后，资金才会重新流回企业，并产生利润。因此，供应链上还有资金的流动。一个商品的经营生产周期，是从接到客户订单开始到真正收回货款为止。仅仅用“销售额”或“销售第一”来衡量企业业绩，不看资金回笼，不看利润，不看利润的增长，不能说明企业效益的实质。为了合理利用资金，加快资金周转，必须通过企业的财务成本系统来监控和调整供应链上的

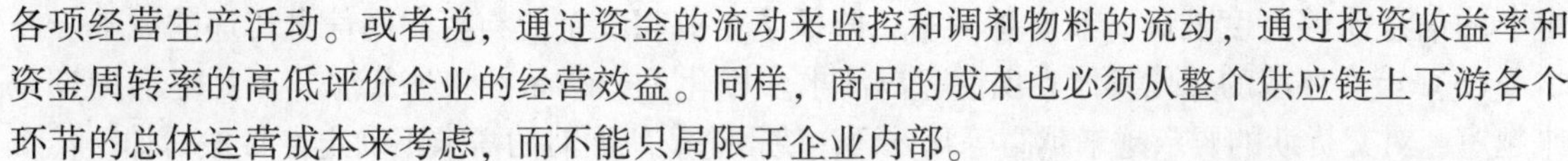

各项经营生产活动。或者说，通过资金的流动来监控和调剂物料的流动，通过投资收益率和资金周转率的高低评价企业的经营效益。同样，商品的成本也必须从整个供应链上下游各个环节的总体运营成本来考虑，而不能只局限于企业内部。

第二节　供应链管理

一、供应链管理的概念

如前所述，供应链是为了满足客户需求，通过零售商、分销商、制造商、供应商之间的紧密配合，所建立的降低成本、高效、完整的业务过程。而供应链管理则是对供应链中的业务活动进行综合管理的概念。供应链管理是一种集成的管理思想和方法，它执行供应链中从供应商到最终用户的信息流、物流和资金流的计划与控制职能。伊文斯（Evens）认为：“供应链管理是通过前馈的信息流和反馈的物料流及信息流，将供应商、制造商、分销商、零售商直到客户连成一个整体的管理模式。”菲利浦（Phillip）则认为供应链管理不是供应商管理的别称，而是一种新的管理策略，它把不同企业集成起来以增加整个供应链的效率，注重企业之间的合作。最早人们把供应链管理的重点放在管理库存上，作为平衡有限的生产能力和适应客户需求变化的缓冲手段，它通过各种协调手段，寻求把产品迅速、可靠地送到客户手中所需要的费用与生产、库存管理费用之间的平衡点，从而确定最佳的库存投资额。因此，其主要的工作任务是管理库存和运输。现在的供应链管理则把供应链上的各个企业作为一个不可分割的整体，使供应链上各企业分担的采购、生产、分销和销售的职能成为一个协调发展的有机体。

二、供应链管理产生和发展的背景

随着经济全球化和知识经济时代的到来，整个市场的竞争呈现出明显的国际化和一体化，客户需求越来越突出个性化，对交货期的要求和产品、服务的期望越来越高，需求的不确定性不断增加。很多企业开始寻求与上下游企业合作，研究和实施供应链管理。相关背景如下：

（1）经济全球化的趋势，包括生产、金融和科技三方面新的国际关系体制。其主要特点是生产的全球化，而企业作为经济增长和生产发展的原动力，在引导科技发展、积累物质财富、创造就业机会等方面发挥了重要作用，成为以生产全球化为主要特点的经济全球化的主导力量。

（2）跨国公司的发展，包括：生产上使用大型化、专业化的现代设备，以产量规模降低单位成本；交易上建立全球化销售网络，促使单位产品交易成本下降；经营上通过分工协作和规模经济，实现产品的本地化生产和多样化经营，提高了企业处理需求不确定性的能力。

（3）战略联盟的出现，即两个或两个以上的跨国公司为了实现某一长期战略目标，在开发、生产、销售等经营的若干环节共同利用经营资源相互支持、共担风险、取长补短、优势叠加的合作关系，通过将自身的业务与合作伙伴的业务集成在一起，对产品的产、供、销整个流程进行整合，提高竞争力。

（4）信息技术的运用是企业参与供应链管理的前提条件，它打破了在时间和空间上对经济活动的限制，实现了信息网络化、全球化，在世界范围内有效传递和共享，使企业供应链上的信息能够高度准确、及时地共享，降低了企业间及企业与客户间信息传递的成本。

(5) 市场环境的变化具体表现在客户需求多样化、产品品种飞速膨胀、产品生命周期越来越短、对交货期的要求越来越高等几方面，使得企业所面对的需求不确定性日益增加。传统的生产与经营模式对市场巨变的响应显得迟缓而被动，而单个企业的能力和资源又无法满足市场需求，因而形成了一条从供应商到制造商再到分销商的贯穿所有企业的"链"。这样借助于敏捷制造战略的实施，供应链管理成为当代国际上最具影响力的一种企业运作模式。

三、供应链管理与传统管理模式的区别

供应链管理与传统的物料管理和控制有着明显的区别，主要体现在以下几个方面：

(1) 供应链管理把供应链中所有节点企业看成一个整体。如图 13-10 所示，供应链管理涵盖整个从供应商到客户的采购、制造、分销、零售等职能领域过程。

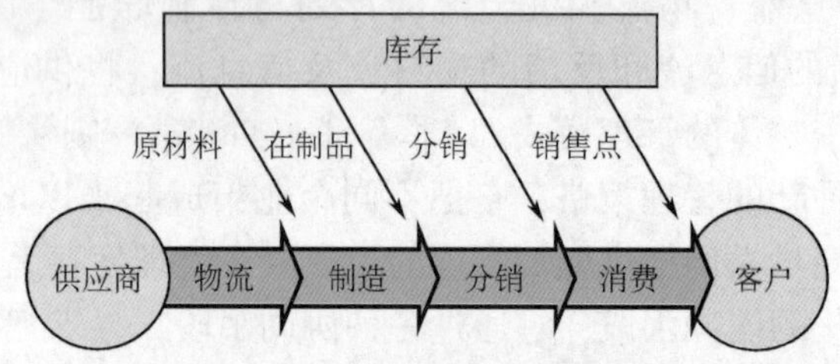

图 13-10 供应链管理的范围

(2) 供应链管理强调和依赖战略管理。"供应"是整个供应链中节点企业之间事实上共享的一个概念（任两节点之间都是供应与需求的关系），同时它又是一个有重要战略意义的概念，因为它决定了整个供应链的成本和市场占有份额。

(3) 供应链管理的关键在于采用集成的思想和方法，而不仅仅是节点企业、技术方法等资源的简单连接。

(4) 供应链管理具有更高的目标，通过管理库存和合作关系去达到高水平的服务，而不是仅仅完成一定的市场目标。

四、供应链管理的内容

(一) 供应链管理环境下的物流管理

供应链的物流管理不再把库存当成维持生产和销售的措施，而将它作为一种供应链的平衡机制。内外物流结合的方式将物流活动视为原料采购、生产、分配、销售和产品到达客户的一条环环相扣的链，通过综合从供应商到客户的链上运作，采用简化和控制论等方法使物流与信息流达到最优化。

从某种意义上讲，供应链是物流网络的充分延伸，是产品与信息从原材料到客户之间的增值服务；而物流网络在为客户提供个性化服务、满足生产和需求的时效性等方面起到了至关重要的作用。

企业竞争环境的变化导致企业管理模式的转变，供应链管理思想就是在新的竞争环境下产生的。新的竞争环境体现了企业竞争优势要素的改变。在 20 世纪 70 年代以前，成本是主要的竞争优势；而 80 年代则是质量；90 年代是交货时间，即所谓基于时间的竞争；到 21

世纪初，这种竞争优势就转移到所谓的敏捷性上来了。在这种环境下，企业的竞争就表现在如何以最快速度响应市场要求，满足不断变化的多样化需求。即企业必须能在实时的需求信息下，快速组织生产资源，把产品送到用户手中，并提高用户的满意度。由于供应链管理下物流环境的改变，新的物流管理和传统的物流管理相比有许多不同的特点。

在传统的物流系统中，需求信息和反馈信息（供应信息）都是逐级传递的，因此上级供应商不能及时地掌握市场信息，因而对市场的信息反馈速度比较慢，从而导致需求信息的扭曲。另外，传统的物流系统没有从整体角度进行物流规划，常常导致一方面库存不断增加，另一方面当需求出现时又无法满足，这样，企业就会因为物流系统管理不善而丧失市场机会。1994 年，康柏公司就因为流通渠道没有跟上而导致 1 亿美元的损失。康柏财务经理说："我们在制造、市场开拓、广告等方面做了大量的努力，但是物流管理没有跟上，这是最大的损失。"传统物流管理的主要特点表现在：

（1）纵向一体化的物流关系。

（2）不稳定的供需关系，缺乏合作。

（3）资源的利用率低，没有充分利用企业的有用资源。

（4）信息的利用率低，需求信息扭曲现象严重。

供应链管理系统与传统的纵向一体化物流系统有着显著的不同。在供应链管理系统中，需求信息和反馈信息不是逐级传递，而是网络式传递的，供应链中各个环节的企业都可以通过电子数据交换（EDI）或互联网等手段，很快掌握供应链上不同环节的供求信息和市场信息。由于对信息的充分利用，供应链管理系统中的物流网络规划能力以及业务流的快速重组能力都得以增强。通过利用第三方物流系统、代理运输等多种形式的运输和交货手段，能够有效地降低库存压力和安全库存水平。物流过程的快速重组与优化有效地降低了物流成本，提高了物流系统的敏捷性。

（二）供应链管理环境下的信息管理

如上所述，在供应链中存在着需求信息和供应信息。供应链管理环境下的信息管理的核心是供应链中各个阶段之间的信息共享和整个供应过程中的信息跟踪。

在传统的物流系统中，供应链中各个阶段之间的信息传递是顺序的。比如：制造商只能通过供应商、供应商只能通过制造商来了解需求信息；分销商只能通过制造商、零售商只能通过分销商来了解供应信息。在供应链管理环境下，信息管理的主要目标就是实现供应链中各个阶段对供需信息的共享。通过共享信息，供应链上任何节点的企业都能及时地掌握市场的需求信息和整个供应链的运作情况，每个环节的物流信息都能透明地与其他环节进行交流与共享，从而避免了需求信息和供应信息的失真。

在传统的物流系统中，许多企业有能力跟踪企业内部的物流过程，但没有能力跟踪企业之外的物流过程，这是因为没有共享信息的信息系统和信息反馈机制。对整个供应过程范围的信息跟踪也是在供应链管理环境下信息管理的主要目标之一。通过对信息跟踪能力的提高，使得供应链的物流过程更加透明化，也为实时控制物流过程提供了条件。

（三）供应链管理环境下的协作关系管理

合作性与协调性是供应链管理的一个重要特点。但如果没有物流系统的无缝连接，运输的货物逾期未到，客户的需要不能得到及时满足，采购的物资常常在途受阻，都会使供应链的合作性大打折扣。因此，无缝连接的供应链物流系统是确保供应链能够协调运作的前提条件，而这种无缝连接的供应链物流系统是以相关企业之间的紧密协作为基础的。因此，对供应链中各阶段的企业之间协作关系的管理也是供应链管理的重要内容之一。

协作需要企业间的相互约束、信任和目标一致，具体协作关系有两种类型：战略合作和运营合作。前者是企业之间持续的长期合作关系，目的是实现战略目标，增加客户的价值，提高合作双方的盈利能力；后者则是临时的短期合作关系，目的是获得与竞争对手同等的竞争地位。因此，供应链上各阶段的企业应当秉承相互信赖、组织协同，并合理确定上下游间的边界、责任和受益方式，并且适时对合作伙伴及合作方式进行整合，以便寻求并维持各自的竞争优势。

五、供应链管理的几个常用策略

（一）JIT（Just-in-Time）

JIT 中文可译为准时生产方式或无库存生产方式（通常被称为丰田制造体系），它最初是日本汽车制造企业为消除生产过程中各种浪费现象而推行的一种综合管理技术。其基本思想就是要求严格按照客户需求生产产品，缩短生产周期，压缩在制品占用量，提高效率，降低成本。换句话讲，就是在必要的时间、按必要的数量生产必要的产品，不过多、过早地生产暂不需要的产品。JIT 的哲理包括：按需生产、全员参与、消除浪费、零库存和不懈追求尽善尽美的质量。JIT 虽然是企业内部的一种管理方式，但是其体现的管理思想在提高整个供应链对客户的响应时间、实行按需准时生产等方面具一定借鉴意义。JIT 主要以物流为主，考虑怎样降低物流成本，缩短物流周期（从供应商到客户的时间），并编制相应的计划，对整个供应链进行控制，使物流组织达到最合理。在实际应用中，则应保证提高供应链中物流的流动效率，将其与 SCM 的具体特点结合起来，同时具备以下几方面条件：核心企业必须有足够的生产能力和较高的柔性，每个企业必须具有快速生成各种生产和作业计划的工具，供应链中各企业必须通过网络连成一个整体，各个配送中心的运作规则必须在供应商与销售商之间协调一致，成立跨企业的协调工作小组，这样才能更好地发挥其作用。

（二）QR（Quick-Response）

QR 中文可译为快速响应，是一项连接供应商和零售商运作的战略。其目的是为快速响应不断变化的市场提供所需要的灵活性，不是个别技术的简单组合，而是通过这些技术的使用来加强和完善整个流通管理效率的动态优化系统。作为一种战略，QR 已经从最初的只注重供应商的集成发展到整个供应链的集成，除了包括流通领域的合作，还包括制造领域、产品设计领域和组织管理等方面的内容。其内涵就是在供应链企业之间建立战略合作伙伴关系，使整个供应链体系能及时对需求信息作出反应，为客户提供高价值的商品或服务。供应链体系中的企业从以产品/物流为核心转向以集成/合作为核心，由流通管理、产品快速设计和多元化开发以及电子数据交换（EDI）技术组成。

伴随信息技术的发展和全球经济一体化，QR 供应链管理变得更加复杂和动态化，表现在两个方面：供应链流程再造和物流网络集成。其中，供应链流程再造是 QR 供应链战略发展的主流，视具体的条件和环节而不同，目的和方法涉及基于增值的分销技术、基于时间的配送技术、基于价值增加的伙伴关系等。

为保证 QR 供应链的成功实施，需要解决几个关键问题：协调链中各方利益，提高对客户需求的预测及快速响应能力；通过供应链流程再造，提高其对市场的反应能力，充分利用

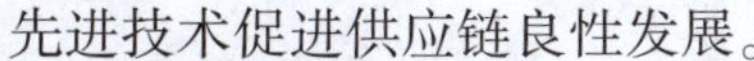

先进技术促进供应链良性发展。

（三）PT（Postponement Technology）

PT 中文即为延迟技术，是为了响应客户需求、提高产品设计与制造的柔性而实施的一种策略。它最早用于市场营销，后来逐渐用于物流管理。其根本思想是把产品最终定型的位置与时间尽可能地靠近客户，以便定制化生产产品。为此，在产品生产过程中，采用标准、模块化方法进行设计制造；当运送到分销中心后，再由分销中心根据客户对产品款式、外观、包装等方面的要求进行定位。这样可以大大地满足客户对产品多样化的要求，在此基础上提高供应链的市场响应能力。惠普公司就是成功地运用了延迟化策略生产与销售打印机的。

（四）APS（Advanced Planning and Scheduling）

到目前为止，国际上对 APS 还没有一个明确的定义，可以将其描述为一种基于供应链管理和约束理论的先进计划与排产工具，包含了大量的数学模型、优化及模拟技术。其功能优势在于实时性，基于约束的重计划与报警功能。它具有及时响应客户要求、快速同步计划、提供精确的交货日期、减少在制品与成品库存的优势。

由于目前的很多 APS 系统存在计划与排产功能模块分离的缺点，增加了操作的复杂性，从而降低了整个 APS 的效率，因此需要其他系统的功能支持，来共同完成管理企业物流的功能。其中，ERP 因其提供数据的完备性及功能覆盖面广，常被用来与 APS 集成。由 APS 完成企业中的生产计划管理与车间管理，而其他采购管理、库存管理等功能则由 ERP 来实现。APS 将所需数据从 ERP 系统中下载作常驻内存处理，并将处理后的数据反馈给 ERP，以弥补二者各自的不足，发挥各自的优势，真正提高企业的经济效益。

六、对供应链中不确定性的管理

（一）供应链的不确定性

前面从物流管理、信息管理和协作关系管理的角度介绍了供应链管理的内容，无论在理论上还是在实践上，供应链管理都是一个既重要又复杂的问题。供应链管理的复杂性主要来自供应链中的不确定性。这些不确定性表现在以下两个方面：

1. 需求信息偏差逐级放大引起的供应商库存不确定性

如果供应链上每个阶段的企业只根据相邻阶段企业的需求信息确定自己的采购计划和库存并进行生产，需求信息的偏差就会沿信息流方向逐级放大。偏差累计的结果导致处于供应链源头的物料供应商得到的需求信息与市场实际需求信息之间出现较大的出入，供应链两端需求信息总体偏差远大于供应链中相邻两阶段的偏差。这种由供应链上游向前、需求偏差程度逐级增大的现象称为“牛鞭效应”。受这种效应影响，在市场需求拉动下，为保证物料的准时供应，上一级供应商要比下一级供应商保持更多的库存量，以预防物料需求波动的影响。造成这一现象的原因主要有以下四个方面：

（1）需求预测修正。它是指当供应链的成员采用其直接的下游订货数据作为市场需求信息和依据时，就会产生需求放大。

（2）订货批量决策。一般情况下，销售商在向供应商订货时，并不会来一个订单就向上级供应商订一次货，而是在考虑库存和运输费用的基础上，在一个周期或者汇总到一定数量后再向供应商订货。

（3）价格波动。它是指由于一些促销手段造成的、许多采购人员预先采购的订货量大于实际需求量的现象。

（4）订货提前期。需求的变动随提前期的增长而增大，提前期越长，需求变动引起的订货量越大，而且逐级的提前期拉长，必然导致需求信息的失真。

2. 物流供应时间延迟累计效应导致的交货期不确定性

供应链的瓶颈存在于受时间和空间限制的物流配送过程中，现代物流配送已发展为物资供应系统。物流供应延迟来源于两个相互交织的环节：生产过程和运输过程。

就生产过程而言，造成物流延迟的原因主要有两个方面：一是供应商不能按时提供原材料或零配件，使得制造商被迫停工待料，影响了生产进度；二是制造商本身的生产系统的可靠性不强，机器时常出现故障、设备可用性概率不高，或是生产计划不合理、安排不得当、控制力和执行力差，从而不能按时供货。

就运输过程而言，造成物流延迟的原因主要也有两个方面：一是物流服务商与制造商或销售商之间缺乏足够的交流与沟通，彼此之间的业务衔接不够准确，运输效率低下；二是运输过程中出现的一些偶发事故，如暴雨、山洪、台风等自然灾害造成的交通中断、交通阻塞或改线等，客观上也影响了运输速度，造成运输的迟误。

（二）不确定性对供应链管理的影响

第一种不确定性从客户需求开始，沿着供应链中需求信息的流向传递至各阶段的供应商，直接影响供应链上各级供应商的库存量和库存时间，从而使库存成本大大增加；第二种不确定性从最初的物料供应商开始沿着供应链中物流的方向将供应延迟向各阶段传递，直接影响产品的生产过程和交付时间，最终将影响客户满意度。这些影响对产品生存期短、改型频繁的企业特别严重。例如，某个家电生产厂家接到经销商的一批产品订单，逐批进行生产发货。最后一批产品因某种原因未能按期供货，而此时该产品在市场上正被新型产品所替代，因此经销商拒绝收货，给生产厂家造成了很大的经济损失。

因此，从某种意义上讲，供应链管理的目的就是要千方百计地防止不确定性可能给供应链绩效带来的不利影响，并尽可能地将过程中的不确定性降至最低。

（三）降低供应链不确定性影响的措施

需求信息偏差逐级放大的影响增大了上游供应商的库存，而物料供应的延迟将导致不能准时交货，严重的甚至因此导致客户退货而造成产品积压。因此，降低供应链中的不确定性，是供应链管理的核心任务之一。下面探讨减少不确定性、减少客户需求过程的变动程度、缩短提前期以及建立战略伙伴关系等降低供应链不确定性影响的措施。

1. 信息共享

如前所述，沿着需求信息的流动方向，在供应链上各个阶段产生的需求偏差程度逐级增大的“牛鞭效应”会导致库存成本的增加。最常用的减小牛鞭效应的方法是在供应链中对顾客的需求信息进行共享，即为供应链每一阶段提供有关顾客实际需求的全部信息。这样，供应链的每一阶段都可使用顾客的实际需求数据来进行更准确的预测，而不是依赖于前一阶段发出的订单来预测。由于根据前一阶段发出的订单来预测需求的变动性要比实际顾客需求的变动性大得多，通过共享信息能够有效地减少不确定性，从而降低牛鞭效应的影响。

2. 稳定需求

通过减小顾客需求过程中的变化性，可以减小牛鞭效应。例如，如果能够减小零售商所观察到的顾客需求的变化性，那么即使牛鞭效应出现，批发商所观察到的需求的变化性也会

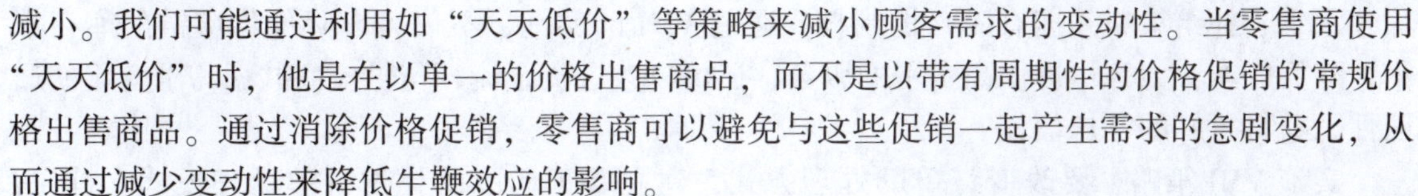

减小。我们可能通过利用如“天天低价”等策略来减小顾客需求的变动性。当零售商使用“天天低价”时，他是在以单一的价格出售商品，而不是以带有周期性的价格促销的常规价格出售商品。通过消除价格促销，零售商可以避免与这些促销一起产生需求的急剧变化，从而通过减少变动性来降低牛鞭效应的影响。

3. 缩短提前期

提前期的延长对供应链中各阶段的需求变动性具有显著的影响。因此，缩短提前期能够有效减小整个供应链的牛鞭效应。这里所提到的提前期由两部分组成：订货提前期（即生产和运输物品的时间）和信息提前期（即处理订单的时间）。可以通过优化生产和运输流程、采用直接发运等方法缩短订货提前期，通过使用电子数据交换（EDI）技术、运用电子商务等手段缩短信息提前期。

4. 战略伙伴关系

战略伙伴关系可以改变信息共享和库存管理的方式，因而有助于消除牛鞭效应的影响。例如，可以由制造商直接管理其在零售店的库存，这样制造商便能够据实际情况确定每一期的库存保有量和向零售商运输的供货量。在这种情况下，制造商的生产组织不再依赖零售商发出的订单，因而彻底地避免了牛鞭效应。其他形式的伙伴关系也能用来减少牛鞭效应，例如，通过对需求信息的共享能够显著地减小供应链上游所观察到的变化性，因此，上游的供货商将从战略伙伴的信息共享关系中受益。这种战略伙伴关系向零售商提供激励，使零售商乐于让供应链中的其他成员共享顾客需求信息。所谓战略伙伴关系，其关键是从整体最优的角度作出决策。从供应商的角度看，产品有了稳定的销售市场；从制造商角度看，原材料或零配件的质量稳定可靠，供货及时，生产能连续进行；从经销商角度看，产品在交货期和质量方面有了保证；从整个供应链来看，降低了生产经营过程中的不确定性，增强了供应链的竞争力。

物流和信息流（需求、供应、财务）是构成供应链中的两个重要因素。在供应链管理环境下，通过运用网络通信和信息技术，对生产信息和市场信息的存储、分析、传递可以准确、快速地进行。供应链中的信息流不再受时间、空间的限制，客户、零售商、分销商、制造商、供应商可以直接进行信息共享，避免信息逐层传递、偏差逐级放大造成的影响，因而提高了供应链中的确定性。然而，供应链管理的目的还是要更好地实现物流配送供应，如果没有与之相匹配的物流配送和后勤供应体系，则作为电子商务主体和目的的“商务”也不能实现，“E-business”必然会成为“Empty-business”。

在某种程度上，可以认为对供应链进行管理的主要工作，就是要尽可能地防止不确定性给供应链中的增值过程带来的不利影响。只有将这个过程中的不确定性因素降至最低，保证供应链上物流的正常流动，降低采购供应和交易的成本，才能真正达到通过优化供应链管理提高企业竞争力的目的。

七、当今供应链管理的热门问题

（一）VMI（Vendor Managed Inventory）

VMI 即供应商管理库存，是一种很好的供应链库存管理策略。虽然国内外不同学者对其给出了不同的定义，但归纳起来其关键措施体现为几个原则：合作性原则、互惠原则、目标一致性原则和连续改进原则。其主要思想可以描述为供应商在客户的允许下设立库存，确定库存水平、补给策略并拥有库存控制权，通过 VMI 的实施，不仅可以降低供应链的库存水平，降低成本，为客户提供高水平的服务，还可以改进资金流，与供应商共享需求变化的透明性，获得更好的客户信任。

实施 VMI 策略，要改变订单的处理方式，建立基于标准的托付订单处理模式。首先，供应商和批发商一起确定供应商的订单业务处理过程所需要的信息和库存控制参数；然后，建立一种订单的处理标准模式，如 EDI 标准报文；最后，把订货、交货和票据处理各个业务功能集成在供应商一边。库存状态透明性是实施 VMI 用户库存的关键，供应商能够随时跟踪和检查到销售商的库存状态，从而快速地响应市场的需求变化，对企业的生产（供应）状态作出相应的调整，为此需要在供应商和用户之间建立畅通的交流和反馈渠道，而且 VMI 一旦成功地运用在供应链中，企业将会扩展 VMI 的管理经验到其他活动领域，它带来的成本节约将是无限的。

（二）**TPL**（Third Party Logistics）

TPL 即第三方物流系统，是一种实现物流供应链集成的有效方法和策略。它是通过协调企业之间的物流运输和提供后勤服务，把企业的物流业务外包给专门的物流管理部门来承担，特别是一些特殊的物流运输业务，使企业能够把时间和精力放在自己的核心业务上，提高了供应链管理和运作的效率。它具体表现在降低作业成本，致力于核心业务，重新整合供应链及拓展国际业务，满足企业的虚拟化需要。作为供应链创新的一种重要途径，TPL 不仅可以为企业减少投资和节省物流费用，更为重要的是，它带给企业的关键增值收益在于供应链创新，以及由于创新而增加了竞争力和盈利能力。毫无疑问，随着其业务范围的不断扩展，将会有越来越多的企业选择 TPL 作为整合供应链的关键一环。

（三）**ASC**（Agile Supply Chain）

ASC 即敏捷供应链，该技术与系统是为适应制造领域的动态联盟与敏捷制造、流通领域的连锁配送与电子商务、信息领域的 Internet/Intranet 与分布式对象技术等，以及市场全球化和客户需求多样化而兴起的。它是支持动态企业联盟、敏捷制造、制造与流通企业的动态集成的重要技术之一，对于增强企业的综合竞争力、促进知识经济的发展具有十分重要的意义。

第三节　供应链管理的发展

一、传统供应链的局限

企业内部存在着物流、信息流和资金流的流动，企业与企业之间也存在着这样的流动关系。在分工日趋细化、开放合作的时代，企业仅仅依靠自己的资源参与市场竞争往往处于被动，必须把同经营过程有关的多个方面纳入一个整体的供应链中，这样每个企业内部的价值链就通过供应关系联系起来，成为更高层次、更大范围的供应链。

供应链管理是进入 21 世纪后企业适应全球竞争的一种新型管理模式，它从整个供应链的角度对所有节点企业的资源进行集成和协调，强调战略伙伴协同、信息资源集成、快速市场响应及为客户创造价值等。但由于信息技术应用和网络环境发展相对滞后于这种先进的管理模式，传统的基于纸张、传真的供应链管理难以实现企业与合作伙伴间信息实时的、同步的共享。虽然一些企业采用了 MRPⅡ、ERP、CRM、SCM 等系统，但这些系统往往局限于

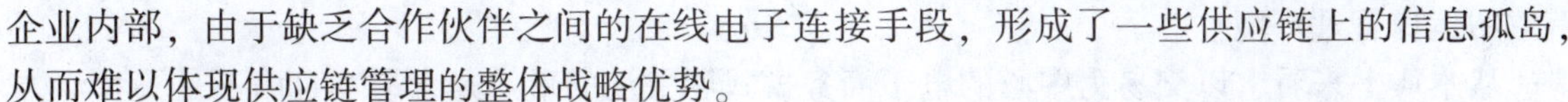

企业内部，由于缺乏合作伙伴之间的在线电子连接手段，形成了一些供应链上的信息孤岛，从而难以体现供应链管理的整体战略优势。

二、电子手段对企业的影响

信息技术是促进企业经营方式转变的重要因素之一。计算机技术的高度发展使得人们能够对大量数据进行高速的存取和处理；互联网的普及打破了地理上的限制、时间上的限制、不同系统之间的技术限制，使分布在世界各地的人们可以通过 WEB 浏览器以相同的方式进行实时的信息交流；内容管理技术的成熟使得以多媒体的形式管理和表现个性化的内容成为可能。这里所说的电子手段是这些技术的融合，它带来了信息处理能力上的两个重要变化：

（1）信息的网络数字化。以往供应链的各个环节上业务信息的生成、传输、加工和应用等过程受到系统的局限而被分割成许多相互隔离的片段；而在电子商务环境下，各种业务信息都可以通过数字化手段在网络上生成、存储、加工、复制和再现。

（2）交流的互动化。以往有关业务信息的细节通常是以交易双方见面的方式进行交流；而在电子商务环境下，交易的双方可以通过互联网，以互动的形式对信息的细节进行交流。

电子手段带来的信息的网络数字化和信息交流的互动化，对商务活动产生了巨大的影响。这些影响主要体现在以下两个方面：

（1）企业所处环境的变化。企业要面对更为广泛的客户群体，可以拥有更多的采购渠道，承受更大的市场压力，同时也面临着更多的机遇。通过利用网络化信息和互动式信息交流，企业能够打破地理上、时间上以及传统交易范围的约束，以新的方式开展业务活动。

（2）客户所处地位的变化。客户拥有更广泛的选择余地，能够进一步满足个性化的需求，能够以互动的方式参与到产品和服务的创造过程中。伴随着信息的快速流动，客户可以随时了解有关产品和服务的信息，也可以在更广泛的选择空间中提出自身的需求。

三、电子商务的发展

电子手段带来的企业环境和客户地位的变化，促进着企业内部经营运作方式的变化、企业间合作关系的变化、企业与客户间关系的变化，这些变化促进着电子商务的发展。电子商务的发展可以划分为以交易为中心、以供需为中心和以协作为中心三个阶段。

（1）以交易为中心的电子商务的主要形式为在线产品交易和在线提供产品信息。在企业间的在线交易中，交易的内容一般以一次性的买卖活动为中心。在线产品交易的进一步发展是提供产品的综合信息。也就是说，除了产品和价格之外，买卖双方在交易平台上提供各自的生产和需求状况，这样便可以更有效地平衡供需之间高峰和低谷的差距。

（2）以供需为中心的电子商务的主要形式为由制造商与供应商组成的供应和采购市场，成员是制造商和供应商之间的供需活动。以供需为中心的电子商务在内容上，以制造商和供应商的供需活动为中心，以企业间的合作关系为重点。这种合作关系比单纯的买卖关系要复杂得多，这种关系贯穿设计、生产、销售和售后维护的整个产品生命周期。

（3）以协作为中心的电子商务的主要形式是企业协作平台，成员是围绕企业协作关系而形成的虚拟组织内价值链的各个环节。在以协作为中心的电子商务活动中，根据客户的需求对产品进行规划、设计、制作、销售以及服务的整个过程，在世界范围内产生一个相关企业间最佳的协作组合，并且通过企业协作平台对贯穿整个产品生命周期的全部业务活动提供有效的运作管理环境。

从本质上来看，以交易为中心的电子商务模式所关注的重点是交易本身而不是买卖双方的关系；以供需为中心的电子商务模式关注的重点是企业内部的生产过程与企业间的供应链，而不仅仅是交易活动本身；以协作为中心的电子商务模式超越了企业与其传统伙伴之间的供需活动，关注的重点是以客户需求为驱动力的多个企业之间敏捷、柔性、快速的动态协作关系。从电子手段对商务活动的影响和电子商务的三个发展阶段中可以看出，电子商务的核心是通过电子手段促进生产与消费领域中企业与企业、企业与客户之间的交流和沟通。电子商务的本质特征是在以互联网技术为核心的电子手段的影响下，伴随企业与企业以及企业与客户之间商务关系的变化而产生的业务模式的变革。

四、电子商务环境下的供应链管理

电子商务环境下的供应链管理将更加强调建立和发展以客户为中心的企业间协作关系。目前大多数企业的供应链管理处在以往的业务模式下，利用互联网在企业管理的战术层上改善交易环节或在传统供应链上提高业务效率的阶段。这个阶段对应于上面介绍的以供需为中心的电子商务，其作用主要体现在消除业务重叠、打破信息壁垒、提高物流精度等方面。

随着电子商务的范围从交易环节及供需业务向价值创造活动全过程的扩展，出现了协同商务（Collaborative Commerce）、价值网（Value Net）、企业商务管理（Enterprise Commerce Management）等面向未来的新业务模式。

高德纳咨询公司（Gartner Group）在其分析报告中提出了协同商务的概念，并认为它是电子商务的一种最先进的形式。作为现阶段电子商务的基础，目前的 ERP 和供应链管理系统大多面向事务管理和企业内部的优化，其适用范围也仅限于企业与传统伙伴之间的合作。与这种相对固定的合作方式不同，在协同商务环境下，多个企业能够通过动态的合作关系，以在线和互动的方式共同创造并分享价值。

大卫·波维特（David Bovet）等在《价值网》一书中提出了一种基于电子商务的新业务模式——价值网。他们认为："价值网是一种业务模式，它采用数字化供应链概念，达成高水平的顾客满意度和超常的公司盈利率；它是一种与新的客户选择装置相连接，并受其驱动的快速可靠的系统。"传统的供应链采用的是制造产品在先、推销产品在后的顺序推动方式。在这种方式下，供应链中的各个环节无法同时把握客户的真实需求，从而经常出现信息失真、供需不匹配、库存积压、不能及时交货等问题。与此不同，价值网由客户开始，允许客户自己设计产品，为满足客户实际需要而进行生产。价值网不只关注供需关系，更关注为客户、企业和供应商共同创造价值的过程。

AMR Research 公司提出的企业商务管理是为发挥应用系统的整体作用而描绘的一幅蓝图，它包含信息层、集成层、交互层、交易层和协作层五个服务层次。其中，信息层、交互层和协作层是主要的服务集合，集成层和交易层是用于进行连接的层次。在企业商务管理中，交易层在企业的内部资源与对外的协作平台之间起隔离作用。协作层的目标是在价值创造的核心活动中以主动（"主动"意味着企业商务管理的关键部件具有预测、监控、管理内部以及外部业务过程的能力）的方式，利用信息技术，使企业具有在迅速变化的环境中与外部企业协同工作的能力。

协同商务、价值网和企业商务管理都可以看成是以协作中心的电子商务阶段的一些新型业务模式。在价值网模式中，客户和企业之间是一种交互的关系，客户的需求是价值网中的所有价值创造活动的源头。业务伙伴间的合作、对需求的敏捷反应和快速的物流是价值网的基本特征。在协同商务模式中，协同意味着“从协同解决问题和开拓机会中共同获得利益”，协同商务关注的是贯穿价值创造活动的全过程的动态合作关系。在企业商务管理中，强调在互联网的基础上以支持企业间商务活动为目的的系统整体效益的最大化。

综上所述，互联网的发展为企业与企业、企业与客户之间的交流和沟通提供了全新的电子手段，这些电子手段给商务活动带来的影响，从根本上动摇了传统的业务模式。协同商务、价值网和企业商务管理等新型的业务模式也是供应链管理新的发展方向。作为今后的发展趋势，供应链管理在范围上将从局部环节扩展到整个业务过程；在内容上将从固定伙伴之间的业务协调发展为企业间的动态协作；在方法上将从局部系统的应用转为全局系统的战略性运用；在重点上将从现有业务模式下提高业务效率转移到在新型业务模式下创造商业价值。供应链管理和电子商务的结合将为人们带来能够充分发挥互联网优势的全新的业务模式。

五、供应链管理的新发展

在美国乃至全世界，供应链设计都成为一门重要的管理学科。在 21 世纪，供应链的管理者们会面临更多的挑战，包括从敏捷的需要到更加精确的预测。因此在本章的最后，我们将就 21 世纪一名成功的供应链管理者在实际管理过程中应该注意的问题作简要介绍。

（一）供应链管理——一门多维科学

一直以来，供应链系统都被视为一种分配渠道。从这个观点上来看，其重点是使这个分配渠道里的每个公司的生产力得到提高并更有效率。其显著特点是，每个公司都是根据自己在这个渠道中所扮演的角色进行运作，来追求利润的最大化，而对其他同伴（如零售商、批发商和制造商）则并没有给予太多的关注。显然，这是一种非常狭隘的观点，其最终结果将导致整个渠道内的每个企业都只为自己或是“最适者生存”。

在 21 世纪，交互功能成为供应链管理的新观点。正是因为这个观念的扩展，使得跨越多个企业的产品流能够得到有效调节，那些个体企业无法实现的成本状况与服务水平的改善可以通过供应链成员之间的共同行动而得到实现。当然，这种观点也有其不足之处。如果一个企业是在损害供应链中其他成员利益的情况下获益时，就可能引发供应链中的冲突。因而，为了保证供应链能够顺利地运行，管理好企业之间的联盟关系就变得相当重要。

（二）对消费者的持续关注以及对供应链需求的准确预测

在供应链管理当中，最重要的要素之一就是对持续改善这一观念的强调。预测与计划在本质上是连续的。没有一个准确的预测，企业供应链中的很多方面都将无法正常运作，在降低运输成本、减少运送中的损耗以及对顾客投诉更加迅捷地反应等方面也将不能取得预期的成效。一个企业只有准确地预测它的商业机会，并据此制订有效的计划，才能获得成功。因此，预测的准确性就显得极为重要。

（三）供应链设计——一个关键性的要素

未来企业的目标应该是尽力实现最优化的供应链结构，同时希望这种结构能够应用到市场上的所有供应链当中。供应链设计所预期的结果是成本低、服务水平高以及供应链运作质量得到改善等。要实现这种理想的供应链，就必须在对供应链进行设计时，在适当的地方考虑某些特定因素。这些因素包括：

（1）通过合并供应链活动来实现规模经济。

（2）通过在供应链内部的每一个梯队中使用相同的组织和信息技术（IT）标准来整合所有的供应链活动。

（3）采取绩效度量措施来度量服务与成本的绩效。

此外，一个合理的供应链设计还必须考虑到经济运行状况、市场以及市场中存在的竞争环境等诸多因素。由于市场的动态性，企业也必须设计灵活的以及对变化能够迅速作出响应的供应链，这样才能在未来的竞争当中处于有利的位置。

（四）市场动荡与易变性——对供应链管理的挑战

对于市场表现出来的动荡与易变性这两种特性，企业的响应速度和时间将成为供应链管理者最有效的竞争手段。它包括：对市场的敏感、通过信息分享建立与供应商的有效联系、供应链中的企业在各自的生产和分配流程的整合方面进行合作。

但供应链结构不能因此变得过于复杂。例如，电子行业中的模块化和汽车行业中现代装配平台的简化使得企业能够扩大它们的产品线，同时也能够降低制造过程中的复杂性，降低它们各自供应链中的库存。具有敏捷供应链的企业，才是能够在21世纪充满不确定因素的市场中获得生存与发展。

（五）供应链中互联网的作用

研究表明，互联网在供应链的许多领域当中都有着广泛的应用，包括采购、运输、订单处理、消费者服务、生产安排和卖主关系管理等。这主要是因为互联网具有能够对大量信息进行快速处理的特点，且互联网的使用不会受到物理空间的影响，同时能够提供不间断的服务。此外，企业的结构同样也会影响到互联网的应用方式。而在降低成本和改进服务方面，互联网更是为供应链提供了重要的机遇。它包括：

（1）在线的卖主目录，从中买方可以选择和获取来自供应商的信息。

（2）对不同运输模式（包括汽运、铁路和空运）的出货追踪。

（3）互联网在处理消费者查询、投诉和处理技术问题时的应用。

（4）及时接收来自全球用户的订单。

（5）安排提货与交货。

（6）在世界范围的基础上提供7天、每天24h的消费者服务。

（7）与供应商就交货、原料的可用性等问题进行沟通。

（8）与卖主就新的采购事宜进行谈判等。

在将来，互联网将使物流经理能够监控供应链的运作，当企业出现低效率时，互联网也能够起到降低运营成本的作用。互联网所带来的这些影响，不仅在现在，而且在未来也将在很大程度上影响企业的获利能力。

（六）度量供应链绩效

随着供应链管理重要性的日益增加，对于企业来说，一个关键性的问题就是如何度量供应链系统中的成本问题。在供应链中，最高的单项成本就是库存，它大约占了整个物流成本的近50%。随着供应链内战略同盟的形成以及供方—需方关系朝着更加紧密的方向发展，在供应链中如何进行有效的库存管理变得日益重要，而库存管理的水平也成为供应链绩效的重要度量标准。

就供应链中的库存变化而言，主要包括以下几个方面的因素：

（1）供应商本身的绩效变化。

（2）供应产品的变化。

（3）供应时间的变化。

（4）供应数量的变化。

要想使供应链得到有效的管理，管理者就应该采取措施，争取减小以上这些变化，降低它们对库存带来的不利影响，从而有效地保持低的运营成本。

（七）供应链管理——营销与物流的整合

21 世纪的供应链管理者面临的最大挑战，就是如何去协调企业不同管理职能部门当中那些影响供应链运作的活动，整合这些职能部门对供应链的影响，并制定一系列它们能够共同为之奋斗的目标。

企业中对供应链最具影响力的两个职能部门是营销和物流。前者追求的是如何使客户满意和销售量最大化，因而其着重点是产品增值、产品线的延伸、高水平的客户服务、分散仓储以及库存水平最大化。与之相比，物流追求的则是标准化、出货的统一性、低库存水平以及集中仓储。管理者首先必须解决两个部门追求目标相互矛盾的问题。这两个职能部门的目标，必须满足使企业的供应链成为一个敏捷、富有竞争性的系统。为此，必须考虑供应链管理中的一些方面，如：消费者关系管理、消费者服务管理、需求管理、订单履行、制造流管理、采购以及产品研发与商业化。因此，公司应当为各职能部门建立一系列与供应链中的供应商相一致的激励措施，以鼓励交叉功能之间的整合；而供应链中成员保持较高的客户服务水平，将会对这种功能整合起到积极的推动作用。个人、职能部门以及供应链中的企业，都必须通过相互之间的紧密合作来实现这种功能的整合，进而实现公司利益最大化，直至实现供应链上所有企业的经营目标。

从以上七点可以看出，供应链管理作为一条商业准则，将得到越来越多企业的重视。在美国乃至世界各国中，供应链在其经济中都成为一个重要的组成部分。对于供应链的管理者而言，了解以上这些供应链的发展趋势非常必要。管理者只有适应这些发展趋势，并且制定与之相适应的发展战略，才能在日趋激烈和变化莫测的市场竞争当中维持并增强企业的盈利能力。

习　题

1. 供应链包括哪些基本要素？
2. 供应链包括哪几个基本特征？
3. 供应链上的三种基本“流”是什么？简述它们之间的关系。
4. 简述供应链管理的基本概念，并回答其包括的三大基本内容。
5. 供应链管理中几个常用的策略是什么？
6. 如何改变供应链上各成员的关系是实施供应链管理变革的关键，它具体包括哪五个基本阶段？
7. 供应链管理性能评价的关键指标有哪些？
8. 简述敏捷供应链管理的关键技术？
9. 虚拟供应链的运作模式包括哪几个基本步骤？
10. 当今供应链管理的热门问题主要指哪些？简要概括其相关概念。

11. “供应商管理库存”（VMI）的含义是什么？你认为供应链上的下游企业（买方）愿意让供应商管理自己的库存吗？为什么？

12. 有人说在供应链管理中，运用电子商务所投入的成本比所能挣到的钱还要多，你认为这种说法有道理吗？

案例：上海贝尔电子商务的供应链管理

1. 面临的问题

中外合资的上海贝尔有限公司（简称上海贝尔）成立于1984年，是中国现代通信产业的支柱企业，名列全国最大外商投资企业和电子信息百强前茅。公司总注册资本12 050万美元，总资产142亿元，现有员工4 000多人，72%以上的员工具有大学本科以上学历，拥有硕士和博士生500余名，2000年公司实现销售收入108亿元。

该公司拥有国家级企业技术中心，在通信网络及其应用的多个领域具有国际先进水平。十多年来，公司建立了覆盖全国和海外的营销服务网络，建成了世界水平的通信产品制造平台。公司的产品结构主要由两部分构成：①传统产品，即S12系列程控交换机系列；②新产品，相对S12产品而言，由移动、数据、接入和终端产品构成。这两部分的产值比例约为8:2。

上海贝尔企业内部的供应链建设状况尚可，例如，有良好的内部信息基础设施、ERP系统，流程和职责相对明晰。但与外部供应链资源的集成状况不佳，很大程度上依然是传统的运作管理模式，而并没有真正面向整个系统开展供应链管理。从1999年始，全球IT产品的市场需求出现爆发性增长，但基础的元器件材料供应没及时跟上，众多IT行业厂商纷纷争夺材料资源，同时出现设备交货延迟等现象。由于上海贝尔在供应链管理的快速反应、柔性化调整和系统内外响应力度上的问题，一些材料不成套，材料库存积压，许多产品的合同履约率极低。如2000年上半年普遍履约率低于70%，有的产品如ISDN终端产品履约率不超过50%。客观现状的不理想迫使公司对供应链管理进行改革。

2. 实施的战略

上海贝尔的电子商务供应链管理战略的重点分别是供应商关系管理的E化、生产任务外包业务的E化、库存管理战略的E化以及需求预测和响应的E化。

(1) 供应商关系管理的E化。对上海贝尔而言，其现有供应商关系管理模式是影响开展良好供应链管理的重大障碍，需要从供应商的遴选标准、方式和范围三方面进行调整，传统的供应商遴选标准+分类信息标准是E化供应商关系管理的基础。上海贝尔以全球为范围，充分利用电子商务手段对供应商进行遴选和评价，既突破了原有信息的局限，又实现了公平竞争。

(2) 生产任务外包业务的E化。目前，IT企业核心竞争优势不外乎技术和服务。上海贝尔未来的发展方向是提供完善的信息、通信解决方案和优良的客户服务，生产任务的逐步外包是当然选择，这就面临着外包厂商的选择和外包计划的实时响应问题。前者要在原有产能、质量和交货等条件的基础上增添对信息基础建设的考察，后者则需借助Intranet和ERP来实现。

(3) 库存管理战略的E化。全球性的电子元器件资源紧缺，加上上海贝尔原有库存管理体系抗风险能力差，使库存问题成为其焦点问题之一。公司根据自身的库存管理种类和生产制造模式，对材料、半成品和成品库分别进行管理。

由于材料和半成品库存管理基本是对应于订单生产模式的，市场需求的不确定性迫使企业备有一定的安全库存。根据实际情况，对关键性材料资源，考虑采用联合库存管理策略，在电子商务手段的支持下，实现双方信息资源共享、风险共担的良性库存管理模式。

成品库存是因市场需求波动造成的缺货压力偏大产生的，但精良的产品、雄厚的企业实力加上较强的存储交货能力保证了成品库的平稳性。因此，公司尝试运用总体框架协议，分批实施，动态补偿，同时实行实时的相关信息交换，采用供应商管理客户库存模式来实现终端成品的库存管理。

(4) 需求预测和响应的E化。E化的市场研究和需求预测：在公司原有Intranet的基础上，与各分公司、分销商专门建立需求预测网络体系，实时、动态地跟踪需求趋势，收集市场数据，随时提供最新市场预测，使上海贝尔的供应链系统能真正围绕市场运作。

E化的市场和客户响应具体内容是：发展公司电子商务，建立网上产品目录和解决方案、网上客户化定制和订购、在线技术支持和服务，使目标客户可以更直接方便、及时地与公司交流。

问题：

讨论上海贝尔有限公司供应链管理成功的经验，对企业系统地实施供应链管理有什么借鉴意义。

参 考 文 献

[1] 陈荣秋，马士华．生产与运作管理［M］．北京：高等教育出版社，1999.

[2] Richard B Chase，等．生产与运作管理［M］．宋国防，等译．北京：机械工业出版社，1999.

[3] Jay Heizer，等．生产与运作管理教程［M］．潘洁夫，等译．北京：华夏出版社，1999.

[4] William J Stevenson. 运营管理［M］. 11 版．张群，等译．北京：机械工业出版社，2012.

[5] Roger G Schroeder. 运作管理［M］．韩伯棠，等译．北京：北京大学出版社，2000.

[6] 刘丽文．生产与运作管理［M］．北京：清华大学出版社，1998.

[7] 黄卫伟．生产与运作管理［M］．北京：中国人民大学出版社，1997.

[8] 黄力，等．现代企业生产管理［M］．北京：机械工业出版社，1998.

[9] 潘家轺，等．现代生产管理学［M］．北京：清华大学出版社，1994.

[10] 杰克·吉多，詹姆斯 P 克莱门斯．成功的项目管理［M］．张金成，等译．北京：机械工业出版社，1999.

[11] 袁义才，陈军．项目管理手册［M］．北京：中信出版社，2001.

[12] 林友孚．企业生产管理［M］．武汉：湖北科学技术出版社，1997.

[13] 蒋贵善，等．生产与运作管理［M］．大连：大连理工大学出版社，1998.

[14] 门田安弘．新丰田系统［M］．［出版地不详］：讲谈社，1991.

[15] 门田安弘．丰田的经营系统［M］．［出版地不详］：日本能率协会管理中心，1991.

[16] 大野耐一．丰田生产方式［M］．［出版地不详］：钻石出版社，1978.

[17] 詹姆斯·沃麦克，等．改变世界的机器［M］．沈希瑾，等译．北京：商务印书馆，1999.

[18] 张申生，等．敏捷制造的理论、技术与实践［M］．上海：上海交通大学出版社，2000.

[19] 罗振璧，周兆英．灵捷制造［M］．济南：山东教育出版社，1996.

[20] 陈禹六．先进制造业运行模式［M］．北京：清华大学出版社，1998.

[21] B 约瑟夫·派恩．大规模定制［M］．北京：中国人民大学出版社，2000.

[22] 顾新建，祁国宁，等．大规模定制生产模式的定量分析方法［J］．中国机械工程，2001（3）：312-315.

[23] 邵晓峰，黄培清，季建华．大规模定制生产模式的研究［J］．工业工程与管理，2001（2）：13-17.

[24] 陈国权．并行工程管理方法与应用［M］．北京：清华大学出版社，1998.

[25] 李褒文．设备管理新思维新模式［M］．北京：机械工业出版社．1999.

[26] 陈良猷．管理工程学［M］．北京：北京航空航天大学出版社，1995.

[27] 张公绪，等．新编质量质量学［M］．北京：高等教育出版社，1998.

[28] 马风才．质量管理［M］．北京：机械工业出版社，2013.

[29] 刘源张．质量管理和质量保证系列国家标准宣贯教材［M］．北京：中国标准出版社，1992.

[30] 陈志田．2000 版 ISO 9000 族标准理解与运作指南［M］．北京：中国计量出版社，2001.

[31] 陈志强．模糊质量控制与诊断［D］．北京：北京航空航天大学，1996.

[32] 姚宝根．现代企业信息化管理：ERP/eBusiness 及其实践［M］．上海：上海大学出版社，2001.

[33] 张毅．制造资源计划 MRPⅡ及其应用［M］．北京：清华大学出版社，1997.

[34] MBA 必修核心课程编译组．生产作业［M］．北京：中国国际广播出版社，1999.

[35] 张浩．生产管理［M］．北京：冶金工业出版社，1992.

[36] 周三多．生产管理［M］．南京：南京大学出版社，1998.
[37] 龚国华，等．生产与运作管理［M］．上海：复旦大学出版社，1998.
[38] 蔡世馨．生产管理［M］．大连：东北财经大学出版社，2000.
[39] 国家人事部中国高级公务员培训中心．MBA 案例精选［M］．1998.
[40] 刘丽文．运营管理［M］．北京：中国经济出版社，2002.
[41] 傲姿时代项目管理教材开发项目组．项目管理基础［M］．北京：清华大学出版社，2001.
[42] 中国项目管理研究委员会．中国项目管理知识体系与国际项目管理专业资质认证标［M］．北京：机械工业出版社，2001.
[43] Kim Heldman. PMP 项目管理专家全息教程［M］．马树奇，等译．北京：电子工业出版社，2002.
[44] 马士华，林勇，陈志祥．供应链管理［M］．北京：机械工业出版社，2000.
[45] Sunil Chopra，Peter Meindl. 供应链管理：战略、规划与运作［M］．影印版．北京：清华大学出版社，2001.
[46] 迈克尔·波特．竞争优势［M］．陈小悦，译．北京：华夏出版社，1997.
[47] 陈启申．供需链管理与企业资源计划（ERP）［M］．北京：企业管理出版社，2001.
[48] 陈荣秋，马士华．生产与运作管理［M］．北京：高等教育出版社，2005.
[49] 王东迪．ERP 原理、应用与实践［M］．北京：人民邮电出版社，2004.
[50] 罗鸿．ERP 原理设计实施［M］．北京：电子工业出版社，2005.
[51] 李建．企业资源计划及其应用［M］．北京：电子工业出版社，2004.
[52] 王玉荣．瓶颈管理［M］．北京：机械工业出版社，2002.
[53] 陈栋．基于约束理论的生产计划与控制建模仿真研究［D］．南京：南京理工大学，2006.
[54] 戴建设，王书宁．约束理论：原理技术和应用［J］．计算技术与自动化，1994，13（2）：61-65.
[55] 曹德弼，王建，孙林岩．制约理论——美国制造业的秘密武器［J］．工业工程与管理，2001（1）：22-26.
[56] James Womack，Daniel Jones. 精益思想［M］．沈希瑾，等译．北京：机械工业出版社，2011.